Willy Obrist

Keine Materie ohne Geist

Natur als Quelle von Ethik und Sinn

opus magnum

Bibliografische Information der Deutschen Nationalbibliothek
Die Deutsche Nationalbibliothek verzeichnet diese Publikation in der
Deutschen Nationalbibliografie; detaillierte bibliografische Daten sind
im Internet über http://dnb.d-nb.de abrufbar.

© 2021 by opus magnum, Stuttgart (www.opus-magnum.de)
ISBN: 978-3-939322-80-1

Erstausgabe unter dem Titel: „Die Natur - Quelle von Ethik und Sinn.
Tiefenpsychologie und heutige Naturerkenntnis. Düsseldorf: Walter 1999
Durchgesehene Neuauflage, Version 2.01
Grafik und Layout: Dr. Lutz Müller
Titelbild: Der Baum des Lebens als Sinnbild der Verbindung
von Oben und Unten, Erde und Himmel, Natur und Psyche
Foto: AVTG, Adobe Stock: 118571144
Herstellung: Books on Demand GmbH., Norderstedt
Alle Rechte vorbehalten.

Willy Obrist

Keine Materie ohne Geist

Natur als Quelle von Ethik und Sinn

opus magnum

Dr. med. Willy Obrist
(1918 - 2013), Studium der Philosophie, Geschichte und Medizin. Facharzt für innere Krankheiten. Nach mehreren Jahren ärztlicher Praxis Ausbildung zum Analytiker am C. G. Jung-Institut Zürich. Dort langjähriger Dozent für tiefenpsychologische Theorie.

Seit 1970 Mitarbeiter der Stiftung für Humanwissenschaftliche Grundlagenforschung (Zürich) mit dem Forschungsschwerpunkt Evolution des Bewusstseins / Wandel des Weltbilds. Mitbegründer der Schweizerischen Gesellschaft für Religionswissenschaft, der Stiftung für Jungsche Psychologie (Zürich) und der Stiftung zur Förderung der Philosophie (Mönchengladbach).

Der Hirnforscher Gino Gschwend schrieb in der Schweiz. Aerztezeitung über Willy Obrist: „Dabei gelang ihm für die Evolution des Bewusstseins das, was seinerzeit Charles Darwin für die Bioevolution gelungen ist: der methodisch einwandfreie Nachweis, dass sich eine solche ereignet hat."

Eine Übersicht seiner Werke bei opus magnum findet sich am Ende des Buches.

Inhalt

Die Zeit der Ernte: ihre Problematik und ihre Erfordernisse 231

Natur als Quelle von Ethik und Sinn 241

Weg zur Erarbeitung einer zeitgemäßen Ethik....................... 251

Anmerkungen und ausgewählte Literatur 273

Weitere Werke von Willy Obrist bei opus magnum.................. 287

Vorwort

Fragen der Ethik sind in den letzten Jahren zum brennenden Problem geworden. Das Aufkommen der Gentechnologie, die Auseinandersetzung um Geburtenregelung und Schwangerschaftsabbruch, um Zerstörung der Umwelt, um Brutalisierung der Arbeitswelt, der Wirtschaft und des gesellschaftlichen Lebens erfordern nicht nur eine Wiederbesinnung auf die Notwendigkeit ethischer Haltung, sondern auch die Erarbeitung zeitgemäßer ethischer Normen. Wenn es aber darum geht, solche Normen zu erarbeiten und eine ethische Haltung zu begründen, herrscht Ratlosigkeit oder zumindest Verunsicherung.

Dies hängt meines Erachtens damit zusammen, dass man sich über die Grundlage von Ethik nicht einig ist: über die Frage, aus welcher Quelle Ethik hervorgeht. Zwar besteht wohl Einigkeit darin, dass es sich dabei um etwas handelt, das man gemäß unserer sprachlichen Tradition als Geist bezeichnet. Ist es aber der menschliche Geist bzw. die Ratio allein, wie es die Aufklärung gelehrt hat? Ist es der Geist Gottes, wie die Theologie es lehrt, oder ist es etwas im unbewussten Bereich der Psyche, wie es in der Tiefenpsychologie gesehen wird?

Diese Frage zu klären ist die Absicht dieses Buches. Dabei gehe ich von einer Untersuchung aus, die ich schon in den Sechzigerjahren durchgeführt habe. Es ging mir damals darum, eine Vorstellung des Geistigen zu finden, die sich mit dem heutigen Wissen über die Natur verträgt. Dadurch wurde ich in den schon seit Jahrzehnten schwelenden Konflikt zwischen Theologie und Tiefenpsychologie hineingezogen. Da ich vermutete, der Unterschied zwischen diesen beiden Typen von Wissenschaft hänge mit der Evolution des Bewusstseins zusammen, ging ich daran, diese zu untersuchen. Dabei zeigte sich, dass sich seit Beginn der Neuzeit – in Gestalt des so viel besprochenen Wandels der Weltsicht – ein eigentlicher Evolutionsschritt des Bewusstseins vollzogen hat: der Schritt zu einer differenzierteren, aus empirischer Erforschung der Natur sich ergebenden Sicht der Dinge. Zudem ließ sich erkennen, dass es dabei im Kern um den Schritt zu einer grundlegend neuen Sicht des Geistigen bzw. des Begriffspaars von Materie und Geist ging.

Als ich dann zur Mitarbeit in der Stiftung für Humanwissenschaftliche Grundlagenforschung eingeladen wurde, sah ich mich dort mit zwei Einwänden konfrontiert: zum einen mit dem von Kulturwissenschaftlern, eine »kulturelle« Evolution habe nicht stattgefunden, zum anderen mit dem eines führenden Biologen, die Tiefenpsychologie – mein Fachgebiet – sei keine Wissenschaft, denn sie besitze keine konsistente Theorie.

So war ich denn gezwungen, in Auseinandersetzung mit Vertretern der einschlägigen Disziplinen, einen erfahrungswissenschaftlich fundierten methodischen Ansatz zur Erforschung der Bewusstseins-Evolution zu erarbeiten, sowie auch die bis dahin nie systematisch dargestellte tiefenpsychologische Theorie herauszuarbeiten und diese in das heutige Wissen über die Natur einzufügen. Seither habe ich mich fast ausschließlich mit diesen beiden Themen befasst und die Ergebnisse in vier Büchern dargestellt.

Nachdem nun Fragen der Ethik dermaßen aktuell geworden sind, habe ich mich entschlossen, noch ein Buch über deren Grundlagen – die Vorstellung des Geistigen – zu schreiben. Dabei soll vor allem die heutige – d. h. die mit dem heutigen Wissen über die Natur kompatible – Vorstellung dargestellt werden. Es soll aber auch gezeigt werden, wie einst im Zug der Bewusstseins-Evolution die archaische Vorstellung des Geistigen entstand und sich entfaltete, ferner, weshalb diese gegen Ende des Mittelalters an eine Grenze der Entwicklung stieß, sodass eine grundlegend neue gefunden werden musste, und schließlich, wie im Verlauf der Neuzeit der Evolutionsschritt zu dieser neuen Sicht des Geistigen vor sich ging. Danach erst werden die Konsequenzen für die Ethik dargestellt, ebenso der durch die Tiefenpsychologie erschlossene Weg, auf dem eine zeitgemäße Ethik erarbeitet werden kann.

Abgesehen vom Zugang zu einer neuen Ethik dürfte dieses Buch eine Orientierungshilfe bieten für jene Menschen, welche in der jetzigen Zeit des Übergangs unter Orientierungslosigkeit in Bezug auf das Sein und das Sollen leiden. Die evolutionäre Betrachtungsweise macht es nämlich möglich, dieses Problem an der Wurzel zu fassen: zu erkennen, was infolge des evolutionären Wandels des Selbst- und Weltverständnisses überholt ist und was weiterhin Bestand hat.

Das Thema erforderte allerdings eine transdisziplinäre – die Fakultätsgrenzen übersteigende – Behandlung. Es mussten Ergebnisse der Natur- und Kulturwissenschaften sowie der Tiefenpsychologie und der Theologie herangezogen werden. Indessen habe ich mich bemüht, allgemein verständlich zu schreiben und die verwendeten Begriffe zu erläutern. Um dem Leser den Zugriff auf diese Stellen zu erleichtern, habe ich – zusätzlich zum Stichwortverzeichnis – noch Querverweise eingesetzt.

Nun kann aber die neue Vorstellung des Geistigen nicht mehr durch Spekulieren im luftleeren Raum gewonnen werden, wie es in der traditionellen Philosophie üblich war, sondern nur durch Reflexion über die von der

Naturwissenschaft erarbeiteten Fakten. Aus diesem Grund war es nötig, die hierfür ausgewählten Sachverhalte jeweils erst einmal ausführlich zu schildern. Diese Abschnitte sind somit integrierende Teile des Textes. Um sie jedoch für jene zu kennzeichnen, die sie nicht im Detail lesen möchten, wurden sie in einem andern Schriftsatz gedruckt. Sie können – ohne dass der »rote Faden« dadurch verloren ginge – übersprungen werden.

Zum Schluss möchte ich noch der Lektorin des Walter Verlags, Frau Marianne Schiess, meine Anerkennung dafür aussprechen, dass sie für das Neue und Weiterführende dieses Buches so offen war.

Einleitung

Heute wird wieder in zunehmendem Maße von Geist geredet. Das ist an sich erstaunlich, hat sich doch im vergangenen Jahrhundert der Materialismus, der das Geistige negiert, bis in die hintersten Winkel der westlichen Welt ausgebreitet.

Unter Materialismus verstehe ich hier nicht den praktizierten: nicht jene Haltung, bei der nur nach materiellen Werten gestrebt wird, ideelle hingegen nichts mehr gelten, wo Konsumismus und – von der anderen Seite her betrachtet – nacktes Gewinnstreben blüht und die kulturellen Leistungen früherer Zeiten vor allem gefleddert und vermarktet werden. Ebenso wenig verstehe ich darunter den dialektischen: jene von Marxisten propagierte Geschichtsphilosophie, welche behauptet, dass nur ökonomische Faktoren den Verlauf der Geschichte bestimmen.

Der Materialismus, den ich hier meine, ist der naturwissenschaftlich begründete: jene Weltsicht, die sich aus der empirischen Erforschung der Natur im Verlauf der letzten vier Jahrhunderte ergeben hat und die nur das als wirklich anerkennt, was mit den Sinnen nachweisbar ist.

Wenn heute wieder von Geist geredet wird, geschieht dies vor allem außerhalb der Naturwissenschaft. Da ist in den Sechzigerjahren in den USA eine Bewegung aufgekommen, die sich New-Age-Bewegung nannte; sie schwappte dann nach Europa über, adsorbierte hier noch zahlreiche archaische Praktiken samt ihrem Glaubenshintergrund und nennt sich jetzt Esoterik. »Kosmisch« ist in ihr ein zentraler Begriff. Dabei wird jedoch unter Kosmos nicht das sich expandierende Universum der modernen Physik verstanden, sondern der Kosmos im Sinn der alten Religionen vom gnostischen Typ: konzentrisch um die Erde angeordnete Sphären, die von geistigen Wesen bewohnt sind, von Wesen, mit denen man z. B. durch »Channeling« in Kontakt zu treten glaubt. Da wird auch von kosmischem Bewusstsein und von kosmischer geistiger Energie geredet. Jene Strömungen der »Esoterik«, welche Vorstellungen aus Naturreligionen aufgreifen – z. B. aus indianischen und keltischen – , »kennen« auch Geister und geistige »Energien«, die in Pflanzen, in Steinen, in Quellen usw. existieren und die man sich nutzbar machen kann.

Allgemeines Unbehagen

In dem bunten Strauß der »esoterischen« Richtungen, die alle das traditionelle Christentum ablehnen, äußert sich meines Erachtens ein allgemeines Unbehagen, und zwar ein Unbehagen zweifacher Art: zum einen das Unbehagen im christlichen Weltbild, zum anderen das Unbehagen im Materialismus. Mit anderen Worten: in der »Esoterik« manifestiert sich zwar das Bedürfnis nach einer Weltsicht, in der auch Raum für Geistiges ist, doch kann jene Vorstellung des Geistigen, welche die Theologie noch vertritt, dieses Bedürfnis nicht mehr befriedigen. Ebenso wenig befriedigen können es allerdings auf die Dauer die Vorstellungen der »Esoterik«. Diese entstammen nämlich einer mythischen Weltsicht, auch wenn sie noch so geschickt mit Begriffen aus der Quantenphysik als wissenschaftliche getarnt werden. Gerade die mythische Weltsicht ist aber durch die Ergebnisse der Naturwissenschaft überwunden worden.

Indessen macht sich das Unbehagen im Materialismus nicht nur außerhalb der Wissenschaft bemerkbar, sondern auch innerhalb derselben, insbesondere innerhalb der Naturwissenschaft. Ich meine dabei nicht jene naturwissenschaftlich Gebildeten, die z. B. Physik studiert haben und dann zu Propheten der New-Age-Bewegung wurden. Ich meine jene Spitzenvertreter der Physik und auch der Biologie, welche heute ein Äquivalent dessen postulieren, was man früher als geistige Welt bezeichnet hat und das bei der bisherigen naturwissenschaftlichen Blickweise durch die Maschen gefallen ist. Für sie kommt jedoch nur eine Vorstellung des Geistigen infrage, die sich mit dem heutigen Wissen über die Natur verträgt. Allerdings bleibt es dabei meistens bei vagen Hinweisen, z. B. auf die Philosophie Platons oder auf den Begriff »Information«.

Ob sich nun das Unbehagen im Materialismus und die Sehnsucht nach Geistigem in »Esoterik« äußert oder in der Forderung von Naturwissenschaftlern nach einer zeitgemäßen Vorstellung des Geistigen: auf jeden Fall sollte es ernst genommen und als echtes Bedürfnis unserer Zeit aufgefasst werden.

Da indessen die Vorstellungen der »Esoteriker« dieses Bedürfnis auf die Dauer nicht werden befriedigen können, weil sie allzu sehr dem heutigen Wissen über die Natur widersprechen, sollte man sich bemühen, im Detail eine Vorstellung des Geistigen zu erarbeiten, die mit diesem Wissen kompatibel ist. Wie dies geschehen kann, soll in diesem Buch aufgezeigt werden.

Subjektiv und objektiv Geistiges

Bevor wir jedoch an diese Aufgabe herantreten, ist zu klären, nach was für einem Geistigen wir suchen. Es ist nämlich zwischen einem subjektiv und einem objektiv Geistigen zu unterscheiden. Unter subjektiv Geistigem wird der Menschengeist verstanden: das, was man heute Bewusstsein nennt. Dass der Mensch Bewusstsein hat – früher nannte man dies Vernunft oder Verstand –, wurde von Materialisten nie bestritten. Allerdings nahmen sie an, es lasse sich mit der Zeit auf die Gesetze der Physik zurückführen (reduzieren). Dass dieser so genannte ontologische Reduktionismus im Zug der naturwissenschaftlichen Forschung schon überwunden worden ist, wird sich ergeben, wenn wir die Vorstellung desjenigen Geistigen erarbeitet haben, um das es hier geht: des objektiven. Darunter versteht man dasjenige Geistige, das unabhängig vom menschlichen Bewusstsein existiert, das somit der objektiven Wirklichkeit zuzuordnen ist.

Dem Reden vom objektiv Geistigen kommt allerdings das heute zirkulierende Schlagwort in die Quere, die Unterscheidung zwischen Subjekt und Objekt sei durch die moderne Physik hinfällig geworden. Dass dies nur ein Schlagwort ist, wird erkennbar, wenn wir uns fragen, was heute, im Licht der biologischen Kognitionsforschung, unter Bewusstsein zu verstehen ist. Dann wird sich nämlich zeigen, dass die Fähigkeit, zwischen Ich und Nicht-Ich – zwischen Subjekt und Objekt – zu unterscheiden, die fundamentale Eigenschaft von Bewusstsein ist.

Das Vordringen in den subatomaren Bereich hat lediglich in weiteren Kreisen bewusst gemacht, was Immanuel Kant schon vor zwei Jahrhunderten erkannt hat: dass die Leistungsfähigkeit des Bewusstseins beschränkt ist; dass bewusstes Erkennen zwar ein fortschreitender Annäherungsprozess an die objektive Wirklichkeit ist, dass wir jedoch das »Ding an sich« nie werden erfassen können.

Von den USA her rollt übrigens zurzeit eine neue Welle gegen den Begriff »objektive Wirklichkeit« – bzw. gegen den Glauben an die Möglichkeit, diese zu erkennen – an, ausgehend diesmal von den kultur- und sozialwissenschaftlichen Fakultäten. Es ist der so genannte harte Perspektivismus, eine radikale Variante des „normalen" Konstruktivismus. Diese Leute sollten sich einmal die Frage stellen, wie es denn möglich gewesen sei, auf dem Mond zu landen oder durch Veränderung von Genen zu veränderten Individuen zu gelangen.

Im Hinblick auf unser Thema muss allerdings der Ausdruck »das objektiv Geistige« noch präzisiert werden. Auch traditionelle Kulturwissenschaftler reden nämlich von objektiv Geistigem. Sie verstehen darunter jedoch die Kultur, und zwar Kultur im weitesten Sinne: nicht nur Sprache, Religion, Wissenschaft, Literatur, bildende Kunst, Architektur usw., sondern auch menschliche Gemeinschaftsbildungen, sogar Technik, Industrie und Wirtschaft. All dies sind aber Schöpfungen des menschlichen Geistes: geäußerter (exteriorisierter) subjektiver Geist.

Zu einem großen Teil wird allerdings heute – im Zeitalter der elektronischen Datenverarbeitung – das, womit sich Kulturwissenschaftler befassen, zurückgedrängt durch das Reden von künstlicher Intelligenz und virtuellen Welten. Aber auch diese sind exteriorisierter subjektiver Geist. Schon die Daten verarbeitenden elektronischen Systeme – einschließlich der so genannten neuronalen Netzwerke – sind Schöpfungen des menschlichen Geistes. Auch all das, was aus diesen Systemen an Geistigem herauskommt, ist exteriorisierter subjektiver Geist, müssen sie doch letztendlich immer von Menschen gefüttert werden.

Unter objektiv Geistigem verstehe ich hingegen, wie gesagt, ein Geistiges, das unabhängig vom Bewusstsein existiert, ja, das schon vorhanden war, bevor – beim Evolutionsschritt vom tierischen Primaten zum Menschen – Bewusstsein in die Welt trat.

Der Materialismus negierte nur die Vorstellung eines übernatürlichen Geistigen

Kommen wir zurück auf das Unbehagen im Materialismus. Dass heute, an der Schwelle zum 21. Jahrhundert, bei Spitzenvertretern der Naturwissenschaft – den bis anhin geradezu prototypischen Vertretern materialistischer Weltsicht – das Bedürfnis nach Geistigem aufkommt, ist nur auf den ersten Blick erstaunlich. Es wird verständlich, sobald wir uns vor Augen halten, wie und weshalb der Materialismus seinerzeit entstand.

Entstanden ist er im 18. Jahrhundert: jenem Jahrhundert, in dem die empirische Erforschung der Natur auf breiter Front voranschritt. Dabei zeigte sich immer klarer, dass das Naturgeschehen auf natürlichen Ursachen bzw. naturgesetzlich sich vollziehenden Ursache-Wirkungs-Ketten beruht: nicht, wie man früher angenommen hatte, auf dem willkürlichen Eingreifen übernatürlicher Mächte.

Nun fußte die mittelalterliche Weltsicht auf der Unterscheidung zwischen einer materiellen Natur und einer geistigen Übernatur. Als nun die empirische Erforschung der Natur die Vorstellung vom Eingreifen übernatürlicher Geistwesen ins Naturgeschehen eliminierte, blieb für die Weltsicht nur noch die schon im Mittelalter als materiell deklarierte Natur übrig. Die materialistische Weltsicht, die auf diese Weise zu Stande kam, beruhte somit auf Elimination der Übernatur. Man kann somit den so genannten wissenschaftlichen Materialismus auch als eliminatorischen Materialismus bezeichnen.

Erstmals explizit formuliert und durch das damalige Wissen über die Natur begründet hat diesen der deutsche, in Paris lebende Philosoph Paul von

Holbach (1723 – 1789) in seinem epochalen Werk »Système de la nature«. Die weitere Erforschung der Natur, welche schließlich bis ins Innere des Atoms und in die Weiten des Universums vordrang, ja sogar die Entstehung des Universums, der Materie und der Lebewesen rekonstruierte, festigte Schritt für Schritt diese eliminatorische materialistische Position.

Woraus erklärt sich nun das heutige Unbehagen in einer Weltsicht, die dermaßen gut durch empirisch erwiesene Fakten abgestützt ist? Halten wir uns vor Augen, dass der Materialismus zwar durch Elimination der Vorstellung von Geistigem zu Stande kam, dass es aber nur die Vorstellung übernatürlicher Geist-Wesen war, die eliminiert wurde, und dass dies in keiner Weise die Unmöglichkeit der Vorstellung von objektiv Geistigem überhaupt bedeutete.

Die evolutionäre Betrachtungsweise
Damit ist aber noch nicht die Tatsache erklärt, dass sich heute sogar Spitzenvertreter der Naturwissenschaft im materialistischen Weltbild mehr und mehr unbehaglich fühlen und wiederum eine Vorstellung des Geistigen postulieren. Um dies wirklich zu verstehen, genügt allerdings die traditionelle historische Betrachtungsweise nicht.

Hier hilft nur die evolutionäre weiter: die Betrachtung des Geschehens unter dem Blickwinkel der Bewusstseins-Evolution. Diese ermöglicht es nämlich, unter die Oberfläche jenes Geschehens hinabzutauchen, welches Gegenstand der Geschichtsschreibung ist: dessen weit ausgreifende, »untergründige« Bewegungen zu erfassen sowie auch die psychischen Gesetzmäßigkeiten zu erkennen, nach denen sich diese vollziehen.

Auch hier jedoch kommt uns ein Vorurteil in die Quere: die Behauptung von Kulturwissenschaftlern, eine »kulturelle« (wie sie es nennen) Evolution habe nicht stattgefunden. Sie stützen sich dabei auf den so genannten Evolutionismusstreit, der in den Fünfzigerjahren stattgefunden hat. Worum handelt es sich dabei?

Schon als die Idee der Evolution aufkam – das war lange vor Darwin – , haben Kulturhistoriker bzw. Kulturphilosophen angefangen, von kultureller Evolution zu reden. Bei ihrem Bemühen, eine solche darzustellen, gingen sie einfach in der Weise vor, dass sie das kulturhistorische und ethnografische Material – nicht gerade willkürlich, jedoch nur nach äußeren Merkmalen – in verschiedene Stadien einteilten. Eröffnet wurde die Reihe dieser »Evolutionisten« (wie sie heute von vielen Kulturwissenschaftlern abwertend bezeichnet werden) durch Auguste Comte (1798 – 1857). Dieser unterschied drei Stadien: ein theologisches, ein metaphysisches und ein positives. Als Klassiker gelten Edward Tylor (1832 – 1917), Herbert Spencer (1820 – 1903) und James George Frazer (1854 – 1941). Ein letzter Vertreter – sozusagen ein Epigone – der kulturphilosophischen Richtung war Jean Gebser (1905 – 1972). Er sah fünf Stadien: ein archaisches, ein magisches, ein mythisches, ein mentales und schließlich ein integrales. (Wieder aufgegriffen wird dieses Vorgehen – unbelastet vom Wissen um den Evolutionismusstreit – gegenwärtig von Vertretern der Transpersonalen Psychologie, z. B. von Ken Wilber.)

So gescheit und so reich mit kulturhistorischem Wissen befrachtet die Entwürfe der »Evolutionisten« auch waren, konnten sie doch der Kritik derer, denen das Reden von kultureller Evolution – und damit von einer Evolution der Religionen – gegen den Strich ging, nicht standhalten. Dies lag daran, dass der methodische Ansatz, auf dem sie beruhten, nicht griffig war.

Seither ist jedoch ein Ansatz gefunden worden, der greift. Im Unterschied zum kulturphilosophischen ist dieser naturwissenschaftlich begründet. Bei der Evolution des Bewusstseins geht es eben um Evolution im strengen Sinn des Wortes. Um eine solche nachzuweisen, genügen geisteswissenschaftliche Methoden und Denkgewohnheiten allein nicht. Hierzu muss man auch in den Naturwissenschaften zu Hause sein und außerdem in jenem Typus empirischer Wissenschaft, der durch die Entdeckung des Unbewussten zu Stande kam: in der Tiefenpsychologie. Die Methodik zur Erforschung der Bewusstseins-Evolution ist nämlich prinzipiell transdisziplinär: das Denken muss hier, wie schon gesagt, die Fakultätsgrenzen übersteigen.

Der transdisziplinäre Ansatz erbrachte nicht nur den Beweis, dass eine Evolution des Bewusstseins stattgefunden hat. Er erst machte es auch möglich, den Wandel der Weltsicht, der im Verlauf der Neuzeit vor sich ging, zu verstehen. Erstens ließ er erkennen, wie die mittelalterliche Vorstellung des objektiv Geistigen im Verlauf der Bewusstseinsentwicklung zu Stande gekommen ist. Er ließ ferner erkennen, dass diese Entwicklung am Ende des Mittelalters an einem Plafond anstieß und dass die Evolution nur weiterschreiten konnte, wenn eine grundlegend neue Vorstellung des Geistigen zu Stande kam. Nun erst konnte man auch erkennen, was sich beim Wandel des abendländischen Weltbilds im Kern geändert hat und wie er vor sich gegangen ist: dass er sich nach einer Gesetzmäßigkeit psychischer Entwicklung vollzogen hat, die bei der Beobachtung individueller Bewusstwerdungsschritte entdeckt worden ist.

In der Bildersprache des Unbewussten ist diese Gesetzmäßigkeit schon »seit grauer Vorzeit« veranschaulicht worden im Mythologem (Mythenmotiv) von Tod und Auferstehung eines Gottes. Seit der Entdeckung des Unbewussten wissen wir ja, dass Mythen Gestaltungen des Unbewussten sind und dass in ihnen psychische Sachverhalte und Gesetzmäßigkeiten veranschaulicht werden. Tod-und- Auferstehungs-Mythen drücken nun zweierlei aus, und diese beiden Aussagen erhellen unser Problem. Erstens veranschaulichen sie die Tatsache, dass eine überfällig gewordene Vorstellung bzw. Einstellung nicht unmittelbar von einer entwicklungsmäßig höheren abgelöst werden kann, sondern dass sie erst einmal untergehen muss. Dieses notwendige »Sterben« der supranaturalistischen Geist-Vorstellung zu bewirken war – unter dem Blickwinkel der Bewusstseins-Evolution betrachtet – die Funktion der materialistischen Weltsicht. Erst jetzt, nachdem die Vorstellung einer übernatürlichen geistigen Welt untergegangen ist, kann die schon am Ende des Mittelalters notwendig gewordene neue – das Weiterschreiten der Evolution ermöglichende – Vorstellung des objektiv Geistigen »auferstehen«.

Nun haben ja Theologen über die christliche Variante des Tod-und-Auferstehungs-Mythologems sehr viel nachgedacht. Zwar haben sie den Mythos noch wörtlich (konkretistisch) verstanden; aber sie haben doch »herausgefunden«, dass der Auferstehungsleib Christi ein ganz anderer »gewesen ist« als der ins Grab gelegte. Auf unser Thema angewendet heißt dies (nunmehr bildsprachlich verstanden), dass die neue, dem heutigen Bewusstseins-Niveau entsprechende Vorstellung des objektiv Geistigen eine ganz andere sein muss als die »abgestorbene«. Nachdem der Materialismus die Vorstellung einer »rein geistigen« Übernatur eliminiert hat, besteht unsere Aufgabe wie schon gesagt darin, das Geistige in dem zu suchen, was seinerzeit der Übernatur gegenüberstand: in der Natur.

Die neue Vorstellung des objektiv Geistigen liegt schon bereit

Um solch eine Vorstellung des naturhaft Geistigen zu erarbeiten, ist es nicht einmal nötig, vorerst noch geistige Fakten zu entdecken, denn die sind schon längstens entdeckt. Seit Beginn des 20. Jahrhunderts hat nämlich zuerst die Physik, später die Biologie, eine Unmenge von Fakten zu Tage gefördert, die, wenn man genau hinschaut, unter dem Paradigma der materialistischen Weltsicht – dem Energie-Paradigma – nicht untergebracht werden können: Fakten, die entsprechend dem traditionellen Begriffspaar von Materie und Geist als geistige zu bezeichnen sind. Um diese zu fassen, muss man einfach das heutige Wissen über die Natur – am besten der Evolutionsachse entlang aufwärts – durchmustern und die Fakten aussondern, die mit dem Energiebegriff der Physik nicht erfasst werden.

Allerdings muss man sich klar sein, dass man bei diesem Vorgehen nicht den Geist von der Materie trennt. Ein bedeutsamer Ertrag, den der große Evolutionsschritt des abendländischen Bewusstseins gebracht hat, ist ja die komplementäre Betrachtung. Seitdem diese gefunden wurde, darf man im Grunde genommen gar nicht mehr von Materie und Geist (auch nicht mehr von Leib und Seele) reden, sondern nur noch von einem materiellen und einem geistigen – einem leiblichen (somatischen) und einem psychischen – Aspekt der »an sich« einheitlichen raumzeitlichen Wirklichkeit.

Nicht nur keine neuen Fakten müssen bei diesem Vorgehen entdeckt werden, man braucht auch keine neue, bisher unbekannte Kraft (das Schreckgespenst vieler Naturwissenschaftler!) einzuführen. Es geht nur um eine differenziertere Sicht des schon Bekannten: eine Sicht, die durch »Erfindung« des komplementären Denkens möglich geworden ist. Hierzu sind lediglich Fakten, die bisher unter den traditionellen, undifferenzierten Begriff »Materie« gefallen sind, unter einem gesonderten – zu »Materie« komplementären – Begriff zusammenzufassen. Dadurch wird einfach das bisherige Bedeutungsfeld des Ausdrucks »Materie« verkleinert und der so frei werdende Raum mit dem unserer sprachlichen Tradition entsprechenden Ausdruck »Geist« besetzt.

Die neue Vorstellung des Geistigen liegt somit geradezu auf der Straße. Sie muss nur noch aufgehoben werden. Zu zeigen, wie dieses Aufheben geschehen kann, wird den mittleren – und gleichzeitig umfangreichsten – Teil dieses Buches ausmachen. Bevor wir aber damit beginnen, wollen wir uns – in einem ersten Teil – darüber ins Bild setzen, wie die frühere Vorstellung des Geistigen war, wie sie zu Stande gekommen ist und weshalb sie im späten Mittelalter die Evolution des Bewusstseins zu hemmen begann; ferner wollen wir betrachten, wie der Wandel zu einer fundamental neuen Sicht des Geistigen sich vollzogen hat. Erst wenn man dies alles kennt, kann man das grundlegend Neue an der heutigen Vorstellung erfassen.

Ausweg aus der Krise der Werte und der Sinngebung

Nun dient aber die Suche nach einer zeitgemäßen Vorstellung des Geistigen nicht nur der Befriedigung des Wissensdrangs. Sie hat auch eminent existenzielle Bedeutung. Das Unbehagen im Materialismus ist meines Erachtens sogar in erster Linie Ausdruck dessen, was man Krise der Werte und der Sinngebung nennt. Es entspringt dem Gespür, dass mit der Elimination der Übernatur aus dem Weltbild etwas für das menschliche Leben unbedingt Notwendiges verloren gegangen ist.

Ursache dieser Wert- und Sinnkrise war das Menschenbild, das die Aufklärung mit sich gebracht hat. In diesem galt die Vernunft – in heutiger Ausdrucksweise das Bewusstsein bzw. dessen »Zentrum«, das Ich – als einzige Erkenntnisquelle: als einzige Quelle des Wissens sowohl über das Sosein der Welt als auch über das, was richtig und unrichtig, gut und böse und was der Sinn des Lebens ist. Diese subjektivistische Auffassung der Quelle von Ethik und Sinngebung entsprach, wie wir seit der Entdeckung des arteigenen Unbewussten sehen können, nicht der menschlichen Natur. So hat sie denn auch verheerende Folgen gehabt. Nicht nur hat sie der (oft noch ideologisch begründeten) Willkür Tür und Tor geöffnet. Sie hat auch zu jener Beliebigkeit im Meinen, Tun und Lassen geführt, welche als Kennzeichen unserer »postmodernen« Zeit gilt.

Bevor das Menschenbild der Aufklärung zu Stande kam, sah man die Quelle von Ethik und Sinn außerhalb des Menschen, also in der objektiven Wirklichkeit. Man stellte sich vor, ein personaler Gott habe den Menschen die Richtlinien für ihr Tun und Lassen gegeben (offenbart). Mit der Elimination der Vorstellung vom Einwirken übernatürlicher Geist-Wesen in das Naturgeschehen und in die menschliche Geschichte ist jedoch auch die Vorstellung göttlicher Offenbarung eliminiert worden. Dies ist der Grund, weshalb seit der Aufklärung der menschliche – subjektive – Geist als Quelle von Ethik und Sinn gilt. Die neue, unserer Zeit entsprechende Vorstellung des Geistigen wird nun wiederum zu einer Begründung von Ethik und Sinn von der objektiven Wirklichkeit her führen. Allerdings wird diese Wirklichkeit keine übernatürliche mehr sein, sondern eine natürliche. Es wird sich aber zeigen, dass eine naturalistische Auffassung des objektiv Geistigen der früheren supranaturalistischen in existenziellen Belangen in der vollen Bedeutung des Wortes äquivalent ist: dass sie dem Menschen auf dem heutigen Niveau der Bewusstseins-Evolution all das zu geben vermag, was vor dem Wandel der Weltsicht die Religionen dem Menschen gegeben haben. Wie dies gemeint ist, soll im dritten Teil dieses Buches gezeigt werden.

Statt von der Grundlage einer neuen Ethik könnte man auch vom Weg zu einer neuen Ethik sprechen. Dieser Ausdruck ist in einem doppelten Sinn zu verstehen: zum einen als phylogenetischer Weg von der archaischen zur heutigen Auffassung von der Quelle der Ethik, zum anderen als individuell zu begehender Weg, auf dem diese Quelle heute – dem heutigen Bewusstseins-Niveau entsprechend – zum Fließen gebracht werden kann.

Bevor wir aber mit der Frage nach der Vorstellung des Geistigen beginnen, müssen wir uns noch mit dem methodischen Ansatz zur Erforschung der

Bewusstseins-Evolution vertraut machen. Aus diesem erst ergibt sich nämlich die Fragestellung, durch die sich uns – aus dem kulturhistorischen Material – sowohl das Zustandekommen als auch der Wandel der Vorstellung des objektiv Geistigen – und damit der Quelle der Ethik – erschließt.

Erforschung der Bewusstseins-Evolution

Bei der Bewusstseins-Evolution geht es um die Frage, ob und wie jene Evolution, die als Evolution der Materie begann, dann als Evolution der Lebewesen voranschritt, nach der Entstehung des Menschen – des mit Bewusstsein ausgestatteten Lebewesens – weitergegangen sei.

Auf dieses Thema, das später zu meinem eigentlichen Forschungsgebiet geworden ist, stieß ich gegen Ende der Sechzigerjahre, als ich mich mit der Beziehung zwischen Tiefenpsychologie und Theologie befassen musste. Ich hatte festgestellt, dass das erkenntnistheoretische Fundament beider dieser Typen von Wissenschaft zwar der Begriff »Offenbarung« ist, dass man sich aber in der Theologie vorstellt, Offenbarung komme von der Übernatur her, in der Tiefenpsychologie hingegen, sie komme aus dem unbewussten Bereich der menschlichen Psyche, d. h. aus der Natur. Da die wissenschaftliche Theologie sich im Mittelalter entfaltet hat, die Tiefenpsychologie jedoch erst im 20. Jahrhundert entstanden ist, schien es mir auf der Hand zu liegen, dass der Unterschied in den »Vorverbindungen des Denkens« dieser beiden Typen von Wissenschaft mit der Evolution des Bewusstseins zusammenhängt.

Auf Grund eines Artikels zu diesem Thema wurde ich 1970 zur Mitarbeit in der Stiftung für Humanwissenschaftliche Grundlagenforschung eingeladen: einer transdisziplinären Arbeitsgemeinschaft für Dozenten der Hochschulen Zürich, St. Gallen und Fribourg, der das Ziel vorgegeben war, ein zeitgemäßes, erfahrungswissenschaftliches Menschenbild zu erarbeiten. Als ich dort meine These vortrug, erregte ich heftigen Widerspruch nicht nur der Theologen, was ja zu erwarten war, sondern auch der Ethnologen. Sie beriefen sich auf die Ergebnisse des Evolutionismusstreits und behaupteten, eine kulturelle Evolution habe es nicht gegeben. In jenem Streit ging es, wie schon erwähnt, um Entwürfe von Kulturphilosophen, die – wegen ihres ungenügenden methodischen Ansatzes – der Kritik derer, denen das Reden von einer Evolution der Kultur missfiel, nicht standgehalten hatten. Sie hielten aus dem Grund nicht stand, weil sie kein Maß zur Bestimmung der Evolutionshöhe enthielten.

Ein neuer methodischer Ansatz

Bis dahin war es für mich – wegen meines Vertrautseins mit der Bio-Evolution – selbstverständlich gewesen, dass die Evolution nach der Entstehung des Menschen weitergegangen ist. Nun aber sah ich mich gezwungen, nach einem methodischen Ansatz zu suchen, der greift. Zum vornherein war mir klar, dass es nicht um die Evolution von Kulturen ging, sondern um die Evolution jenes kognitiven Systems, das Kultur hervorbringt: des Bewusstseins. Deshalb sprach ich ja auch nicht von kultureller Evolution, sondern von Evolution des Bewusstseins.

Weil damals – mit dem Aufkommen von Verhaltensforschung und Neurobiologie – die Zuständigkeit in Sachen Kognition von der akademischen Philosophie auf die Naturwissenschaft übergegangen war, war mir auch klar, dass der methodische Ansatz nicht ein (schul)philosophischer, sondern ein erfahrungswissenschaftlich begründeter sein musste.

Von Naturwissenschaftlern gab es zwar damals schon Entwürfe. Es waren Darstellungen der Gesamtevolution, in denen – sozusagen zur Abrundung – noch von einer »kulturellen« Evolution gesprochen wurde. Dabei wurden jedoch zur Darstellung der letzteren einfach »Mechanismen« der Bio-Evolution – z. B. Variation und Selektion oder Selbstorganisation – auf die Evolution des menschlichen Geistes extrapoliert. Zu meinem Problem – dem Wandel des Weltbilds seit Beginn der Neuzeit – ergaben diese Entwürfe nichts. Hierfür musste erst einmal das Spezifische der Bewusstseins-Evolution erfasst werden: das, wodurch diese sich von der Bio-Evolution unterscheidet.

Nun impliziert der Ausdruck »Evolution« die Aussage, dass ein System – sei dies ein atomares, ein molekulares oder ein kognitives – fortschreitend an Komplexität zugenommen hat. Komplexitätszunahme eines Systems kann aber nur nachgewiesen werden, wenn man dessen grundlegende Eigenschaften kennt. Wollte man das Spezifische der Bewusstseins-Evolution erfassen, galt es somit als erstes festzustellen, welches die grundlegenden Eigenschaften des Bewusstseins sind.

Ein terminologisches Problem

Bevor ich schildere, wie dies geschah, ist ein terminologisches Problem zu klären. Der Ausdruck »Bewusstsein« wird nämlich heute in verschiedenster Bedeutung gebraucht. Sagt man z. B., ein Mensch sei bei Bewusstsein, meint man damit das Gegenteil von Bewusstlosigkeit (von Ohnmacht oder Koma). Bei Bewusstsein sein heißt in diesem Fall so viel wie wach sein. In der naturwissenschaftlich fundierten Humanwissenschaft hat »Bewusstsein« jedoch eine andere Bedeutung. Da wird der Mensch als bewusstes Lebewesen verstanden im Unterschied zu den Tieren, die man als unbewusste Lebewesen bezeichnet. Nun sind aber auch Tiere, wenn sie nicht schlafen, wach. Trotzdem nennt man sie unbewusst. Unbewusstheit ist eben etwas ganz anderes als Bewusstlosigkeit.

Heute reden allerdings viele auch bei Tieren von Bewusstsein. Auch Molekülen und Atomen wird oft Bewusstsein zugeschrieben, neuerdings sogar Elementarteilchen und Feldquanten. Offenbar wird hier der Ausdruck »Bewusstsein« in einem ganz allgemeinen Sinn zur Benennung von Erkenntnisvermögen verwendet. In diesem Fall sollte man jedoch, wenn man das für den Menschen Charakteristische benennen will, von reflektierendem Bewusstsein sprechen. Ich ziehe es indessen – im Hinblick auf das zu lösende Problem – vor, für die »Innerlichkeit« der Tiere den Ausdruck »unbewusst« zu verwenden.

Allerdings wird bei Tieren oft nicht nur aus begrifflicher Nachlässigkeit von Bewusstsein gesprochen. Unter dem Eindruck der staunenswerten, hochdifferenzierten kognitiven und emotionalen Fähigkeiten und Verhaltensweisen höherer Tiere wird oft ein wesentlicher Unterschied zwischen Mensch und Tier sogar explizit negiert (Anm. 40). Dass diese Meinung jedoch unhaltbar ist, dürfte klar werden, sobald man den Blick nicht mehr nur auf Tiere fixiert, sondern auch spezifisch menschliche Leistungen ins Auge fasst. Es ist ja keine tierische Spezies bekannt, die in der Lage wäre, eine Symphonie zu komponieren, die oft nach Jahrzehnten wieder aufgeführt wird, ein Buch über Molekularbiologie oder die Anweisung für den Bau und die Programmierung von Computern zu schreiben. Allgemeiner gesagt: die in der Lage wäre, eine objektunabhängige Kultur zu schaffen.

Indessen sei festgehalten, dass der Mensch nicht einfach ein bewusstes Lebewesen ist, sondern ein unbewusst-bewusstes. Sein Erkennen und Verhalten verläuft sogar zum größten Teil – man schätzt diesen Teil auf zirka achtundneunzig Prozent (!) – unbewusst. Auch wir tragen in uns nämlich jenes hochkomplexe kognitive System der höheren tierischen Primaten, das im Verlauf der Bio-Evolution fortlaufend zugenommen hat. Ohne dieses könnten wir weder im Leben uns zurechtfinden noch überhaupt leben. Im einzelnen Menschen wächst Bewusstsein sogar erst nach der Geburt aus diesem phylogenetisch erworbenen (»ererbten«) unbewussten System hervor.

Auch erwiesen sich viele Vorgänge, die man bisher als Leistungen des Bewusstseins betrachtet hat, als Leistungen des Unbewussten. So hat z. B. die Humanethologie festgestellt, dass der größte Teil unseres sozialen Verhaltens durch unbewusste Muster gesteuert wird. Zudem hat der »Einstein der Linguistik«, Noam Chomsky, nachgewiesen, dass die Fähigkeit, Sprache zu erlernen und zu handhaben, auf unbewussten Strukturen (Struktur im Sinne von Software) beruht. Schließlich wies die kognitive Psychologie nach, dass unbewusste Strukturen sogar das Erlernen und Erinnern von Tatsachen, das

Lösen von Problemen und das Ziehen von Schlussfolgerungen steuern. Es muss aber darauf hingewiesen werden, dass dieses hochkomplexe unbewusste System des Menschen dem Bewusstsein bzw. dessen »Zentrum« -dem Ich- nicht direkt zugänglich ist, sondern nur durch indirekte Methoden erschlossen werden kann.

Die charakteristischen Merkmale von Bewusstsein

Kommen wir, nachdem die Begriffe geklärt sind, auf die Suche nach den charakteristischen Merkmalen von Bewusstsein zurück. Deren Kenntnis war ja, wie gesagt, Voraussetzung für die Erforschung der Bewusstseins-Evolution.

Von geisteswissenschaftlicher -insbesondere philosophischer- Seite gab es zwar Begriffsbestimmungen von Bewusstsein in Hülle und Fülle. Diese halfen jedoch nicht weiter. Da, wie schon gesagt, die Erforschung kognitiver Systeme in die Hand von Biologie und empirischer Psychologie übergegangen war, musste nach einer erfahrungswissenschaftlich begründeten Definition von Bewusstsein gesucht werden.

Aber auch die Psychologie konnte nicht weiterhelfen, kann sie doch nur über den heutigen Menschen etwas aussagen. Von diesem aber musste man – zumindest als Arbeitshypothese – annehmen, dass sein Bewusstsein schon eine Evolution von einigen hunderttausend Jahren hinter sich hat, in deren Verlauf sekundäre Eigenschaften wie z. B. eine hochdifferenzierte Wortsprache, empirisch fundiertes Wissen über die Natur sowie die Beherrschung mannigfacher handwerklicher und geistiger Techniken hinzugekommen sind. Um die konstituierenden Merkmale des Bewusstseins zu erkennen, war es hingegen nötig, dessen Anfänge zu erfassen.

Wie aber sollte das möglich sein? Von frühen Menschen haben wir ja nur Knochen, und diese sagen – wie die »Knochenanthropologen« mit Bedauern feststellen mussten – über die Fähigkeit jener Menschen zu Bewusstheit nichts aus.

Indessen wies eine Entdeckung, die im Rahmen der Evolutionsforschung gemacht wurde, den Weg. Dort hatte sich nämlich gezeigt, dass bei jedem großen Evolutionsschritt neue – bis dahin noch nicht vorhandene – Fähigkeiten in die Existenz getreten sind. Ferner hatte man festgestellt, dass immer dann, wenn ein solcher Evolutionsschritt »in der Luft lag«, sich in der Stammgruppe, in der er sich dann ereignete, so etwas wie ein Tasten auf das kommende Neue hin stattfand. Da sich nun der Schritt vom Tier zum Menschen in der Gruppe der höheren Primaten ereignet hat, lag es nahe, zu untersuchen, ob sich bei Menschenaffen – unseren nächsten Verwandten unter den Primaten –

ein »Tasten auf Bewusstheit hin« feststellen lasse: Anzeichen einer kognitiven Fähigkeit, die evolutionsmäßig niedrigere Lebewesen noch nicht besitzen.

Antwort auf diese Frage war von der Verhaltensforschung (Ethologie) zu erwarten. Zwar untersucht diese nur unbewusste kognitive Systeme. Aber die Existenz unbewusster Systeme war, wie gesagt, die Voraussetzung dafür, dass Bewusstsein überhaupt in die Welt treten konnte.

Die Methodik der Verhaltensforschung besteht bekanntlich darin, aus (vorwiegend motorischen) Äußerungen von Lebewesen auf das kognitive System zu schließen, das diesen zu Grunde liegt: auf das, was eine tierische Art erkennen kann, wie sie auf das Erkannte reagiert, was sie an stammesgeschichtlich erworbenem (»angeborenem«) Wissen besitzt und was im Lauf der Individualentwicklung eventuell noch dazugelernt werden muss. Auf diese Weise erarbeiten Ethologen die Verhaltensrepertoires (Ethogramme) vieler tierischer Arten. Ergänzt wird die Arbeit der Ethologen durch die Neurobiologie, welche Struktur und Funktionsweise jener »Hardware« erforscht, an der sich die unbewusste Informationsverarbeitung vollzieht.

Auf dem Boden dieses Wissens entwickelte sich die evolutionäre biologische Kognitionsforschung. Ihr Ziel ist es aufzuzeigen, wie die unbewussten kognitiven Systeme im Verlauf der Bio-Evolution fortschreitend an Leistungsfähigkeit und damit an Komplexität zugenommen haben, und zwar von den Bakterien bis hinauf zu den Primaten. Von dieser Spezialdisziplin der Ethologie ließ sich somit die Antwort erwarten auf die Frage, ob bei höheren tierischen Primaten – als Ausdruck eines »evolutionären Tastens« – Anzeichen einer kognitiven Fähigkeit zu finden seien, die bis dahin noch nicht vorhanden war. Da erhielt ich – auf mein Fragen hin – von Hans Kummer, dem Primatologen unseres Arbeitskreises, den entscheidenden Tipp. Er riet mir, die Spiegelversuche, die Russell Tuttle kurz zuvor mit Schimpansen gemacht hatte (Anm. 255), anzuschauen.

Bei jenen Versuchen ging es um Folgendes: Stellt man ein evolutionsmäßig niedriges Augentier – z. B. ein Krähen-Männchen – vor einen Spiegel, hackt es immer wieder auf sein Spiegelbild ein, weil es in ihm einen Rivalen sieht. Lässt man hingegen einen Schimpansen, dem man vorher (in Narkose) einen Farbfleck an eine Stelle des Fells gemalt hat, die er nicht sehen kann, vor einen Spiegel treten, dann greift er nicht nach dem Farbfleck im Spiegelbild, sondern an sich selbst. Es scheint ihm die Erkenntnis zu dämmern: »Der dort im Spiegel bin ich«. Es tritt damit etwas völlig Neues in die Existenz: die Fähigkeit, zwischen Ich und Nicht-Ich beziehungsweise zwischen Subjekt und Objekt zu unterscheiden. In dieser Fähigkeit war, wie sich in der Folge erwies, das konstituierende Merkmal dessen gefunden, was man im Falle des Menschen als Bewusstsein bezeichnet.

Seit den Siebzigerjahren hat sich die Primatologie mächtig entfaltet. Unter anderem wurden die Bonobos, die dem Menschen wohl noch ähnlicher als die »gewöhnlichen« Schimpansen sind, entdeckt. Ungezählte Beobachtungen über frei lebende Schimpansen, Gorillas und Orang Utans wurden gemacht. In Experimenten wurde nachgewiesen, dass Schimpansen in der Lage sind, Pläne für die Befriedigung momentaner Bedürfnisse zu schmieden. Auch wurden Experimente über deren Fähigkeit zum Erkennen und zur Handhabung von Zeichen (»Symbolen«) gemacht sowie über die Fähigkeit, mittels Zeichen mit dem Menschen zu kommunizieren. Spiegelversuche wurden oft wiederholt und variiert und auch mit niedrigeren Affen gemacht. Dabei zeigte sich, dass z. B. Makaken ihr Spiegelbild noch angreifen, also als Rivalen auffassen. Ferner sah man, dass selbst Schimpansen sich nicht ohne weiteres in ihrem Spiegelbild erkennen: dass sie dieses zunächst angreifen und erst im Verlauf der Zeit merken, dass der im Spiegel sie selber sind.

Trotz aller Zunahme des Wissens über die Fähigkeiten von Primaten – und trotz der immer wiederholten Behauptungen, das Erkennen von »Symbolen« sei das Verbindungsglied zum Menschen – hat sich indessen die Annahme bestätigt, dass mit dem Aufscheinen der Fähigkeit, zwischen Ich und Nicht-Ich zu unterscheiden, eine grundlegend neue kognitive Fähigkeit in die Existenz getreten ist: dass sich darin ein Evolutionsschritt manifestiert, der – im Rahmen der Gesamtevolution betrachtet – an Stellenwert dem erstmaligen Auftreten von Leben gleichzusetzen ist. Zwar wird immer wieder gesagt, der Erwerb der Fähigkeit zur grammatikalisch strukturierten Wortsprache sei das entscheidende Merkmal der Menschwerdung. Indessen setzt Sprachkompetenz voraus, dass der in Worte zu kleidende Inhalt »im Geiste repräsentiert« – d. h. als Bewusstseinsinhalt schon vorhanden – ist. Einfach gesagt: bei Menschenaffen hat sich deshalb kein Apparat für Wortsprache entwickelt, weil sie noch nichts, das zu einer objektunabhängigen Kultur führen würde, zu sagen haben.

Gerade dies aber macht sie für unsere Fragestellung so wertvoll. Die Spiegelversuche mit Schimpansen geben eben nur Hinweise auf die Anfänge von Bewusstsein. Seit Jahrmillionen sind Schimpansen dann auf dieser Evolutionsstufe stehen geblieben. So dienen sie uns heute als lebende Fossilien aus jener Phase der Bio-Evolution, in der Bewusstsein in die Welt zu treten begann. Der Durchbruch – die eigentliche Fulguration zu Bewusstsein – erfolgte dann erst auf jenem Entwicklungszweig der Hominiden, aus dem der

Homo sapiens hervorgegangen ist. Erst bei diesem war das kognitive System »Bewusstsein« so weit entfaltet, dass sich an ihm eine fortschreitende Komplexitätszunahme – eine Evolution im Wortsinn – vollziehen konnte. Der Nachweis, dass dies der Fall war, konnte erbracht werden, indem sich zeigen ließ, dass die Fähigkeit zur Unterscheidung zwischen Ich und Nicht-Ich im Verlauf der Menschheitsgeschichte fortlaufend zugenommen hat.

Die Methodik, mit der dies gelang, ist derjenigen der Verhaltensforschung analog. Sie besteht ebenfalls darin, aus Äußerungen auf die Struktur des kognitiven Systems, das diesen zu Grunde liegt, zu schließen. Weil aber der Besitz von Bewusstsein den Menschen befähigt, Kultur – genau gesagt objektunabhängige Kultur – zu schaffen, kann aus kulturellen Äußerungen auf den jeweiligen Komplexitätsgrad des Bewusstseins zurückgeschlossen werden.

Nun ist aber Bewusstsein, wie schon gesagt, beim Menschen nicht von Anfang an da. Wie man aus der Embryonalforschung weiß, vollzieht sich bei der Individualentwicklung (Ontogenese) – wenigstens in groben Zügen – eine Wiederholung der Stammesentwicklung (Phylogenese). So hat denn der Entwicklungspsychologe Jean Piaget nachgewiesen, dass das Kind während des ersten Lebensjahres die Fähigkeit zur Unterscheidung zwischen Subjekt und Objekt noch nicht besitzt, d. h. dass es in diesem Stadium, trotz seiner sonstigen schon hoch entwickelten psychischen – insbesondere emotionalen – Fähigkeiten, noch als unbewusstes Lebewesen bezeichnet werden muss (Anm 195). Diese Beobachtungen von Piaget wurden in den letzten Jahren durch Spiegelversuche bestätigt. Hält man nämlich ein Kind, dem man z. B. die Nase rot angestrichen hat, vor einen Spiegel, greift es bis zur Mitte des zweiten Lebensjahres nach seinem Spiegelbild und erst von da an an die eigene Nase.

Kommen wir auf den Nachweis der Evolution (Phylogenese) des Bewusstseins zurück: darauf, dass aus kulturellen Äußerungen auf den jeweiligen Komplexitätsgrad des Bewusstseins geschlossen werden kann. Bei der Erforschung der Bewusstseins-Evolution benötigt man somit die Fakten, die Historiker und Ethnografen im Verlauf der letzten Jahrhunderte zusammengetragen haben. Man geht aber mit einer ganz anderen Einstellung an diese heran als Kulturwissenschaftler. Deren Ziel ist es, Kulturen bis in alle Details zu rekonstruieren oder – wenn sie noch vorhanden sind – darzustellen. Für die Erforschung der Bewusstseins-Evolution hingegen sind alle diese Fakten lediglich Ausgangsmaterial. An dieses stellt man eine einzige Frage: die Frage, was für ein Grad von Unterscheidungsfähigkeit zwischen Ich und Nicht-Ich in ihnen zum Ausdruck komme. Man begibt sich somit auf eine andere Betrachtungsebene. Was dabei herauskommt, ist denn auch etwas ganz anderes als bei der traditionellen kulturhistorischen Forschung. Nicht die Details des konkreten historischen Geschehens, sondern die großen Linien eines Geschehens, das sich unter dieser Oberfläche abspielt: die Evolution des kognitiven Systems »Bewusstsein«.

Unterschiede zwischen Bio-Evolution und Evolution des Bewusstseins

Allerdings sind bei der Anwendung der geschilderten Methodik sowohl Gemeinsamkeiten von Bio-Evolution und Evolution des Bewusstseins als auch Unterschiede zwischen diesen im Auge zu behalten. Gemeinsam ist beiden, dass Hand in Hand mit der Komplexitätszunahme eine Diversifikation bzw. Auffächerung stattfand und dass viele Zweige bei einem gewissen Entwicklungsgrad zum Stillstand kamen oder gar ausstarben. Unterschiedlich ist jedoch die Art und Weise dieser Auffächerung. Bei der Bio-Evolution verzweigte sich der Strom des Lebendigen in eine Vielzahl von Arten (Spezies). Die Evolution des Bewusstseins fand innerhalb einer einzigen Art – der menschlichen – statt, und die Diversifikation erfolgte hier durch Auffächerung in Kulturen. Man kann somit sagen, in Gestalt der Evolution des Bewusstseins sei die Evolution nun auf einer anderen Ebene vorangeschritten.

Ferner werden die Ergebnisse der Evolution auf verschiedene Weise weitergegeben: in der Bio-Evolution – somit auch in der Evolution unbewusster kognitiver Systeme – über das Genom, bei der Evolution des Bewusstseins hingegen durch die Tradition, d. h. über einen von Generation zu Generation weitergereichten Pool geäußerter Bewusstseinsinhalte. Aus diesem Pool werden die heranwachsenden Mitglieder einer Gruppe während ihres Hineinwachsens in die betreffende Kultur gespeist. Fortlaufend bereichert wird dieser Pool, indem die Neuerwerbungen jeder Generation in ihn hineingegeben werden. Das Voranschreiten der Bewusstseins-Evolution vollzieht sich somit in ständiger Wechselwirkung zwischen Individuen und geäußerten, im Traditionspool gespeicherten Bewusstseinsinhalten.

Unterschiede ergaben sich auch bei den Auswirkungen des Kontakts, den die Entwicklungslinien in Bio- und Bewusstseins-Evolution miteinander hatten. Die tierischen Arten bildeten zwar durch sich überschneidende Funktionskreise ein Ökosystem, doch vermischten sie sich nicht miteinander. Wurde eine Vermischung tierischer Arten von Menschenhand herbeigeführt – z. B. bei der Zucht von Maultieren – , hatte sie keinen Bestand. Bei Kulturen hingegen war frühere oder spätere Vermischung geradezu die Regel. Zudem war sie meistens entwicklungsfordernd.

Dazu kommt noch, dass tierische Arten über Jahrmillionen – gewisse Einzeller sogar über milliarden von Jahren – erhalten blieben, was eine (relativ) exakte Reproduktion des Genoms erforderte. Auf den kulturellen Entwicklungssträngen fand hingegen immer wieder ein so genanntes Aggiornamento statt. Dieses bestand darin, dass viele Menschen – einem inneren Drang folgend – sich immer wieder kritisch mit der Tradition auseinander setzten. Dadurch fand eine fortwährende Anpassung des Traditionsstromes an das jeweils erreichte Evolutionsniveau statt, wodurch überholte Vorstellungen – wenigstens in der Bewusstseinsspitze einer Population – eliminiert wurden.

Aus diesem Grund ist es nicht möglich, bei der Evolution des Bewusstseins eine chronologische, detaillierte Abfolge der Entwicklungsstadien zu rekonstruieren in dem Sinn, wie es bei der Bio-Evolution der Fall ist. Ein zeitliches Raster für die Einordnung der verschiedenen Grade von Unterscheidungsvermögen besitzen wir indessen doch. Es ergibt sich aus der datierten Abfolge kultureller Stadien, welche die historische Forschung für die Hauptstränge der Entwicklung herausgearbeitet hat, und zwar jeweils vom Paläolithikum bis in die heutige Zeit: für den mesoamerikanischen Raum, den indischen und den chinesisch-ostasiatischen Raum sowie für jene Entwicklung, die in Mesopotamien und Ägypten begann, über den Mittelmeerraum weiterschritt und sich schließlich – nach vorübergehender Rearchaisierung – nördlich der Alpen fortsetzte.

In dieses zeitliche Raster lässt sich dann jenes Anschauungsmaterial einordnen, das – rund um die zentralen Achsen – in gleichsam horizontaler Staffelung vorliegt. Je weiter entfernt nämlich von den Brennpunkten der Bewusstseins-Evolution sich Kulturen entfaltet haben, oder je mehr sie – durch äußere oder innere Ursachen – gegen die Ausstrahlung jener Zentren abgeschirmt waren, desto langsamer schritt dort die Bewusstseins-Evolution voran. Man könnte auch sagen: desto geringer war dort die Tendenz zum Aggiornamento; desto mehr kam deren Gegenteil – die Tendenz zur Neophobie (zur Furcht vor dem Neuen) – zum Tragen. So konnte in jenen peripheren Bereichen noch in jüngerer Zeit von Ethnografen in vivo Material gesammelt werden, in dem sich frühere Phasen der Bewusstseins-Evolution ausdrücken.

Der Tatsache, dass Neophobie auch innerhalb hoch entwickelter Kulturen vorkommt, haben wir es schließlich zu verdanken, dass noch eine dritte Art der Staffelung von Bewusstseinsgraden vorliegt: deren Staffelung innerhalb der heutigen euroamerikanischen Bevölkerung. Da finden sich noch archaische Denk – und Verhaltensmuster nicht nur in jenem Material, das traditionelle Volkskundler sammeln, sondern auch in Krankheitstheorien vieler Alternativmediziner und Heiler, im Astrologiekult, in kirchlichen Riten und theologischem Schrifttum, in »neuheidnischen« Gebräuchen und »esoterischem Wissen« usw.

Nun war das Instrumentarium bereit, mit dem man die Evolution des Bewusstseins erschließen konnte und mit dem sich dabei aufzeigen ließ, wie die Vorstellung des Geistigen zu Stande gekommen ist, sich entfaltet und sich schließlich – im Verlauf der Neuzeit – radikal gewandelt hat.

1. Teil
Die archaische Vorstellung des Geistigen
und deren Zerfall

Das archaische Weltbild

Die Vorstellung des Geistigen – das erste Ziel unserer Untersuchung – ergibt sich aus der Art und Weise, wie man sich die Welt als Ganzes sowie die Befindlichkeit des Menschen in der Welt vorstellt. Als es jedoch seinerzeit darum ging, frühere Kulturen daraufhin zu untersuchen, was für ein Differenzierungsgrad der Fähigkeit zur Unterscheidung zwischen Ich und Nicht-Ich sich in ihnen ausdrückt, ergab sich vorerst eine große Schwierigkeit durch die Tatsache, dass ihnen ein Selbst- und Weltverständnis zu Grunde lag, das vom heutigen kategorial verschieden ist. Allerdings war schon lange bekannt, dass »primitive«, d. h. ursprungsnähere Völker anders dachten als wir. Davon hatten Kolonialbeamte, Forschungsreisende und Missionare ausführlich berichtet. Indessen hielten sie dieses Denken der »armen Heiden« oder »Wilden« in der Regel für abstrus, dumm, lächerlich oder verbohrt. Um den Differenzierungsgrad des Bewusstseins, der sich in ihnen ausdrückt, zu bemessen, war es jedoch nötig, diese Art des Welterfassens in ihrer inneren Folgerichtigkeit zu verstehen.

Dies erschien aber zunächst als aussichsloses Unternehmen, stand man doch vor einer Vielzahl von Kulturen, von denen jede ihre besonderen Natur- und Glaubensvorstellungen, Gedankengänge, Riten und sonstige Praktiken hatte. Es ist zwar eine große Leistung der Kulturwissenschaftler, frühere Kulturen plastisch herausgearbeitet zu haben. Sie haben sie jedoch in ihrer individuellen Gestalt herausgearbeitet, und das bedeutet, dass sie deren Besonderheiten und damit auch die Unterschiede zwischen ihnen hervorhoben. Stellte man die Weltsichten z. B. eines Theologen unseres Mittelalters, eines Priesters des altägyptischen Reichs und eines australischen Medizinmanns nebeneinander, fiel es schwer, sich vorzustellen, wie daraus eine Komplexitätsskala des Bewusstseins erarbeitet werden sollte.

Ein Muster des Weltverstehens bei früheren Kulturen

Da half aber das Wissen um die Tatsache weiter, dass die Bio-Evolution erst hatte rekonstruiert werden können, als man erkannt hatte, dass der ungeheuren Vielfalt von Lebewesen ein gemeinsames Muster zu Grunde liegt: dass allem Lebendigen die Fähigkeit zu Stoffwechsel und Wachstum, zu Informations-Aufnahme und -Verarbeitung, zu Reproduktion usw. zukommt. Es lag deshalb nahe zu fragen, ob sich für die Vielfalt früherer Kulturen nicht ebenfalls ein gemeinsames Muster erarbeiten lasse: ein Muster des Selbst- und

Weltverstehens und ein daraus sich ergebendes Muster des Umgangs mit der Welt.

Es galt also, erst einmal Kulturen als ganzheitliche Systeme aufzufassen, deren Elemente miteinander in Wechselwirkung stehen, dann die so betrachteten Kulturen miteinander zu vergleichen. Dabei ließ sich tatsächlich ein Muster des Welterfassens erkennen: ein Muster, das allen früheren Kulturen zu Grunde lag (Anm. 179). Dieses wurde zwar in der geografischen Breite und im Verlauf der Zeit stark variiert, doch ist es in seiner Grundstruktur von der Steinzeit bis zu Beginn der Neuzeit unverändert geblieben. Ich habe dieses Muster der Weltsicht dann, um es von der neuen, kategorial anderen Art des Weltverstehens, die sich aus der Mutation des Bewusstseins ergab, begrifflich zu unterscheiden, als archaisches bezeichnet. Der Ausdruck »archaisch« wird zwar meistens in der Bedeutung »uranfänglich« gebraucht. Das griechische »archaios« bedeutet aber einfach »alt« bzw. »veraltet«. In diesem Sinn verwende ich es hier.

Dualismus Natur – Übernatur

Charakteristisch für die archaische Weltsicht war die Unterscheidung zwischen zwei Bereichen der Wirklichkeit (Abb. 1): einem sichtbaren und einem unsichtbaren. Ausdruck dieser dualistischen Sicht waren die synonymen Begriffspaare Diesseits und Jenseits, Natur und Übernatur, physische und metaphysische Welt, Immanenz und Transzendenz.

Den jenseitigen Bereich der Wirklichkeit stellte man sich von (normalerweise) unsichtbaren Wesen bewohnt vor. Von diesen wurden zwei Klassen unterschieden: solche, die immer schon in der übernatürlichen Welt gelebt haben – die autochthon metaphysischen Wesen –, und jene, die einst Menschen gewesen sind: die »weiterlebenden Toten«. Diese Klassen wurden noch einmal unterteilt. Bei den autochthon metaphysischen Wesen unterschied man – zumindest in den theistischen Religionen – zwischen Göttern bzw. Gott und den Zwischenwesen wie z. B. Engeln und Teufeln. Bei den »weiterlebenden Toten« unterschied man zwischen verlöschenden und wachsenden. Ein gewöhnlicher Verstorbener wurde nur so lange für weiterlebend gehalten, als sich jemand »auf Erden« seiner erinnerte. Jene Toten hingegen, welche zu Lebzeiten einen besonderen Rang besessen oder sich entsprechend dem Werte-Kanon ihrer Kultur besondere Verdienste erworben hatten, machten im Jenseits einen Wachstumsprozess durch und näherten sich (wie z. B. die christlichen Heiligen) den autochthon metaphysischen Wesen an.

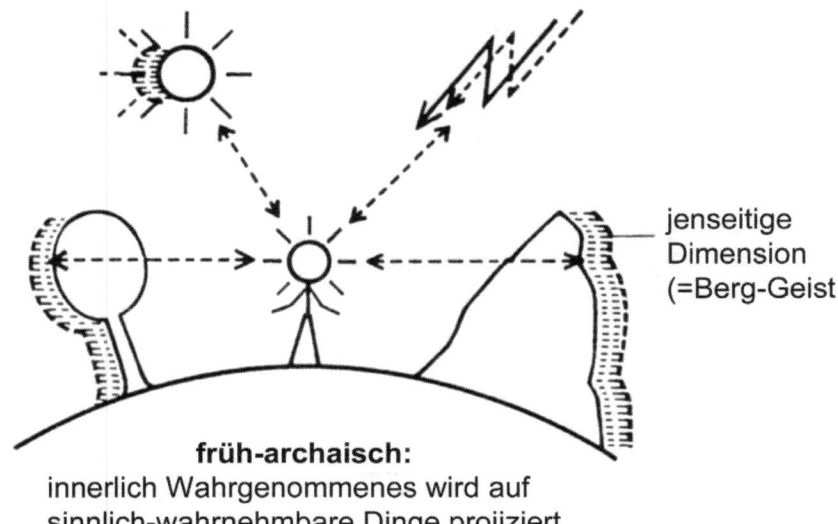

früh-archaisch:
innerlich Wahrgenommenes wird auf
sinnlich-wahrnehmbare Dinge projiziert

jenseitige
Dimension
(=Berg-Geist

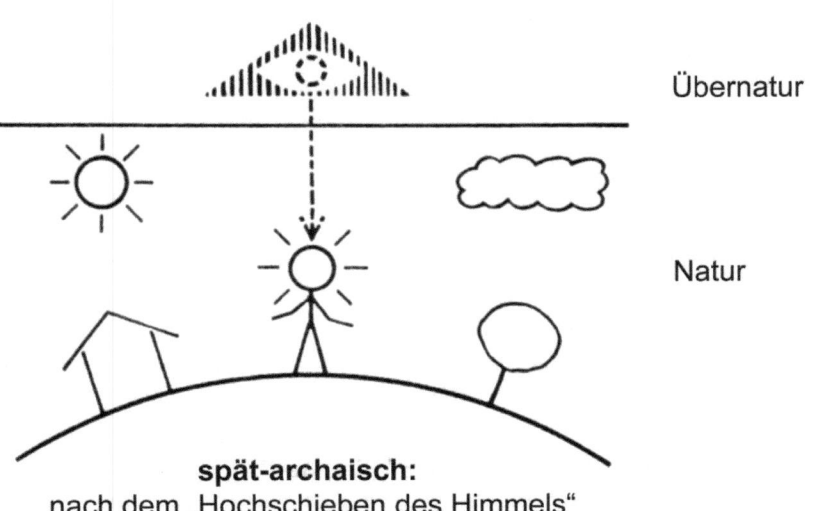

Übernatur

Natur

spät-archaisch:
nach dem „Hochschieben des Himmels"

Abb. 1 Das archaische Weltbild

Von den jenseitigen Wesen nahm man an, sie seien dem Menschen überlegen und können ihm Gutes oder Böses antun. Deshalb schien es angezeigt, ihnen gegenüber eine religiöse Haltung einzunehmen, d. h. darum besorgt zu sein, dass ihnen das menschliche Verhalten nicht missfiel.

Drei Fähigkeiten jenseitiger Wesen

Drei Fähigkeiten schrieb der archaische Mensch – durch alle Kulturen hindurch – den Bewohnern der jenseitigen Welt zu: die Fähigkeit, auf »diese« Welt einzuwirken, die Fähigkeit, sich den Menschen mitzuteilen, und die Fähigkeit, sich zu inkarnieren, d. h. einen »fleischlichen« Leib (lat. caro = Fleisch) anzunehmen. Inkarnieren konnte sich ein jenseitiges Wesen nach archaischer Vorstellung entweder als Tier oder als Mensch. In Hochreligionen kommt allerdings nur noch die Inkarnation als Mensch vor.

Die mit Blick auf unser Thema wichtigste Eigenschaft, die der archaische Mensch jenseitigen Wesen zuschrieb, war die Wirkmächtigkeit: die Fähigkeit, auf »diese« Welt einzuwirken. Für uns bedeutsam ist nun die Art und Weise, wie er sich dieses Einwirken vorstellte. Sie war nämlich der Kausalitätsvorstellung, die das Fundament unseres Wissens über die Natur bildet, diametral entgegengesetzt. Der Kausalitätsbegriff – gleichgültig, ob man Kausalität starr linear, statistisch oder rückgekoppelt und vernetzt auffasst oder gar (im Sinn der Chaostheorie) von seltsamen Attraktoren spricht – impliziert die Vorstellung, dass gleiche Ursachen gleiche Wirkungen nach sich ziehen; außerdem, dass bei allen physikalischen bzw. physischen Veränderungen eine Übertragung von Energie (Energie im Sinn der Physik) stattfindet. Der archaische Mensch nahm hingegen an, jenseitige Wesen könnten nicht nur frei entscheiden, was sie »hienieden« bewirken wollten. Sie benötigten dazu nicht einmal »natürliche Mittel«, somit auch keine physikalische Energie. Sie »konnten« zwar, wenn es ihnen beliebte, solche einsetzen: z. B. einen Frevler töten, indem sie einen Blitz auf ihn schleuderten, einen Baum auf ihn fallen ließen oder ihm eine tödliche Krankheit schickten. »Natürliche Mittel« waren aber gar nicht nötig, denn der Entschluss eines jenseitigen Wesens allein schon bewirkte nach damaliger Vorstellung, dass das Beschlossene »auf Erden« geschah. »Wunder« war in spätarchaischer Zeit der gängige Ausdruck für derartiges Eingreifen supranaturaler Mächte in das Naturgeschehen.

Solche akausale Wirkmächtigkeit wurde aber nicht nur jenseitigen Wesen zugeschrieben, sondern auch gewissen Menschen. Allerdings musste sie – wenigstens nach spätarchaischer Vorstellung – den betreffenden Menschen von jenseitigen Wesen »verliehen« werden.

Die dritte Fähigkeit, die der archaische Mensch jenseitigen Wesen zuschrieb – die Fähigkeit, sich den Menschen mitzuteilen bzw. zu offenbaren –, hat fundamentale Bedeutung bei der Auseinandersetzung mit der Theologie im Rahmen des Bemühens um ein dem heutigen Bewusstseinsniveau entsprechendes Weltbild. Hierzu ist es entscheidend zu wissen, was der archaische Mensch unter Offenbarung verstand, d. h., wie er sich den Offenbarungs-Vorgang vorstellte.

Erst einmal ist zu fragen, von wo aus Offenbarung – nach damaliger Vorstellung – geschah. Geschehen »konnte« sie nämlich vom Jenseits her oder im Diesseits. Wandelte ein inkarniertes himmlisches Wesen »in Menschengestalt« auf der Erde – wie z. B. gemäß dem christlichen Mythos der vom göttlichen Vater auf die Erde gesandte göttliche Sohn –, »konnte« sich dieses im normalen Gespräch von Mensch zu Mensch offenbaren.

Für die Offenbarung vom Jenseits her kannte der archaische Mensch drei Möglichkeiten: Offenbarung in der Natur, im Geschick und im »Gesicht«. In der Natur »konnten« supranaturale Wesen ihre Meinung mitteilen dank ihrer Wirkmächtigkeit. Indem sie z. B. einen Kometen schickten, »konnten« sie den Menschen ein kommendes Unheil bzw. Strafgericht anzeigen. Auf niedrigen Evolutionsstufen des Bewusstseins glaubte der Mensch noch aus »Vorzeichen« erkennen zu können, ob ein Unternehmen, das er plante, den Göttern genehm sei oder nicht. Als Antworten aus dem Jenseits auf ein Vorhaben galten z. B. die Richtung des Flugs von Vögeln, das Auftauchen einer schwarzen Katze usw., usw. Jede Kultur hatte ihr besonderes Set von Vorzeichen. Da der Mensch jedoch nicht immer Vorzeichen abwarten konnte, bediente er sich – um die Meinung der Götter zu seinem Vorhaben zu erfahren – so genannter Orakeltechniken: indem er z. B. einen Satz von Knöchelchen hinwarf und dabei glaubte, ein Gott würde deren Fall so steuern, dass ein »Kundiger« dessen Zustimmung oder Ablehnung erkennen könne.

Für die Offenbarung im Geschick galt ein einfaches Denkschema: der Gute wird schon »hienieden« belohnt, der Böse bestraft. So glaubte man aus dem Geschick, das einem Einzelnen oder einem Volk widerfuhr, erkennen zu können, ob Gott oder die Götter mit dessen Verhalten zufrieden waren oder nicht. Dieses Denkschema liegt z. B. der jüdischen Bibel zu Grunde.

Offenbarung im »Gesicht« war die historisch bedeutungsvollste Erkenntnisquelle über das Jenseits und die Jenseitigen, und zwar nicht nur über deren Willen und deren Meinung zu den Vorhaben und Taten der Menschen. Aus dieser Quelle wurde auch das Wissen über das Aussehen der jenseitigen Welten und der jenseitigen Wesen geschöpft, ebenso über deren Eigenschaften und

Taten. Es ergaben sich daraus jene Vorstellungswelten, um die herum sich die Religionen bildeten samt ihren Gemeinschaftsstrukturen, Verhaltensregeln, Riten und Gebräuchen.

Unter einem Gesicht verstand man früher das, was wir heute große Träume, Visionen, Imaginationen und Intuitionen nennen.

Der archaische Mensch sprach indessen von Erscheinungen, Entraffungen, Erleuchtungen bzw. Inspirationen. In dieser Terminologie drückt sich sein Verständnis dieser Vorgänge aus. Während wir heute wissen, dass es sich dabei um bildsprachliche Gestaltungen des stammesgeschichtlich erworbenen, spontanaktiven, zu Informationsverarbeitung fähigen unbewussten kognitiven Systems des Menschen handelt, glaubte der archaische Mensch, er nehme dabei konkrete, außerhalb von ihm befindliche Landschaften, Personen und Gegenstände wahr sowie ein außerhalb von ihm sich abspielendes Geschehen. Dieses so genannte konkretistische Verständnis der Gestaltungen des Unbewussten hing mit der damaligen Evolutionsstufe des Bewusstseins zusammen: damit, dass man beim damaligen Entwicklungsstand des Unterscheidungsvermögens das Trügerische des spontanen Eindrucks – namentlich der Vision – noch nicht durchschauen konnte. Es war nicht nur der Grund dafür, dass der archaische Mensch sich überhaupt jenseitige Welten und Wesen vorstellte. Weil das Unbewusste – auf synonyme Weise – den gleichen Inhalt durch verschiedenartige Bilder veranschaulicht, war das konkretistische Verständnis von Traum und Vision auch der Grund, dass es in archaischer Zeit so viele verschiedenartige jenseitige Welten »gab« und dass – von einer gewissen Evolutionsstufe an – echte Toleranz zwischen Religionen nicht mehr möglich war.

Religiöse und profane Mythen

Was der archaische Mensch – von den Stammesreligionen bis hinauf zu den Hochreligionen – als offenbartes Glaubensgut auffasste, bezeichnen wir heute als religiöse Mythen. Religiös nennen wir sie, um sie von den profanen zu unterscheiden. Bei archaischer Weltsicht war nämlich auch das Wissen über »diese« Welt weitgehend mythisch. Auch der archaische Mensch stellte sich – trotz seiner vorwiegend existenziellen Einstellung – schon Fragen über das Sosein der Welt sowie über die Herkunft und die früheren Schicksale seines Volkes. Da damals die kognitiven Mittel zur Ergründung dieser Themen noch ungenügend waren, geschah, was in solchen Fällen sogar heute noch oft geschieht: es projizierten sich ihm »über seinen Kopf hinweg« Gestaltungen des Unbewussten in den durch das Fragen eröffneten Raum. Auf diese Weise bildeten sich einerseits historische Mythen bzw. mythische Geschichtstraditionen, anderseits naturerklärende Mythen bzw. mythische Theorien über die Natur: mythische Kosmogonien wie z. B. der biblische Schöpfungs»bericht«, aber auch mythische Kosmologien, mythische Geografien, Anatomien, Physiologien, mythische Krankheitslehren usw. Charakteristisch für diese mythischen Theorien war, dass in ihnen Veränderungen sowohl in der Natur als auch in der Geschichte vor allem supranaturalistisch, d. h. durch das Eingreifen übernatürlicher Mächte erklärt wurden. Wie gesagt, wurde gerade dieses Erklärungsschema durch die empirische Erforschung von Natur und Geschichte eliminiert. Wir haben gesehen, dass der heute so weit verbreitete so genannte wissenschaftliche Materialismus – als nach rückwärts schauende Weltsicht – durch diese Elimination zu Stande gekommen ist.

Historische und naturerklärende Mythen haben sich als unwahr erwiesen und wurden durch empirisch fundiertes Wissen ersetzt. Anders hingegen die religiösen Mythen. Diese wurden zwar durch die Erforschung der Natur bis zum Beginn des 20. Jahrhunderts beiseite geschoben. Nachdem aber das arteigene Unbewusste entdeckt und dessen bildhafte Sprache entschlüsselt war, wurden sie sogar Gegenstand wissenschaftlicher Forschung: Objekt des hermeneutischen Zweigs der Tiefenpsychologie. Dabei erwiesen sie sich als wahr; zwar nicht als physisch wahr, jedoch als psychisch wahr: als bildsprachliche Veranschaulichungen (realer) psychischer Sachverhalte und Gesetzmäßigkeiten.

Archaische Verhaltensmuster

Für den Umgang mit den »Jenseitigen« und zum Teil auch mit dem »Diesseits« entwickelte der archaische Mensch charakteristische Verhaltensmuster: Magie, Ritus und Gebet sowie das Darbringen von Opfergaben. Gebete setzten die Vorstellung voraus, dass die Jenseitigen diese hörten; das Opfern setzte voraus, dass die Jenseitigen die dargebrachten Gaben sahen, eventuell davon aßen oder wenigstens den aufsteigenden Rauch rochen. Magie und Ritus beruhten auf der Vorstellung, dass auch gewisse Menschen Wirkmächtigkeit haben.

Magie kam vor allem auf niedrigem Evolutionsniveau des Bewusstseins vor, rituelles Tun hingegen auf höherem. Magie beruhte auf der fr5harchaischen Vorstellung, der Mensch könne »in eigener Regie« auf die »Dinge dieser Welt« – samt den in ihnen wohnenden Geistern – einwirken, und zwar indem er ihnen (durch Zaubersprüche) vorsagte oder (durch Gesten und angefertigte Figuren) vormachte, wie sie sich zu verhalten haben.

Demgegenüber kann der Ritus als Bewirken mithilfe metaphysischer Wesen bezeichnet werden. Rituelles Tun bestand darin, dass Szenen des Mythos – einschließlich Erzählungen von den Taten eines inkarnierten Geist-Wesens – dramatisiert wurden. Dabei mussten gewisse Texte auf genau vorgeschriebene Weise hergesagt und gewisse Gesten und Hantierungen auf genau vorgeschriebene Weise ausgeführt werden. Charakteristisch für das rituelle Tun des archaischen Menschen war – im Unterschied zum heutigen Vollzug von Ritualen – , dass man glaubte, in dem Moment, in dem das im Mythos erzählte Geschehen aufgeführt werde, geschehen dieses wieder. Dabei war man überzeugt, der Vollzug eines Ritus bewirke eine ontologische (seinsmäßige) Veränderung wie z. B. die von Brot und Wein in Fleisch und Blut Christi. Die Darstellungsweise der mythischen Szenen war verkürzt bzw. zeichenhaft, da ja die Teilnehmer Initiierte waren und den Mythos kannten. Der, welcher den Ritus vollzog, wurde (in unserer sprachlichen Tradition) Offiziant, Zelebrant oder Priester genannt. Wirkmacht wurde diesem in den meisten Kulturen nur für die Zeit zugeschrieben, in der er den Ritus zelebrierte. Auf niedrigen Evolutionsstufen »bekam« er Wirkmacht, indem er sich bemalte, eine Maske oder einen Kopfputz aufsetzte und (oder) bestimmte Gewänder und Insignien umlegte. Auf höheren Stufen, z. B. im alten Judentum, wurde das Priestertum oft innerhalb gewisser Familien vererbt. In der katholischen Kirche wurde (und wird) dem Priester Wirkmacht für die restliche Dauer seines Lebens »verliehen«, und zwar ebenfalls durch akausales Bewirken: durch den Ritus der Priesterweihe.

Archaische Vorstellung von Raum und Zeit

Magie und Ritus setzten eine bestimmte Vorstellung des Raumes voraus, besser gesagt der Dinge, die den Raum ausmachen. Diese »waren« nicht beständig im Sinn unserer auf der Kenntnis der Naturgesetze beruhenden Vorstellung von Beständigkeit. Sie »konnten« sich gemäß archaischer Weltsicht jederzeit auf unvorhersehbare Weise verändern, sei es – auf niedrigen Bewusstseinsebenen – von selbst, auf höheren durch Einwirken metaphysischer Wesen. Man nennt dieses Raum-Erleben dynamistisch. Das Raum-Erleben des archaischen Menschen war zudem qualitativ. Es gab für ihn Orte mit besonderer Qualität: Orte, an denen die zur betreffenden Kultur gehörenden jenseitigen Wesen mit Vorliebe weilten. Weilten dort gute Jenseitige, waren es »heilige« Orte, in christlicher Sprache Gnadenorte. Es gab aber auch verruchte Orte, an denen, wie man glaubte, böse Geister hausten.

Anders als heute war auch die Vorstellung der Zeit. Diese war präsentisch, d. h. so, wie Zeit unmittelbar erlebt wird: weder gegen die Vergangenheit noch gegen die Zukunft hin ausgedehnt. Mit der präsentischen Vorstellung der Zeit hing auch die Vorstellung von der Wirkweise rituellen Tuns zusammen. Was der Mythos beschrieb, geschah für den archaischen Menschen bei dessen Dramatisierung im Grunde genommen nicht wieder, sondern einfach »jetzt«. Oft war die Zeit-Vorstellung auch kreisend, synchron mit dem Ablauf der Vegetationsperioden oder dem scheinbaren Kreisen des Fixsternhimmels. In gleichem Sinn innerhalb eines Jahres kreisend war auch die Abfolge der einzelnen Riten, durch die der gesamte Mythos dramatisiert wurde: in christlicher Terminologie das Kirchenjahr.

Breite Variation des archaischen Musters

Das archaische Weltbild lag, wie gesagt, allen früheren Kulturen zu Grunde. Es liegt auch jenen Kulturen zu Grunde, die heute noch neben der im euroamerikanischen Raum sich bildenden neuen Weltsicht persistieren. Die einzelnen Elemente der archaischen Weltsicht waren und sind allerdings nicht in allen Kulturen in gleichem Maße und in gleicher Weise ausgeprägt. Ich habe ja schon erwähnt, dass das archaische Muster des Selbst- und Weltverstehens sowohl in der geografischen Breite als auch im Ablauf der Zeit breit variiert worden ist. Durch Variation in der geografischen Breite ergab sich eine Diversifikation in mehr oder weniger gleichrangige Kulturen wie z. B. die der Maya und der Azteken, die mesopotamischen und die der Ägypter sowie die des alten China. Bei der Variation in der Zeit hingegen entstanden Kulturen mit immer höherem Differenzierungsgrad. Was damit gemeint ist, wird ersichtlich, wenn wir die heute wohl allgemein bekannte Kultur der australischen Aborigines mit der unseres Mittelalters vergleichen. Die Weltsicht, die der letzteren zu Grunde lag, müssen wir uns jetzt – als Ausgangspunkt für das Erfassen der archaischen Vorstellung des Geistigen – genauer anschauen.

Die archaische Vorstellung des Geistigen

Die Vorstellung des Geistigen bzw. die Unterscheidung zwischen Materie und Geist war nicht von Anfang an da. Sie hat sich erst im Zug der Bewusstseins-Evolution herausgebildet. Am Ende der archaischen Phase – in unserem Mittelalter – war sie hingegen voll ausgereift: so weit ausgereift, als dies unter archaischen Vorzeichen (bei archaischer Apperzeption des innerlich Wahrgenommenen) möglich war.

Nun ergibt sich die Art, wie man sich das Geistige vorstellt, aus der Art und Weise, wie man sich die Welt als Ganzes vorstellt. Wie wir gesehen haben, erfasste der archaische Mensch die Welt nach dem Grundmuster des Dualismus von Natur und Übernatur. Fürs Erste kann gesagt werden, dass der Entwicklung unter diesem Muster die Tendenz innewohnte, sich die Natur als materiell, die Übernatur hingegen als geistig vorzustellen.

Die Weltsicht des Mittelalters

Betrachten wir deshalb, bevor wir auf die mittelalterliche Vorstellung des Geistigen eingehen, wie die übernatürliche Welt für den Menschen des Mittelalters aussah und auch, was er über das dortige Geschehen »wusste«. Bekanntlich »hatte« das Jenseits nach seiner Ansicht drei Räume: den Himmel als Wohnort der Guten, die Hölle als Wohnort der Bösen und das Fegefeuer, in dem die meisten der »für gut befundenen« Seelen vor ihrer Aufnahme in den Himmel noch geläutert wurden. Im Himmel thronte Gott. Neben ihm saß die Gottesmutter Maria, im weiteren Umkreis Scharen von Engeln, die Heiligen und die »gewöhnlichen« für gut befundenen Christen.

An Gott, der einst durch blosses Aussprechen von Worten die Welt geschaffen »hatte«, unterschieden die Theologen drei Personen: den Vater, den Sohn und den Heiligen Geist. Unter anderem »wussten« sie auch, dass der Vater zu Beginn unserer Zeitrechnung seinen »seit aller Zeit« existierenden göttlichen Sohn auf die Erde gesandt hatte; dass er ihn in der Weise menschliche Gestalt annehmen ließ, dass der Heilige Geist die Jungfrau Maria befruchtete und diese dann ein göttliches Kind gebar. Theologen »wussten« ferner, dass dieser inkarnierte Gottessohn den Menschen während seiner »Erdenwanderung« ein neues Gesetz offenbart hat, dann zur Erlösung der Menschheit den freiwilligen Opfertod starb, während seiner »Grabesruhe« in die Vorhölle hinabstieg, um die dort schmachtenden Seelen zu erlösen, am dritten Tag nach seinem Tod wieder zum Leben auferstand, noch ein paar

Wochen im Auferstehungsleib in Palästina herumwandelte und schließlich vor den Augen seiner Jünger in den Himmel hinauf schwebte, wo er seither wieder als rein geistiges Wesen zur rechten Hand des Vaters sitzt. Die Theologen »wussten« auch, dass der Heilige Geist den Evangelisten bei der Abfassung der »Heiligen« Schrift die Feder geführt hat, danach über all die Jahrhunderte auserwählte Menschen – vor allem kirchliche Amtsträger – erleuchtete, indem er ihnen eingab, wie die Bibel, das »offenbarte Wort Gottes«, zu interpretieren sei.

Die »weiterlebenden Toten«, die während ihres »Erdenlebens« auf besondere Weise den Willen Gottes erfüllt hatten, nahmen nach mittelalterlicher Vorstellung im Himmel – entsprechend dem archaischen Denkschema – einen besonderen Rang ein. Sie bildeten die Gemeinschaft der Heiligen und galten, wie alle »gewachsenen Toten« in archaischen Kulturen, als besonders wirkmächtige Geist-Wesen.

Als Fürst der Hölle galt bekanntlich der Teufel. Dieser weilte aber nicht nur in seinem unterirdischen Reich, wo er zusammen mit vielen Hilfsteufeln die zu ewiger Strafe verurteilten Seelen quälte. Wie alle Geistwesen »hatte« er nämlich die Fähigkeit zur Multipräsenz. So »konnte« er zu gleicher Zeit überall sein: sowohl in der Hölle als auch auf der Erde und auf dieser gleichzeitig an den verschiedensten Orten. Man »wusste« auch, dass er die Menschen anstiftete, wider den Willen Gottes zu handeln.

Charakteristika der archaischen Vorstellung des Geistigen

Wenn wir uns so vor Augen halten, wie für den Menschen des Mittelalters das Jenseits und die Jenseitigen »waren«, können wir das Grundmerkmal der damaligen Vorstellung des Geistigen sehen: deren Konkretismus. Während es nämlich dem heutigen Bewusstseins-Niveau entspricht, vom Geist-Aspekt der Natur zu sprechen, »wusste« man im Mittelalter nicht nur, dass die Natur stofflich und die Übernatur geistig war. Vor allem kannte man das Geistige nicht als Aspekt an sich einheitlicher raumzeitlicher Gebilde, sondern nur als etwas Konkretes, das für sich allein existiert beziehungsweise – als »unsterbliche« menschliche Seele – auch für sich allein existieren kann.

Der Konkretismus war das eine Charakteristikum der mittelalterlichen Geist-Vorstellung. Das andere war die »reine Geistigkeit«: der extreme Unterschied in der Konsistenz, den man jenseitigen Geist-Wesen gegenüber der diesseitigen, stofflichen Welt zuschrieb. Dass man im Mittelalter die Jenseitigen als »rein geistige«, d. h. völlig immaterielle Wesen auffasste, lässt sich am christlichen Mythos allein nicht ablesen. Hierfür haben wir jedoch eine ergiebige Erkenntnisquelle in der scholastischen Philosophie. Diese verstand sich ja als Dienerin der Theologie. Während die Theologie bemüht war, den Bedeutungsgehalt des christlichen Mythos (in ihrem Verständnis: der von Gott offenbarten Glaubenswahrheiten) herauszuarbeiten und in Dogmen zu formulieren, war es das Anliegen der scholastischen Philosophie, »mit den Mitteln des menschlichen Verstandes« über das Sosein vor allem der jenseitigen Welt zu reflektieren. Dabei wurde u.a. deren völlige Immaterialität bzw. reine Geistigkeit »festgestellt«. Kunde davon geben außer den Originalschriften die geradezu sprichwörtlich gewordenen damaligen Streitereien darüber, wie viele Engel auf einer Nadelspitze Platz haben. Lassen wir dies vorläufig auf sich beruhen.

Ergebnis einer Entwicklung

Bedenken wir nun, dass die Vorstellung, jenseitige Wesen seien rein geistig, das Ergebnis einer langen Entwicklung war, ja dass schon die Unterscheidung zwischen Materiellem und Geistigem erst im Zug der Bewusstseins-Evolution aufgekommen ist. Wie dies vor sich ging, müssen wir jetzt noch betrachten. Unser Ziel ist es ja, nicht nur zu erfassen, welches die Charakteristika der archaischen Vorstellung des Geistigen waren, sondern auch, weshalb die Evolution des Bewusstseins mit dem Zustandekommen des Begriffs »rein geistiges Wesen« an einem Plafond anstieß, weshalb also eine grundlegend neue Vorstellung des Geistigen gefunden werden musste, damit die Evolution des Bewusstseins weiter voranschreiten konnte.

Betrachten wir zuerst, wie sich die Zunahme des Unterscheidungsvermögens manifestierte, und erst dann, wie – in diesem Rahmen – der archaische Geist-Begriff zu Stande kam.

Zwei Aspekte der Fähigkeit zur Unterscheidung zwischen Ich und Nicht-Ich

Hierzu müssen wir noch den Begriff »Fähigkeit zur Unterscheidung zwischen Ich und Nicht-Ich« – das Kennzeichen von Bewusstsein – genauer anschauen. Er umschließt nämlich zwei verschiedene Fähigkeiten: zum einen die Fähigkeit, sich seiner selbst als eines vom Nicht-Ich zu unterscheidenden Subjekts innezuwerden, zum anderen die Fähigkeit, am Nicht-Ich Unterscheidungen zu treffen. Um die Evolution des Bewusstseins zu erfassen, muss man jede dieser beiden Fähigkeiten gesondert in den Blick nehmen. Auch hilft uns das Auseinanderhalten dieser beiden Aspekte des Unterscheidungsvermögens, das Weiterleben und die darin gründenden Verhaltensweisen des archaischen Menschen zu verstehen.

Betrachten wir zuerst die Fähigkeit, sich seiner selbst bewusst zu werden. Der heutige Mensch ist sich seiner selbst in seiner individuellen Einmaligkeit bewusst. Zumindest in Stunden der Besinnung kommt ihm zu Bewusstsein, dass er auf Grund seiner erbmäßigen Veranlagung, auf Grund seiner Prägung durch die gesellschaftliche und kulturelle Umwelt sowie durch die schicksalhafte Verstrickung seines gelebten Lebens ein einmaliges, nicht wiederholbares Ereignis der Geschichte ist und dass er infolgedessen von allen anderen Menschen, noch mehr aber von Tieren, von Pflanzen und von der unbelebten Natur – trotz aller Ich-Du-Beziehung und ökologischen Vernetzung – , getrennt und im Grunde genommen mit sich allein ist.

Dieses Erleben der individuellen Einmaligkeit ist Ausdruck der Tatsache, dass ein beträchtlicher Grad der Herauslösung aus dem Regelkreis »Lebewesen-Umwelt«, der für unbewusste Lebewesen charakteristisch ist, stattgefunden hat. Demgegenüber wurde immer wieder festgestellt, dass »Primitive« sich mit ihrer sozialen Gruppe, mit Tieren und Pflanzen, ja selbst mit der unbelebten Natur verwandt und gleichsam physisch verbunden fühlen. Dieses noch relativ feste Eingefügtsein des Individuums in die Umwelt durch seine stammesgeschichtlich erworbenen, unbewussten Erkenntnis- und Verhaltensmuster wird als archaische Identität bezeichnet. Das Erleben dieses Eingefügtseins nennt man Partizipation (Teilhabe). Die magischen Praktiken sowie die Tabuvorschriften lassen sich als Ausdruck dieser Erlebensweise verstehen.

Partizipationserleben ist Ausdruck noch weitgehender phylogenetischer Unbewusstheit. Der Primitive hatte es einfach, wir aber haben es nicht mehr und können es auch nicht mehr nachempfinden. Da wir indessen als soziale Wesen angelegt sind, erfordert das Erleben der individuellen Einmaligkeit – als Äquivalent zur verlorenen Partizipation – bewusstes Bezogensein. Dieses hat man aber nicht einfach. Es ist das Ergebnis langen Bemühens. Bezogenheit zu erlangen macht beim heutigen, entfremdeten Menschen einen großen Teil dessen aus, was man in der Tiefenpsychologie Individuation während der zweiten Lebenshälfte nennt.

Die Evolution der anderen Fähigkeit – derjenigen, am Nicht-Ich Unterscheidungen zu treffen – führte zu immer differenzierteren Weltbildern. Am Nicht-Ich Unterscheidungen zu treffen heißt erstens, immer mehr Details zu erkennen und den Horizont zu erweitern, zweitens aber auch – und das ist das Entscheidende – , immer weiter hinter die Fassade des bloßen Augenscheins vorzudringen. Dieses Vordringen hinter die Fassade des Augenscheins war in archaischer Zeit vorerst nur Sache der mythenbildenden Fantasie. Aus diesem Grund werden archaische Weltbilder oft als mythische bezeichnet. Später kam die philosophische Spekulation dazu. Erst im Zug dieses Vordringens hinter die Fassade durch philosophische Spekulation entstand der oben geschilderte Begriff des rein geistigen Wesens sowie die noch zu schildernde Vorstellung Platons von geistigen Urbildern (»Ideen«).

Den zweiten Aspekt ins Auge gefasst

Um das Zustandekommen der archaischen Vorstellung des Geistigen zu erkennen, ist nur der zweite Aspekt ins Auge zu fassen: die Fähigkeit zur Unterscheidung am Nicht-Ich. Dabei ist in einem ersten Schritt zu betrachten, wie die Sicht der Welt sich während der archaischen Zeit verändert hat, dann – vor diesem Hintergrund – , wie die archaische Vorstellung des Geistigen sich entwickelte.

Wegen des archaischen Dualismus von Diesseits und Jenseits bzw. physischer und metaphysischer Welt empfiehlt es sich zudem, bei jedem dieser beiden Schritte die Evolution auf dem physischen und auf dem metaphysischen Zweig getrennt ins Auge zu fassen.

Evolution der Sicht der Welt

Auf dem physischen Zweig

Der Evolution auf dem physischen Zweig ist die Zunahme der Naturerkenntnis zuzuordnen sowie die Zunahme der Fähigkeit, künstliche Objekte herzustellen und die Kräfte der Natur in den Dienst des Menschen zu nehmen. Ein wichtiger Indikator für die Evolution auf dem physischen Zweig ist die Art und Weise, wie der Mensch die Natur erklärte. Seitdem es C. G. Jung gelungen ist, den Code der Bildersprache des Unbewussten zu entschlüsseln, ist man in der Lage, aus dem Differenzierungsgrad der naturerklärenden Mythen den jeweiligen Entwicklungsstand des Bewusstseins abzulesen. Im Detail ist hier nicht darauf einzugehen.

Hand in Hand mit der Zunahme der Naturerkenntnis und -beherrschung veränderte sich auch die Auffassung von Raum, Zeit und Kausalität. Dabei wurde das frühe dynamistische und qualitative Raum-Erleben mehr und mehr durch die dreidimensionale und quantitative Auffassung des Raumes überlagert. Das präsentische und kreisende Erleben der Zeit wurde durch das lineare verdrängt, wobei sich vor allem die in die Vergangenheit hineinführende Linie immer mehr verlängerte. Den Grund für die sinnlich wahrnehmbaren Veränderungen sah man immer weniger im willkürlichen Einwirken übernatürlicher Mächte als in natürlichen, notwendigerweise wirkenden Ursachen. Ablesen lässt sich dieser Prozess weniger an theoretischen Aussagen als am Verhalten: auf niedrigen Stufen an der Abnahme magischer Praktiken und am Überhandnehmen echter Riten, auf höheren Stufen am Rückgang der Weltschöpfungsriten, deren Ziel es war, das Weiterbestehen der Welt zu sichern, und der zivilisatorischen Riten (z. B. Ackerbau- und Jagdriten) zu Gunsten jener Riten, die Seelenheil bewirken sollten. Den Höhepunkt dieser Entwicklung bildeten die sieben »sakramentalen« Riten der katholischen Kirche.

Insgesamt hatte die Evolution des Bewusstseins auf dem physischen Zweig bis zum Ende des Mittelalters ein bescheidenes Ausmaß.

Auf dem metaphysischen Zweig

Die weitaus größte Komplexitätszunahme des Bewusstseins während der archaischen Phase vollzog sich auf dem metaphysischen Zweig: als theologische Spekulation, beginnend mit der noch simplen Theologie der Stammesreligionen, endend mit der wissenschaftlichen des Mittelalters.

Die Entwicklung ging von einer undifferenziert-unistischen Weltsicht aus. Bei dieser wurde nur unvollkommen zwischen Innen und Außen sowie zwischen Belebt und Unbelebt unterschieden. Der unbewusste psychische Prozess wurde damals noch weitgehend in der Projektion wahrgenommen, und zwar in der Projektion auf die »Dinge«, sodass markante »Dinge« (Tiere, Bäume, Berge, Sterne) und Naturerscheinungen (Winde, Blitz und Donner) für den Menschen jener Zeit sozusagen eine »jenseitige Dimension« hatten (Abb. 1, S. 39): eine Seite, die auch als »jenseitige Person« erlebt werden konnte (in unserer Ausdrucksweise: als Baumgeist, Berggeist usw.).

Von dieser oft als magisch bezeichneten Evolutionsstufe an, auf der bei Jägervölkern totemistische, bei Bauernvölkern animistische Religionen entstanden, können wir über eine Folge vielfach diversifizierter – aufblühender und vergehender – Kulturen hinweg eine langanhaltende, konsequent voranschreitende Bewegung beobachten. Diese kann als Hochschieben des Himmels bezeichnet werden. Dabei hob sich der Himmel (als Wohnort jenseitiger Personen) von den »sichtbaren Dingen« ab und rückte mehr und mehr in die Ferne; mit der Zeit rückte er sogar in eine Gegend »jenseits des Sternenzelts«. Dadurch trat immer deutlicher der für die archaische Weltsicht charakteristische Dualismus von Diesseits und Jenseits hervor. Es sei aber ausdrücklich darauf hingewiesen, dass diese Bewegung erst erkennbar wird, wenn wir das kulturhistorische und ethnografische Material aus jener »Vogel-perspektive« betrachten, welche sich aus dem transdisziplinären methodischen Ansatz zur Erforschung der Bewusstseins-Evolution ergibt.

Im Zug dieser Aufwärtsbewegung des Himmels entstanden fest umrissene religiöse Mythen, welche von den Taten der Himmelsbewohner und von deren Beziehungen zu den Menschen erzählten. Die Mythen selber wurden im Zug der Aufwärtsbewegung immer weniger plump bzw. – vom heutigen Bewusstseinsniveau aus betrachtet – weniger naiv.

Ferner wurden die ursprünglich sehr umfangreichen metaphysischen Populationen gestrafft. »Gab« es auf animistisch/totemistischer Stufe noch Heerscharen von Geistern, finden wir im klassischen Polytheismus nur noch relativ wenige, in ihrem Charakter klar umrissene Götter. Schließlich zeichneten sich Tendenzen zu Monotheismus ab, die sich aber lange Zeit nur vorübergehend und unvollständig durchsetzten.

Als Ausdruck der bei der Evolution immer vorhandenen Tendenz zur Diversifikation bildeten sich im Zug der Aufwärtsbewegung des Himmels die verschiedenen Typen höherer Religionen aus: der theistische (personale Götter / radikaler Gegensatz Gott und Mensch), der gnostische (unpersönliche »göttliche Fülle«, die herabfloss / im Menschen noch ein Rest »göttlicher Substanz«) und (z. B. in China) der »kosmologische«, dem die Vorstellung zweier gegensätzlicher Kräfte bzw. Prinzipien zu Grunde liegt. Der Grundcharakter der Aufwärtsbewegung wurde bei dieser Diversifikation jedoch nicht verändert.

Evolution der Vorstellung des Geistigen

Nachdem nun der Rahmen gezeichnet ist, innerhalb dessen sich die Entwicklung der archaischen Vorstellung des Geistigen vollzogen hat, können wir uns vergegenwärtigen, wie dies geschah. Vollzogen hat sich die Entwicklung zwar auf beiden Zweigen der Bewusstseins-Evolution, hauptsächlich jedoch auf dem metaphysischen.

Auf dem metaphysischen Zweig

Auf dem metaphysischen Zweig bildete sich die Vorstellung des Geistigen Hand in Hand mit dem Hochschieben der jenseitigen Welt, und zwar dadurch, dass diese sich qualitativ veränderte. Hatte man sich das Jenseits ursprünglich von gleicher Konsistenz vorgestellt wie das Diesseits, stellte man es sich im Verlauf der Zeit immer weniger stofflich bzw. aus einem immer feineren Stoff bestehend vor. Durch diese Entmaterialisierung des Jenseits kam die Vorstellung des Geistigen bzw. das Begriffspaar von Materie und Geist zu Stande. Das Endprodukt dieser Entwicklung haben wir schon kennen gelernt. Es ist der Begriff des »rein geistigen« Wesens.

Woher wir wissen, dass die Menschen des Mittelalters – genau gesagt die scholastischen Theologen und Philosophen – sich das Jenseits und die Jenseitigen aus »reinem Geist« bestehend vorstellten, haben wir gesehen. Woher aber wissen wir, dass der frühe Mensch glaubte, die jenseitige Welt sei von gleicher stofflicher Konsistenz wie die diesseitige? Wir haben dafür zweierlei Quellen.

Die eine sind prähistorische Gräber, von denen die Archäologen ja viele tausend freigelegt haben. Daraus, dass man zu jener Zeit den Toten fast immer Gegenstände des täglichen Gebrauchs, Nahrungsmittel und Schmuck sowie – bei »wehrhaften« Völkern oder Schichten – Waffen mit ins Grab gab, kann geschlossen werden, man habe sich damals vorgestellt, der »Hinübergegangene« benötige sie in der anderen Welt.

Genaueres über frühe Jenseitsvorstellungen war indessen zu erfahren durch lebendigen Kontakt mit Stammesreligionen. Da kam uns das erwähnte horizontale Gefälle – der Entwicklungsrückstand peripher gelegener Kulturen – zugute. In Gebieten abseits der Hauptachsen der Bewusstseins-Evolution waren bis in die jüngste Zeit – ja sind sogar heute noch – Stammesreligionen intakt und lebendig: in Indonesien, Australien und Polynesien, im Hindukusch, bei nordasiatischen und finnischen Völkern, bei nordamerikanischen Indianern und Eskimos sowie in Afrika. Stammesreligionen lebten und leben sogar – im Untergrund – noch »unbeschadet« weiter in Gebieten, in denen sie schon seit langem von Hochreligionen überschichtet sind. In ihrer konkreten Ausprägung sind sie zwar so vielgestaltig wie die Blumen einer Wiese. Wenn man aber auch nur ein wenig Sinn für Strukturen hat, kann man leicht erkennen, dass ihren Vorstellungen vom Jenseits ein einheitliches Muster – eine »niedrige« Variante der archaischen Weltsicht – zu Grunde liegt.

Aufschluss über Jenseitsvorstellungen in Stammesreligionen geben vor allem Begräbnisriten. Durch Dramatisierung der im Mythos beschriebenen Reise ins Land der Toten glaubt man in Stammesreligionen zu bewirken, dass der Verstorbene unbeschadet dort anlangt. Durch Befragung von Zelebranten konnten Ethnografen in Erfahrung bringen, was jene über die Verhältnisse im Jenseits »wissen«.

Als Beispiel seien hier die Vorstellungen der Ngadju-Dajak, eines Altvolks in Süd-Borneo, skizziert. Der Schweizer Ethnologe Hans Schärer hat ausführlich darüber berichtet (Anm. 222). Die Dajaks erzählten, der

54

Verstorbene gelange unter Führung eines jenseitigen Begleiters – des Templon Telon – nach einer Bootsfahrt übers Nebelmeer und Feuermeer ins Totendorf. Für die Fahrt übers Feuermeer werde ein Metallboot benützt, wobei die Ruder aus Bambus häufig erneuert werden müssen, da sie immer wieder verbrennen; auch müsse der Verstorbene bei dieser Passage zur Abkühlung viel Wasser trinken, und der Templon Telon sei wegen der vielen zurückgelegten Fahrten schon ganz schwarz. Ferner erzählten sie, das Dorf der Toten sei ein vollendetes Abbild eines diesseitigen Dorfes, es sei jedoch schöner und man lebe in ihm angenehmer. Der eigentliche Dorfkern befinde sich auf einer Sandbank in einem Fluss und sei umgeben von zahlreichen Weilern. Die Gewässer seien reich an Fischen, die Wälder reich an Wild, und auf den Feldern gebe es keine Missernten. Im Dorf der Toten sei alles gleich wie hier, auch die soziale Ordnung. Indessen sei alles umgekehrt. Was hier links ist, sei dort rechts, was hier unten ist, sei dort oben, und was hier weiß ist, sei dort schwarz.

Durch solche Aussagen von Theologen der Stammesreligionen bekommen wir jenes Stadium zu fassen, in dem noch nicht zwischen Materie und Geist unterschieden wurde. Allerdings deutet die Aussage, im Jenseits sei alles umgekehrt, darauf hin, dass man sich »jene« Welt doch schon irgendwie anders vorstellte als »diese«. Von einer eigentlichen Entmaterialisierung des Jenseits kann jedoch bei den Dajak noch nicht gesprochen werden. In der schon erwähnten mittelalterlichen Vorstellung des »rein geistigen« Wesens hingegen fassen wir den ausgewachsenen archaischen Geist-Begriff: den Ertrag bzw. das Endprodukt der Evolution unter archaischen »Vorverbindungen des Denkens«.

Zwischenstufen sind schwieriger zu dokumentieren, da die klassischen polytheistischen Religionen – im Zug des Aggiornamento auf den Hauptachsen der Evolution – untergegangen sind und wir deren Theologen nicht mehr befragen können. Ein Zwischenstadium bekommen wir indessen zu fassen in den Veden, den »heiligen« Schriften der aus dem Iran ins Industal und das Panjab eingewanderten Indogermanen (Anm. 188). Diese kannten neben den vielen niederen Geistern schon echte Himmelsgötter. Aufschlussreich für unser Problem sind die ausführlichen Opfervorschriften, aus denen ja die Veden zur Hauptsache bestehen. Da diese Bauern- und Hirtenvölker noch keine Altäre hatten, bereiteten sie bei den »großen« Opferriten als »Landeplatz« für die herabsteigenden Götter Polster aus feinem Gras zu; auf diese legten sie das gekochte Opferfleisch. Da dieses nach der Mahlzeit der »herabgestiegenen« Götter noch da war und auch noch gleich aussah, stellten sie sich vor, jene hätten nur die »Essenz« zu sich genommen. Götter mussten somit von anderer Konsistenz sein als Menschen. An anderen Stellen der Veden findet sich indessen die Aussage, die Götter hätten sich vom aufsteigenden Duft der Opfergaben ernährt. Irgendwie muss man sich somit jenseitige Wesen doch noch körperlich vorgestellt haben. Allerdings werden in den Veden die himmlischen Wohnorte der Götter auch als Schlaraffenland beschrieben, in dem »Milch und Honig« fließen, somit als Gegend, die sich bezüglich Konsistenz kaum von der Welt der Menschen unterschied. Dass man in diesen unterschiedlichen Vorstellungen vom Jenseits bzw. von den Jenseitigen keinen Widerspruch sah, entspricht dem noch wenig entwickelten Unterscheidungsvermögen früharchaischer Völker.

Ein weiteres, aufschlussreiches Beispiel dieses Zwischenstadiums in der Entwicklung der Vorstellung des Geistigen sind die Maya. Nachdem es in den Achtzigerjahren gelungen war, deren Schrift zu entziffern, konnte man den vielen in Stein gemeißelten ausführlichen Texten entnehmen, dass die klassischen Mayas zwar noch glaubten, sie müssen ihre Götter mit Menschenblut am Leben erhalten, dass sie sich diese aber schon nicht mehr derb materiell vorstellten (Anm. 223). Lassen wir es dabei bewenden.

Alles in allem darf wohl angenommen werden, dass die Entmaterialisierung des Jenseits mehr oder weniger parallel verlief zu jener Bewegung, die wir als Hochschieben des Himmels bezeichnen.

Auf dem physischen Zweig

Auch auf dem physischen Zweig der Bewusstseins-Evolution kam in archaischer Zeit eine Vorstellung des Geistigen zu Stande. Hier ergab sie sich aus dem Heranwachsen der Fähigkeit, an den sinnlich wahrnehmbaren Dingen gemeinsame Merkmale zu erkennen, d. h. zu abstrahieren und diese Einsichten durch Begriffe (Abstrakta) auszudrücken. Dass diese Fähigkeit nicht von Anfang an da war, kann erkannt werden, wenn man urtümliche Sprachen – z. B. die der Sioux – ins Auge fasst. Obwohl sich in diesen schon ein hoher Differenzierungsgrad des Sprachvermögens ausdrückt, sind sie von ihrer Struktur her nicht im Stande, Abstrakta zu bilden. Hingegen eignen sie sich – im Unterschied zu unseren heutigen, mit Begriffen angereicherten – vorzüglich zur Bildung ungemein farbiger und handgreiflicher Komposita (so genannter Bündelwörter), wodurch mit einem einzigen Wort jeweils eine Fülle differenzierter Sinneseindrücke eingefangen werden kann (Anm. 170). Der Sinneseindruck aber haftet am Einzelding.

Mit dem Voranschreiten der Bewusstseins-Evolution löste sich der Mensch dann Schritt um Schritt aus dem Verstricktsein in die konkreten Vorstellungen von den zehntausend ähnlichen und doch verschiedenen Einzeldingen und -elementen und lernte, gemeinsame Merkmale derselben herauszuziehen (zu abstrahieren). Als Manifestation eines noch wenig entwickelten Abstraktionsvermögens können wir wohl den Totemismus auffassen, den man noch bei nordamerikanischen Indianern antraf. In der Vorstellung von »jenseitigen« Wapiti-, Büffel- und Zedern-Wesen äußert sich meines Erachtens schon die Fähigkeit, das Gemeinsame an den je verschiedenen zu einer Spezies gehörenden Lebewesen zu erfassen und zu benennen. Über eine einfache Klassifikation geht das jedoch noch nicht hinaus.

Wie gering die Fähigkeit zur Abstraktion bei indianischen Stämmen noch war, zeigen die Aufzeichnungen von Reden, die Sioux-Häuptlinge während des Abwehrkampfs gegen die Weißen gehalten haben. Da wurden Sachverhalte, die wir mit den abstrakten Ausdrücken »Frieden«, »Krieg«, »Freiheit«, »Einigkeit« usw. benennen, noch durch seitenlange Beschreibungen umkreist (Anm. 170).

Auch auf dem Strang der Bewusstseins-Evolution, der schließlich zu uns geführt hat, war die Fähigkeit zur Abstraktion bis weit in die historische Zeit hinein sehr gering. Dies war noch der Fall bei den mesopotamischen Hochkulturen, die ja schon eine Schrift entwickelt hatten. Über eine Klassifikation kamen sie kaum heraus. Sehr deutlich geht deren geringes Abstraktionsvermögen noch aus dem berühmten Siegesbericht des assyrischen Herrschers Assurbanipal nach der Eroberung von Susa im Jahre 640 v.Chr. hervor.

Indessen setzte kurz danach bei den durch die dorische Einwanderung »aufgefrischten« Griechen, die ja mit den Völkern Vorderasiens in engem Kontakt standen, ein eigentlicher Schub in der Entwicklung der Abstraktionsfähigkeit ein. An der Entwicklung der griechischen Sprache während der vorsokratischen Epoche (ca. 600 – 300 v.Chr.) können wir sogar verfolgen, wie er verlief. Dabei lässt sich erkennen, dass es nicht einfach darum ging, die Sprache durch Abstrakta anzureichern, sondern dass sich ein eigentlicher Strukturwandel der Sprache – als Ausdruck eines Strukturwandels des Denkens – vollzog (Anm. 78).

Die Bildung von Abstrakta zur Benennung des abstrakt Gedachten wurde dadurch möglich, dass sich das Demonstrativpronomen (»dieses Pferd«) über den bestimmten speziellen Artikel (»das Pferd« des Philemon) zum bestimmten allgemeinen Artikel (»das Pferd« als Vertreter einer Spezies) entwickelte. Dank der Errungenschaft des allgemeinen Artikels konnten nun auch Adjektive und Verben zu Dingworten gemacht werden wie z. B. das Feste, das Gute, das Denken, die Erkenntnis. Die Abstraktion der Spezies

»Pferd« sowie die Substantivierung von Adjektiven und Verben setzt indessen voraus, dass zwischen Körperlichem und Unkörperlichem wenigstens de facto unterschieden werden kann. Das kommt einem Schritt auf dem Weg zur Vorstellung des Geistigen gleich. Die durch Substantivierung gewonnenen Begriffe wurden nämlich nun selber zu Gegenständen des Denkens.

Um dabei die Verknüpfung der so gewonnenen Denkinhalte auszudrücken, bedurfte es allerdings noch einer weiteren Bereicherung der Sprachstruktur. Dies geschah zum einen durch die Einführung der Kopula – des Wörtchens »ist« zur Verbindung von Subjekts- und Prädikatsnomen – , zum anderen durch die Herausbildung bzw. Bedeutungsprofilierung der Kausalpräposition »dià« (= durch, wegen) sowie der Kausalkonjunktion »hoti« (= weil).

Konkretistische Auffassung der Abstrakta

Die Griechen blieben jedoch nicht bei der De-facto-Unterscheidung zwischen Körperlichem und Unkörperlichem stehen. Spätestens zurzeit der Klassik gelang es ihnen, auch ihre Vorstellung des Unkörperlichen bzw. Geistigen verbal auszudrücken. Ermöglicht wurde dies dadurch, dass das Wörtchen »ist« (z. B. in dem Satz »Philemon ist ein Mensch«) die Bedeutung von »existiert als« hat. Aus dieser Bedeutung von »ist« ergab sich wohl die Frage, was für eine Existenz den Allgemeinbegriffen (Abstrakta) zukomme. Am Ergebnis dieses Nachdenkens lässt sich nun die archaische Vorstellung des Geistigen, die bei der Evolution auf dem physischen Zweig gewonnen wurde, klar erkennen. Kronzeuge dafür ist Platon. Dieser unterschied von jenem Werdenden, niemals sich gleich Bleibenden, das wir mit den Sinnen wahrnehmen, ein sich immer gleich bleibendes Seiendes, das wir durch Nachdenken über das mit den Sinnen Wahrgenommene (durch Abstraktion) erfassen. Dieses gleich bleibende Seiende bezeichnete er als Ideen im Sinn von Urbildern (grch. eidolon = Bild). Entscheidend für unsere Fragestellung ist nun, dass er annahm, diese existierten »an sich selbst«, d. h. unabhängig sowohl von unserem Denken als auch unabhängig von den sinnlich wahrnehmbaren Dingen: als eine Art Geist-Dinge, die der Existenz der sinnlich wahrnehmbaren Dinge vorausgingen und sich in einer Art Ideen-Himmel befanden.

Um diese Vorstellung Platons von der Existenzweise der Abstrakta zu begreifen, ist es hilfreich zu wissen, dass damals auch die Evolution der Fähigkeit, sich seiner selbst bewusst zu werden, noch nicht den heutigen Stand erreicht hatte. Während es für uns Heutige selbstverständlich ist, dass wir selber denken und dass dem Prozesse in unserem Zentralnervensystem zu

Grunde liegen, glaubten die Griechen damals noch, der Kosmos denke und der Mensch partizipiere daran (Anm. 78).

In der Philosophiegeschichte wird diese Auffassung Platons von den Allgemeinbegriffen als Realismus bezeichnet (lat. res = Ding). Im Interesse einer einheitlichen Terminologie ziehe ich es indessen vor, auch hier – ebenso wie bei der auf dem metaphysischen Zweig zu Stande gekommenen Vorstellung des Geistigen – von Konkretismus zu reden: in diesem Fall von Begriffs-Konkretismus.

Dass der Begriffs-Konkretismus schon in der Generation nach Platon von Aristoteles überwunden wurde, indem dieser die »jenseitige« Ideenwelt seines Lehrers in die »Dinge dieser Welt« hinein verlegte, sei hier nur nebenbei bemerkt. Auswirkungen auf den Verlauf der Bewusstseins-Evolution hatte diese bahnbrechende geistige Leistung des Aristoteles nämlich erst anderthalb Jahrtausende später. Sie konnte sich erst auswirken, nachdem die mittelalterliche Scholastik den so genannten Universalienstreit – einen zwei Jahrhunderte lang geführten Streit um die richtige Auffassung von der Existenzweise der Allgemeinbegriffe – ausgefochten hatte. Bis dorthin blieb die (typisch archaische) Auffassung Platons für das Denken maßgebend. Sie musste maßgebend bleiben, weil nach der griechischen Klassik eine zunehmende Rearchaisierung des Bewusstseins stattgefunden hat. Dabei ging Naturphilosophie, die schon zurzeit der Vorsokratiker im Grunde genommen natürliche Theologie gewesen ist, wieder in Offenbarungstheologie über.

Die archaische Vorstellung des Geistigen stieß an einem Plafond an

Kommen wir auf die schon erwähnte Insuffizienz des Konkretismus zurück. Was hierzu zu sagen ist, ist das Wichtigste an diesem Kapitel. Es lässt uns nämlich den eigentlichen Grund für die gegenwärtige Orientierungskrise erkennen.

Wir haben ja gesehen, dass der Konkretismus das Hauptmerkmal der archaischen Vorstellung des Geistigen war: sowohl der auf dem metaphysischen wie der auf dem physischen Zweig der Bewusstseins-Evolution erarbeiteten. Wie gesagt ergab er sich dadurch, dass bei wenig entwickeltem Bewusstsein das Innere – das, was wir heute als Mächte des Unbewussten bezeichnen – so wahrgenommen wurde, als befände es sich außen: so, als wirkten diese Mächte von außen auf den Menschen ein, und auch so, als flössen deren Botschaften (Offenbarungen) dem Menschen von außen her zu. Auf dem Außenerleben der unbewussten Innerlichkeit beruhte auch die Vorstellung, der Kosmos denke, der Mensch partizipiere daran und werde sich dabei auch der »in kosmischen Sphären« schwebenden Ideen gewahr.

Der Konkretismus der archaischen Vorstellung des Geistigen trug jedoch – unter dem Blickwinkel der Bewusstseins-Evolution betrachtet – seine Beschränktheit in sich. In ihm lag sozusagen eine strukturell bedingte Grenze für die Evolution des Bewusstseins. Wie schon gesagt, kam die archaische Vorstellung des Geistigen dadurch zu Stande, dass man sich – Hand in Hand mit dem »Hochschieben des Himmels« – die ursprünglich derb materiell vorgestellten himmlischen Wesen immer weniger stofflich vorstellte: dass man sie gleichsam entmaterialisierte. Als nun in unserem Mittelalter der Begriff des rein geistigen Wesens zum Allgemeingut der Scholastiker wurde, war die Grenze für die weitere Entmaterialisierung erreicht.

Der Prozess der Entmaterialisierung jenseitiger Wesen war eben ein Annäherungsprozess, vergleichbar einer konvergierenden Zahlenfolge. Wie eine solche strebte er einem Grenzwert zu. Dieser Grenzwert war das rein geistige Wesen. Nun kann aber bekanntlich eine mathematische Reihe den Grenzwert, dem sie zustrebt, nie erreichen, wenn auch der Abstand ihres letzten Gliedes zum Grenzwert kleiner und kleiner wird. Ebenso konnte die Entkörperlichung jenseitiger Wesen (die ja nur in der Vorstellung stattfand) nie so weit getrieben werden, dass völlige Körperlosigkeit bzw. reine Geistigkeit erreicht worden wäre. Man konnte zwar sagen, jenseitige Wesen seien rein geistig. Man mochte sich auch die Seele, die Engel und auch den dreieinigen Gott schließlich aus einem noch so feinen, hauchartigen Stoff vorstellen, ganz ohne Stoff ging es nicht. Selbst die allersubtilste Vorstellung jenseitiger, zu selbstständiger Existenz fähiger Wesen konnte nicht anders als konkretistisch sein. Das gilt auch für Platons »Ideen«. Eine Überwindung des Konkretismus der Geist-Vorstellung war eben bei archaischer Apperzeption des innerlich Wahrgenommenen (Abb. 1, S. 39) nicht möglich.

Solange eine weitere Entkörperlichung metaphysischer Wesen noch möglich war, konnte die Bewusstseins-Evolution ohne weiteres gemäß dem archaischen Apperzeptionsschema des innerlich Wahrgenommenen weiterschreiten. Als aber die Annäherung an den Grenzwert des »rein geistigen« Wesens infinitesimal (unendlich klein) geworden war, drohte die Entwicklung zum Stillstand zu kommen. Die Evolution des Bewusstseins war – auf dem metaphysischen wie auch auf dem physischen Zweig – an einem Plafond angestoßen. Sie konnte nur weitergehen, wenn eine grundlegend neue, nicht mehr konkretistische Vorstellung des Geistigen gefunden wurde. Eine solche konnte aber erst gefunden werden, nachdem sich die Apperzeption des innerlich Wahrgenommenen – bildlich gesprochen – um hundertachtzig Grad gedreht hatte: nachdem klar geworden war, dass nicht nur beim Träumen, sondern auch bei Visionen (den einstigen Quellen der Vorstellungen über eine jenseitige Welt) nicht eine äußere, konkrete Wirklichkeit wahrgenommen wird, sondern Bilder, durch welche das Unbewusste unanschauliche, jedoch reale (vor allem psychische) Sachverhalte veranschaulicht und über den Kanal der inneren Wahrnehmung ins Bewusstsein fließen lässt.

Das hört sich sehr einfach an, doch benötigte dieser Wandel der Apperzeption fast ein halbes Jahrtausend intensiven geistigen Bemühens. Er vollzog sich im Zug jenes fundamentalen Wandels der Weltsicht, den ich als Mutation des abendländischen Bewusstseins bezeichne. Diesem Prozess wollen wir uns jetzt zuwenden.

Die Mutation des Bewusstseins

Der Ausdruck »Mutation des Bewusstseins« bereitet insbesondere biologisch Gebildeten oft Schwierigkeiten, da man in der Biologie unter Mutationen sprunghafte Veränderungen am Genom versteht. Ich habe aber schon darauf hingewiesen, dass sich Bio-Evolution und Evolution des Bewusstseins auf unterschiedliche Weise vollziehen. Zwar geschehen auch bei letzterer Evolutionsschritte (weiterführende Mutationen), jedoch nicht durch Veränderungen am Genom, sondern – wegen der Wechselwirkung zwischen Bewusstsein und Traditionspool (geäußerten Bewusstseinsinhalten) – über die Tradition. Allerdings geschehen solche Schritte nicht sprunghaft, sondern nehmen längere Zeit in Anspruch. Kleinere, wie sie z. B. im Auftreten einer differenzierteren Gottesvorstellung zum Ausdruck kommen, benötigen nur Jahre oder Jahrzehnte. Der hier zu besprechende Evolutionsschritt hingegen, bei dem sogar Apperzeptionsschemata (Vorverbindungen des Denkens) mutierten – und der deshalb als Megamutation bezeichnet werden kann – , benötigte, wie gesagt, Jahrhunderte.

Das eigentliche Ziel dieser Megamutation war, so weit ich sehen kann, die neue Vorstellung des Geistigen. Um aber verstehen zu können, wie die neue Vorstellung des Geistigen zu Stande gekommen ist und worauf sie sich stützt, muss man zuerst den Wandel des Weltbilds ins Auge fassen. Wie schon gesagt, entwickelt sich ja die Vorstellung des Geistigen im Rahmen der Entwicklung der Sicht der Welt.

Nun wird zwar heute sehr viel vom Wandel des Weltbilds geredet, besonders häufig von »fortschrittlichen« Theologen. Hört man jedoch genauer hin, was dabei gesagt wird, kann man leicht feststellen, dass dies nur Vordergründiges betrifft.

Wollen wir den Wandel des Weltbilds wirklich erfassen, insbesondere auch den Schlüssel für die Erarbeitung der neuen Vorstellung des Geistigen – und damit die zeitgemäße Vorstellung von der Quelle der Ethik – finden, müssen wir zu erfassen versuchen, was sich beim Wandel des Weltbilds im Kern gewandelt hat. Dazu reicht wiederum die historische Betrachtung allein nicht aus. Wiederum ist die evolutionäre nötig. In diesem Fall muss jedoch das konkrete historische Geschehen, dessen Kenntnis ja immer Voraussetzung für das Erschließen der Bewusstseins-Evolution ist, mehr ins Auge gefasst werden als in den vorangegangenen Kapiteln. Hierzu ist aus der Fülle des heutigen Wissens über die Geschichte – die politische, militärische, soziale, wirtschaftliche usw. – vor allem die Geistesgeschichte relevant. Von dieser ist aber nicht in erster Linie die Geschichte der Philosophie ins Auge zu fassen, wie das meistens getan wird, sondern die der Wissenschaft.

Zurzeit der mythischen Weltsicht war es zwar die Philosophie (genau gesagt die Grundlagenphilosophie im Unterschied zur Lebensphilosophie), welche – zusammen mit der Theologie – die Bewusstseins-Evolution vorantrug. Damals ging es eben jeweils nur um eine differenziertere Sicht unter archaischen Vorzeichen bzw. bei archaischer Apperzeption des innerlich Wahrgenommenen. Bei der Mutation des abendländischen Bewusstseins wurde jedoch, wie gesagt, gerade die Apperzeptionsweise des innerlich Wahrgenommenen – und damit ein wesentlicher Teil der Vorverbindungen des Denkens – radikal verändert. Dies aber geschah nicht durch Philosophieren, sondern auf Grund wissenschaftlicher Entdeckungen. Diese Entdeckungen aber waren nur möglich, weil zu Beginn der Neuzeit eine völlig neue Art des Forschens erarbeitet wurde. Bevor wir auf diese eingehen, sei noch etwas anderes erwähnt.

Die Mutation verlief dialektisch

Die Beobachtung von Individuationsprozessen hat gezeigt, dass die Entwicklung des Bewusstseins im Verlauf eines individuellen Lebens vom Unbewussten her gesteuert wird: dass sowohl die Entstehung von Bewusstsein im frühen Kindesalter als auch dessen Wandlung über die verschiedenen Lebensphasen hinweg sich nach einem im Unbewussten gespeicherten, phylogenetisch erworbenen Programm – und damit nach gewissen Gesetzmäßigkeiten – vollzieht.

Nun hat die Erforschung der Bewusstseins-Evolution (der Phylogenese des Bewusstseins) ergeben, dass diese sich – zumindest bei Entwicklungsschritten – nach denselben Gesetzmäßigkeiten vollzieht wie die Individualentwicklung (die Ontogenese). Damit konnte jene Gesetzmäßigkeit des Geschehens nachgewiesen werden, um deren Nachweis sich die abendländische Geschichtsphilosophie seit ihrer Begründung durch Hegel (1770 – 1831) (Anm. 234) vergeblich bemüht hat. Vergeblich hat diese sich bemüht, weil nicht die Geschichte gesetzmäßig verläuft, sondern die Bewusstseins-Evolution. Diese kann aber, wie gezeigt, nicht mit dem methodischen Ansatz der Geschichtswissenschaft – auch nicht mit dem philosophisch überhöhten – nachgewiesen werden. Dazu braucht es die eingangs geschilderte Fragestellung nach der Zunahme der Fähigkeit zur Unterscheidung.

Eine Gesetzmäßigkeit der Bewusstseins-Evolution haben wir schon kennen gelernt, als ich in der Einleitung den Wandel der Vorstellung des

Geistigen skizzierte: diejenige, die im Mythologem von Tod und Auferstehung bildsprachlich veranschaulicht ist.

Im Wandel des Weltbilds manifestiert sich nun noch eine weitere. Diese wird allerdings in der heutigen Begriffssprache formuliert, ist sie doch erst nach der Erschließung des arteigenen Unbewussten – ebenfalls bei Beobachtung der Ontogenese – entdeckt worden. Ihr Entdecker, C. G. Jung, bezeichnete sie als Gesetzmäßigkeit von Gegensatzspannung und transzendenter Funktion. Sie besagt, dass ein Entwicklungsschritt des Bewusstseins nicht geradlinig, sondern dialektisch verläuft. Wenn eine Einstellung unhaltbar geworden ist, bildet sich nämlich vorerst eine mit dieser völlig unvereinbare Gegenposition aus. Hält nun ein Mensch die dadurch entstehende Spannung lange genug aus, d. h., stellt er sich nicht bequemlichkeitshalber auf den einen Standpunkt und verdrängt den andern, fällt ihm durch den aus dem Unbewussten kommenden Informationsstrom eine Lösung ein, die die berechtigten Anliegen beider Standpunkte auf höherer Ebene – indem sie diese transzendiert – vereint. Ich spreche deshalb nicht von »transzendenter«, sondern von »transzendierender« Funktion.

Dadurch erklärt sich die erstaunliche Tatsache, dass die archaische Vorstellung des Geistigen zwar schon gegen Ende des Mittelalters am Plafond anstieß, dass aber erst heute – ein halbes Jahrtausend danach – die Voraussetzungen für die Erarbeitung einer neuartigen Geist-Vorstellung gegeben sind. Am Ende des Mittelalters konnte sich nämlich noch gar keine Gegenposition zur supranaturalistischen ausbilden. Das Begriffspaar von (natürlicher) Materie und (übernatürlichem) Geist war zwar ein wertvoller Ertrag der Bewusstseins-Evolution, doch war es ein sehr ungleiches Paar: gleichsam ein Zwerg und ein Riese. Während das »Wissen« über die »geistige Welt« hoch differenziert war – da die im Mittelalter aufgekommene Wissenschaft fast nur jene »erforscht« hatte –, war das Wissen über das Diesseits noch rudimentär. So musste denn erst einmal die Bewusstseins-Evolution auf dem physischen Zweig nachgeholt werden. Dies führte zu zwei großen Bewegungen: zur Verlagerung des Interesses vom Jenseits auf das Diesseits und – Hand in Hand damit – zur Entstehung eines neuen Typus von Wissenschaft.

Bevor wir verfolgen, wie dieser neue Wissenschaftstyp – der empirische – zu Stande kam, sei noch festgehalten, dass weder der Wandel des Weltbilds noch der Wandel der Vorstellung des objektiv Geistigen bewusst angestrebt wurde. Das Eigentliche – das, was ich den Kern der Sache nenne – vollzog sich völlig unbewusst. Aus diesem Grund konnte erst im Nachhinein erkannt werden, dass er sich nach den im unbewussten Bereich der Psyche gespeicherten, phylogenetisch erworbenen Gesetzmäßigkeiten vollzogen hat. Es ist gerade das Erstaunliche an der Mutation des Bewusstseins, dass – wie man im historischen Rückblick feststellen kann – diejenigen, die sie vorantrieben, im Grunde genommen nicht wussten, was sie taten.

Die Entstehung der empirischen Wissenschaft

Die Verlagerung des Interesses auf das Diesseits geschah im Zug jener geistigen Strömung, die unter den Namen Humanismus und Renaissance in die Geschichte eingegangen ist (Anm. 26). Sie begann in Italien und breitete sich dann über ganz Europa aus. Hand in Hand mit diesem »Erwachen aus dem archaischen Dornröschenschlaf« entstanden – in einem mühsamen Werdeprozess – die empirischen Wissenschaften: ein Typus von Wissenschaft, der sich vom archaischen – der Theologie – kategorial unterscheidet. Die Theologie ist eine deutende (hermeneutische) Wissenschaft. Sie deutet Texte, und zwar solche, von denen sie annimmt, sie enthalten das geoffenbarte Wort Gottes. Die empirischen Wissenschaften hingegen stützen sich auf Wahrnehmung. Allerdings stützten sie sich während längerer Zeit – bis die archaische Vorstellung des Geistigen durch die Entdeckung des Unbewussten überwunden wurde – nur auf einen eingeschränkten Begriff des Wahrnehmbaren. Nur das galt während jener Zeit als Wahrnehmung, was mit den Sinnen wahrnehmbar ist. Das Forschen unter dieser eingeschränkten Vorstellung von Wahrnehmung nennt man methodischen Positivismus. Dieser war damals ein Postulat geistiger Hygiene, um von dem bei archaischer Weltsicht üblichen »Wissensgewinn« durch Fantasieren (Mythisieren) loszukommen.

Die Theologie ist zwar heute nicht mehr »stubenrein«. Sie hat eine Anzahl empirisch arbeitender (nicht mehr einer mythischen, »heilsgeschichtlichen« Theorie folgender) historischer Disziplinen in sich aufgenommen und gibt sich so den Anschein einer neuzeitlichen Wissenschaft. Dadurch wird aber die Tatsache verschleiert, dass das erkenntnistheoretische Fundament der Theologie nach wie vor der archaische Offenbarungsbegriff ist. Es ist gerade diese Inkonsequenz, die es ihr heute so sehr erschwert, von der längst überwundenen archaischen Vorstellung des Geistigen abzulassen.

Eine Verlagerung des Interesses auf das – archaisch ausgedrückt – Diesseits hatte schon einmal stattgefunden: bei den Vorsokratikern, die programmatisch erklärt hatten, sie wollten nicht mehr von den Göttergeschichten (Mythoi) ausgehen, sondern von den »Dingen, die da sind« (ta onta) (Anm. 78). Im Unterschied zu damals führte nun – zu Beginn der Neuzeit – das Bestreben, statt der Übernatur die Natur zu erforschen, zum Ziel. Es konnte deshalb zum

Ziel führen, weil nun die Voraussetzungen für das Zustandekommen einer wissenschaftlichen Empirie gegeben waren.

Eine Voraussetzung dafür hatten schon die mittelalterlichen Theologen geschaffen, indem sie sich das gerichtete Denken – die strenge Anwendung der aristotelischen Logik – antrainierten und damit das noch bei den Kirchenvätern allgemein übliche kreisende Denken in die Bereiche der spekulativen Mystik, wo es hingehört, abgedrängt hatten. Außerdem hatten die Scholastiker – als Ergebnis des Universalienstreits – der nominalistischen (genau gesagt der konzeptionalistischen) Auffassung der Allgemeinbegriffe freie Bahn verschafft: der einst von Aristoteles vertretenen Auffassung, die Allgemeinbegriffe hätten keine selbstständige Existenz, sondern existieren nur in unseren Köpfen sowie in den Dingen, aus denen sie abstrahiert werden.

Freigegeben wurde die Bahn für das Aufkommen empirischer Forschung, als Wilhelm von Occam (12.85 – 1349) nach zweihundertjährigem Streit die salomonische Lösung vorlegte, für die Erkenntnis der übernatürlichen Welt sei zwar der Begriffs-Realimus(= Konkretismus) das Richtige, für die Erforschung der Natur hingegen der Begriffs-Nominalismus (bzw. Konzeptualismus) (Anm. 190). Damit war der oben erwähnte Plafond wenigstens so weit durchstoßen worden, dass nun die Bewusstseins-Evolution auf dem physischen Zweig voranschreiten konnte.

Mit der Hinwendung zum Diesseits erwachte nämlich auch der Sinn für Empirie. Man wurde sich bewusst, dass das Wissen über »diese« Welt nicht mehr aus den Büchern von »Autoritäten« geschöpft werden durfte, wie dies im Mittelalter noch üblich war, sondern dass man die »Dinge« beobachten und die gemachten Beobachtungen wiederholen und nachprüfen muss. Allerdings bedeutete »Beobachten« für die beiden Bereiche, in die der archaische Begriff »Natur« nun zerfiel – für Natur und Kultur – , nicht das gleiche. Für das Erforschen der Kultur(geschichte) bedeutete es, auf die Quellen zurückzugehen. Für das Erforschen der Natur bedeutete es, die Phänomene genau anzuschauen und die Naturvorgänge auch quantitativ zu erfassen; ferner – wenn möglich – einzelne Abläufe durch experimentelle Anordnung zu isolieren und isoliert zu untersuchen und schließlich die dabei entdeckten Gesetzmäßigkeiten in der Sprache der Mathematik auszudrücken.

Unabdingbar verbunden mit dem Beobachten von Naturvorgängen war die Frage, wodurch sie zu Stande kommen. Wegleitend war auch da ein neues Denken: das Denken in Ursache-Wirkungs-Ketten. Indem dieses so genannte Kausaldenken von der Überzeugung ausging, dass gleiche Ursachen gleiche Wirkungen hervorrufen, war es etwas kategorial anderes als die archaische

Annahme willkürlich wirkender übernatürlicher Mächte. Um Kausaldenken hatten sich zwar schon die Vorsokratiker bemüht. Indem sie aber gleich nach der ersten Ursache fragten, langten sie bald einmal beim Göttlichen an, wodurch ihre Naturphilosophie zu natürlicher Theologie wurde (Anm. 78). Einem derartigen Rückfall schoben die Forscher der Neuzeit dadurch einen Riegel vor, dass sie nur noch nach den Letzt-Ursachen fragten: nach dem, was die beobachteten Phänomene unmittelbar verursacht. Auf diese Weise gelang es ihnen, Schritt für Schritt hinter die Fassade des Augenscheins vorzudringen: die »Mutter Natur« sowohl in immer kleinere Bestandteile zu zerlegen als auch in ihrer Gesetzmäßigkeit zu ergründen.

Hand in Hand mit dem Suchen nach Letzt-Ursachen ging das Bemühen, das Beobachtete »unter einen Hut zu bringen«: empirisch fundierte Theorien zu erarbeiten. Das immer weitere Vordringen hinter die Fassade des Augenscheins machte es notwendig, immer umfassendere Theorien zu entwerfen. Dies hieß auch, immer umfassendere Begriffe zu formulieren.

Möglich geworden war dieses Vordringen durch das Obsiegen der nominalistischen Auffassung der Abstrakta. Da man diese jetzt als Namen (lat. nomina) auffasste, musste das Denken nicht mehr um ewige, immer gleich bleibende Geist-Dinge kreisen, die irgendwo in einem Ideen-Himmel schwebten. Nun war es erlaubt, immer neue Theorien von heuristischem Charakter zu erarbeiten: Theorien, die so lange dem weiteren Wissensgewinn dienten, als sie alle einschlägigen Beobachtungen »unter einen Hut« brachten. Wurden jedoch Beobachtungen gemacht, welche die bisherige Theorie sprengten, konnte man diese durch eine neue, differenziertere ersetzen. Gefördert wurde dieses durch so genannte Paradigmawechsel gekennzeichnete Vordringen hinter die Fassade durch Einführung des methodischen Zweifels, als dessen Vater René Descartes (1596 – 1650) in die Geschichte eingegangen ist (Anm. 42).

All die erwähnten Elemente – kritische Beobachtung, Kausalanalyse, logisches Denken, Theoriebildung unter Berücksichtigung des Begriffs-Nominalismus (bzw. -Konzeptualismus) sowie die grundsätzliche Anwendung des methodischen Zweifels – wurden in der frühen Neuzeit in einem mühsamen Prozess zu einer Einheit integriert: zu jenem geistigen Instrumentarium, das empirische Wissenschaft schuf, wobei Naturkunde zu Naturwissenschaft wurde und Historiographie zu historischer Wissenschaft. Dank dieses geistigen Instrumentariums wurden Entdeckungen gemacht, und es waren, wie gesagt, Entdeckungen, welche die Sicht der Welt – und damit die Vorstellung des Geistigen – de facto verändert haben. Die traditionelle Naturphilosophie, die ja eine Tochter der Theologie war, verlor durch das Voranschreiten der Naturwissenschaft mehr und mehr an Bedeutung. Ein Gebiet nach dem andern wurde ihr entzogen: im 17. Jahrhundert schon durch die Physik, noch vor der Französischen Revolution durch die Chemie, im 19. Jahrhundert durch die Biologie und schließlich noch durch die empirische Psychologie.

Vom methodischen zum ideologischen Positivismus

Eine Art von Philosophie indessen hatte bedeutenden Anteil an der Mutation des Bewusstseins: die der Aufklärung. Es waren in erster Linie die französischen »Philosophes«, die darüber reflektierten, was für Konsequenzen das empirisch erworbene Wissen über Natur und Kultur für die christliche Weltsicht hatte. Naturwissenschaftler dachten im Allgemeinen wenig darüber nach. Viele von ihnen blieben ihr Leben lang treue Anhänger ihrer Religion. Die »Philosophes« hingegen spürten die zunehmende Diskrepanz zwischen der überlieferten Sicht der Dinge und derjenigen, die sich aus der fortschreitenden Kenntnis von Natur und Kultur aufdrängte.

Ergebnisse kulturwissenschaftlichen Forschens haben im 18. Jahrhundert mehr und mehr das christliche Dogma durchlöchert. So führte die wissenschaftlich fundierte Bibelkritik schon damals (!) zur Ablehnung der Jesus zugeschriebenen Wundergeschichten und der Auferstehung, ja sogar der Göttlichkeit Jesu. Historiker erschlossen die Geschichte der antiken Welt und des frühen Christentums und drängten die traditionelle (weitgehend mythische) christliche Geschichtsschreibung ins Abseits. Der Anspruch der Kirchen, die einzig wahre Glaubenslehre zu vertreten, wurde durch die Berührung mit nichtchristlichen Religionen und Ethiken infrage gestellt: durch Nachrichten aus Persien, Indien, Ägypten, China und Amerika. So musste man z. B. einsehen, dass auch der Islam eine hoch stehende Religion ist und eine der abendländischen in mancher Hinsicht überlegene Kultur hervorgebracht (bzw. von den Persern und Byzantinern übernommen) hat. Übersetzungen des parsischen Schrifttums und der Upanishaden machten mit anderen Vorstellungen über jenseitige Welten bekannt sowie mit anderen Vorstellungen über die Entstehung »dieser« Welt. Am stärksten wirkte sich auf das abendländische Bewusstsein im 18. Jahrhundert wohl die Bekanntschaft mit der chinesischen Geschichte und Philosophie aus.

All dies durchlöcherte zwar das christliche Dogma, führte jedoch nicht über die archaische Weltsicht hinaus. Jener Prozess, welcher zur Überwindung der archaischen Weltsicht und damit der archaischen Vorstellung des Geistigen führte, spielte sich in der Naturwissenschaft ab. Wie erwähnt, wurde dies jedoch nicht bewusst angestrebt. Es war vielmehr eine unbeabsichtigte Nebenwirkung der einzig und allein angestrebten Erforschung der Natur.

Wir haben schon gesehen, dass durch konsequente Anwendung des Kausalitätsbegriffs die Vorstellung vom Eingreifen übernatürlicher Mächte ins Naturgeschehen eliminiert wurde und dass durch diese Elimination der naturwissenschaftlich begründete Materialismus zu Stande kam. Noch eine andere Linie kann verfolgt werden. Ich habe erwähnt, dass in den empirischen Wissenschaften der Grundsatz des methodischen Positivismus wegleitend war, d. h. dass nur das als wissenschaftlich erwiesen galt, was mit den Sinnen (auch den durch Apparate und indirekte Methoden erweiterten) nachgewiesen war. Unter dem Einfluss der Aufklärungsphilosophie entwickelte sich dann der methodische Positivismus zum ideologischen: zur expliziten Aussage, was mit den Sinnen nicht wahrnehmbar sei, existiere nicht. Der ideologische Positivismus war somit auch eliminatorisch, er kam jedoch nicht durch Elimination des archaischen Mächte-Denkens zu Stande wie der Materialismus, sondern durch Elimination der Vorstellung einer übernatürlichen Offenbarung. Das Weltbild, das bei diesem ersten Schritt der Bewusstseins-Mutation zu Stande kam, ist somit als positivistisch-materialistisches zu bezeichnen.

Der zweite Schritt der Bewusstseins-Mutation

Am Ende des 19. Jahrhundert war nun die Gegensatzspannung – die Voraussetzung für den eigentlichen Evolutionsschritt des Bewusstseins – vorhanden. Das Nachholen der Evolution auf dem physischen Zweig hatte ja außerhalb des kirchlichen Bereichs stattgefunden. In diesem hatte das archaische Weltbild unbeschadet weitergelebt. Der Gegensatz zwischen der positivistisch-materialistischen und der archaischen Position wurde artikuliert als Dilemma zwischen Wissen und Glauben. Entscheidend an dieser Formulierung ist der Ausdruck »Dilemma«. Der Durchbruch zu höherer Bewusstheit erfolgt ja in einzelnen Menschen, und er kann nur erfolgen in Menschen, die die Gegensatzspannung als Dilemma erleben und unter diesem leiden: die sich weder auf die eine noch auf die andere Seite schlagen können, weil ihnen so oder so etwas Wertvolles, für sie Unverzichtbares verloren ginge.

Ein Dilemma kann nicht gelöst, sondern nur überstiegen (transzendiert) werden, und zwar, wie schon erwähnt, in der Weise, dass aus dem unbewussten Bereich der Psyche eine Lösung »einfällt«, welche die unvereinbaren Gegensätze auf einer höheren Ebene der Bewusstheit vereint. Bei dieser Vereinigung auf höherer Ebene wird aber notwendigerweise – als Kehrseite der Medaille –

jede der beiden bis dahin für absolut gehaltenen Positionen relativiert: Beide müssen dabei »Haare lassen«.

Ein solcher Vorgang fand an der Wende vom 19. zum 20. Jahrhundert statt. Überstiegen wurde das »Dilemma zwischen Wissen und Glaube« – zwischen Theologie und empirischen Wissenschaften bzw. zwischen archaischer und positivistischer Weltsicht – durch Entdeckungen auf zwei Gebieten: auf dem der Psychologie und dem der Physik. Zum einen war es die Entdeckung des Unbewussten, zum anderen die Entdeckung, dass die Energie gequantelt ist und dass Masse und Energie äquivalent sind. Diese Entdeckungen zogen allerdings unterschiedliche Wirkungen nach sich und wirkten sich auch zeitlich gestaffelt aus. Aus allem zusammen aber ergab sich die Möglichkeit, das Dilemma zu übersteigen und die Gegensätze auf höherer Ebene zu vereinen: die Möglichkeit, dass sich nun auch der zweite Schritt der Gesetzmäßigkeit von Gegensatzspannung und transzendierender Funktion vollziehen konnte.

Folgen der Entdeckung des Unbewussten

Durch die Entdeckung des Unbewussten wurden zum einen die beiden unvereinbaren Positionen relativiert, zum anderen wurde – Hand in Hand damit – der empirischen Forschung ein neuer, ihr bis dahin nicht zugänglicher Raum erschlossen.

Der ideologische Positivismus wurde relativiert durch die Entdeckung der inneren Wahrnehmung: durch die Entdeckung Sigmund Freuds (1856-1939), dass Träume nicht vom Ich – dem Zentrum des Bewusstseins – gemacht werden, sondern dass das Ich diese als fertige, vom Unbewussten komponierte Gebilde wahrnimmt. Damit war das Dogma, auf dem der ideologische Positivismus fußte, gesprengt und der positivistische Empiriebegriff (Begriff des Wahrnehmbaren) erweitert worden. Durch die Entdeckung, dass Träume – und (wie später erkannt wurde) auch Fantasien, Intuitionen sowie Visionen – vom Ich wahrgenommen werden, war ja erwiesen, dass Informationen über objektiv Wirkliches dem Bewusstsein nicht nur über die sinnlichen Wahrnehmungssysteme zufließen. Von objektiv Wirklichem kann in diesem Fall gesprochen werden, weil der unbewusste Bereich der Psyche per definitionem dem nicht zum Bewusstsein gehörenden Bereich der Wirklichkeit – dem Nicht-Ich bzw. der objektiven Wirklichkeit – zugeordnet werden muss. Durch diese Erweiterung des Empiriebegriffs um das innerlich Wahrnehmbare war der empirischen Forschung ein neuer, ihr bisher nicht zugänglicher Raum erschlossen worden: das menschliche Unbewusste.

Die archaische Position wurde – gut ein Jahrzehnt nach der positivistisch-materialistischen – relativiert durch die Entdeckungen C. G. Jungs (1875-1961). Es handelte sich dabei zwar um mehrere Entdeckungen, die – alle zusammengenommen – die »übernatürliche« Welt des archaischen Menschen als etwas Natürliches zu sehen ermöglichen, ohne dass sie dadurch an existenzieller Bedeutung für den Menschen etwas einbüßt. Entscheidend für die Überwindung der archaischen Weltsicht war jedoch der Nachweis, dass auch Visionen Gestaltungen des Unbewussten sind: dass das in einer Vision Geschaute nicht konkretistisch – als Blick in eine übernatürliche Welt – zu verstehen ist, sondern bildsprachlich, d. h. als bildhafte Veranschaulichung an sich unanschaulicher psychischer Sachverhalte und Gesetzmäßigkeiten. Damit war der archaische Konkretismus, der die Weiterentwicklung der Vorstellung des Geistigen verhindert hatte, endgültig überwunden. Wir werden im dritten Teil darauf zurückkommen.

Hier sei nur gesagt, dass beide sich für absolut haltenden Positionen – die positivistische wie die archaische – damals nur de facto überwunden worden sind. Freud ist nämlich bis an sein Lebensende Positivist geblieben. Jung erkannte zwar ein Stück weit die Folgen seiner Entdeckung, doch blieb er – zumindest »im hinteren Bereich seiner Seele« – der archaischen Weltsicht verhaftet. Es sind eben zweierlei Schuhe, Entdeckungen zu machen und deren Konsequenzen – schon gar deren Konsequenzen für die Weltsicht – zu erfassen. Festzuhalten ist hier jedenfalls, dass für die dem heutigen Bewusstseins-Niveau entsprechende Auffassung von Religion nicht das maßgebend ist, was Jung über Religion spekuliert hat, sondern was sich aus seinen empirisch fundierten Entdeckungen für diesen Bereich ergibt. »Exegese« der spekulativen Stellen in Jungs Schriften, wie sie von Theologen – und auch von gewissen Exponenten der »Esoterik« – oft betrieben wird, führt deshalb am Eigentlichen vorbei.

Es muss nämlich bedacht werden, dass die Konsequenzen aus Jungs Entdeckungen erst heute in ihrem vollen Ausmaß erfasst werden können. Bis es so weit war, musste noch vieles andere entdeckt werden. Das geschah jedoch auf jenem Geleise, das durch die um die Jahrhundertwende gemachten Entdeckungen auf dem Gebiet der Physik erschlossen worden ist.

Das Energie-Paradigma

Um die Wende vom 19. zum 20. Jahrhundert kam durch die Entdeckungen von Max Planck (1858-1947) und Albert Einstein (1879-1955) das zu Stande, was ich das Energie-Paradigma nenne. Mit diesem geistigen Instrumentarium wurde dann eine kaum mehr überblickbare Menge naturwissenschaftlicher Entdeckungen gemacht, gleichzeitig aber auch die Grundlagen dafür geschaffen, dass heute der Geist-Aspekt der Natur erarbeitet werden kann.

Das Energie-Paradigma war das Ergebnis einer Entwicklung im Selbstverständnis der Physik. Noch 1847 hatte Lord Kelvin, einer der großen Physiker jener Zeit, gesagt, die Physik sei die Wissenschaft von den Kräften: den mechanischen, thermischen, elektrischen, magnetischen und chemischen. Danach erst kam der Begriff »Energie« – als Oberbegriff für die verschiedenen Kräfte – auf. Am Ende des 19. Jahrhunderts wurde dieser Begriff noch vertieft durch die Entdeckung von Max Planck, dass die Energie nicht kontinuierlich dahinfließt, sondern in »Paketen«, die er Quanten nannte. Planck wies auch nach, dass es ein kleinstes Energiequant gibt, dessen Grösse nicht unterschritten werden kann: eine Naturkonstante, die den Namen Plancksches Wirkungsquantum erhielt. Auf jeden Fall verstand sich die Physik nun als Wissenschaft von der Energie.

Nun hatte man aber bis dahin von der Energie noch die Masse als gesonderte Entität unterschieden. Dieser Begriff war über mehrere Verständnisstufen hinweg entwickelt worden (Anm. 121) und diente zur Benennung jenes »materiellen Substrats«, an dem die Energie »ansetzt«. Diesen Dualismus überwand zu Beginn des 20. Jahrhunderts Albert Einstein, indem er zeigte, dass Masse lediglich eine kondensierte Form von Energie ist: dass Masse in freie Energie und freie Energie in Masse übergeführt werden kann.

Nun war die Voraussetzung gegeben für jenes Theoriengebäude, das ich als Energie-Paradigma bezeichne. Dieses implizierte die Überzeugung, die gesamte raumzeitliche Wirklichkeit lasse sich schließlich auf Energie bzw. energetische Prozesse zurückführen (reduzieren). Es implizierte somit den ontologischen Reduktionismus und war sozusagen der naturwissenschaftliche Ausdruck der materialistischen Weltsicht.

Was wird hier unter Paradigma verstanden?

Um zu verstehen, dass ausgerechnet dieses materialistische Paradigma dazu führte, all die Fakten herauszuarbeiten, an denen heute der Geist-Aspekt der Natur abgelesen werden kann, ist der Ausdruck »Paradigma« genauer zu betrachten. Ich verwende ihn hier in seiner ursprünglichen Bedeutung, d. h. in der Bedeutung, in der Thomas S. Kuhn ihn in unseren Sprachgebrauch eingeführt hat (Anm. 140).

Kuhn hatte den Ausdruck »Paradigma« bei der Erforschung der Geschichte der Naturwissenschaft gewonnen. Er hatte entdeckt, dass sich von Zeit zu Zeit große Aufbrüche ereigneten, auf die jeweils eine Phase so genannter normaler Wissenschaft folgte. Die Aufbrüche (Kuhn nannte sie Revolutionen) waren dadurch charakterisiert, dass ein neues, konsistentes, von der Mehrheit der Wissenschaftler anerkanntes Theoriengebäude die bisherige Vielfalt wissenschaftlicher Schulen ablöste. Diese Theoriengebäude nannte Kuhn Paradigmata.

Bahnbrechend am Paradigmabegriff war, dass Kuhn mit ihm zwei untrennbar miteinander verbundene Sachverhalte zusammenfasste. Ein Paradigma brachte nämlich nicht nur eine einleuchtende neue Sicht des bisher Beobachteten. Es ließ auch eine Fülle neuer Probleme erkennen und gab dadurch Anstoß zu gezielter Forschung in verschiedenen Richtungen und damit auch zur Ausbildung neuer Disziplinen. Das Zustandekommen eines neuen Paradigmas bildet somit einerseits den Abschluss einer wissenschaftlichen »Revolution«, andererseits leitet es eine lange Periode normaler Wissenschaft ein.

Es werden Paradigmata verschiedener Größenordnung unterschieden. Große Paradigmawechsel der Vergangenheit waren jene, die mit Namen wie Kopernikus, Galilei, Newton, Lavoisier und Darwin, Planck und Einstein verbunden sind. Dazwischen gab es kleinere, oft sogar kleinste, die eventuell nur für eine Gruppe von fünfundzwanzig Spezialisten revolutionäre Konsequenzen hatten.

Der Paradigmabegriff von Kuhn gibt uns den Schlüssel zum Verständnis dessen, was bei der geradezu exponentiellen Entfaltung der Naturwissenschaft im 20. Jahrhundert vor sich ging. Dieser gewaltige Schub, der so viele neue Disziplinen entstehen ließ und zu einer kaum mehr überblickbaren Fülle von Entdeckungen geführt hat, war im Grunde genommen – in der Diktion von Kuhn – eine Periode normaler Wissenschaft, die sich aus der Geburt des Energie-Paradigmas ergeben hatte.

Die an sich erstaunliche Tatsache, dass unter der Dominanz des ausgesprochen materialistischen Energie-Paradigmas eine Unzahl von Fakten erarbeitet wurde, die wir heute dem Geist-Aspekt der Natur zuordnen müssen, lässt sich indessen leicht verstehen, wenn man genau hinhört, wie Kuhn die Auswirkungen eines Paradigmas charakterisiert hat. Er wies nämlich auch darauf hin, dass ein herrschendes Paradigma Forscher dazu verführt, »sperrige« Beobachtungen in die vorgefertigte Theorien-Schublade hineinzuzwängen. Nun wurden im 20. Jahrhundert in zunehmendem Maße auch

Fakten erarbeitet, die mit dem Energie-Begriff nicht fassbar sind, doch wurde jeweils sehr viel Mühe darauf verwendet, sie im Sinn des Energie-Paradigmas zu erklären. Dies ist denn auch der Grund, weshalb man heute sagen kann, die neue Vorstellung des Geistigen liege auf der Straße, sie müsse nur noch aufgehoben werden. Bevor wir aber – im zweiten Teil dieses Buches – mit dem Aufheben beginnen, blicken wir noch einmal auf die Mutation des Bewusstseins zurück.

Noch einmal Rückblick auf die Mutation

Erinnern wir uns daran, dass ein Bewusstwerdungsschritt – lebensgeschichtlich wie stammesgeschichtlich – dialektisch verläuft: dass er im Grunde genommen aus zwei Schritten besteht. Indem wir das Zustandekommen der Gegensatzspannung verfolgten, betrachteten wir nur den ersten dieser beiden Schritte, somit ein zwar notwendiges, jedoch vorübergehendes Zwischenstadium der Bewusstseins-Mutation. So war denn auch das Weltbild, das dabei zu Stande kam – das positivistisch-materialistische –, nur ein Weltbild des Übergangs. Dass in ihm das obere Stockwerk des mittelalterlichen Weltbilds – das übernatürliche – fehlte, war zwar notwendig. Es musste – gemäß der im Mythologem von Tod und Auferstehung veranschaulichten Gesetzmäßigkeit – abgebrochen bzw. eliminiert werden. Es musste aber nur deshalb abgebrochen werden, damit es in völlig neuer Gestalt wieder aufgebaut werden konnte. Es wurde aber nicht mehr als oberes Stockwerk gebaut. Das, was bei archaischer Weltsicht als oberes Stockwerk »existiert« hatte, wurde – beim zweiten Schritt der Mutation – in dasjenige, das früher das untere gewesen ist, eingebaut bzw. integriert. Das untere Stockwerk war aber jetzt nicht mehr das, was es noch für den Menschen des Mittelalters gewesen war. Durch das Nachholen der Evolution auf dem physischen Zweig, das sich noch während der ersten zwei Drittel des 20. Jahrhunderts fortsetzte, war es ja mächtig vergrößert und reich ausgebaut worden: so, dass nun die »jenseitige Welt« des archaischen Menschen in ihrer ganzen Fülle nahtlos in dieses integriert werden konnte.

Um die Wende zum 20. Jahrhundert war aber diese Integration noch nicht möglich gewesen. Was sich damals auf dem Gebiet von Psychologie und Physik ereignete, führte nämlich nur zu einem Durchbruch im Plafond. Durch diesen wurde der Vollzug des zweiten Schritts der Bewusstseins-Mutation nur ermöglicht. Wie er sich dann in der konkreten historischen Wirklichkeit vollzogen hat, soll, wie gesagt, im zweiten Teil geschildert werden. Das bisher Dargelegte war nur Vorarbeit dazu. Es musste, wie schon in der Einleitung gesagt, deswegen vor Augen geführt werden, weil wir sonst das eigentlich Neue an der Vorstellung des Geistigen, zu der die Bewusstseins-Mutation geführt hat, nicht wirklich erfassen können.

Noch einmal: die Mutation entsprang nicht bewusstem Wollen

Voraussetzung für dieses Erfassen des Neuen ist aber nicht nur das Wissen, wie die Mutation des Bewusstseins vor sich gegangen ist. Dazu gehört auch das Wissen um die schon erwähnte Tatsache, dass sie nicht bewusstem Wollen entsprang, somit nicht nur ein geistesgeschichtliches Ereignis war, sondern eine Mutation im eigentlichen Sinn des Wortes: ein Evolutionsschritt im Rahmen jenes alles Begreifen übersteigenden Prozesses, bei dem aus der diffusen Strahlungsenergie des »Urknalls« so hochkomplexe Wesen zu Stande gekommen sind wie die höheren Säuger, ja sogar ein Wesen, das die Fähigkeit zur Bewusstheit hat und deshalb diesen ganzen Prozess ergründen kann.

Dass die Impulse zum phylogenetischen Bewusstseinswandel von außerhalb des Bewusstseins – vom Unbewussten her – kamen, haben wir schon daran gesehen, dass er – ohne jede bewusste Planung – nach den Gesetzmäßigkeiten von »Tod und Auferstehung« sowie von Gegensatzspannung und transzendierender Funktion vor sich ging.

Es zeigt sich aber auch darin, dass die wesentlichen Voraussetzungen für die Durchführung der beiden Schritte jeweils schon in der vorangehenden Phase geschaffen wurden, und zwar ohne dass die, welche sie schufen, »wussten, was sie taten«.

So haben die Scholastiker – noch ganz der archaischen Weltsicht verhaftet und den Blick auf den Himmel richtend – durch den Streit um die Existenzweise der Allgemeinbegriffe die Voraussetzung für das Nachholen der Evolution auf dem physischen Zweig geschaffen. Dabei haben sie zudem – ohne dies im Geringsten zu beabsichtigen – die Weichen so gestellt, dass eine echte Gegensatzspannung zu Stande kommen konnte. Durch die »salomonische Lösung« des Wilhelm von Occam, dass zwar für die Erforschung der Natur die Auffassung des Aristoteles die richtige sei, zur Erforschung der Übernatur hingegen diejenige Platons, war nämlich gewährleistet worden, dass die Theologie so lange auf ihrem archaischen Geleise weiterfuhr, bis die Mutation zum zweiten Schritt ansetzen konnte: zu jenem Schritt, durch den eine neue Sicht dessen ermöglicht wurde, was der archaische Mensch als übernatürliche Wirklichkeit aufgefasst hatte.

Dafür, dass die hierzu nötige Gegensatzspannung tatsächlich zu Stande kam, haben die Philosophen der Aufklärung gesorgt, indem sie die positivistisch-materialistische Position ausbauten. Sie haben aber gewiss nicht im

Geringsten daran gedacht, dass sie nur an einem Weltbild des Übergangs arbeiteten: an einem Weltbild, dessen Funktion einzig darin bestand, die Gegensatzspannung zum theologischen zu bewirken und damit die Voraussetzung für das Ingangkommen der transzendierenden Funktion des Unbewussten zu schaffen.

Wenn wir nun heute den Drang verspüren, uns darüber klar zu werden, was der zweite Schritt der Mutation gebracht hat, und dabei vor allem nach einer neuen, dem heutigen Bewusstseins-Niveau entsprechenden Vorstellung des objektiv Geistigen suchen, braucht es für den Erfolg unseres Unternehmens wiederum eine Voraussetzung, die auf den vorangehenden Evolutionsstufen noch nicht vorhanden war: das komplementäre Denken. Diese neue Art des Denkens ist zwar erst im 20. Jahrhundert zu Stande gekommen. Sie konnte aber nur deswegen zu Stande kommen, weil mehr als ein Jahrhundert zuvor – auf dem Höhepunkt der Aufklärung – jenes Ereignis stattgefunden hatte, das ich als anthropische Wende bezeichne.

Die anthropische Wende

Es war Immanuel Kant (1724-1804), der mit seiner Kritik der Vernunft eine Wende im Denken eingeleitet hat, die in ihrer Bedeutung gewiss der Verlagerung des Interesses von der Übernatur zur Natur zu Beginn der Neuzeit nahe kommt. Ich nenne sie die anthropische (von griechisch anthropos = Mensch), weil dabei das Interesse auf das menschliche Erkenntnisvermögen hingelenkt wurde: auf die Art und Weise, wie der Mensch die Wirklichkeit erkennt. Zwar war während der Aufklärung schon verschiedentlich über Wahrnehmung und Vernunft spekuliert worden (Anm. 209). Was aber Kant mit seiner »Kritik« bewirkt hat, kann man als Anstoß zur Überwindung des bis dahin üblichen naiven erkenntnistheoretischen Realismus bezeichnen.

Als naiven erkenntnistheoretischen Realismus bezeichnet man den Glauben, der Mensch erkenne die Wirklichkeit einfach so, wie sie ist. Kants weiterführende Einsicht war, dass zwischen Welt und Weltbild unterschieden werden muss. Zum einen wies er auf die Grenzen des menschlichen Erkenntnisvermögens hin, indem er sagte, es sei uns unmöglich, das »Ding an sich« zu erkennen, d. h. die objektive Wirklichkeit so zu erkennen, wie sie (ontologisch) ist. Dies war vor allem gegen den Glauben der Aufklärung an die Allmacht der Vernunft (ratio) gerichtet. Zum andern erklärte Kant, man müsse aus dem Grund zwischen Welt und Weltbild unterscheiden, weil unsere Auffassung der Welt durch angeborene Erkenntniskategorien bestimmt sei. Damit nahm er heutiges Wissen voraus, jedoch nur bis zu einem gewissen Grade.

Kant hat nämlich mit seiner Erkenntniskritik die anthropische Wende nur eingeleitet. Er hat einen Bewusstwerdungsprozess ausgelöst, der bis in unsere Tage weiterschritt. Während anderthalb Jahrhunderten fand dieser zwar nur im esoterischen Kreis akademischer Philosophen statt, dann aber wurde er – als empirisch fundierte Kognitionsforschung – von den Neurowissenschaften übernommen.

Lassen wir es vorläufig dabei bewenden. Machen wir uns nun daran, die durch den zweiten Schritt der Bewusstseins-Mutation möglich gewordene neue Auffassung des Geistigen zu erarbeiten.

2. Teil
Die neue Vorstellung des Geistigen

Der Schlüssel zum Geist-Aspekt der Natur

Die zweite Phase der Bewusstseins-Mutation ist heute noch nicht abgeschlossen. Immerhin sind jetzt die Voraussetzungen dazu vorhanden. Im Unterschied zu jenem Zeitpunkt, an dem durch die Entdeckung des arteigenen Unbewussten die Vorstellung übernatürlicher geistiger Wesen definitiv überwunden wurde, ist es jetzt möglich, an deren Stelle die neue Vorstellung des objektiv Geistigen – als Kristallisationskern für die neue Weltsicht – zu erarbeiten. Alle dazu nötigen Fakten sind nämlich im Verlauf des 20. Jahrhunderts sukzessive ans Licht gebracht worden, und zwar durch Forschen unter dem Schirm des Energie-Paradigmas. Wie ging das vor sich?

Gleich mit der Entstehung dieses Paradigmas wurde die moderne Physik geboren: jene Physik, die die Verhältnisse innerhalb des Atoms erschloss. Nachdem in diesem Rahmen die Quantenmechanik entstanden war, glaubten viele, nun könne man alle Rätsel, die die raumzeitliche Wirklichkeit aufgibt, lösen. Dies erwies sich jedoch als Illusion. Vorerst musste noch das Zeitalter der Biologie dasjenige der Physik ablösen.

Im Zug der Entfaltung der modernen Biologie wurden die Kenntnisse über die Lebewesen gleich nach zwei Richtungen hin gewaltig erweitert. Zum einen wurde die Struktur des Lebendigen bis hinab auf die molekulare Dimension erhellt und auch – in diesem Zusammenhang – der genetische Code entschlüsselt. Zum andern wurde durch die Verhaltensforschung die Innerlichkeit der Lebewesen erschlossen. Auch erwuchsen aus der Zusammenarbeit von Neurobiologie und Verhaltensforschung die Neurowissenschaften. Diese erforschten insbesondere die Kognition und schufen damit der Erkenntnislehre – bis dahin Domäne der spekulativen akademischen Philosophie – eine solide, nunmehr empirisch fundierte Grundlage.

Durch die Ergebnisse der modernen Biologie – der Zellbiologie wie auch der Neurowissenschaften – wurde der anfänglich für viele schwer verständliche Begriff »das Unbewusste« gleichsam mit Fleisch und Blut erfüllt. Dank der Ergebnisse der evolutionären biologischen Kognitionsforschung war es nun, wie gezeigt, auch möglich zu erkennen, welches die fundamentalen Eigenschaften von Bewusstsein sind. Damit wurde es ferner möglich, den Unterschied zwischen unbewusstem und bewusstem Erkennen zu erfassen. Außerdem konnte man nun auch begreifen, weshalb und inwiefern das unbewusste kognitive System des Menschen dessen bewusstem in mancher Hinsicht – vor allem in existenziellen Belangen – überlegen ist.

Die moderne Biologie führte ferner dazu, die Evolution sowohl auf differenziertere Weise zu erfassen, als auch diese in einem neuen Licht zu sehen: als einen Erkenntnis gewinnenden Prozess. Dies wiederum ging Hand in Hand mit dem Übergang von der mechanistischen Sicht der Natur zur systemischen.

Durch all das wurde die Voraussetzung dafür geschaffen, dass jetzt, bald ein Jahrhundert nachdem die positivistische und die archaische Weltsicht de facto überwunden worden sind, die neue Vorstellung des Geistigen – und mit ihr die neue Sicht der Quelle der Ethik sowie des (vom einzelnen zu begehenden) Wegs zu dieser – erarbeitet werden kann.

Der Zwang zur Unterscheidung

Nun geschah diese gewaltige Erweiterung der Naturerkenntnis, wie gesagt, unter dem Energie-Paradigma, und dieses gründet, wie wir wissen, in der materialistischen Weltsicht. Weshalb nun meldet sich heute allenthalben das Bedürfnis nach einer Vorstellung des Geistigen, wenn das Forschen unter dem Energie-Paradigma dermaßen erfolgreich war?

Die Antwort gibt die empirische Kognitionsforschung. Diese führte nämlich zur Einsicht, dass das Ich – das »Zentrum« des Bewusstseins – sich die objektive Wirklichkeit in der Weise aneignet, dass es sie in Begriffspaare zerlegt. So können wir z. B. nur dann erfassen, was »groß« bedeutet, wenn wir die Bedeutung von »klein« kennen; beim Vordringen hinter die Fassade des Augenscheins entstanden dann immer abstraktere Begriffspaare. Dadurch ergab sich eine Hierarchie, an deren Spitze das Begriffspaar »Materie und Geist« steht.

Da die materialistische Weltsicht von diesen beiden Elementen nur das eine gelten lässt, ist durch sie die Wirklichkeit unvollständig erfasst: nicht in der differenzierten Weise, wie es unserem Erkenntnissystem möglich wäre. Dass das Unbehagen in der materialistischen Weltsicht erst heute aufkommt, hat seinen Grund, wie schon gesagt, darin, dass während der ersten Phase der Bewusstseins-Mutation die archaische Vorstellung von übernatürlichen geistigen Wesen – von deren Fähigkeit, Naturvorgänge zu beeinflussen sowie die Menschen zu »erleuchten « – eliminiert werden musste. Jetzt, da dies geschehen ist, regt sich das Bedürfnis nach der andern Hälfte des obersten Begriffspaars wieder, doch kann die neue, dem heutigen Bewusstseins-Niveau entsprechende Vorstellung des Geistigen, wie ebenfalls schon gesagt, nur eine natürliche sein.

Aber noch in einem andern Punkt muss sie sich von der archaischen unterscheiden: sie darf nicht mehr konkretistisch sein, haben wir doch gesehen, dass die archaische gerade wegen ihres Konkretismus am Plafond der Entwicklung angestoßen ist und dass dieser Konkretismus – so weit wir zu sehen vermögen – der Grund für das Einsetzen der Bewusstseins-Mutation war.

Nicht mehr konkretistisch ist die Vorstellung des Geistigen, wenn sie auf der Einsicht beruht, dass das Geistige nicht eine Wesenheit ist, die für sich allein existieren kann. Auch dafür hat die (unbewusst wirkende) evolutionäre Tendenz gesorgt durch die anthropische Wende und die daraus resultierende empirische Kognitionsforschung. Diese führte nämlich zur Einsicht, dass wir mit den obersten Begriffspaaren – dem von Materie und Geist sowie dem von Leib und Seele – lediglich zwei Aspekte der »an sich« einheitlichen raumzeitlichen Wirklichkeit erfassen. Für diesen Sachverhalt steht heute der Ausdruck »Komplementarität«, abgeleitet vom lateinischen complere = vollständig machen. Komplementarität ist einer der fundamentalen Begriffe der neuen Weltsicht.

Das komplementäre Denken

Das komplementäre Denken ist eine der großen Errungenschaften, die der Evolutionsschritt des abendländischen Bewusstseins mit sich gebracht hat. Es bedeutet einen Gewinn an Unterscheidungsvermögen. Möglich geworden war es zwar schon durch die Überwindung des Begriffs-Konkretismus im Universalienstreit der Scholastik. Es wurde jedoch vorerst nicht benötigt. Während des Nachholens der Evolution auf dem physischen Zweig musste nämlich erst einmal von einer anderen Möglichkeit, die der Universalienstreit eröffnet hatte, Gebrauch gemacht werden: von der Möglichkeit, unter Ausbildung immer differenzierterer Paradigmen die Natur in ihre Bestandteile zu zerlegen. Erst als man daran ging, deren kleinste natürlich vorkommende Bestandteile – die Atome – zu zerlegen und den »Charakter« der subatomaren Teilchen zu verstehen, erwies es sich als notwendig, nun auch von der zweiten Möglichkeit Gebrauch zu machen, die die Überwindung des Begriffs-Konkretismus eröffnet hatte: vom komplementären Denken.

In unseren Sprachgebrauch eingeführt wurde der Ausdruck »Komplementarität« durch den Physiker Niels Bohr (1885-1962) bei der Erforschung des Elektrons, des einzigen Elementarteilchens, das man damals handhaben konnte. Dabei hatte sich die Frage ergeben, ob dieses ein Korpuskel (Körnchen) oder eine Welle sei. Das Problem schien unlösbar, weil für beide Ansichten eindeutige experimentelle Beweise vorlagen. Niels Bohr hat dann bekanntlich das Dilemma beseitigt, indem er es überstieg (transzendierte). Er sagte, man dürfe nicht fragen, ob Elektronen Korpuskel oder Wellen seien. Man müsse sich bewusst werden, dass wir sie durch unterschiedliche Versuchsanordnungen dazu zwingen, das eine Mal als Korpuskel, das andere Mal als Welle zu erscheinen. Diese Betrachtungsweise bezeichnete er als komplementäre.

In der Teilchenphysik war die Einführung des komplementären Denkens deshalb notwendig geworden, weil man diese sehr kleinen Teilchen nur durch komplizierte Versuchsanordnungen sowie durch Zufuhr von Energie für unsere auf mittlere Dimensionen abgestimmten Sinnesorgane wahrnehmbar machen kann. Dadurch zwingt man sie notwendigerweise, dem Experimentator ein anderes Gesicht zu zeigen, als sie natürlicherweise haben.

Die grundlegenden Entdeckungen der Atomphysik fanden noch vor dem zweiten Weltkrieg statt. Für die Erarbeitung der neuen Weltsicht war die Zeit jedoch erst frühestens in den Siebzigerjahren reif: nicht nur deshalb, weil sich erst noch die moderne Biologie und Kosmologie entfalten mussten, sondern auch deshalb, weil erst in den Siebzigerjahren sowohl die materialistische als auch die archaische Weltsicht von innen her – durch einen so genannt enantiodromischen (gegenläufigen) Prozess – so weit aufgeweicht waren, dass sich ein Unbehagen in der einen wie der anderen bemerkbar machte. Wir kommen darauf zurück.

Erst bei dem nun einsetzenden Ringen um ein neues, der heutigen Ebene der Bewusstheit entsprechendes Selbst- und Weltverständnis drängte sich die Einsicht auf, dass für das Erfassen der »obersten« – und zugleich fundamentalen – Begriffspaare die Anwendung des komplementären Denkens unabdingbar ist: dass man somit nicht mehr von der Materie und dem Geist reden darf, sondern nur noch vom materiellen und vom geistigen Aspekt der Wirklichkeit. Im alltäglichen Sprachgebrauch werden wir zwar weiterhin die Ausdrücke Materie und Geist gebrauchen, doch müssen wir uns bewusst sein, dass wir damit lediglich zwei komplementäre Aspekte der an sich einheitlichen Natur bzw. raumzeitlichen Wirklichkeit benennen.

Die Einsicht, dass komplementäres Denken in gewissen Fällen auch dort nötig ist, wo man das zu erkennende Objekt nicht durch apparative Einwirkung zu einem bestimmten Verhalten zwingt – z. B. bei den erwähnten »obersten« Begriffspaaren –, ergab sich aus der gerade zu jenem Zeitpunkt gewonnenen Einsicht in den naturhaften Zwang zur Bildung von Begriffspaaren.

Das neue Weltbild ist unistisch

Die neue Sicht der Welt ist somit nicht mehr dualistisch, wie es die archaische gewesen ist. Wie aber soll man dieses nicht mehr dualistische Weltbild terminologisch vom materialistischen abgrenzen? Ich schlage vor, das materialistische monistisch zu nennen, da in ihm ja von dem Begriffspaar Materie und Geist nur das eine (griechisch = monon) Element – das materielle – als existent gilt. Mit der gleichen Begründung wäre auch die spiritualistische Weltsicht (»alles ist Geist«) sowie die panpsychistische (»alles ist psychisch«) monistisch zu nennen.

Die neue Sicht der Natur wäre demgegenüber als unistisch zu bezeichnen im Sinn des Ausdrucks »unio«, der ja in der abendländischen sprachlichen Tradition »Vereinigung der Gegensätze« bedeutet hat. Allerdings verwendete man diesen Ausdruck seinerzeit in der Mystik und meinte damit das Erlebnis der »Vereinigung der Seele mit Gott«: aus heutiger Sicht ein Ereignis im Bereich der inneren Wahrnehmung. Bezeichnen wir hingegen die neue Weltsicht als unistisch, ist damit erstens nicht ein Erlebnis, sondern eine denkerische Leistung gemeint, und zweitens geht es vorwiegend um Vereinigung im Bereich des sinnlich Wahrnehmbaren.

Unterschiedliche Zugänge zum Geist-Aspekt der Natur

Die zwei Entwicklungslinien, die aus den Durchbrüchen zu Beginn des 20. Jahrhunderts hervorgegangen sind, haben unterschiedlichen Zugang zum geistigen Aspekt der Natur: die Tiefenpsychologie über die innere Wahrnehmung, die übrigen empirischen Wissenschaften hingegen nach wie vor über die Sinneswahrnehmung.

Methodisch geht die Tiefenpsychologie zwar im Prinzip gleich vor wie die Verhaltensforschung. Wie jene schließt sie aus Äußerungen eines Lebewesens auf die Struktur des kognitiven Systems, das diese hervorgebracht hat. Nun sind aber die Äußerungen des Unbewussten, die die Tiefenpsychologie untersucht – die so genannten Gestaltungen des Unbewussten – , bildsprachliche Texte. Da der Bedeutungsgehalt dieser Texte – seitdem die Bildersprache des Unbewussten entschlüsselt worden ist – verstanden werden kann, gewährt die tiefenpsychologische Methodik Einblick gleichsam ins Innere des unbewussten geistigen Systems des Menschen: in das, was das Unbewusste in Träumen, Visionen usw. über sich selber und seine Absichten »sagt«.

Seit einiger Zeit erforschen nun, wie erwähnt, auch andere Disziplinen – mit anderer Methodik und unter anderen Blickwinkeln – das menschliche Unbewusste. Dadurch wird unser Wissen über Struktur und Funktion dieses kognitiven Systems erweitert und abgerundet. All diese Zugänge geben aber nur Einblick ins objektiv Geistige im Menschen, nicht jedoch in der übrigen Natur.

Bei unserer Untersuchung geht es jedoch gerade darum, die zeitgemäße Vorstellung eines objektiv Geistigen zu erarbeiten, welches die gesamte Natur – die belebte und die unbelebte – in sich schließt. Eine solche kann jedoch nicht über das innerlich Wahrnehmbare gefunden werden, sondern nur – im Sinn des bewährten methodischen Positivismus – über das sinnlich Wahrnehmbare: so, wie es Physik, Chemie und Biologie immer schon getan haben. Im Falle des Menschen kann dann die so gewonnene Vorstellung des Geistigen noch ergänzt werden durch das, was man mithilfe der tiefenpsychologischen Methodik über dessen Unbewusstes ausmachen kann.

Der Schlüssel zur Unterscheidung des materiellen und des geistigen Aspekts der Natur

Nun habe ich gesagt, zur Erarbeitung einer zeitgemäßen Vorstellung des Geistigen sei es nicht nötig, noch geistige Fakten zu entdecken; diese seien im heutigen Wissen über die Natur schon enthalten. Um zu verstehen, wie es zur Erhebung geistiger Fakten kommen konnte, nachdem doch die Erforschung der Natur bisher unter dem materialistischen Energieparadigma geschah, sei in Erinnerung gerufen, was Thomas Kuhn über das Arbeiten unter einem Paradigma gesagt hat: dass ein solches die Forscher dazu verführt, »sperrige« Beobachtungen einfach in die vorgefertigte Theorien-Schublade hineinzuzwängen. Unsere Aufgabe besteht somit einfach darin, den Inhalt der Schublade – das heutige Wissen über die Natur – durchzumustern und den geistigen Aspekt vom materiellen abzuscheiden.

Wie aber soll dies Abscheiden geschehen? Wir können ja auf keinen bestehenden Begriff des Geistigen zurückgreifen. Im Gegenteil: Es geht jetzt gerade darum, herauszufinden, welches die neue Gestalt des »vom Tode wieder auferstandenen« Geistigen ist: jene Vorstellung des objektiv Geistigen, die mit dem unterdessen gewonnenen Wissen über die Natur kompatibel ist.

Aber auch die heutige Vorstellung der Materie können wir nicht einfach so, wie sie üblicherweise verstanden wird, hinnehmen. Unser Ziel ist es ja, das, was man heute mit dem Ausdruck »Materie« bezeichnet, auf differenziertere Weise zu sehen: daran einen materiellen und einen geistigen Aspekt zu unterscheiden.

Wir müssen somit einen Weg finden, das heutige Wissen über die Natur so durchmustern zu können, dass sich dabei – vom Atom bis hinauf zum Menschen – ein geistiger Aspekt vom materiellen wie von selbst abscheidet. Nun braucht man, wenn man einen Aspekt erkennen will, einen Gesichtspunkt, unter dem man die zu untersuchenden Sachverhalte ins Auge fasst.

Das Finden des geeigneten Gesichtspunkts erweist sich somit als der springende Punkt für das Gelingen unseres Unternehmens. Genauer gesagt: dies erwies sich seinerzeit – um 1970 herum – als der entscheidende Punkt.

Jetzt, nachdem er gefunden ist, schaut die Sache ganz einfach aus. Man muss nämlich nur die reine, noch nicht von der Evolution überformte Materie ins Auge fassen, muss genau hinhören, wie diese von Fachleuten definiert wird, und schon ist der geeignete Gesichtspunkt – der Schlüssel zur Erschließung des Geist-Aspekts der Natur – gefunden.

Es ist dies allerdings der zweite Schlüssel zur Erschließung des Problems des Geistigen. Der erste war der transdisziplinäre methodische Ansatz zum Nachweis und zur Erforschung der Bewusstseins-Evolution. Er erschloss die Möglichkeit, zu erkennen, dass und weshalb am Ende des Mittelalters die archaische, supranaturalistische Vorstellung des Geistigen an einem Plafond anstieß und dass eine grundlegend neue gefunden werden musste, sowie auch, was für eine Entwicklung dies ausgelöst hat. Der zweite Schlüssel macht es nun noch möglich, das Ergebnis dieser Entwicklung zu ernten: aus dem Fundus heutigen Wissens über die Natur die neue, nunmehr naturalistische Vorstellung des objektiv Geistigen zu erarbeiten.

Betrachten wir jetzt, wie dabei vorzugehen ist. Im Licht der modernen Physik ist Materie ja nicht mehr das, was sie zurzeit der klassischen gewesen ist. Unter dem Einfluss der Quantenphysik wurde sie – für unser »natürliches« Empfinden – sozusagen entmaterialisiert. Allerdings kam dabei etwas anderes heraus als seinerzeit bei der Entmaterialisierung der übernatürlichen Wesen.

Wenn ich Physiker fragte, wie sie Materie auf die kürzeste Weise definieren würden, erhielt ich als Antwort (oder als Zustimmung zur Formulierung): »Als geformte Energie«. Diese Definition enthält nun zwei Aussagen: zum einen die Aussage, dass Materie aus Energie »besteht«, zum anderen die Aussage, dass in diesem Fall Energie auf bestimmte Weise geformt oder – was auf das gleiche herauskommt – angeordnet oder gestaltet ist. Man kann somit das, was beim heutigen Sprachgebrauch als Materie bezeichnet wird, unter zwei verschiedenen Gesichtspunkten ins Auge fassen. Man kann entweder danach fragen, was darin angeordnet ist, oder man kann fragen, wie dieses Was angeordnet ist. Diese beiden Fragen lassen sich nicht nur an die »reine« Materie – d. h. an Atome – stellen, sondern an alle raumzeitlichen Gebilde: an Moleküle, an Einzeller sowie an Mehrzeller bis hinauf zum Menschen. Sie lassen sich auch stellen an die ganze Hierarchie überindividueller Gebilde bis hinauf zum globalen Ökosystem.

Fragen wir, was in einem solchen Gebilde angeordnet ist, enthüllt sich uns dessen materieller Aspekt. Fragen wir hingegen, wie dieses Was angeordnet ist, enthüllt sich uns der geistige.

Dies ist allerdings vorderhand nicht mehr als eine Behauptung oder – freundlicher gesagt – ein Versprechen. Dass man dieses Versprechen einlösen kann und dass man auf diese Weise zu einer sehr differenzierten Vorstellung des naturhaften objektiv Geistigen – der Quelle einer zeitgemäßen Ethik – gelangt, sollen die folgenden Kapitel zeigen.

Dabei wollen wir den Geist-Begriff von der Basis her aufbauen: wir wollen den Weg nachvollziehen, auf dem sich das objektiv Geistige – im Zug der Evolution der raumzeitlichen Wirklichkeit – entfaltet hat.

Unser Programm

Vorgehen werden wir wie folgt: Zuallererst werden wir das ins Auge fassen, was in raumzeitlichen Gebilden angeordnet ist. Worum es sich dabei handelt, ist zwar mit der erwähnten Definition von Materie schon gegeben. Es ist Energie. Um aber dann die Frage beantworten zu können, wie Energie angeordnet ist, bzw. um jeweils erkennen zu können, ob ein Sachverhalt, den die Naturwissenschaft ans Licht gebracht hat, sich mit dem Energie-Begriff fassen lässt oder nicht, müssen wir uns zuerst darüber klar werden, was man heute unter Energie versteht. Diese Frage ist zwar relativ rasch beantwortet. Sie ist aber für die darauf folgende Untersuchung fundamental.

Fragen wir dann nach dem Wie des Angeordnetseins der Energie, erhalten wir nicht nur eine einzige Antwort wie bei der Frage nach dem Was, sondern sozusagen unendlich viele. Um auf diese Weise zu einer umfassenden Vorstellung des Geist-Aspekts der Natur zu gelangen, werden wir, wie gesagt, das heutige Wissen über die Natur durchmustern; allerdings werden wir nicht das ganze durchmustern, denn das wäre ja gar nicht möglich und ist auch nicht nötig. Wir werden einfach so vorgehen, wie es in der Demoskopie üblich ist. So wie dort jeweils ein Sample repräsentativer Vertreter einer Population zusammengestellt wird, fassen auch wir nur ein Sample von Sachverhalten ins Auge, die für die verschiedenen Evolutionsebenen repräsentativ sind.

Bei jedem dieser Sachverhalte fragen wir uns, was daran mit dem Energiebegriff der Physik fassbar ist und was nicht. So bekommen wir bei jedem Sachverhalt ein Häppchen vom Geist-Aspekt der Natur zu fassen; und Schritt um Schritt wird sich so eine immer vielgestaltigere Vorstellung des objektiv Geistigen ergeben.

Durchmustern werden wir das Wissen über die Natur in verschiedenen Durchgängen. Zuerst betrachten wir die Natur so, wie sie ist, d. h. so, wie sie sich uns in ihrem jetzigen Zustand darstellt: zuerst deren unterste Schicht, die der Atome und der Moleküle; von letzteren werden wir uns vor allem die Proteine – die eigentlichen Moleküle des Lebens – genauer ansehen. Dann steigen wir auf zur Schicht des Lebendigen. Von dieser werden wir bei diesem ersten Durchgang nur die Zelle ins Auge fassen: zuerst deren Morphologie, dann – als Beispiele biologischer Prozesse – die Herstellung eines Proteins sowie die Herstellung von ATP, der biologischen Einheitswährung.

Beim zweiten Durchgang betrachten wir dann, wie die Natur geworden ist. Bevor wir jedoch auf das Werden der gesamten Natur eingehen, halten wir uns noch vor Augen, wie ein mehrzelliges Lebewesen zustande kommt: wie die Embryogenese vor sich geht sowie – als deren Voraussetzung – die Mitose, d. h. die Art und Weise, wie eine lebende Zelle sich teilt.

Darauf erst werden wir die Evolution betrachten: das Werden der raumzeitlichen Wirklichkeit vom »Urknall« bis zum Menschen. Die Evolution müssen wir wiederum – wegen der Struktur unseres Bewusstseins – unter zwei verschiedenen Gesichtspunkten ins Auge fassen: zum einen als Gewordensein der sichtbaren Gestalt und zum anderen als Gewordensein der Innerlichkeit. Unter Innerlichkeit – einem Ausdruck, den der Biologe Adolf Portmann eingeführt hat – ist all das zu verstehen, was Lebewesen erkennen, wie sie sich verhalten, wie sie gestimmt sind und was sie erleben. Wir beschränken uns indessen zur Hauptsache auf das, was sie erkennen: auf die Evolution der Fähigkeit zu Kognition.

Bei all dem werde ich jeweils zuerst die Sachverhalte schildern, dann einen kürzeren oder längeren Marschhalt einschalten, bei dem wir uns überlegen, was für Facetten des objektiv Geistigen sich in ihnen manifestieren.

Die Frage nach dem, was angeordnet ist

Fragen wir, was in einem raumzeitlichen Gebilde angeordnet ist, gibt es, wie schon gesagt, nur eine einzige Antwort: Energie. Natürlich ist damit Energie im Sinn der Physik gemeint, nicht eine jener »mythischen« Energien, von denen in der »Esoterik« die Rede ist.

Was aber versteht die Physik unter Energie? Was Energie »in Wirklichkeit« bzw. »an sich« ist, kann niemand sagen. Wie alle »An-Sichs« übersteigt auch dieses das menschliche Erkenntnisvermögen. Es ist bewusstseins-transzendent. Hingegen können wir das Verhalten und die Erscheinungsformen von Energie beschreiben. Kennen wir diese, können wir von Fall zu Fall entscheiden, ob sich ein empirisch nachgewiesener Sachverhalt mit dem Energie-Begriff fassen lässt oder nicht.

Energie und die Tendenz nach unten

In Lehrbüchern wird Energie definiert als Fähigkeit, Arbeit zu leisten. Diese Fähigkeit beruht darauf, dass Energie eine natürliche Richtung hat: die Richtung »nach unten«. Ihr wohnt die Tendenz inne, sich in irreversibler Weise zu verteilen und dabei auf ein niedrigeres Niveau abzufallen: an Temperatur, Druck, Spannung usw. abzunehmen. Formuliert wurde diese fundamentale Eigenschaft der Energie als zweiter Hauptsatz der Thermodynamik. Dieser Satz, der das fundamentalste aller von der positivistischen Wissenschaft erarbeiteten Naturgesetze formuliert, bildet die Basis der gegenwärtigen Erklärung der Welt. Auf ihn stützt sich die materialistische Weltsicht.

Je mehr die Energie – ihrem natürlichen Gefälle folgend – in die Senke fällt, umso weniger ist sie fähig, Arbeit zu leisten. Mit Blick auf die Abnahme dieser Fähigkeit sagt man oft, Energie habe die Tendenz, an Qualität zu verlieren. Man spricht von wertvoller und wertloser Energie. Der Energie Qualität zuzuschreiben, entspricht allerdings nicht naturwissenschaftlicher Betrachtungsweise, sondern anthropozentrischer. Es ist eine Bewertung, die sich aus der Frage ergibt, inwiefern Energie uns nützlich sei. Bei naturwissenschaftlicher Sicht spricht man stattdessen von hohem und niedrigem Energie-Niveau bzw. – wegen ihrer Tendenz, sich zu verteilen – von hoher und niedriger Energie-Dichte.

Für den Zustand der Energie, in dem diese so wenig dicht ist, dass sie – unter den auf unserem Planeten geltenden Bedingungen – nicht mehr für Arbeitsleistung ausgenützt werden kann, gebraucht man den Ausdruck

»Entropie«. Seit dem »Urknall«, als die gesamte Energie noch unvorstellbar dicht war, nahm die Entropie des Universums ständig zu.

Lokal allerdings ereignet sich Zunahme von Energie-Dichte und damit Abnahme von Entropie. Dies ist z. B. der Fall in einem warmblütigen Lebewesen, dessen Körpertemperatur dauernd über derjenigen der Umgebung gehalten wird und in dessen Stoffwechsel ungezählte »Bergaufvorgänge« stattfinden. Abnahme von Entropie ereignet sich auch in dem vom Menschen geschaffenen technischen Bereich, z. B. wenn »herabgefallenes« Wasser eines Elektrizitätswerkes wieder ins Speicherbecken hinaufgepumpt wird. In beiden Fällen kann dies jedoch nur durch Verbrauch von hochwertiger bzw. verdichteter Energie geschehen. Zudem ist dabei die Bilanz immer negativ: Immer geht ein gewisser Betrag der zur lokalen Verminderung der Entropie verwendeten Energie-Dichte unwiederbringlich verloren und vermehrt die Entropie des Universums.

Beide Vorgänge widersprechen nun dem zweiten Hauptsatz der Thermodynamik. Gemäß der Gewohnheit, »sperrige« Phänomene in die Schublade des dominierenden Paradigmas zu stopfen, wird gewöhnlich gesagt, der zweite Hauptsatz gelte eben nur für geschlossene Systeme, nicht aber für offene, d. h. nicht für Systeme, die Energie aufnehmen und abgeben. Bei dieser Aussage wird jedoch die Tatsache übersehen, dass der Begriff »System« das Vorhandensein von Anordnung impliziert und dass Ordnung mit dem Energie-Begriff nicht fassbar ist.

Lokale Abnahme der Entropie kann jedoch aus einem noch näher liegenden Grund mit dem Energie-Begriff allein nicht erklärt werden. Das Hinaufbefördern des Wassers ins Staubecken – und damit die Vermehrung der potenziellen Energie – geschieht mittels einer Pumpe, d. h. mittels einer auf ein funktionales Ziel hin geschaffenen Anordnung von Teilen. Die Pumpe eines Speicherwerks ist zwar vom Menschengeist geschaffen, doch setzen auch die in der Natur vorkommenden Energie-Verdichtungen Anordnungen voraus. So geschieht z. B. die Aufrechterhaltung der Körpertemperatur mithilfe jener hochkomplexen molekularen Strukturen, an denen sich der gesamte Stoffwechsel – einschließlich all seiner »Bergaufvorgänge« – vollzieht.

Ohne Strukturen scheint auf den ersten Blick das Anheben des Energiepotenzials bei der Wolkenbildung vor sich zu gehen. Indessen hat die Chaosforschung gezeigt, dass auch da anordnende Faktoren wirken: so genannte Randbedingungen. Aus diesem Grund heißt denn auch die Theorie, die sich aus der Erforschung so genannt chaotischer Prozesse ergab, Theorie des geordneten (bzw. deterministischen) Chaos. Auf die Funktion von

Randbedingungen als anordnenden Faktoren werden wir noch zu sprechen kommen.

Fehlen irgendwelche Anordnungen oder anordnende Faktoren, folgt die Energie ungehindert ihrer natürlichen Richtung. Sie fällt in die Senke, ohne Arbeit zu leisten, verliert dabei an Dichte und vermehrt nur die Entropie des Universums. Die Ausdrücke Ordnung, Anordnung, anordnen, Angeordnetsein, Struktur, System usw. bezeichnen eben Sachverhalte und Funktionen, die mit dem Begriff »Energie« nicht erfasst werden. In ihnen manifestiert sich schon jenes Etwas, das ich als Geist-Aspekt der Natur bezeichne.

Allerdings erfassen wir mit dieser Aussage nur ein Zipfelchen des objektiv Geistigen, sozusagen das Ende eines roten Fadens. Wenn wir jedoch diesem Faden nachgehen, werden wir das Geistige in immer reicherer Gestalt zu fassen bekommen. Während nämlich das Verhalten der Energie über die gesamte Evolution der raumzeitlichen Wirklichkeit das gleiche geblieben ist, wurde deren Angeordnetsein immer komplexer, wobei immer neue Eigenschaften und Fähigkeiten in die Existenz getreten sind. Beim Schritt zum Lebendigen traten – als völlig Neues – jene kognitiven Fähigkeiten in die Existenz, die wir hier unter dem Begriff »Innerlichkeit« zusammenfassen. Im menschlichen Unbewussten, dessen Großartigkeit und Leistungsfähigkeit von den meisten noch gar nicht erfasst wird, begegnen wir schließlich der komplexesten und reichhaltigsten Ausformung der noch nicht zu Bewusstheit gelangten Innerlichkeit und damit der komplexesten Ausformung des objektiv Geistigen. Auf das Unbewusste werde ich jedoch erst zuletzt eingehen, obwohl es gleich nach dem Durchstoßen des Plafonds zu Beginn des 20. Jahrhunderts ergründet worden ist und die Entfaltung der modernen Naturwissenschaft erst nachher stattgefunden hat. Wir wollen ja, wie gesagt, die Entfaltung des objektiv Geistigen im Zug der Evolution von den einfachsten – noch unscheinbaren – Anfängen an verfolgen. Dafür aber liefern Physik und Biologie die Fakten.

Kehren wir zur Energie zurück. Je genauer wir diese kennen, umso sicherer können wir im Verlauf unserer Untersuchung jeweils entscheiden, ob ein Sachverhalt mit dem Energie-Begriff erfasst werden kann oder nicht.

Bevor wir aber nun auf jene Eigenschaft der Energie eingehen, die mit dem ersten Hauptsatz der Thermodynamik umschrieben wird, muss noch auf eine oft geäußerte irrige Vorstellung über Energie und Ordnung, die aus dem Entropie-Begriff entwickelt wird, eingegangen werden. Jener Zustand geringer Dichte der Energie, der mit dem Ausdruck Entropie benannt wird, wird – vor allem in Lehrbüchern – oft auch als Zustand der Unordnung bezeichnet. Dies hat bei vielen Naturwissenschaftlern zum Glauben geführt, man könne das offensichtliche Geordnetsein der Lebewesen in der Weise thermodynamisch erklären, dass man hier einfach von negativer Entropie bzw. Negentropie spricht. Dem liegt jedoch ein Denkfehler zu Grunde. Wenn man den Zustand größerer Dichte eines Gases geordneter nennen will als den geringerer Dichte, steht dem zwar nichts im Wege. Indessen muss bedacht sein, dass es sich bei dieser Art von »Ordnung« um etwas völlig anderes handelt als bei jenem morphologischen und funktionellen Geordnetsein, auf dem der Lebensprozess beruht. Diese Andersartigkeit wird sogar schon bei jenem Geordnetsein der Energie erkennbar, das Atome zu Atomen und Moleküle zu Molekülen »macht«.

Die Energie als Quantum

Kommen wir nun zum ersten Hauptsatz der Thermodynamik: zum Satz von der Erhaltung der Energie. Mit diesem ebenfalls fundamentalen Satz sagt die Physik: obwohl die Energie unseres Universums ständig an Dichte abnimmt, bleibt ihre Menge gleich. Ob diese Menge sich gleich bleibt, ist zwar für die Erarbeitung des Geist-Aspekts der Natur unerheblich. Sehr wichtig ist jedoch das, was der erste Hauptsatz voraussetzt: die Tatsache, dass Energie eine Menge ist, d. h. dass sie gemessen bzw. quantifiziert werden kann. Mit der Quantifizierbarkeit sind wir auf ein Grundmerkmal der Energie gestoßen, das uns in sehr vielen Fällen zu entscheiden ermöglicht, ob ein Sachverhalt dem materiellen oder dem geistigen Aspekt der Wirklichkeit zuzuordnen ist. Kann er nicht quantifiziert werden, kommt darin ein Angeordnetsein zum Ausdruck. Er gehört somit – gemäß unserem Gesichtspunkt zur Unterscheidung – zum geistigen Aspekt. In jeder Art von Ordnung, Komplexität, Gestalt usw. manifestiert sich nämlich unserem zu Unterscheidung gezwungenen Erkennen etwas Qualitatives, und Qualitatives kann nicht quantifiziert werden. Quantität und Qualität bilden eines der fundamentalen Begriffspaare.

Kompakte und freie Energie

Energie finden wir in zwei Grundzuständen vor: im freien und im kompakten Zustand. Aus Energie im kompakten Zustand bestehen die Masse-Teilchen: jene Gebilde, aus denen die Atome aufgebaut sind.

Wie Masse-Teilchen »ausschauen«, kann niemand sagen. Sie können nämlich nicht in der Weise vergrößert – für unsere zur Wahrnehmung mittlerer Dimensionen gebauten Augen aufbereitet – werden wie die Substrukturen lebendiger Zellen. Diese können wir immerhin im Elektronenmikroskop noch im eigentlichen Sinne des Wortes sehen. Was man aber in den

Beschleuniger-Anlagen – diesen Riesenmikroskopen – an Informationen über Masse-Teilchen erhält, sind nur Spuren von Wirkungen, die sie z. B. in einer Blasenkammer oder einem Detektor hinterlassen. Diese Spuren können sie nur hinterlassen, weil eine Unmenge freier Energie für ihre Beschleunigung aufgewendet worden ist, was wiederum die Teilchen, die ja »nur« aus Energie bestehen, verändert. Aus den Spuren muss dann auf die Eigenschaften der Teilchen zurückgeschlossen bzw. zurückgerechnet werden.

So ist denn der Teilchen-Begriff, mit dem Physiker arbeiten, unanschaulich bzw. mathematisch-abstrakt. Es gilt bei Physikern geradezu als Fortschreiten zu einer neuen Sicht der Natur, dass die frühere Vorstellung, Masse-Teilchen seien feste Kügelchen, aufgegeben wurde. Dies verleitet gerade Spitzenvertreter der Physik oft zu wenig überdachten Aussagen. So behauptet z. B. Herwig Schopper, der frühere Direktor des Kernforschungszentrums CERN, mit dieser Einsicht sei der Materialismus überwunden worden (Anm. 228). Andere Physiker – z. B. Hans P. Dürr – sagen, unser Weltbild habe sich durch die Einsicht, dass Masse-Teilchen keine Kügelchen seien, völlig verändert. In seinen Hinweisen auf das Neue macht Dürr aber dann Anleihen bei der (noch mythischen) östlichen Philosophie. Verändert hat sich gewiss die Vorstellung, wie die Energie in ihrer Kompaktform »ausschaut«, und damit, wie Atome »ausschauen«. Das Bild der evolutionsmäßig gesehen »darüber« liegenden Natur – z. B. der Proteine oder gar der Zellen mit ihren Organellen, der Organe und Organsysteme von Mehrzellern, der kognitiven Systeme – wurde jedoch von der Einsicht, dass Masse-Teilchen keine Kügelchen sind, nicht betroffen. Schon gar nicht betroffen wurde das Weltbild in dem Sinn, wie wir im Rahmen der Bewusstseins-Evolution von archaischem, positivistisch-materialistischem und neuem Weltbild sprechen.

Kehren wir zur Aussage zurück, der Teilchen-Begriff der heutigen Physik sei nur noch mathematisch formulierbar, und nehmen dies einfach zur Kenntnis. Bedenken wir aber, dass Teilchenbeschleuniger dazu dienen, Teilchen aufeinander prallen zu lassen, dass Physiker sogar sagen können, ob ein Atom im Target von einem Masse-Teilchen in der Mitte oder am Rand getroffen worden sei. So dürfte denn dem legitimen Bedürfnis nach Anschaulichkeit, das wir als Augenwesen haben, nicht schlecht Rechnung getragen sein, wenn wir sagen, Masse-Teilchen seien dynamische Zentren, die von Feldern umgeben sind. Dass aber Zentren wie auch Felder aus Energie bestehen, wird kein Physiker bestreiten, ebenso wenig dass die Energie hier in ihrer Kompaktform vorliegt.

Anderseits drückt sich in der Aussage, der Teilchen-Begriff der Physik sei nur noch mathematisch formulierbar, die Tatsache aus, dass schon auf der

Ebene der Teilchen das Angeordnetsein der Energie – und damit der Geist-Aspekt der Natur – erfasst werden kann. Mit allen mathematischen Formulierungen naturwissenschaftlich erwiesener Sachverhalte wird nämlich ein Angeordnetsein bzw. etwas Qualitatives ausgedrückt.

Jene natürlich vorkommenden Masse-Teilchen, welche eine »Lebensdauer« von mehr als einer Nanosekunde (eine milliardstel Sekunde) haben, sind außerordentlich beständig. Wohl alle zurzeit vorhandenen Protonen z. B. – auch die, aus denen unser Körper aufgebaut ist – bestehen seit der frühesten Zeit unseres Universums. Irgendetwas hält die Energie so in ihnen eingeschlossen, dass sie von sich aus nicht heraus kann. Wie sie eingeschlossen wurde, ist eines der noch ungelösten Rätsel der Physik.

Befreit werden kann diese kondensierte Energie – abgesehen von verschwindenden Ausnahmen – nur durch Einwirkung von außen, z. B. dadurch, dass Teilchen und Antiteilchen miteinander in Berührung kommen: Protonen mit Antiprotonen, Elektronen mit Positronen. In diesem Fall zerstrahlen sie. Dies geschah in der Frühzeit unseres Universums – gemäß gängiger Theorie – in großem Ausmaß. Heute geschieht es wieder in Beschleuniger-Anlagen. In der medizinischen Diagnostik wird die Zerstrahlung von Elektronen und Positronen heute sogar schon routinemäßig angewendet. In Beschleunigern kann übrigens Strahlungsenergie – unter riesigem Aufwand an freier Energie – wieder materialisiert bzw. in die Kompaktform übergeführt werden.

»Alte« und »neue« Kräfte

Dass Masse-Teilchen aus Energie bestehen, weiß man erst, seitdem Albert Einstein seine Äquivalenztheorie aufgestellt hat. Vorher war nur die freie Energie bekannt. Wie gesagt, sprach man, bevor der Energie-Begriff geboren war, von Kräften. Als der Oberbegriff »Energie« aufkam, verstand man diese »alten« Kräfte als unterschiedliche Zustandsformen der Energie. Seit Einstein muss man sie, will man präzis sein, als unterschiedliche Formen freier Energie bezeichnen. Dank moderner Technik sind wir heute in der Lage, diese Energieformen ineinander umzuwandeln: z. B. elektromagnetische in mechanische. Allerdings ist die Bilanz solcher Umwandlungsprozesse immer negativ. Immer büßt dabei ein Teil der eingespeisten Energie seine Dichte ein und verlässt das System als Abwärme.

Von Kräften ist allerdings heute in der Hochenergiephysik wieder die Rede. Bei diesen handelt es sich aber nicht um die »alten« Kräfte der klassischen Physik, sondern um die vier – wie man heute sagt – fundamentalen: die starke und die schwache Kernkraft, die elektromagnetische Kraft und die

Gravitation. Die Gravitation ist verantwortlich für den Aufbau und Zusammenhalt der großen Systeme (der Sterne und Galaxien), die elektromagnetische Kraft für molekulare und chemische Eigenschaften der Körper, die schwache Kernkraft für Phänomene wie den radioaktiven Zerfall und das Leuchten der Sonne, die starke Kernkraft für die Struktur der Atomkerne.

Unter den vier Grundkräften ist die Gravitation ein Sonderling. Zum einen hat sie unendliche Reichweite, während die anderen nur über kleine und kleinste Distanzen wirken. Dazu kommt, dass die Gravitation auf alle Körper wirkt, die anderen drei hingegen die Objekte, auf die sie wirken, »auswählen«.

Da man heute sehr viele Teilchen – beständige und sehr kurzlebige – kennt, da man außerdem weiß, dass in Masse-Teilchen Energie »verpackt« ist und man diese aus ihrer »Verpackung« befreien kann, konzentriert sich das Interesse der Teilchenphysiker auf die vier Grundkräfte. Über das Verständnis dieser Kräfte glaubt man das umfangreiche experimentelle Material der Hochenergiephysik theoretisch verstehen zu können.

Nun beschreibt man heute die Kraftübertragung über die Vorstellung von Feldern. Da man seit Max Planck weiß, dass Felder gequantelt sind, d. h., dass sie »körnige« Struktur aufweisen, spricht man im Fall der Kräfte von Feldquanten. Jede der vier Grundkräfte hat »ihr« Feldquant mit spezifischen Eigenschaften. Das Feldquant der elektromagnetischen Kraft wird Foton genannt, dasjenige der starken Kernkraft nennt man – da es die Quarks im Proton »zusammenleimt« – Gluon (engl. glue = Leim). Bei der schwachen Kraft unterscheidet man drei verschiedene Feldquanten: je ein positiv und negativ geladenes »Teilchen«, W» und W – , sowie ein neutrales, Z Null. Man nimmt an, dass auch die Schwerkraft ein eigenes Feldquant hat. Man nennt es Graviton, doch ist es bis jetzt noch nicht gelungen, dieses nachzuweisen.

Das Bemühen um eine vereinigende Theorie
Noch ungelöst ist die Frage, weshalb es vier fundamentale Kräfte gibt. Im Bestreben, zu einem einheitlichen Naturverständnis zu gelangen, nimmt man an, zu Beginn unseres Universums habe es nur eine einzige Kraft – die Urkraft – gegeben, und aus dieser seien dann, infolge der Abkühlung, die vier bekannten Kräfte »ausgefroren«.

Eine Theorie zu erarbeiten, welche den inneren Zusammenhang der vier fundamentalen Kräfte erklärt, ist eine mathematische Angelegenheit. Vorbild für ein solches Vorgehen ist James Clerc Maxwell (1831-1897), der eine Formel für den inneren Zusammenhang der damals noch unterschiedenen elektrischen und magnetischen (»alten«) Kraft geschaffen hat. In jüngerer Zeit gelang Steven Weinberg und Abdus Salam die Vereinheitlichung der elektro-magnetischen (nun als fundamentale verstandenen) Kraft und der schwachen Kernkraft. Allerdings soll diese noch nicht ganz befriedigend sein.

Vorläufig ist die TOE – die »Theory of everything« – noch eine Zukunfts-vision. Sollte sie je gefunden werden, wird man gewiss den Beginn unseres Universums besser verstehen. Indessen werden mit ihr oft auch falsche Hoffnungen verbunden. So wurde von Physikern die Meinung geäußert, mit der vereinigenden Theorie könne man dann auch die gesamte Komple-xitätszunahme der raumzeitlichen Systeme, d. h. die Evolution bis zum Menschen, erklären. Ob diese Hoffnung sich erfüllen wird, hängt natürlich davon ab, was der, welcher hofft, unter Erklärung versteht. Sofern einer glaubt, mit Begriffen wie Mutation und Selektion, Selbstorganisation der Materie usw. sei die Evolution erklärt, mag die zu erwartende Erklärungs-kraft der angestrebten vereinigenden Theorie vielleicht dafür genügen. Damit bliebe er aber weiterhin innerhalb des Energie-Paradigmas. Ein noch so tiefes Verständnis des Übergangs von der Urkraft zu den fundamentalen Kräften ändert nämlich nichts am bisherigen Energie-Begriff. Dieser ist zwar im Zug der modernen Physik bereichert worden, indem zu den »alten« Kräften der klassischen Physik die starke und die schwache Kernkraft hinzugekommen sind. Trotz dieser Bereicherung sind jedoch die Wesenseigenschaften jenes Etwas, das mit diesem Begriff benannt wird, die gleichen geblieben: erstens, dass Energie gemessen bzw. quantifiziert werden kann, zweitens, dass sie nur eine einzige naturgegebene Richtung hat, nämlich die Tendenz, auf niedrigere Niveaus abzufallen bzw. an Dichte zu verlieren.

Die gesuchte vereinigende Theorie wäre nur mathematisch formulierbar. Mit ihr würden somit Sachverhalte eingefangen, die mit dem Energie-Begriff gerade nicht erfasst werden können. Das gilt, wie gesagt, für das gesamte Bemühen, das Naturgeschehen durch mathematische Formeln zu beschreiben. Bei diesem geht es ja um etwas ganz anderes als um das bloße Abmessen von Energie-Mengen. Es geht um das Erfassen des Geordnetseins der Energie: desjenigen Aspekts der Natur, den ich als Geist-Aspekt zu benennen vorschlage. Es wird oft gesagt, das Buch der Natur sei in Zahlen geschrieben. Versteht man – wie Naturwissenschaftler dies tun – diese Zahlen-Texte zu lesen, liest man notwendigerweise aus der Natur deren Geist-Aspekt heraus.

Gelegentlich wird zwar von Spitzenleuten der Physik gesagt, mit dem Arbeiten an der vereinigenden Theorie sei man daran, die materialistische Sicht der Natur zu überwinden. Allerdings folgt dann meistens die Äußerung, man komme mit der Vorstellung von Symmetrien und Symmetriebrechungen in die Nähe jener letzten Realitäten, die Platon als Ideen bezeichnet hat. Da geht offenbar der Blick in die falsche Richtung: der Achse der Bewusstseins-Evolution entlang rückwärts. Dass Platon sich mit seiner konkretistischen Auffassung der »Ideen« und der Vorstellung eines »Ideenhimmels« noch innerhalb des archaischen Weltbilds bewegte, haben wir ja gesehen. Um zur neuen, dem heutigen Bewusstseins-Niveau entsprechenden Vorstellung des objektiv Geistigen zu gelangen, dürfen wir das Ergebnis des Universalienstreits, das ja Naturwissenschaft erst ermöglicht hat, nicht aus den Augen verlieren: Wir müssen vom Begriffs-Nominalismus (-Konzeptualismus) und von der »Erfindung« des komplementären Denkens ausgehen, dann einfach das heutige Wissen über die Natur durchmustern und dabei die Frage stellen, wie die Energie in den raumzeitlichen Gebilden angeordnet sei. Dies soll jetzt geschehen.

Die Frage, wie die Energie angeordnet ist

Fragen wir nun, wie die Energie in den raumzeitlichen Gebilden angeordnet ist. Da erhalten wir nicht nur eine einzige Antwort wie bei der Frage nach dem Was, sondern sozusagen unendlich viele. Um eine Auswahl aus diesen Antworten so zu bündeln, dass sich daraus eine möglichst facettenreiche und umfassende Vorstellung des objektiv Geistigen ergibt, wollen wir, wie auch schon gesagt, das Wissen über die Natur in mehreren Durchgängen – unter verschiedenen Gesichtspunkten – durchmustern. Beginnen wir mit der Durchmusterung dessen, was wir über die raumzeitliche Wirklichkeit beim heutigen Stand der Bewusstseins-Evolution wissen.

Dabei müssen wir davon ausgehen, dass Energie in beiden Grundzuständen – im kompakten wie im freien – angeordnet sein kann, dass aber daraus Unterschiedliches resultiert. Durch Anordnung kompakter Energie kamen morphologische Strukturen zu Stande. Aus der Anordnung freier Energie – durch deren Lenkung über bestimmte Wege – ergeben sich hingegen Prozesse bzw. Funktionen.

Das Angeordnetsein kompakter Energie in Atomen und Molekülen

Beginnen wir mit dem Angeordnetsein der kompakten Energie, und zwar, wie vorgesehen, auf den untersten zwei Schichten im Stufenbau der Natur: der atomaren und der molekularen.

Das Anordnungs-Muster, das allen Atomen zu Grunde liegt, ist das von Kern und Schale. Die Kerne bestehen aus Protonen und Neutronen, die Schalen aus Elektronen. Atome sind unvorstellbar klein. Ihr Durchmesser liegt in der Größenordnung von zehnmilliardstel Millimetern. Fast die gesamte Energie ist im Kern eingeschlossen. Dabei ist der Durchmesser des Kerns – trotz der feldartigen Anordnung auch der kompakten Energie – einhunderttausend mal kleiner als der des Atoms. Ein Atom besteht somit – trotz seines großen Energiegehalts – fast nur aus »leerem« Raum. Würde man es auf unsere mittleren Dimensionen vergrößern, nähme sich demgemäß der Kern wie ein Salzkorn in einer Turnhalle aus.

Protonen und Neutronen werden Nukleonen genannt (lateinisch nucleus = Kern), Elektronen bezeichnet man als Leptonen (griechisch leptos = gering). Die heute am weitesten verbreitete Theorie besagt, dass Nukleonen aus Kombinationen von Quarks bestehen, also eine Substruktur haben, ferner dass Leptonen und Quarks die fundamentalen Bausteine der Materie sind.

Nach neuesten Theorien sollen jedoch auch Quarks nicht fundamental sein, sondern auf noch kleineren Einheiten aufgebaut.

Protonen und Elektronen sind jedoch die kleinsten dauerhaften Masse-teilchen, die man isolieren kann. In Beschleunigern kann man sie ungezählte Male im Kreis herumjagen und schließlich wie Geschosse auf andere aufprallen lassen. Die Quarks hingegen können nicht isoliert werden. Versucht man (in Beschleunigern), sie zu isolieren, materialisiert sich lediglich die dazu aufge-wendete Energie in ein Quark-Antiquark-Paar, das sogleich wieder zerstrahlt. Quarks sowie die postulierten noch kleineren Einheiten kompakter Energie werden deshalb Quasiteilchen genannt. Das Interessante daran ist, dass man unterhalb des Protons die Vorstellung von Teilchen, welche von der Kernkraft wie von einer Art Gummiband (von Gluonen) zusammengehalten werden, aufgeben muss. In der Fachsprache sagt man, hier sei die Bindungs-Energie vergleichbar mit der Ruhe-Energie der »Teilchen«. Die Bezeichnungen für die im Proton auszumachenden Substrukturen sind somit nicht mehr Namen für zu selbstständiger Existenz fähige Einheiten, sondern nur mehr Symbole für ein Angeordnetsein innerhalb eines äußerst komplexen »Energiebreis«.

Eine zur skizzierten Theorie der Teilchen alternative ist die von den Super-strings. Sie beschreibt die kleinsten Einheiten der kompakten Energie als eine Art schwingende Saiten. Sei dem nun, wie es wolle; all die verschiedenen Auffassungen der Teilchen und Quasiteilchen ändern nichts an der Tatsache, dass Energie in den Atomen in kompakter Form vorliegt und dass sie darin auf bestimmte Weise angeordnet ist.

Variation des atomaren Musters

Das atomare Muster von Kern und Schale kommt – wie alle Muster in der Natur – in verschiedenen Varianten vor: in Gestalt der 92 natürlichen Elemente. Diese unterscheiden sich durch die Anzahl der Nukleonen im Kern und der Elektronen in der Schale. So besteht das einfachste Atom – das Wasserstoffatom – aus einem einzigen Proton und einem einzigen Elektron, das komplexeste natürlich vorkommende Atom – das von Uran 238 – hingegen aus 92 Protonen, 146 Neutronen und 92 Elektronen.

Beim Uran stellen wir noch eine weitere Art von Variation fest. Es kommt nämlich in verschiedenen Isotopen vor: in Varianten, die zwar die gleiche Ordnungszahl im periodischen System der Elemente haben, sich jedoch bezüglich Massenzahl unterscheiden: die somit aus der gleichen Anzahl von Protonen und Elektronen bestehen, nicht jedoch aus der gleichen Anzahl von Neutronen.

Komplexität

Die Variation des atomaren Musters ist nicht eine Variation in der Breite: keine Diversifikation im Sinn einer Aufzweigung, wie z. B. diejenige in die vielen Stämme von – in ihrem Grundmuster ebenfalls gleichen – Bakterien. In den Elementen haben wir nur eine Variation »in der Höhe« vor uns. Begrifflich wird dieser Unterschied mit dem Ausdruck »Komplexität« erfasst. So sagt man, das Uranatom sei bedeutend komplexer als das des Wasserstoffs.

Mit dem Ausdruck »Komplexität« erfassen wir eine weitere Qualität des Angeordnetseins: eine, die im Ausdruck »Muster« noch nicht zum Ausdruck kommt. Komplexität kommt vom lateinischen complector, was »in sich schließen« bedeutet. Es impliziert die Bedeutung »Ganzheit«: das Angeordnetsein zu etwas, das mehr ist als die Summe seiner Teile. Ein neuerer (Mode-) Ausdruck für Ganzheit ist Holon, vom griechischen holos = ganz.

Die Begriffe »Komplexität« und »System« gehören zusammen. Komplexität ist eine Grundeigenschaft eines Systems. So wird heute z. B., wie wir schon gesehen haben, Evolution als fortschreitende Komplexitätszunahme raumzeitlicher Systeme definiert.

Es dürfte klar sein, dass die Sachverhalte, die mit den Ausdrücken System, Komplexität und Ganzheit bzw. Holon benannt werden, mit dem Energie-Begriff nicht fassbar, somit – gemäß unserer Sprachregelung – dem Geist-Aspekt der Natur zuzuordnen sind. Als Illustration hierzu sei erwähnt, dass nach dem Aufkommen der Chaosforschung in den späten Siebzigerjahren an Physikerkongressen – namentlich in den USA – viel über Komplexität diskutiert wurde. Dabei hat man nicht nur – mit sehr geringem Erfolg – um eine Definition von Komplexität gerungen. Noch geleitet vom Energie-Paradigma suchte man vor allem nach einem Maß, das es ermöglicht, Komplexität zu quantifizieren. Dass all die aufgewendete Mühe nicht zum gewünschten Erfolg führte, ist nicht erstaunlich, denn Komplexität ist, wie gesagt, ein Ausdruck für etwas Qualitatives: für eine Art des Angeordnetseins, somit für etwas, das gerade nicht quantifiziert werden kann.

Reden wir bei Komplexität von etwas Qualitativem, ist das allerdings etwas anderes, als wenn man von Energie-Qualität redet. Wir benennen damit das Sosein eines natürlichen Gebildes, nicht dessen Nützlichkeit, die es für uns hat. Deshalb spricht man denn auch nicht von guter oder schlechter Komplexität, sondern von niedrigerer und höherer. In Gebilden höherer Komplexität sind zum einen mehr Elemente zu einer Ganzheit vereint als bei niedrigerer, zum anderen sind diese auf mannigfachere Weise miteinander verknüpft. Ein hochkomplexes Gebilde hat zudem andere Eigenschaften und kann in der Regel eine größere Anzahl von Leistungen vollbringen als ein niedrigkomplexes.

Normierung

Noch einen anderen Aspekt des Angeordnetseins können wir bei Atomen feststellen: sie sind »normiert«. Dies kommt darin zum Ausdruck, dass alle Atome des gleichen Elements – sowie auch alle Exemplare des gleichen Isotops – die gleichen »Abmessungen« haben. Das gilt auch für die subatomaren Teilchen. So haben z. B. alle Protonen die Ruhemasse $1{,}66 \times 10$ hoch minus 24g, die Ladung e, das heißt die kleinste in der Natur vorkommende Ladungseinheit, sowie den Spin ½. Das sind zwar quantitative Angaben, aber die Regularität, die darin zum Ausdruck kommt – das, was ich als Normiertsein bezeichne – , ist etwas, das mit dem Energie-Begriff ebenfalls nicht erfasst werden kann

Viele Naturwissenschaftler werden wahrscheinlich sagen, das sei einfach ein Naturgesetz. Heute geht es aber gerade darum, das, was man bisher als Naturgesetze bezeichnet hat, als dem Geist-Aspekt der Natur zugehörig zu erkennen. In der Vergangenheit diente die Feststellung von Gesetzmäßigkeiten der Natur denen, die philosophische Überlegungen anstellten, lediglich als Beweis, dass die überlieferte Vorstellung vom Eingreifen übernatürlicher Wesen ins Naturgeschehen überholt ist. Für diese gegen den Supranaturalismus gerichtete Abwehrhaltung genügte es, einfach von Naturgesetzen zu reden. Nachdem nun aber der »Tod« der archaisch-supranaturalistischen Geist-Vorstellung stattgefunden hat und es darum geht zu erkennen, in welch neuer Gestalt die Vorstellung des objektiv Geistigen »aufersteht«, genügt dies nicht mehr. Nun wird es nötig, die als natürlich erkannten Sachverhalte differenzierter zu betrachten: jeweils zu fragen, ob sie dem materiellen oder dem geistigen Aspekt der Natur zuzuordnen seien. Bemüht man sich aber um diese differenziertere Sicht, ist wohl ohne weiteres klar, dass man mit dem gängigen Ausdruck »Naturgesetz« eine Facette des Geist-Aspekts benennt.

Die Überformung der »reinen« Materie

Von der molekularen Schicht an aufwärts zeigt das Geformtsein der Energie ein grundlegend anderes Gesicht als auf der atomaren: das des Überformtseins. Die zu Teilchen kondensierte Energie bleibt von nun an in den Atomen fest verpackt. Atome bilden nunmehr die festen und dauerhaften Bauelemente, aus denen alle höheren Gebilde zusammengesetzt sind. Wenn höhere Gebilde – z. B. Lebewesen – zerfallen, zerfallen sie höchstens wieder in Atome. Diese bleiben bis auf verschwindende Ausnahmen stabil. Hochkomplexe Atome, die natürlicherweise dem Zerfall unterliegen oder vom Menschen dazu gebracht werden, zerfallen nicht in ihre einzelnen Teilchen, sondern wandeln sich nur in weniger komplexe Varianten des atomaren Musters um. So kann man – wenn man die Evolution der raumzeitlichen Systeme betrachtet – die Phase vom Urknall bis zur Ausbildung der natürlichen Elemente als Werden der Materie bezeichnen, die darauf folgende Phase hingegen als Werden an der Materie.

Mit Blick auf unser Programm – die Durchmusterung der Natur bezüglich des Angeordnetseins der Energie – wollen wir jetzt die zwei ersten Schichten des Überformtseins – die molekulare und die der lebendigen Zelle – unter den erwähnten zwei Blickwinkeln betrachten: zuerst unter dem der Morphologie, dann unter dem des funktionellen Angeordnetseins.

Angeordnetsein in Molekülen

In den Molekülen sind gleiche oder ungleiche Elemente durch eine chemische Bindung zusammengefügt. Es gibt verschiedene Arten chemischer Bindung. Diese unterscheiden sich durch ihre Stärke. Am stärksten ist die kovalente. Sie kommt dadurch zu Stande, dass sich die äußeren Elektronenschalen benachbarter Atome miteinander vereinigen. Die kovalente Bindung ist der Normalfall. Schwächere – die Wasserstoff- und die Van-der-Waals-Bindung – sind Hilfsbindungen. Sie kommen in hochkomplexen Molekülen vor und dienen dazu, diese zu stabilisieren oder auch um Veränderungen des Moleküls im Zug eines biologischen Prozesses zu erleichtern. So sind z. B. die beiden Nukleinbasen, welche jeweils eine Sprosse der leiterförmigen Erbsubstanz (DNA) bilden, nur durch Wasserstoffbindungen zusammengefügt, da sie für das Herstellen einer Genkopie und bei der Verdoppelung der DNA vor einer Zellteilung jedes Mal getrennt werden müssen. Auch dieses Auf-eine-Funktion-hin-Abgestuftsein der Bindungen innerhalb von Molekülen ist Ausdruck eines sinnvollen Angeordnetseins.

Neue Eigenschaften

Durch die Verbindung von Atomen zu Molekülen entstehen die Stoffe. Diese haben jeweils andere Eigenschaften als die Atome, aus denen sie zusammengesetzt sind. So entsteht z. B. aus der kovalenten Verbindung eines Atoms des Metalls Natrium und des Gases Chlor ein Molekül Kochsalz. Das Auftreten neuer Eigenschaften finden wir übrigens schon bei den verschiedenen Atomsorten. Jedes Element hat spezifische Eigenschaften. Man vergleiche z. B.

die von Sauerstoff und von Gold. Auch diese Eigenschaften können mit dem Energie-Begriff nicht erfasst werden. Sie sind eine Folge des Angeordnetseins.

Während die Natur vom atomaren Muster nur 92 stabile Varianten hervorgebracht hat, gibt es ungezählte Arten von Molekülen. Diese Vielfalt macht die Buntheit unserer Welt aus. Die meisten natürlichen Moleküle im unbelebten Bereich sind wenig komplex. Hochkomplexe finden sich erst in der Schicht des Lebendigen. In gewissem Sinn gehören zu diesen schon die Zucker, mehr noch die Nukleinsäuren, welche z. B. die Erbsubstanz bilden; die komplexesten sind jedoch die Proteine (Eiweiße). Sie sind denn auch die eigentlichen Struktur- und Funktionselemente des Lebendigen und weisen die vielfältigsten Eigenschaften auf. Nur auf sie soll hier eingegangen werden.

Proteine

Proteine sind zusammengefügt aus Aminosäure-Molekülen. Aminosäuren sind die Bausteine, durch deren unterschiedliche Zusammenfügung die Natur all die ungezählten Arten von Proteinen herstellt. Wie alle organischen Verbindungen haben Aminosäuren ein Skelett aus Kohlenstoffatomen. Sie haben einen Kopf und einen Schwanz. Der Kopf wird gebildet durch zwei Kohlenstoffatome, von denen das eine eine Aminogruppe (NH2) trägt, das andere einen Säurerest (O/-OH). Der Schwanz einer Aminosäure ist kurz. Er besteht aus 2 bis 9 Kohlenstoffatomen. Er ist entweder geradlinig oder gegabelt. Bei einigen ist er am Ende zu einem oder zwei Ringen geschlossen.

Der Zusammenbau der Aminosäuren zum Protein-Molekül geschieht über deren Kopf. Dazu verbindet sich jeweils die Aminogruppe der einen Säure mit der Säureseite der andern. Auf diese Weise werden hunderte von Aminosäuren zu langen Ketten zusammengefügt, von denen die Schwänze seitwärts abstehen. Die Bindung zwischen zwei Aminosäuren wird Peptidbindung genannt. Kurze Aminosäureketten nennt man deshalb Peptide. Erst die langen werden als Proteine bezeichnet.

Entscheidend für die Eigenschaften bzw. die Funktion eines Proteins ist erstens die Reihenfolge (Sequenz) der Aminosäuren in der Kette. Da die Natur für die Proteinsynthese in der Regel ein Set von zwanzig Aminosäuren benützt (in seltenen Fällen kommen noch acht weitere dazu), besteht eine geradezu astronomische Möglichkeit von Kombinationen.

Mit der Aminosäuresequenz ist jedoch das Protein noch nicht beschrieben und dessen Funktion noch nicht verstanden. Fertige Proteine zeigen nämlich noch weitere Stufen der Organisation (des Geordnetseins). Auf einer ersten Stufe werden bestimmte Abschnitte entweder spiralförmig gewunden (Helix) oder nach Art einer Ziehharmonika gefaltet (Faltblattstruktur). Dann sind sie in den meisten Fällen (globuläre Proteine) noch zu einem Knäuel zusammengepackt. Diese Knäuel sind hoch organisiert. Zum einen sind sie dicht gepackt, und zwar so, dass die Wasser abstoßenden (hydrophoben) Aminosäuren das Innere bilden, die wasserfreundlichen (hydrophilen) an der Oberfläche liegen. So können keine Wassermoleküle in sie eindringen und die schwachen Bindungen, die das Paket stabilisieren, auflösen. Die Form der Knäuel ist sehr unterschiedlich: rund, oval, birnenförmig, mehrgliedrig usw. Die Oberfläche dieser verschiedenen Formen ist ebenfalls sehr kompliziert gestaltet. Von dieser Gestaltung hängt die eigentliche Funktion ab, die das Protein im Dienst der Zelle hat.

Wie viele verschiedene Proteine eine Zelle herzustellen vermag, kann nur geschätzt werden, denn noch bei weitem nicht alle sind identifiziert, geschweige denn in ihrer dreidimensionalen Struktur analysiert. Die Schätzungen schwanken zwischen fünfzig- und hunderttausend. Schon auf dieser molekularen Ebene des Lebendigen finden wir somit ein Angeordnetsein der in Atomen verpackten Energie sowohl in außerordentlicher Vielfalt als auch in hohen Komplexitätsgraden. Um die Funktion der Proteine – und die daraus sich ergebenden Arten des Angeordnetseins der freien Energie – zu verstehen, müssen wir nun erst einmal die lebendige Zelle betrachten.

Das Angeordnetsein in der lebenden Zelle

Die Zelle ist die kleinste Wirkeinheit des Lebendigen. Zahllose Arten von Lebewesen bestehen nur aus einer einzigen Zelle: Bakterien und Protoktisten. Zirka drei Milliarden Jahre lang bestand das Leben auf der Erde sogar nur aus Einzellern.

Allerdings fand während dieser Zeit eine beträchtliche Evolution statt: die Evolution vom Prokaryoten (der kernlosen Zelle) zum Eukaryoten (zur kernhaltigen). Diese Komplexitätszunahme umfasste allerdings viel mehr als nur die Ausbildung eines Kerns. Auf das, was dabei geschah, werden wir später eingehen. Halten wir hier nur fest, dass die Einheit, aus der die mehrzelligen Lebewesen aufgebaut sind, die eukaryotische Zelle ist. Nur diese wollen wir hier ins Auge fassen. Obwohl die eukaryotischen Zellen in großer Vielfalt vorkommen, liegt nämlich auch ihnen ein gemeinsames Muster des Angeordnetseins – des morphologischen wie des funktionalen – zu Grunde. Beim morphologischen geht es, wie gesagt, um Angeordnetsein kondensierter Energie zu sichtbarer Gestalt, beim funktionalen um Angeordnetsein freier Energie in zeitlichen Abläufen: in Prozessen.

Die Morphologie der Zelle

In der Zelle treffen wir – auf der Evolutionsachse aufsteigend – erstmals das an, was man sichtbare Gestalt nennt. Sichtbar wird sie allerdings erst im Mikroskop, in ihren feineren Details sogar erst im Elektronenmikroskop. Vertieft man sich in die Morphologie der Zelle, erfasst man wiederum ein weiteres Häppchen dessen, worum es beim Geist-Aspekt der Natur geht.

Membranen

Eine lebende Zelle ist von ihrer Umwelt so abgegrenzt, dass in ihr ein von der Umwelt verschiedenes Milieu aufrecht erhalten werden kann. Schon hinter dem Ausdruck »Milieu« steht ein hochdifferenziertes (chemisches) Geordnetsein, und in dem, was mit dem Ausdruck »Aufrechterhaltung« benannt wird, manifestiert sich ebenfalls eine weitere Facette des Geist-Aspekts der Natur: das, was als Spontaneität bezeichnet wird. Auch darauf werden wir aber erst später zu sprechen kommen. Betrachten wir vorerst die sichtbare Gestalt – die Morphologie – der Zelle.

Von der Umwelt abgegrenzt wird die Zelle durch eine Membran. Biologische Membranen sind selektiv permeabel, d. h., sie lassen nur bestimmte Stoffe in die Zelle hinein oder aus dieser heraus, und zwar nur in der im Moment notwendigen Menge. Diese hochdifferenzierte Funktion setzt einen hohen Ordnungsgrad voraus.

Die molekularen Grundbausteine der Membran sind fettartige Substanzen, so genannte Lipide. Diese haben ebenfalls einen Kopf und einen Schwanz. Am Kopf finden wir einen Querbalken aus drei Kohlenstoffatomen. An zweien von diesen hängt je eine Fettsäure: eine geradlinige Kette von um die zwanzig Kohlenstoffatomen, deren freie Valenzen mit Wasserstoffatomen besetzt sind. Auf dem dritten Kohlenstoffatom des Querbalkens sitzt ein Phosphatmolekül, das noch mit verschiedenen Zutaten geschmückt sein kann. Diesen Schmuckstücken kommt – je nach ihrer chemischen Struktur – eine spezifische biologische Funktion zu.

Millionen solcher Lipidmoleküle schließen sich Seite an Seite – ohne miteinander eine chemische Bindung einzugehen – zur Membran zusammen, und zwar in doppelter Schicht. Da die Köpfe hydrophil (wasserliebend), die Schwänze hingegen hydrophob (Wasser abstoßend) sind, das Milieu des Zellinnern und des Zwischenzellraums hingegen wässerig ist, fügen sich die Lipidmoleküle in der Doppelschicht so zusammen, dass die Schwänze nach innen gerichtet sind. In diese Lipid-Doppelmembran sind verschiedenartige Proteine eingefügt, und zwar so, dass sie auf beiden Seiten etwas herausragen.

Während die Lipidschicht im Wesentlichen die Zelle von der Umgebung abgrenzt, üben die Proteine viele höhere Funktionen aus. Sie bilden u.a. verschließbare Kanäle sowie regelrechte Pumpen für den Hinein- und Hinaustransport von Stoffen, sie bilden auch Rezeptoren zur Erkennung von Stoffen sowie für den Empfang und die Weiterleitung von Befehlen.

Die Organellen

Eukaryoten haben nicht nur eine Membran, die die Zelle umschließt wie die Prokaryoten. Sie haben zudem ein System von inneren Membranen, welches die Zelle in verschiedene Funktionsräume – so genannte Organellen – unterteilt. Jede dieser inneren Membranen ist mit einem spezifischen Satz von Proteinen besetzt. Diese besorgen nicht nur den Transport von Substanzen in die Organelle hinein und aus dieser heraus; sie sind auch zu einem großen Teil an den in diesen Funktionsräumen ablaufenden Prozessen beteiligt. Auch die Verteilung all der Membranproteine ist Ausdruck eines hochdifferenzierten Angeordnetseins: eines Angeordnetseins auf eine Funktion hin.

Betrachten wir nun die einzelnen Organellen. Da ist einmal der Kern, das Archiv für die Erbsubstanz; da ist ferner das Endoplasmatische Reticulum (ER): ein weit verzweigtes dreidimensionales, geschlossenes Kanalsystem, in dem die neu gebildeten Proteinketten weiterbearbeitet werden. An das ER schließen sich die Golgi-Apparate an. Das sind Stapel von flachen Membransäckchen, in denen die nunmehr gefalteten Proteine fertig gestellt, sortiert und für den Versand in Membranbläschen (Vesikel) verpackt und adressiert werden. Solche Vesikel bilden das vierte System intrazellulärer Kompartimente. Sie haben unterschiedliche Funktion. Da sind die Transport-Vesikel, eine Art Container für den Import von Stoffen in die Zelle, für den Export aus dieser sowie für den Versand an andere Organellen. Da sind die Lysosomen, in denen Enzymbestände für die intrazelluläre Verdauung so zusammengehalten werden, dass sie die Proteine und Nukleinsäuren der Zelle selbst nicht angreifen können. Zum Vesikelsystem gehören auch die Peroxisomen, in denen die chemisch sehr aggressiven Peroxide – Zwischenprodukte des Zellstoffwechsels – gebildet und abgebaut werden. Besonders große Vesikel sind die Vakuolen. Sie kommen vor allem in Pflanzenzellen vor und sind prall mit Flüssigkeit gefüllt. Ihre Hauptfunktion ist die Aufrechterhaltung des Innendrucks (Turgors) der Pflanze, wodurch diese ihre Form bewahren kann.

Gleich von zwei Membranen umschlossene Funktionsräume sind die Mitochondrien, die Kraftwerke der Zelle. In ihnen wird den vorverdauten Nährstoffen in raffinierter Stufenfolge die Energie entzogen und in ATP umgemünzt: in jene chemische Speicherform der Energie, aus der dann die ungezählten energieverbrauchenden Prozesse des Stoffwechsels gespiesen werden.

Erwähnt sei noch das Cytoskelett, welches sowohl die äußere Form der (tierischen) Zelle bestimmt und aufrechterhält als auch Formveränderungen und sogar Zellwanderung bewirkt. Es besteht aus drei Arten von Strängen: aus Mikrotubuli, aus Aktin-Myosinfilamenten sowie aus Intermediärfilamenten (Mikrofilamenten). Jeder dieser Stränge ist auf komplexe Weise aus Proteinen zusammengefügt: aus Proteinen, welche durch ihre spezifische Struktur die Funktion der drei Sorten von Strängen bestimmen.

Zellen sind kleine Gebilde. Im Schnitt beträgt ihr Durchmesser nur wenige hundertstel Millimeter. In vielzelligen Lebewesen ist das Grundmuster, das ich hier skizziert habe, auf verschiedenste Weise ausdifferenziert (variiert). So können z. B. in einem Säugetierorganismus mit dem Lichtmikroskop allein mehr als zweihundert verschiedenartige – auf unterschiedliche Funktionen hin spezialisierte – Zellen unterschieden werden: Leberzellen, Muskelzellen, Nervenzellen usw. Im submikroskopischen Bereich ist die Anzahl der unterscheidbaren Varianten noch viel größer.

Funktionales Angeordnetsein in der Zelle

Morphologische Strukturen des Lebendigen sind auf eine Funktion bin ausgerichtet. Blicken wir auf diese, erschließen sich uns weitere Dimensionen des Angeordnetseins. Da die meisten biologischen Funktionen von Proteinen bewerkstelligt werden, fassen wir erst einmal diese ins Auge. Betrachten wir zuerst deren Fähigkeiten, danach – als Beispiel eines biologischen Prozesses – deren Herstellung.

Die Fähigkeiten der Proteine

Die Fähigkeiten eines Proteins ergeben sich aus seinem Bau: sowohl aus der Aminosäuresequenz innerhalb der Kette als auch aus deren Faltung. Da jede Aminosäure einen speziellen Charakter hat, ergibt deren unterschiedliche Kombination eine enorme Vielfalt von Eigenschaften bzw. Fähigkeiten. Nicht nur zu Strukturen im Sinn von Bauelementen können sich Proteine zusammenfügen. Sie sind auch zum Erkennen fähig sowie zur Katalyse chemischer Vorgänge. Sie können ferner Bewegungen ausführen und dienen schließlich als spezifische Transportmittel für verschiedenartige Substanzen.

Molekulares Erkennen geschieht nach dem Prinzip der Stereognosie: über das Ertasten räumlicher Strukturen, ähnlich wie bei der Blindenschrift. Die

Erkenntnisfähigkeit eines Proteins ist in der Regel auf eine einzige Substanz beschränkt. Ihr Erkenntnisorgan hat im Allgemeinen die Form einer Höhlung, die durch spezifische Anordnung von Aminosäure-Schwänzen auf der Oberfläche gebildet ist. Erkannt wird jene Substanz, die auf Grund ihrer Form in diese Höhlung passt. Angewandt wird diese Fähigkeit zu molekularem Erkennen bei verschiedenen Funktionen. Als »reines« Erkennen kann z. B. die Signalerkennung der in die Membran eingebetteten Rezeptoren bezeichnet werden. Oft werden im Anschluss an solches Erkennen molekulare Signalketten bzw. -kaskaden gebildet, über die die rezipierte Information weitergereicht wird.

Molekulares Erkennen ist auch die Voraussetzung für Katalyse und Bewegung. Die meisten chemischen Umsetzungen in der Zelle werden erst durch Katalyse ermöglicht, da sie bei Körpertemperatur von selbst gar nicht ablaufen würden. Außerdem werden sie durch die Katalyse millionenfach beschleunigt. Katalysierende Proteine nennt man Enzyme. Auch Katalyse findet an einer umschriebenen Stelle auf der Oberfläche des Proteins statt: im so genannten Bindungszentrum. Dieses kann – muss aber nicht – identisch sein mit dem »Wahrnehmungszentrum« des betreffenden Proteins. Bindungszentren haben ebenfalls die Form einer Höhlung, welche auf die Form des zu verändernden Stoffes – des so genannten Substrats – hin ausgestaltet ist. Wenn das Substrat in Kontakt mit dem Bindungszentrum tritt, wird dessen Ladungswolke durch gegenseitige Beeinflussung der Energiefelder deformiert. Dies erleichtert dann das Lösen oder Schließen einer Bindung.

Diejenigen Proteine, welche Bewegungen ausführen, werden allosterische, d. h. zu Formveränderung fähige genannt. Allosterische Proteine dienen z. B. als Schalter zur Regulation der ungezählten intrazellulären Regelkreise, indem sie die Stellung »ein« und »aus« einnehmen können. Auf der Fähigkeit zu Allosterie beruht aber auch die Fähigkeit der Proteine, Nutzarbeit zu leisten: chemische Energie in mechanische umzusetzen. Das Schulbeispiel dafür ist die Muskelarbeit. Hier geschieht die Umsetzung chemischer Energie in der Weise, dass bewegliche Köpfchen des allosterischen Proteins Myosin in einem Kreisprozess der Reihe nach die Stellungen 1-2-3-4 – 1-2-3-4 usw. einnehmen und sich dabei an einer verankerten filamentösen Proteinstruktur – dem Aktin – emporhangeln wie ein Kletterer am Seil. Durch den gleichen Mechanismus schnüren sich bei der Zellteilung die beiden Tochterzellen voneinander ab, auch werden so Organellen verschoben. Auf der allosterischen Fähigkeit eines andern Proteins – des Dyneins – beruht die Fortbewegung mittels Geißeln: z. B. bei Spermien und bei Protoktisten (eukaryotischen Einzellern).

In diesen Fähigkeiten der Proteine manifestiert sich – auf einer evolutionsmäßig höheren Ebene – wiederum etwas, das mit dem Energie-Begriff nicht erfasst werden kann: manifestiert sich jene Dimension des Angeordnetseins, der wir schon bei den Eigenschaften der »gewöhnlichen« Moleküle bzw. der Stoffe begegnet sind sowie auch bei denen der Elemente. Halten wir fest, dass hier schon die Fähigkeit zum Erkennen aufscheint. In ihr zeigt sich schon der Keim dessen, was auf noch höherer Ebene der Evolution als Innerlichkeit bezeichnet wird: eine »Dimension«, die sich schließlich bis zum menschlichen Bewusstsein entfaltet hat.

Die Herstellung eines Proteins als Beispiel eines biologischen Prozesses

Eine Möglichkeit, sich über die Funktionsweise der Zelle zu informieren, besteht darin, die Herstellung eines Proteins zu verfolgen (Anm. 1). Es ist dies ein Prozess, der der Herstellung eines komplizierten Produkts in einer automatisierten Fabrik gleicht. Daher müssen wir bei der Beschreibung des Prozesses auch die Apparaturen und Maschinen, die Transportmittel und Hilfskräfte ins Auge fassen. In Gang gesetzt wird die Fertigung eines Proteins durch die Bedarfsmeldung, denn die Zelle produziert jeweils nur die Stoffe, die im Moment benötigt werden, und sie produziert sie außerdem nur in der gerade benötigten Menge. Beendet wird die Produktion dadurch, dass auf Grund einer Rückmeldung der zuständige Schalter – ein allosterisches Protein – auf »aus« gestellt wird. Die Bedarfsmeldung kann aus der Zelle selber kommen oder von außerhalb, z. B. von einer Hormondrüse her, welche wiederum auf Befehl hin tätig wird.

Anfertigung einer Gen-Kopie

Nun muss von dem Gen, in dem der Bauplan für das herzustellende Protein kodiert ist, eine Kopie angefertigt werden. Dies allein ist schon ein recht komplizierter Vorgang. Als Erstes muss das Gen so freigelegt werden, dass es abgeschrieben werden kann. Die insgesamt über einen Meter langen, sehr dünnen DNA-Fäden, die bei der Zellteilung als Chromosomen erscheinen, sind nämlich so dicht gepackt, dass sie im Kern Platz haben und dass in diesem Gehäuse von weniger als einem hundertstel Millimeter Durchmesser noch genügend Raum bleibt für die Weiterverarbeitung der gezogenen Kopien. Verpackt ist die DNA in der Weise, dass sie jeweils mit zwei Touren um ein kugelförmiges Protein – ein Histon – gewickelt ist, dass die so entstandene Perlenkette in Schlaufen gelegt, diese Schlaufen verdrillt und dann erst noch in mehrere verdrillte Faltungen höherer Ordnung gelegt sind.

Damit ein Gen abgelesen werden kann, muss die DNA-Verpackung an der betreffenden Stelle aufgelöst werden. Dies geschieht auf ein von außen kommendes Regulator-Signal hin, und dieses kommt vom so genannten Transskriptionsapparat: von jener molekularen Apparatur, welche auch die Herstellung der Gen-Kopie (des Transskripts) ermöglicht und in die Wege leitet. Bevor diese Apparatur die lokale Entknäuelung der DNA auflösen kann, muss sie die Stelle finden, an der das zu kopierende Gen liegt. Dies allein schon bedeutet eine ungeheure (unbewusste) kognitive Leistung, die dem berühmten Auffinden einer Stecknadel im Heuhaufen gleichkommt.

Der Transskriptionsapparat besteht aus etwa fünfzig Proteinen, die durch eine Art Steckbuchsen zu einem festen Komplex zusammengefügt sind. Durch die Art des Zusammengestecktseins wird der Apparat so programmiert, dass er das für die herzustellende Kopie kodierende Gen – und nur dieses! – findet. Wie diese »Verstöpselung« der zirka fünfzig Proteine – ebenfalls eine Anordnung – bewerkstelligt wird, ist eines der vielen noch ungelösten Rätsel der Biologie.

Auf jeden Fall findet der Transskriptionsapparat »sein« Gen und setzt sich – nach dessen Freilegung – auf ihm nieder, und zwar an der richtigen Stelle. Ein Gen gliedert sich nämlich in zwei Regionen mit unterschiedlicher Funktion: in die kodierende und die regulatorische. Die kodierende Region legt die Reihenfolge der Aminosäuren fest, durch deren Verkettung das Protein entstehen wird. Kodiert ist diese Aminosäurensequenz in der Basensequenz der DNA. Die vier Nukleinbasen Adenin (A), Thymin (T), Cytosin (C) und Guanin (G) sind die »Buchstaben« des genetischen Codes. Drei durch Wasserstoffbrücken zusammengefügte Paare dieser Basen – die Sprossen der DNA-Leiter – bilden jeweils ein Code-Wort für eine bestimmte Aminosäure. Die regulatorische Region des Gens liegt vor der kodierenden. Auf ihr setzt sich der Transskriptionsapparat fest und setzt dann das Enzym RNA-Polymerase – das eigentliche »Kopiergerät« – auf den Anfang der kodierenden Region und schickt es auf seinen Weg.

Die DNA (Desoxyribonukleinsäure) – die so genannte Erbsubstanz – ist zweisträngig. Sie gleicht einer spiralförmig (helikal) gewundenen Leiter, deren Sprossen, wie eben gesagt, durch jeweils zwei der vier Nukleinbasen gebildet sind. Die RNA (Ribonukleinsäure) – die herzustellende Kopie – hingegen ist nur einsträngig. Sie enthält aber trotzdem alle zur Herstellung der Proteinkette nötige Information, weil jeweils nur zwei bestimmte Nukleinbasen zu einer Sprosse zusammengefügt werden können: nur A mit T und C mit G bzw. T mit A und G mit C.

Die RNA-Polymerase (mein Lieblingsenzym) ist – anthropomorph ausgedrückt – ein gescheites, emsiges und flinkes Enzym. Als Erstes trennt es die Sprossen der DNA-Helix durch, indem es die schwachen Wasserstoffbindungen zwischen den Nukleinbasen löst. Dann wählt es einen der beiden Stränge als Leitstrang bzw. Matrize. Auf diesem tastet es jeweils die nächste Nukleinbase ab und fischt dann aus dem Pool der vorgefertigten Elemente das passende Nukleotid heraus: z. B. zu einem Adenin ein Thymin samt dem daran fixierten Zucker, auf dem noch ein Phosphatrest sitzt. Indem die Polymerase dann der Reihe nach die herangeholten Bauelemente (Nukleotide) über die Phosphatgruppe miteinander zu einem Holm verknüpft, fertigt sie Schritt für Schritt das RNA-Transskript – die Gen-Kopie – an. Sobald sie das Stopsignal auf der Matrize erreicht hat, stößt sie die Kopie ab. Da jeweils vom gleichen Protein immer viele Exemplare gefertigt werden – in der Regel tausende – schickt der Transskriptionsapparat eine RNA-Polymerase nach der andern auf den Weg.

Das Spleißen der RNA

Jede von einer Polymerase abgestoßene RNA wird noch im Kernraum weiterverarbeitet. Dies geschieht durch eine Gruppe unterschiedlicher Proteine. Diese so genannten Hilfsproteine sind selbsttätige Werkzeuge, von denen jedes einen ganz bestimmten Handgriff ausführt. Gleich nach der Abstoßung wird der RNA eine Kappe aufgesetzt und ein Schwanz angehängt. Die Kappe dient später dazu, die RNA in die Proteinfertigungs-Maschine (Ribosom) einzufädeln. Der Schwanz ist wahrscheinlich von Bedeutung für den Transport der gereiften RNA aus dem Kern.

Die »Reifung« besteht in einem Vorgang, den man dem Schneiden eines Films vergleichen kann. Mehrere »unnütze« Teile – so genannte Introns – werden herausgeschnitten und die Enden der verbliebenen Teile wieder zusammengefügt. Das ist ein Vorgang, der höchste Präzision erfordert. Erstens müssen die richtigen Enden zusammengefügt werden, zweitens muss die Zusammenfügung auf den Buchstaben genau stimmen, weil der Gentext ein Text ohne Satzzeichen ist und deshalb ein Fehler von nur einem einzigen Nukleotid zur Verschiebung des Leserasters führen würde. Eine auf Grund einer solchen Vorlage angefertigte Proteinkette wäre unbrauchbar.

Die Hilfsproteine arbeiten in der Weise zusammen, dass sie aus dem Intron eine Schleife bilden, diese an der Basis zusammenklemmen, dann die RNA durchtrennen und dass schließlich eines – eine so genannte Ligase – die von anderen Hilfsproteinen zusammengehaltenen Enden wieder verknüpft. Ist die RNA fertig gespleißt, wird sie – wiederum von Hilfsproteinen – durch die Poren der Kernmembran (kunstvolle Gebilde aus Protein) ins Cytosol (das Zellplasma) transportiert: also in jenen Raum, der außerhalb der früher beschriebenen Organellen liegt und in dem der größte Teil der einfacheren Stoffwechselprozesse stattfindet.

Netzplantechnik

Die Fertigung eines Proteins geschieht – ebenso wie die Fertigung eines Gebäudekomplexes oder eines Industrieprodukts – nach dem Prinzip der Netzplantechnik: Für jeden Zeitpunkt des Fertigungsprozesses müssen die gerade benötigten Substanzen bzw. Bestandteile bereitgestellt sein. Dem begegneten wir schon beim Zusammenbau der RNA aus den vorgefertigten Nukleotiden. Bei biologischen Fertigungsprozessen müssen jedoch nicht nur die einzubauenden Substanzen auf einem Seitenzweig fertig gestellt werden, sondern gleich auch die für den Prozess nötigen Werkzeuge und Maschinen, weil Biomoleküle nur eine kurze Lebensdauer haben.

Nun sind zwei wichtige Geräte für die Fertigung eines Proteins nicht nur aus Proteinen aufgebaut, sondern ganz oder teilweise aus RNA: Das eine dient der Heranführung der Aminosäuren, das andere fügt die Aminosäuren zur Proteinkette zusammen. Die zum Bau dieser Geräte benützten RNAs werden von speziellen Polymerasen hergestellt. Sie erhielten auch ihre eigenen Namen, um sie im Sprachgebrauch von der Boten-RNA, die später als Leseraster dient und deren Herstellung wir vorhin verfolgt haben, unterscheiden zu können.

Jene RNA, welche die Aminosäuren an die Fertigungsmaschinerie heranführt, nennt man Transfer-RNA. Jene schließlich, aus der wesentliche Teile der Protein-Fertigungsmaschinerie (der Ribosomen) bestehen, wird ribosomale RNA genannt. Betrachten wir, bevor wir den Fertigungsprozess eines Proteins weiter verfolgen, die Gebilde, die aus den – bzw. um die – beiden letztgenannten RNAs aufgebaut sind.

Die Transfer-RNA: Transporter und Adapter

Die Transfer-RNA, ein kleines Molekül von nur zirka 70 Nukleotiden, wird in eine Schleife gelegt, diese wird verdrillt und verbackt außerdem an einigen Stellen durch komplementäre Bindungen ihrer Nukleinbasen. Am Schluss sieht sie ungefähr so aus wie eine Birne. Entscheidend für ihre Funktion ist, dass sie zwei funktionelle Pole hat. An ihrem dicken Pol trägt sie das Codewort für eine der zwanzig in Proteinen vorkommenden Aminosäuren, und am dünnen Pol hat sie eine Vorrichtung zum Festhalten der am dicken Pol kodierten Säure.

Wie aber kommt die Transfer-RNA zu jener Säure, die zu ihrem Codewort passt? Dazu verhilft ihr wiederum ein Protein: eine so genannte Synthetase (die Endung »ase« bedeutet »Enzym«). Für jede der zwanzig Aminosäuren gibt es eine spezielle Synthetase. Jede von ihnen erkennt »ihre« Aminosäure, fischt sie aus dem Pool heraus und fügt sie an den dünnen Pol jener Transfer-RNA, welche an ihrem dicken Pol das Codewort für diese Aminosäure trägt.

Im Rahmen der Proteinsynthese kommt dem relativ kleinen Transfer-RNA-Molekül eine zentrale Funktion zu, und zwar in zweierlei Hinsicht. Zum einen bringt es »seine« Aminosäure dorthin, wo diese an die Kette montiert werden soll (daher der Name Transfer...). Damit aber die Montage stattfinden kann, müssen die zwei unterschiedlichen Informationsreihen – die Nuklein-säure-Sequenz und die Aminosäuresequenz – aneinander adaptiert werden, da sie ja in verschiedenen Codes geschrieben sind. Dies zu vollbringen ist die zweite Funktion der Transfer-RNA. Diese kann das, weil sie – auf Grund ihrer zweipoligen Struktur – »zweisprachig« ist. So übersetzt sie denn, wie gelegentlich gesagt wird, aus dem RNAischen ins Proteinische.

Das Ribosom und die Montage der Kette

Betrachten wir noch das Ribosom, dieses Wunderwerk molekularer Technik, an dem die Einzelschritte der Proteinsynthese stattfinden. Es ist aufgebaut zum einen aus den erwähnten ribosomalen RNAs, zum anderen aus Proteinen. Die RNAs bilden das Gerüst, um das eine Vielfalt von Proteinen sinnvoll angeordnet ist. Das Ribosom ist ein Multi-Enzym-Komplex, der aus zwei getrennten Einheiten besteht. Im zusammengesetzten Zustand sieht dieser aus wie ein gefüllter Topf mit einem dicken Deckel drauf. Zwischen Topf und Deckel kommt später die Boten-RNA (die Genkopie) zu liegen. Der Topf, die so genannte große Einheit, enthält drei ribosomale RNAs, an die mehr als vierzig Proteine gebunden sind, die kleine Einheit – der Deckel – besteht aus einer einzigen ribosomalen RNA mit dreiunddreißig Proteinen drum herum. Die gesamte, hochleistungsfähige Apparatur ist aber nicht größer als zwei millionstel Millimeter (!).

Kehren wir zum Fertigungsprozess »unseres« Proteins zurück. Alles, was wir bisher an Fertigung gesehen haben, war Vorarbeit für das, was nun kommt: für die Montage der Proteinkette. Diese wird bewerkstelligt durch eine präzise Zusammenarbeit von Ribosom und Transfer-RNA. Als Erstes muss die Boten-RNA (die Gen-Kopie) richtig ins Ribosom eingefädelt werden. »Richtig« heißt: so, dass sie nachher richtig in Protein übersetzt wird. Im Prinzip kann ja eine RNA, da sie wie gesagt eine ununterbrochene Abfolge von Buchstaben enthält, in drei verschiedenen Rastern abgelesen werden: beginnend bei jedem der drei »Buchstaben«, welche zusammen für eine Aminosäure kodieren. Bei jeder der drei Lesarten würde ein anderes Protein entstehen, bei zweien davon allerdings ein untaugliches.

Es ergibt sich somit hier das gleiche Problem wie beim Spleißen der RNA. Dort wird es gelöst, indem Hilfsproteine die zu schneidenden Stellen zusammenhalten. Am Ribosom wird der Leseraster justiert durch einen komplizierten Prozess, an dem ebenfalls eine Gruppe von Hilfsproteinen beteiligt ist. Diese suchen zuerst auf der Boten-RNA das Start-Codon (AUG) auf, setzen die kleine Ribosomen-Einheit darauf und fixieren sie. Dann lösen sich die Hilfsproteine ab, um Platz zu machen für die große Ribosomen-Einheit, die nun an die kleine angefügt wird. Nun, da der so genannte Initialkomplex erstellt ist, kann die Montage der Proteinkette beginnen.

Das Ribosom hat zwei nebeneinander liegende Andockstellen für die Transfer-RNAs: den P-Sitz und den A-Sitz. Über jedem der beiden Sitze befindet sich ein Codon (Codewort) der nunmehr ins Ribosom eingefädelten Boten-RNA. Gehen wir davon aus, dass schon ein Stück der Proteinkette montiert ist. Die letzte Transfer-RNA, die eine Aminosäure herangebracht hat, befindet sich auf dem P-Sitz. Mit ihrem dicken Ende, das oben liegt und das so genannte – Anticodon trägt, berührt sie sich mit dem dazu passenden Codon (Codewort) der (einsträngigen) Boten-RNA. Über Wasserstoffbrücken werden die beiden Hälften vorübergehend zu ganzen Sprossen verbunden. Am dünnen Ende der so am P-Sitz angedockten Transfer-RNA hängt der bis dahin gefertigte Teil der Proteinkette.

Betrachten wir nun die Fortsetzung der Montage. Diese vollzieht sich in einem Dreitakt-Rhythmus wie ein Walzer, wobei mit jedem Dreitakt eine Aminosäure montiert wird.

Beim ersten Schritt setzt sich die nächste, eben angekommene Transfer-RNA, an der eine weitere Aminosäure hängt, auf den A-Sitz und bildet ebenfalls Basenpaare mit dem über ihr liegenden Codewort der Boten-RNA. Beim folgenden zweiten Schritt wird die Proteinkette von derjenigen Transfer-RNA, die auf dem P-Sitz ruht, abgelöst und durch eine Peptidbindung an die eben herangeführte (noch an »ihrer« Transfer-RNA hängende) Aminosäure angefügt. Beim dritten Schritt schließlich wird die »neue« Transfer-RNA samt der daran hängenden bisher gefertigten Proteinkette vom A-Sitz auf den P-Sitz verschoben, während das Ribosom auf der Boten-RNA genau drei Nukleotide weiterrückt, sodass das nächste Codewort über den nun frei werdenden A-Sitz zu liegen kommt. Nun schreitet die weitere Synthese im Dreitakt voran, und zwar so, dass die Kette pro Sekunde um 25 (!) Aminosäuren verlängert wird. Wenn das Stopsignal am Ende der Boten-RNA erreicht wird, löst sich die nun fertige Proteinkette von der letzten Transfer-RNA ab.

Seitenblick aufs Cytosol

Die Montage der Proteinkette findet im Cytosol statt: in jenem Raum der Zelle, der außerhalb der mit einer Membran umhüllten Organellen – des Kerns, der Mitochondrien, des ER, der Golgi-Apparate und Vesikel – liegt. Im Cytosol vollzieht sich der größte Teil des Intermediärstoffwechsels: jene kaum überblickbare Vielfalt chemischer Reaktionen, durch die eine Zelle Moleküle abbaut und aus dem dabei entstehenden Rohmaterial neue Verbindungen aufbaut. Nebst der Fertigung vieler kleinerer Verbindungen findet hier auch die Biosynthese verschiedenartiger Zucker, Fettsäuren, Nukleotide und Aminosäuren statt: die Synthese jener Moleküle, die dann als vorgefertigte Teile zu den Makromolekülen zusammengebaut werden.

Tausende chemischer Prozesse laufen im Cytosol zu gleicher Zeit nebeneinander ab. Obwohl sich das alles im gleichen (wässerigen) Raum abspielt, ist dieses Nebeneinander möglich, weil alle Prozesse über streng geordnete Bahnen – die so genannten Stoffwechselwege – geführt werden. Auf diesen (aus Enzymen bestehenden) Wegen werden die zu bearbeitenden Substrate gleichsam von Hand zu Hand weitergereicht. Oft verzweigen sich die Stoffwechselwege, häufig vereinigen sie sich im Sinn des Netzplan-Verfahrens . Alle Prozesse sind zudem durch Rückkoppelung geregelt.

All dies wird durch Proteine bewerkstelligt. Proteine (Enzyme) katalysieren jeden einzelnen Schritt, Proteine wirken als Sensoren und Schalter in den Regelkreisen und setzen oft ganze Informationskaskaden – als »Befehl an viele« – in Gang. Auch als Strukturelemente des Cytoskeletts tragen Proteine zur prozessualen Ordnung bei, indem sie viele Reaktionen koordinieren.

Endfertigung des Proteins

Diejenigen Proteine, welche eine Aufgabe im Cytosol zu vollbringen haben, nehmen – nachdem sie als Kette von den Ribosomen abgefallen sind – im Cytosol ihre endgültige Form an. Die Bildung von Helix- und Faltblattstrukturen wie auch die Faltungen höherer Ordnung sind schon durch die Aminosäuresequenz festgelegt und entstehen von selbst. Oft werden aber zur Endfertigung noch Helfer-Proteine benötigt: z. B. zur kovalenten Bindung von Methyl-, Acetyl- usw. -Gruppen sowie von größeren nicht proteinartigen Verbindungen, den so genannten Coenzymen.

Die Endfertigung jener Proteine hingegen, die für den Export bestimmt sind – für den Export aus der Zelle hinaus oder in bestimmte Organellen – geschieht außerhalb des Cytosols: im Endoplasmatischen Reticulum (ER) und im Golgi-Apparat. Die Weichenstellung für die beiden Wege der Weiterverarbeitung findet schon bei der Stationierung der Ribosomen statt. Die Ribosomen zur Fertigung der im Cytosol bleibenden Proteine sind über diesen ganzen Raum verteilt, während diejenigen für die Fertigung der Export-Proteine auf der Cytosolseite der Membran des ER sitzen. Diese Ribosomen entlassen ihre Kette nicht ins Cytosol, sondern schleusen sie – mithilfe von Transport-Proteinen – durch die ER-Membran hindurch. Erst im labyrinthartigen Schlauchsystem des ER finden dann die Faltungen statt.

Zusätzlich zum Anheften der oben erwähnten kleinen Moleküle wird hier den meisten Proteinen noch ein Bäumchen aus verschiedenen Zuckermolekülen aufgepflanzt. Zucker eignen sich vorzüglich als Informationsträger. Weil die Möglichkeit, verschiedene Zucker zu kombinieren, fast unendlich ist, können in derartigen Bäumchen sehr verschiedenartige Botschaften kodiert werden. Für diese so genannte Glykosylierung der Proteine wird zuerst an der Innenwand des ER ein Einheitsmodell des Zuckerbäumchens aufgebaut. Dieses wird dann dem Protein aufgesetzt und anschließend (durch Proteine) zurechtgestutzt. Dieses »Trimmen« ist genau programmiert und fein abgestimmt. Es beginnt zwar schon im ER, wird aber erst im unmittelbar an dieses angrenzenden Golgi-Apparat zu Ende geführt.

Ein Golgi-Apparat ist, wie schon früher gesagt, ein Paket von flachen, schälchenförmigen Membransäckchen, das einem Tellerstapel gleicht. Die frisch gefertigten Proteine durchwandern dann der Reihe nach diese Stapel, wobei das »Trimming« der Zuckerbäumchen schrittweise zu Ende geführt wird. Der Golgi-Apparat ist jedoch nicht nur Endstation der Protein-Synthese. Er ist auch das Organell, in dem die fertigen Proteine für den Export sortiert, verpackt, adressiert und abgeschickt werden. Verpackt werden sie in Vesikel, die sich von der Membran des endständigen Säckchens abschnüren. Bevor ein solches Bläschen sich bildet, sammeln sich an der betreffenden Stelle membrangebundene Proteine, welche die zu exportierende Proteinsorte erkennen und aus dem Gemisch herausgreifen. Die Adressierung übernehmen ebenfalls membranständige Proteine, und zwar solche, die an der Außenseite des Vesikels (der abgeschnürten Golgi-Membran) herausragen und so genannte Eindock-Marker tragen. Diese können von komplementären Proteinstrukturen auf der Membran am Zielort erkannt werden.

Marschhalt

Halten wir nach diesem Gewaltmarsch einen Moment inne. Was ergibt sich aus dem bisher Dargelegten für unsere Fragestellung? Ich hatte gesagt, durch das Fragen, wie die Energie in bzw. zu raumzeitlichen Gebilden angeordnet sei, enthülle sich uns der Geist-Aspekt der Natur, d. h. derjenige Aspekt der Natur, der mit dem Begriff »Energie« nicht erfasst werden kann.

Als erstes haben wir hierzu den Energie-Begriff unter die Lupe genommen und dabei gesehen, dass sein Bedeutungsfeld durch die zwei ersten Hauptsätze der Thermodynamik umschrieben wird: durch die implizite Aussage des ersten, dass Energie ein Quantum ist, also gemessen werden kann; ferner durch die Aussage des zweiten, dass Energie nur eine einzige natürliche Richtung hat: die Tendenz, in die Senke zu fallen, d. h. an Intensität abzunehmen.

Beim Durchmustern der atomaren und molekularen Schicht sowie der ersten Schicht des Lebendigen sind wir vor allem Sachverhalten begegnet, die vom Energie-Begriff deshalb nicht erfasst werden, weil sie nicht quantifiziert werden können. Auf Sachverhalte, die sich mit dem Energie-Begriff deshalb nicht erfassen lassen, weil sie mit der Tendenz, in die Senke zu fallen, nicht erklärbar sind, werden wir im nächsten Kapitel zu sprechen kommen.

Beim Angeordnetsein der Energie haben wir zwischen morphologischem und prozessualem unterschieden. Beim morphologischen geht es, wie gesagt, um das Angeordnetsein der kompakten Energie, beim funktionalen um das der freien.

Morphologisches Angeordnetsein und Geist-Aspekt

Beispielen morphologischen Angeordnetseins sind wir schon auf der untersten Evolutionsstufe begegnet: beim Normiertsein der Nukleonen und ihrer Substrukturen sowie der Leptonen; auf der nächsten Stufe in deren Angeordnetsein zu Kern und Schale, wodurch das atomare Muster zu Stande kam. Wir haben gesehen, dass das atomare Muster in der Höhe variiert wurde, und haben uns bei dieser Gelegenheit mit den Begriffen »Komplexität« und »Ganzheit« auseinandergesetzt. Auch haben wir festgehalten, dass mit zunehmender Komplexität neue Eigenschaften auftreten. Auf der molekularen Stufe haben wir uns vor allem die Proteine näher angesehen. Auf der Ebene des Lebendigen schließlich hielten wir uns das Angeordnetsein zur kleinsten Einheit – zur Zelle – wenigstens in groben Zügen vor Augen. Auch hielten wir fest, dass das zelluläre Muster bei Einzellern in außerordentlicher Vielfalt in der Breite variiert worden ist und dass wir es in mehrzelligen Organismen – schon bei Betrachtung durchs Lichtmikroskop – in mehr als zweihundert zum Teil sehr unterschiedlichen Varianten vorfinden.

Wir könnten nun in der Hierarchie des Lebendigen hinaufsteigen. In der Mikrostruktur der Gewebe würden wir wiederum eine Vielfalt hochdifferenzierter, auf ihre jeweilige Funktion hin ausgerichteter Ordnungen begegnen. Ein noch großartigeres sinnvolles Angeordnetsein morphologischer Strukturen würde sich uns in den Organen zeigen: in der Mikrostruktur der verschiedenen Abschnitte des Verdauungstrakts, der Leber, der Nieren, gar nicht zu reden vom Zentralnervensystem. Noch höhere Formen von Anordnung fänden wir in den Gesamtorganismen verwirklicht, und zwar in kaum mehr überblickbarer Vielfalt. Lassen wir es jedoch bei den wenigen skizzierten Beispielen bewenden.

Bei all den erwähnten Sachverhalten ist leicht zu erkennen, dass sie mit dem Energie-Begriff allein nicht erfasst werden können. Besonders augenfällig ist dies bei denen, wofür man die Ausdrücke »Muster«, »Ganzheit«, »Komplexität« verwendet; ebenso bei den Eigenschaften, die sich aus Anordnungen kompakter Energie ergeben: aus der Anordnung von Masse-Teilchen zu Atomen sowie aus der Anordnung von Atomen zu Molekülen. Besonders eindrücklich ist dies bei den vielfältigen Eigenschaften der Proteine. Mit alledem erfassen wir jeweils einzelne Häppchen dessen, was wir gesamthaft als Geist-Aspekt der Natur bezeichnen.

Funktionales Angeordnetsein und Geist-Aspekt

Weniger augenfällig ist das Nicht-Erfasstwerden durch den Energie-Begriff bei biologischen Prozessen. Als Beispiel eines solchen haben wir eben die Fertigung eines Proteins betrachtet: die Herstellung eines jener hochkomplexen Moleküle, durch die in der Zelle u.a. das bewältigt wird, was man Stoffwechsel nennt.

Am Stoffwechsel lässt sich nun das prozessuale Angeordnetsein besonders schön erkennen. Der Ausdruck »Stoffwechsel« steht für alle chemischen Prozesse, die in einem Organismus ablaufen. Man unterscheidet einen abbauenden (katabolen) und einen aufbauenden (anabolen). Abgebaut wird nicht nur die Nahrung, sondern auch die morphologischen Strukturen der Zelle. Diese haben nämlich nur eine kurze Lebensdauer und werden ständig erneuert. Im Zug dieses fortlaufenden Um- und Neubaus werden außer den körpereigenen Substanzen auch die für den Export bestimmten Substanzen aufgebaut.

122

Auf den ersten Blick bestehen alle diese Prozesse einfach darin, dass die natürliche Richtung der Energie – die Tendenz, in die Senke zu fallen – dazu ausgenützt wird, Arbeit zu leisten: chemische Bindungen zu knüpfen und aufzubrechen sowie Bewegungen auszuführen. Seitdem man entdeckt hat, dass die meisten chemischen Umsetzungen in einem Organismus durch Enzyme (zu Katalyse fähige Proteine) vollbracht werden, ging das Bemühen dahin, diese zu isolieren sowie deren Struktur und Funktion aufzuklären. Dabei wurde auch entdeckt, dass der Stoffwechsel sich über bestimmte Wege vollzieht: über die so genannten Stoffwechselwege, auf denen das Substrat sozusagen von Hand zu Hand – von einem Enzym zum anderen – weitergereicht und zugleich bearbeitet wird.

Halten wir fest, dass Stoffwechselwege durch Anordnung von Enzymen zu Stande kommen: dass auch in ihnen eine Facette des Geist-Aspekts der Natur zum Ausdruck kommt. An diesen Wegen sind jedoch zwei Arten des Angeordnetseins zu unterscheiden: die morphologische und die funktionelle. Sieht man sie als aus festgefügter Abfolge von Enzymen bestehende Wege, kann man in ihnen – ebenso wie bei Wegen in der Landschaft – eine Anordnung im Raum erkennen. Hierin unterscheiden sie sich nicht prinzipiell von den morphologischen Strukturen.

In den chemischen Umsetzungen hingegen, die bei jedem Schritt auf diesen Wegen geschehen, kommt eine andere Art des Angeordnetseins zum Ausdruck: die Anordnung in der Zeit. Diese zeigt sich sogar in einem doppelten Sinn: im Weitergereichtwerden der Substrate entlang des Weges sowie in dem, was bei jedem einzelnen Schritt chemisch geschieht. Für unsere Betrachtung ist letzteres aufschlussreich.

Erforscht wurden die einzelnen Stoffwechselschritte ja sehr gründlich. Dabei wurde auch eruiert, wie viel an freier Energie bei jedem Schritt freigesetzt wird oder aufgewendet werden muss. Dabei wurden Einblicke in den Lebensprozess gewonnen, die keine Zeit vor der unsrigen auch nur annähernd besessen hat. Die Blickrichtung war bei diesem Forschen jedoch ausschließlich durch das Energie-Paradigma bestimmt. Aus diesem Grund erscheint der Zellstoffwechsel in Darstellungen heutiger Biologen einfach darauf zu beruhen, dass mittels freier Energie Arbeit geleistet wird. Seitdem man noch entdeckt hat, dass das Ganze nur bei chemischem Ungleichgewicht stattfindet, gilt der Lebensprozess – zumindest der Stoffwechsel – als restlos erklärt.

Bei unserem Bemühen, den Geist-Aspekt der Natur zu erarbeiten bzw. zwischen materiellem und geistigem Aspekt des Naturgeschehens zu unterscheiden, müssen wir auch hier die Sache noch unter einem weiteren Blickwinkel betrachten. Bevor wir dazu in der Lage sind, müssen wir uns noch vergegenwärtigen, wie die freie Energie in biologischen Prozessen eingesetzt wird.

Energiezufuhr in der lebenden Zelle

Wir haben die Herstellung eines Proteins mit einem Fertigungsprozess in einer chemischen Fabrik verglichen. Auch dort geschieht die Fertigung durch Einsatz freier Energie, heute vor allem durch Elektrizität, die aus dem Netz bezogen und durch ein verzweigtes Leitungssystem an die Abeitsplätze herangeführt wird. In der lebenden Zelle geschieht der Einsatz von Energie völlig anders. Dort wird die Energie in chemisch gebundener Form verwendet, in kleinen, normierten Paketen von einem Transporter zu den Arbeitsplätzen gebracht, durch ein spezielles Enzym dem Transporter abgenommen und in den chemischen Akt eingespiesen. Betrachten wir nun, wie dies vor sich geht.

Bekanntlich kommt alle Energie, welche den Betrieb auf unserem Planeten unterhält, von der Sonne her in Form elektromagnetischer Strahlung. Bevor sie Stoffwechselprozesse antreiben kann, muss sie erst einmal in die chemisch gebundene Form umgewandelt werden. Dies geschieht, wie ebenfalls allgemein bekannt, in den zu Fotosynthese fähigen Organismen: in gewissen Bakterien sowie in Pflanzen. In Pflanzen läuft die Fotosynthese in intrazellulären Organellen ab: in den Chloroplasten, deren bekanntester Bestandteil das Chlorophyll (Blattgrün) ist. Unter Ausnützung der mit dem Licht transportierten Energie stellen die Chloroplasten aus Kohlendioxid und Wasser (griechisch hydor) Kohlehydrate her: energiereiche organische Verbindungen, die dann im Stoffwechsel der Pflanzen weiterverarbeitet werden, u.a. zu jenen Stoffen, welche Tieren und Menschen später als Nahrung dienen.

Sehr interessant ist nun, wie die in tierischen Organismen aus den zugeführten Nährstoffen gewonnene Energie an die Stelle gelangt, an der sie zur Bildung neuer Moleküle benützt werden kann. Hierzu muss sie nämlich, wie erwähnt, umgepackt bzw. in eine Einheitswährung umgemünzt werden.

ATP: biologische Einheitswährung der Energie

Die Einheitswährung der Energie für biologische Prozesse ist in einer kovalenten Bindung zwischen Phosphaten gespeichert. Drei solche Phosphate ragen aus einem Molekül namens ATP (Adenosintriphosphat) heraus. Dieses Molekül ist ganz ähnlich gebaut wie jene vorfabrizierten Bauelemente, welche bei der Herstellung einer Gen-Kopie sowie bei der Verdoppelung der DNA vor einer Zellteilung verwendet werden.

ATP ist eine Art Shuttle, das zwischen den Mitochondrien (den »Elektrizitätswerken« der Zelle) und dem Verwendungsort der Energie hin und her pendelt. Am Verwendungsort – dort, wo eine chemische Bindung geknüpft oder gespalten werden muss – wird dem Shuttle das Energiepäckchen von einem Enzym (einer ATPase) abgenommen. Dabei trennt dieses die äußerste der drei aus dem Shuttle herausragenden Phosphatgruppen ab und speist die dadurch frei werdende Energiemenge in die durch ein anderes Enzym zu spaltende oder zu verknüpfende Bindung ein. Durch die Abtrennung der äußersten der drei Phosphatgruppen wird Adenosin-tri-Phosphat (ATP) zu Adenosin-di-Phosphat (ADP). In den Mitochondrien wird das Di-Phosphat-Shuttle dann wiederum beladen, indem ihm wieder ein drittes Phosphat angehängt wird.

Um eine Vorstellung zu bekommen, wie viel an chemischen Vorgängen sich in einer Zelle abspielt: In einer typischen Zelle gibt es zirka eine Milliarde ATP-Moleküle (!), und diese werden im Verlauf eines Tages mehrere tausend Mal (!) entladen und wieder beladen. Was das heißt, wird noch eindrücklicher, wenn wir uns vor Augen führen, was für ein Prozess ablaufen muss, damit ein einziges Shuttle beladen werden kann. Verfolgen wir hierzu den Weg von der Energieaufnahme durch die Nahrung bis zu dem aus der Atmungskette hervorgegangenen ATP-Molekül.

Verdauung und Glykolyse

Die durch den Mund aufgenommene Nahrung wird im Verdauungstrakt (durch Enzyme) zur Hauptsache in die drei biologischen Grundsubstanzen Zucker, Fettsäuren und Aminosäuren zerlegt. Diese werden von der Darmwand resorbiert und gelangen über die Blutbahn in die Körperzelle. Dort werden diejenigen Moleküle, welche zur Energielieferung bestimmt sind, weiter abgebaut. Jede Molekülart hat ihren spezifischen Abbauweg. Betrachten wir hier nur den des Zuckers.

Da Lebewesen sehr konservativ sind, geschieht der Zuckerabbau in seiner ersten Phase so, wie er geschah, bevor die Veratmung von Sauerstoff erfunden war. Dieser anaerobe (lat. aer = Luft) Abbauweg – die so genannte Glykolyse – führt über neun von je einem anderen Enzym bewerkstelligte Schritte. Die Energieausbeute der Glykolyse ist gering. Nur die Ladungen für zwei ATP-Shuttles schauen dabei heraus.

Zitronensäurecyklus im Mitochondrium

Die Endprodukte der Glykolyse enthalten noch viel Energie. Diese wird ihnen bei dem Sauerstoff verbrauchenden zweiten Abbauprozess, der so genannten Zellatmung, entzogen. Diese findet in den Mitochondrien statt, und zwar in zwei Etappen. Die erste Etappe ist der so genannte Zitronensäurecyklus. In diesen Kreisprozess werden die Bruchstücke, die bei der Glykolyse sowie beim Abbau der Fett- und Aminosäuren übrig geblieben sind, in die für die Zellatmung geeignete Ausgangsform gebracht: in $NADH_2$ (hydriertes Nikotin-amid/adenin/dinucleotid). Dabei entweicht CO_2 als Abfallprodukt und wird durch die Lunge ausgeschieden.

NADH ist ein Dinucleotid, d. h., es besteht aus zwei Nukleotiden: Verbindungen, die ähnlich gebaut sind wie das Shuttle. NADH dient im gesamten Zellstoffwechsel zur Übertragung von Wasserstoff (H). Seine besondere Eignung dafür beruht darauf, dass sein bewegliches Wasserstoffatom als Hydrid-Ion – als Proton mit zwei Elektronen statt wie üblich nur einem – gebunden ist und dass diese Bindung sehr viel Energie enthält.

Elektronentransportkette und ATP-Synthese

Diese Energie wird nun in der so genannten Elektronentransportkette, einem Wunderwerk molekularer Technik, auf äußerst raffinierte Weise zur Aufladung der ins Mitochondrium zurückgekehrten ADP-Shuttles ausgenützt. Die Elektronentransportkette – auch Atmungskette genannt – besteht aus einer Reihe unterschiedlicher Enzymkomplexe. Diese sitzen in der inneren Mitochondrien-Membran und ragen gegen innen wie kleine Lutscher aus ihr hervor. In diese Kette werden nun die energiereichen Elektronen aus NADH eingespiesen. Die Enzymkomplexe sind so hintereinander angeordnet, dass jeder folgende die Elektronen mit jeweils etwas geringerer Ladung für einen Moment festhält, ihnen eine kleine Portion Energie entzieht und sie dann an den nächsten Komplex weitergibt. Am unteren Ende angekommen und nur noch schwach geladen, vereinigen sich die Elektronen wiederum mit je einem Proton zu Wasserstoff (H). Dieser wird dann von dem unten wartenden Sauerstoff (O) begierig aufgenommen, wodurch Wasser (H_2O) entsteht.

Die ADP-Shuttles sind damit aber noch nicht beladen, denn die aus den Elektronen gewonnene Energie wird noch für anderes gebraucht. Vorerst einmal fischt sich jeder Enzymkomplex der Atmungskette ein Proton (einen Wasserstoffkern) aus der Lösung und treibt dieses mit der den Elektronen entnommenen Energie aus dem Mitochondrium hinaus. Da Protonen elektrisch geladen sind, entsteht auf diese Weise ein elektrochemisches Energiegefälle zwischen Außen- und Innenseite der (inneren) Mitochondrien-Membran. Dieses Gefälle wird zum Teil dazu benutzt, Nachschub an Stoffen ins Mitochondrium hineinzutransportieren. Der größte Teil der Protonen wird jedoch zur Aufladung der Shuttles benützt. Er strömt durch einen in der Membran eingebauten Enzymkomplex, die so genannte ATP-Synthetase. Diese molekulare Apparatur, die mit einer Turbine verglichen werden kann, wandelt nun die durchströmende elektrische Energieform in die chemische um und packt sie gleichzeitig ab, indem sie dem wartenden ADP-Shuttle wiederum ein drittes Phosphat anhängt.

Aufbauender Stoffwechsel und Geist-Aspekt

Die Betrachtung, auf welche Weise ATP hergestellt wird, hat uns noch einmal Einblick in funktionales Angeordnetsein gewährt. Nun habe ich, bevor wir auf die ATP-Bildung eingingen, gesagt, wir müssen uns jetzt noch bewusst werden, dass auch funktionales Angeordnetsein mit dem Energie-Begriff nicht erfasst werden kann. Allerdings ist die Sache hier ein wenig komplizierter als beim morphologischen Angeordnetsein, wo es nur um Anordnungen kompakter Energie ging und wo der Hinweis auf die Nichtquantifizierbarkeit – auf den Widerspruch zum ersten Hauptsatz der Thermodynamik – genügte. Bei funktionalen Anordnungen handelt es sich nämlich um solche der freien Energie, womit der zweite Hauptsatz ins Spiel kommt. Zudem wird hier – insbesondere bei anabolen (aufbauenden) Stoffwechselprozessen – tatsächlich die Tendenz der Energie, in die Senke zu fallen, zu Arbeitsleistung ausgenützt. Auch können, wie erwähnt, diese Prozesse quantifiziert werden, und es macht einen großen Teil der Arbeit von Molekularbiologen aus, sie bezüglich Energieumsetzung quantitativ zu erfassen. Dass sie aber damit nicht voll erfasst werden – dass das Ausnützen von Energiegefällen zu Arbeitsleistung mit dem Energie-Begriff allein nicht erfasst werden kann – , gilt es jetzt noch ins Bewusstsein zu heben.

Traditionelle Naturwissenschaftler halten diese Frage allerdings schon im Sinne des Energie-Paradigmas für entschieden. Wie erwähnt, hat sich bei ihnen die Meinung etabliert, der zweite Hauptsatz gelte nur für geschlossene Systeme, für offene hingegen nicht, d. h. nicht für Systeme, die mit der Umgebung Energie austauschen. Wie ich früher schon sagte, wird jedoch dabei die Tatsache übersehen, dass der Ausdruck »System« definitionsgemäß ein Angeordnetsein impliziert. Weil es sich aber hier um ein Problem handelt, das für die Erarbeitung des Geist-Aspekts der Natur fundamental ist, müssen wir – nachdem wir nun zwei biologische Prozesse im Detail betrachtet haben – noch näher darauf eingehen.

Herkömmliche Betrachtung der Aufbauprozesse

Sehen wir uns vorerst einen in der Biologie üblichen Argumentationsgang zur Erklärung des aufbauenden Stoffwechsels an. Da wird z. B. in einem Standardwerk der Molekularbiologie (Anm. 1) erstens davon ausgegangen, dass es eine quantitative Beziehung zwischen Wärme und Ordnung gibt und dass Wärme eine Form statistischer Bewegung von Molekülen ist, d. h. Energie in ihrer »ungeordneten« Form. Zweitens wird gesagt, es lasse sich genau berechnen, wie viel Wärme (Kilojoule) eine Zelle abgeben muss, um eine bestimmte Menge innerer Ordnung – z. B. die Montage von Proteinen aus Aminosäuren – zu kompensieren. Drittens wird gesagt, die chemischen Reaktionen, welche Wärme freisetzen, müssen auf molekularem Niveau eng mit Ordnung erzeugenden Ereignissen verknüpft sein. Solche Verbundreaktionen nenne man gekoppelt. Viertens: Ordnungszunahme im Inneren müsse ausgeglichen werden durch Wärmeabgabe nach außen. Quintessenz: Weil die Wärmeabgabe die Reaktion erst möglich mache, könne man sagen, sie treibe den ordnenden Vorgang. Der andauernde Wärmeverlust, der die Schaffung biologischer Ordnung treibe (!), benötige dauernden Nachschub von Energie. Diese müsse aber eine andere Form haben als Wärme.

Ist man sich erst einmal bewusst, dass unter der Dominanz eines Paradigmas die Tendenz besteht, sperrige Phänomene in die gegebene Schublade hineinzuzwängen, kann man leicht erkennen, wo dies bei dieser Argumentation geschehen ist. Die erwähnten Fakten stimmen zwar, nicht aber deren Verwendung. So werden zuerst zwei völlig verschiedene Arten von Ordnung – »negentropische« und morphologische – zwar klar umschrieben (Satz 1 und 2), werden jedoch bei der darauf folgenden Argumentation so verwendet, als handle es sich um das Gleiche.

Zwar wird im Zug dieser Argumentation gesagt, Wärme freisetzende Reaktionen müssen mit formschaffenden gekoppelt sein. Dass aber gerade in diesem Gekoppeltsein die eigentliche Erklärung für Aufbauvorgänge liegt, wird stillschweigend übergangen bzw. verdrängt. Mit diesem Ausdruck wird eben etwas benannt, das nicht quantifiziert werden kann und deshalb mit dem Energiebegriff unvereinbar ist. Verdrängt man dies, kann man mit ruhigem Gewissen – in Übereinstimmung mit dem Energie-Paradigma – sagen, Wärmeverlust treibe die Schaffung biologischer Ordnung, und dabei überzeugt sein, man habe den aufbauenden Stoffwechsel erklärt.

Weiterführende Betrachtung der Aufbauprozesse

Versuchen wir nun, die Sache differenzierter zu sehen. Blicken wir zuerst auf das, was man energetische Dynamik nennen kann. Der Aufbau von Biomolekülen wie auch von komplexeren Gebilden wird selbstverständlich mit Energie angetrieben. Dabei wird deren Tendenz, in die Senke zu fallen, zu Arbeitsleistung ausgenützt: zum Knüpfen chemischer – vor allem kovalenter – Bindungen. Die ausgenützte – und dadurch »entwertete« – Energie fließt dann als Wärme in die Umgebung ab und vermehrt so letztlich die Entropie des Universums. Betrachten wir die Sache unter diesem Blickwinkel, erfassen wir vor allem den materiellen Aspekt der Aufbauprozesse.

Ich sage absichtlich »vor allem«, denn mit dem Ausdruck »Ausnützen« wurde schon jener Aspekt angetippt, den wir – bei unserer Sprachregelung – den geistigen nennen. Es betrifft jenen Punkt, der bei materialistischer Interpretation des Vorgangs verdrängt wird: die Koppelung. Diese müssen wir jetzt genauer ins Auge fassen.

Unter Koppelung versteht man in diesem Fall die funktionale Verbindung eines »Bergabvorgangs« mit einem »Bergaufvorgang«. Wie dies gemeint ist, sei vorerst an einem einfachen Beispiel erläutert: am Hinaufziehen eines mit Wasser gefüllten Kessels mittels eines Wasserrads und einer fixierten Umlenkrolle für das Seil. Natürlich wird dabei das herabfallende Wasser bzw. dessen kinetische Energie zum Antrieb des Rads und damit zum Hochziehen des Kessels ausgenützt. Ebenso unbestritten ist, dass dabei Abwärme entsteht. Es dürfte aber auch klar sein, dass der Bergaufvorgang – das Hochziehen des im Kessel befindlichen Wassers – nur dank der Koppelung zu Stande kommt: durch das Hintereinanderschalten von Kessel, Seil, Umlenkrolle und Wasserrad; ferner, dass es sich bei alledem um Anordnungen kompakter Energie handelt.

Bei biologischen Prozessen sind allerdings die Anordnungen komplizierter, indem dabei zwei unterschiedliche Komponenten derselben zur Anwendung kommen. Betrachten wir zuerst wiederum ein Beispiel aus der Technik: eine elektrisch betriebene Maschine zum Vernieten von Werkstücken. Auch in ihr ist das »Herabfallen« von Energie mit einem »Bergaufprozess« – mit dem Vermehren von Ordnung – gekoppelt. An dieser Koppelung kann – bildhaft gesprochen – zwischen einer horizontalen und einer vertikalen Komponente unterschieden werden. Die horizontale bestünde in dem Teil der Maschine, der dem Zusammenpassen, der Haltung und der Führung der Werkstücke dient. Schon was dieser Teil des Systems ausführt, ist ein ordnender Vorgang. Als vertikale Komponente der Koppelung kann die Zuleitung der Elektrizität sowie der Motor gesehen werden: die Anordnung, über welche die Energie bei ihrem Herabfallen geführt wird und durch die auch die Umwandlung der Energie aus der elektrischen in die mechanische Form geschieht. Quintessenz: der Ausdruck »Koppelung« impliziert ein Geordnetsein.

Auch an der Koppelung im aufbauenden Stoffwechsel können die erwähnten zwei Komponenten des Geordnetseins unterschieden werden. Die im obigen Beispiel als horizontale bezeichnete kann gesehen werden in dem Enzym, das eine Bindung katalysiert, bzw. in der dazugehörigen Enzymkette: dem früher beschriebenen Stoffwechselweg. Die im obigen Beispiel als vertikale bezeichnete Komponente der Koppelung besteht hier in jenem Enzym, das dem ATP (durch Hydrolyse) die äußerste Phosphatgruppe abtrennt und die dadurch frei werdende Energie in die Enzymkette einspeist: einer so genannten ATP-Hydrolase.

Vereinfachend kann somit gesagt werden: Die Energie treibt das, was bei einem »Aufwärtsprozess« geschieht, nur an. Was dabei »getan« wird bzw. geschieht, wird mit dem Energie-Begriff der Physik nicht erfasst. Es wird bestimmt durch die Koppelung. Bei dieser aber handelt es sich um eine Anordnung. Sie ist somit dem Geist-Aspekt der Wirklichkeit zuzuordnen.

Chemisches Ungleichgewicht in der Zelle

Ein weiterer Aspekt des – nunmehr gesamthaft betrachteten – anabolen Stoffwechsels erschließt sich uns, wenn wir das chemische Ungleichgewicht der Zelle ins Auge fassen. Energie kann nur dann zu Arbeitsleistung ausgenützt werden, wenn ein Gefälle vorhanden ist. Da die Zelle ein chemisches System ist, muss in ihr das Gefälle ein chemisches – ein Konzentrationsgefälle – sein. Das Gefälle muss jedoch über längere Zeit – während der ganzen Lebensdauer einer Zelle – aufrechterhalten werden. Dies schafft die Natur dadurch, dass sie in einer Zelle dauernd 5-10 mal so viele ATP-Moleküle vorhanden sein lässt wie Moleküle jener Produkte, die bei der ATP-Hydrolyse entstehen: wie ADP-Moleküle und solche von anorganischem Phosphat. Die Natur unterhält somit in jeder Zelle einen hochgeladen ATP-Pool. Dieser wird in gleicher Weise dazu benützt, biologische Prozesse anzutreiben, wie eine Batterie für den Antrieb elektrischer benützt werden kann. Entlädt sich diese »Batterie« vollständig, kommt das Leben zum Stillstand.

Den Mitochondrien kommt somit eine doppelte Aufgabe zu. Zum einen müssen sie die effektiv entladenen ATP-Shuttles wieder beladen, zum anderen müssen sie das chemische Ungleichgewicht – das Konzentrationsgefälle zwischen ATP und dessen Hydrolyseprodukten – aufrechterhalten. Ersteres schaffen Mitochondrien, wie gezeigt, in der Weise, wie es bei allen Aufbauprozessen geschieht: indem sie einen Bergabvorgang mit einem Bergaufvorgang koppeln. Allerdings ist dieser »Mechanismus« bei den Enzymen der inneren Atmung ein anderer als bei denjenigen der übrigen anabolen Prozesse. Bezogen wird die Energie bei der inneren Atmung durch die Enzyme der Elektronentransportkette aus den »herabfallenden« Elektronen. Verkoppelt werden Energiegefälle und Aufbau durch die ATP-Synthetasen unter Ausnützung des elektrochemischen Gefälles zwischen Außenseite und Innenseite der inneren Mitochondrien-Membran.

In der Art jedoch, wie die Mitochondrien ihre zweite Aufgabe lösen – die Aufrechterhaltung des Ungleichgewichts –, manifestieren sich uns zwei neue Facetten des Geist-Aspekts der Natur: die Regelung sowie das, was man Spontanaktivität bzw. Spontaneität nennt. Auf die Spontaneität werden wir später – im Zusammenhang mit der Embryogenese – zu sprechen kommen. Hier sei nur auf die Regelung eingegangen.

Regelung

Regelung geschieht bekanntlich nach dem Prinzip der Rückkoppelung: dadurch, dass das System Abweichungen von dem zu erreichenden Sollwert erkennt, dass es ermittelt, was für eine Korrektur nötig ist, und dann das Ergebnis dieser Ermittlung in den folgenden Wirkimpuls einfließen lässt.

Regelung des ATP/ADP-Ungleichgewichts ist der fundamentale Prozess für die Aufrechterhaltung individuellen Lebens. Regelung ist jedoch gleichzeitig ein in Lebewesen universell angewendetes Prinzip. Schulbeispiele dafür sind der Wärme- und Wasserhaushalt. Aber auch all die ungezählten Stoffwechselwege sind geregelt: sowohl die abbauenden wie die aufbauenden.

Die interdisziplinäre Erforschung nichtlinearer Systeme (die so genannte Synergetik) hat zwar gezeigt, dass die Regelung in lebendigen Systemen oft – z. B. am Herzmuskel – ein äußerst komplexer Vorgang ist. Am Prinzip der Regelung hat sich dadurch allerdings nichts geändert. Ich verwende deshalb weiterhin den »eingesessenen« Ausdruck »Regelkreis«.

Die Regelkreise einer Zelle funktionieren nicht unabhängig voneinander. Sie sind miteinander vernetzt, und diese Vernetzung ist zudem hierarchisch gegliedert: ein weiterer Aspekt funktionellen Angeordnetseins. Die Hierarchie gipfelt im so genannten Ganzheitszentrum der Zelle. Die Ergründung dieses Problems – der Koordination höchster Komplexität in Raum und Zeit – ist übrigens ein zentrales Anliegen der eben erwähnten Synergetik.

Auf Grund ihres ganzheitlichen Geregeltseins kann man die Zelle als autonom bezeichnen. Einzeller sind völlig autonom. In mehrzelligen Organismen ist die Autonomie nur relativ. Mehrzelligkeit erfordert nämlich von jeder einzelnen Zelle eine gewisse Kompetenzabgabe »nach oben«. Diese Kompetenzabgabe ist wiederum hierarchisch geordnet: über die Gewebe, die Organe, die Organsysteme bis zum Organismus und kulminiert in dessen Gesamtintegrationssystem. Dieses befindet sich im Großhirn. Es hat Übersicht über alle Sollwerte, empfängt Nachrichten »von überall her« – von innerhalb und außerhalb des Organismus – und gibt situationsgerechte Impulse ab.

Halten wir fürs erste fest, dass Regelung mit dem Energie-Begriff nicht erfasst werden kann: dass im allgemeinen Geregeltsein des Lebendigen eine weitere – besonders reiche – Facette des Geist-Aspekts der Natur zum Ausdruck kommt.

Der Begriff »Information« unter die Lupe genommen

Nun geschieht Regelung durch Informationsfluss: durch Aufnahme, Verarbeitung und Abgabe von Information. Mit dem Ausdruck »Information« stoßen wir noch einmal auf etwas, das unter dem Begriff »Energie« nicht untergebracht werden kann und in dem sich uns eine weitere Facette des objektiv Geistigen manifestiert: eine Facette übrigens, mit der sich das Bild des objektiv Geistigen schon beträchtlich dem nähert, was wir landläufig unter Geist (im Sinne von Menschengeist) verstehen.

Halten wir – der Klarheit halber – vorerst fest, um welche Art von Information es bei den folgenden Überlegungen geht. Heute, im Informationszeitalter, hat man beim Hören dieses Ausdrucks vor allem das geradezu exponentielle Anwachsen der Möglichkeiten zur Übermittlung und Verarbeitung von Information vor Augen. Dabei handelt es sich aber um den Umgang mit Information, die vom Menschen produziert wird: um exteriorisierten subjektiven Geist. Dieser interessiert uns im Augenblick nicht bzw. nicht in erster Linie. Nicht etwa, dass die folgenden Überlegungen für ihn nicht gültig wären. Wir müssen jedoch hier auch die Information in die Betrachtung einbeziehen, welche in der objektiven Wirklichkeit übermittelt und verarbeitet wird: die zum objektiv Geistigen gehört.

In die Naturwissenschaft, die hierfür zuständig ist, wurde der Begriff »Information« erst vor kurzer Zeit eingeführt. Allerdings geschah dies nicht beim Aufkommen der Verhaltensforschung, wo es besonders nahe liegend gewesen wäre. Es geschah vor allem, als man erkannte, dass das beim Bau technischer Systeme erfundene Prinzip des rückgekoppelten Regelkreises in der Natur seit den Anfängen des Lebendigen verwirklicht ist, ferner, als es gelang, den genetischen Code zu entschlüsseln.

Während es sich bei all dem um Informations-Übertragung und -Verarbeitung handelt, wurde in der Folge der Begriff »Information« auch noch zur Benennung des Angeordnetseins kompakter Energie zu morphologischen Strukturen verwendet: für jenen Sachverhalt, den wir schon zu Beginn unserer Untersuchung dem Geist-Aspekt der Natur zugewiesen haben. In diesem Sinn wird der Ausdruck »Information« gebraucht, wenn z. B. darüber diskutiert wird, ob in einem schwarzen Loch – unter dem Einfluss der extremen Gravitation – die in der angesaugten Materie enthaltene Information verloren gehe. Da ich aber hier jene Facette des objektiv Geistigen herausarbeiten möchte, die erst im Zusammenhang mit dem Geregeltsein in Erscheinung tritt, soll hier »Information« im Sinn des bloßen Angeordnetseins in die Betrachtung nicht einbezogen sein.

Bei der Regelung wird Information übermittelt und verarbeitet. Für übermittelte Information wird auch der Ausdruck »Nachricht« gebraucht. Nachrichten aber bedeuten etwas. Sie haben semantischen Gehalt. In eine Nachricht wird vom Absender Bedeutung verpackt, die von einem geeigneten Empfänger verstanden werden kann. Nun ist aber Bedeutung an einen Bedeutungs-träger gebunden. Dies können (nun auch das subjektiv-Geistige einbezogen) gedruckte Buchstaben sein, Schallwellen, elektromagnetische Schwingungen, Magnetisierungen, Potenzialschwankungen an Nervenzell-membranen, molekulare Strukturen usw. Immer ist der Bedeutungsträger eine Form von Energie.

Das hingegen, was von einem Empfänger verstanden werden kann – die Bedeutung bzw. das Semantische – , ergibt sich erst durch Anordnung der Trägerelemente. So ergibt sich z. B. ein gesprochenes Wort erst durch Modulation von Schallwellen zu Lauten, ein gedrucktes Wort entsteht erst durch Anordnung von Druckerschwärze zu Buchstaben und von Buchstaben zu einem Wort. Eine innerhalb des Nervensystems unterhalb der Bewusstseinsschwelle übermittelte Nachricht entsteht erst durch eine bestimmte Abfolge (zeitliche Ordnung) der Entladung einzelner Nervenzellen (Neuronen), kombiniert mit deren Weiterleitung über verschiedene Bahnen sowie der Integration dieser Impulse auf höheren Stufen des neuronalen Netzwerks.

Wir können somit den Ausdruck »Information« bzw. »Nachricht« – ebenso wie wir es beim traditionellen Ausdruck »Materie« taten – unter zwei Aspekten ins Auge fassen. Wir können nach deren Bedeutungsgehalt fragen oder nach der Art des Bedeutungsträgers sowie der Anzahl der Trägerelemente, die zur Kodierung dieses Bedeutungsgehalts notwendig sind. Fragen wir nach der Anzahl der Trägerelemente, erfassen wir die Nachricht unter ihrem energetischen bzw. materiellen Aspekt. Fragen wir hingegen nach deren Bedeutungsgehalt, erfassen wir sie unter dem Aspekt des Angeordnetseins. Anstatt vom Anordnungs-Aspekt können wir hier – unserer Sprachregelung gemäß – vom geistigen Aspekt der Information reden.

Gewohnheitsgemäß assoziieren wir zwar mit dem Ausdruck »geistig« im Zusammenhang mit einer Nachricht nur das, was auf der Ebene des Bewusstseins (des subjektiv Psychischen) an Bedeutung vermittelt wird. Menschen, die mit den Ergebnissen der tiefenpsychologischen Forschung vertraut sind, gestehen allerdings auch der Informations-Aufnahme, -Verarbeitung und -Abgabe im Bereich des Unbewussten – des objektiv Psychischen – das Prädikat »geistig« zu. Nun können wir aber noch weiter hinabsteigen, indem wir bedenken, dass auf allen Ebenen der Evolution, die in einem höheren Organismus repräsentiert sind, Nachrichten übermittelt werden: nicht nur auf der Ebene des Nerven-, Immun- und Hormonsystems, sondern auch zwischen Körperzellen sowie – wie wir gesehen haben – auch innerhalb derselben. Physiker reden heute sogar schon von Informationsaustausch zwischen Elementarteilchen und zwischen Feldquanten.

Der Evolutionsachse entlang abwärts wird die Information, die übermittelt wird, allerdings immer einfacher. Das ändert aber nichts daran, dass auch auf niedriger Ebene Information sowohl mit Blick auf den Träger als auch mit Blick auf die Anordnung der Trägerelemente zu Bedeutung ins Auge gefasst werden kann: dass schon am Informationsaustausch zwischen Enzymen zwischen materiellem und geistigem Aspekt unterschieden werden kann bzw. muss.

Diese Aussage hat nun dazu geführt, dass mir vorgeschlagen wurde, statt vom objektiv Geistigen einfach von Information zu reden. Abgesehen davon, dass beim heutigen Gebrauch des Ausdrucks »Information« gar nicht zwischen dem materiellen und dem geistigen Aspekt dessen, was er umfasst, unterschieden wird, wäre es auch aus folgenden Gründen nicht angezeigt: erstens wäre das Bedeutungsfeld von »Information« viel zu schmal, um die Sachverhalte zu erfassen, die wir am oberen Pol der Evolution vorfinden. Spätestens bei den Verhaltensmustern oder gar bei jenen psychischen Sachverhalten, die den aus dem Unbewussten hervorgehenden Symbolen zu Grunde liegen, würde sich die Insuffizienz des Begriffs »Information« erweisen; ebenso bei dem, was wir mit den Begriffen Kognition, Erleben, Emotion usw. benennen. Dazu kommt noch, dass mit dem Informationsbegriff der dynamische Aspekt des objektiv Geistigen, auf den wir noch zu sprechen kommen, nicht erfasst wird.

Die Unterscheidung zwischen materiellem und geistigem Aspekt der Information ist indessen sehr hilfreich zum Verständnis des Vollzugs der Bewusstseins-Mutation. Zum einen wird dadurch die Brücke geschlagen zwischen morphologisch-physiologischer Betrachtungsweise und Innerlichkeitsforschung, was die dualistische Auffassung von Leib und Seele überwinden hilft. Zum andern erhält dadurch die Auseinandersetzung mit der archaischen Weltsicht sogar erst ihr Fundament, denn nur durch die hier vorzunehmende Unterscheidung kann letztendlich die Behauptung begründet werden, die neue, naturalistische (jedoch nicht mehr materialistische) Weltsicht sei bezüglich Wert- und Sinngebung der supranaturalistischen archaischen in der vollen Bedeutung des Wortes äquivalent. Davon aber später.

Zwei unterschiedliche Informationstheorien

Im Bereich der empirischen Wissenschaft hat sich der Doppelaspekt des Ausdrucks »Information« in zwei unterschiedlichen Informationstheorien niedergeschlagen: in derjenigen von Shannon und in der Semiotik. Dies geschah allerdings, ohne dass die daraus sich ergebende Unterscheidung zwischen deren materiellem und geistigem Aspekt ins Bewusstsein getreten wäre.

Durch die Theorie von Shannon wird der Trägeraspekt von Information erfasst. Claude Shannon war Ingenieur bei der Bell Telefongesellschaft. Dort musste er die Leistungsfähigkeit und Rentabilität technischer Nachrichten-Übertragungssysteme berechnen. Er musste somit berechnen können, welche Menge von Information pro Zeiteinheit in technischen Systemen übermittelt werden kann. Dazu war es nötig, berechnen zu können, wie viele Signale (Trägereinheiten) zur Verschlüsselung einer Nachricht benötigt werden. So entwickelte Shannon denn eine mathematische Theorie, die es ermöglicht, die Zuordnung zwischen Nachricht und Trägerelementen quantitativ zu erfassen. Möglich geworden war dieses Quantifizieren, weil Bedeutungsträger immer eine Form von Energie sind. Vom Bedeutungsgehalt der Nachrichten hat Shannon bewusst abgesehen.

Ausschließlich mit dem Bedeutungsgehalt befasst sich hingegen die Semiotik. Diese entfaltete sich – im Unterschied zur Theorie von Shannon – im Bereich der Kulturwissenschaften. Dort interessierten allerdings nur Nachrichten, die vom Menschen ausgehen: exteriorisierter Menschengeist. Später fand die Semiotik dann auch Eingang in die Naturwissenschaften.

Für diese interessierte man sich zuerst dort, wo es um das Verständnis von Tiersprachen ging. Gegenwärtig gibt es auch Ansätze zu einer innersomatischen Semiotik. Diese befasst sich mit dem Bedeutungsgehalt jener Nachrichten, die innerhalb eines Organismus übermittelt werden. Aufs Ganze gesehen ist jedoch die Semiotik in der Naturwissenschaft wenig entfaltet, sogar unter Naturwissenschaftlern kaum bekannt. So wird denn namentlich von Physikern und Molekularbiologen, wenn über Information geredet wird, einfach von der Informationstheorie gesprochen, so als ob es nur die von Shannon gäbe. Darin manifestiert sich wiederum jene Gesetzmäßigkeit, die Thomas Kuhn als charakteristisch für die Phase normaler Wissenschaft beschrieben hat: die Tendenz, alle Phänomene soweit wie möglich in der durch das dominierende Paradigma gegebenen Schublade unterzubringen.

Mit dieser (gewiss unbewusst vorgenommenen) Manipulation schien die materialistische Weltsicht gerettet zu sein. De facto war sie jedoch spätestens mit der universellen Verwendung des Begriffs »Information« in der Naturwissenschaft überwunden. Die Tatsache, dass sie überwunden ist, muss denn auch früher oder später – wie jeder phylogenetische Entwicklungsschritt – vom allgemeinen Bewusstsein rezipiert werden.

Rückblick

Bei diesem ersten Durchgang haben wir die Natur so betrachtet, wie sie ist: wie sie sich uns heute darbietet. Dieses noch statische Bild der Natur entspricht im Prinzip demjenigen, das die Naturforscher vor dem Nachweis der Evolution vor sich hatten.

Es war indessen schon seit langem vertikal gegliedert worden durch die so genannten Schichtenlehren. Dabei wurde – von unten nach oben aufsteigend – zwischen einer leblosen und einer belebten Schicht unterschieden. Am Lebendigen unterschied man zudem zwischen einer vegetativen, einer animalischen, einer psychischen und einer geistigen Schicht.

Entsprechend diesem noch statischen Bild sind wir bei unserem bisherigen Bemühen, den Geist-Aspekt der Natur zu erarbeiten, von der leblosen Schicht zu der des Lebendigen aufgestiegen. Dabei hat sich uns schon eine recht facettenreiche Vorstellung des objektiv Geistigen ergeben. Indessen fehlt dieser noch ein wesentliches Element: der dynamische Aspekt. Es geht dabei um eine Dynamik, welche von der mit dem Energie-Begriff der Physik erfassten nicht nur verschieden, sondern dieser direkt entgegengesetzt ist. Wie dies gemeint ist, wird sich beim nun folgenden zweiten Durchgang zeigen.

Zweiter Durchgang: Das Werden von Anordnung

Schauen wir nun, wie das Angeordnetsein der raumzeitlichen Wirklichkeit zu Stande gekommen ist und – bei der Vermehrung der Lebewesen – immer wieder neu zu Stande kommt. Bei dieser Betrachtung unter dem Blickwinkel des Werdens enthüllen sich uns weitere Facetten des objektiv Geistigen. Insbesondere wird dabei, wie eben gesagt, eine Dynamik sichtbar werden, die derjenigen, die man Energie nennt – und die man bisher für die einzige Art von Dynamik hielt – ebenbürtig ist. Allerdings ist sie von ganz anderer Art. Andeutungsweise manifestiert dieses Dynamische sich schon im immer neuen Werden des Lebendigen: bei Einzellern in Teilung (Mitose) und Knospung, bei Mehrzellern in Keimung und Embryogenese. In ihrem vollen Umfang sowie auch in ihrer Eigenart zeigt es sich jedoch erst in der Evolution. Betrachten wir zuerst die Erneuerung des Lebendigen am Beispiel von Mitose und Embryogenese.

Die Zellteilung (Mitose)

Teilen kann sich eine Zelle erst, wenn sie ihren Bestand an Substanzen verdoppelt hat: sowohl ihre Betriebssubstanzen (vor allem Proteine) als auch ihre Erbsubstanz (DNA). Zuerst erfolgt die Verdoppelung der Betriebssubstanzen. Diese Leistung muss die Zelle neben dem »Normalbetrieb« vollbringen. Schon dies erfordert eine Buchhaltung. Wie die Zelle dazu kommt, zu »wissen«, wann von einer Substanz genug da ist, lässt sich indessen noch mit dem Regelkreis erklären. Nun erfolgt die Verdoppelung aber in einer bestimmten Reihenfolge. Dazu ist eine Art von Anordnung erforderlich, die wir bisher noch nicht beachtet haben: ein Programm. Programme beherrschen den gesamten Teilungsvorgang. Eines löst das andere ab, und in welcher Reihenfolge diese Ablösung geschieht, ist wiederum Inhalt eines Programms.

Die Zeit, die den Zellen zur Verdoppelung ihrer Betriebssubstanzen zur Verfügung steht, variiert in einem höheren Organismus – je nach Zelltyp – zwischen acht Stunden und hundert oder mehr Tagen. Während der Embryonalentwicklung müssen die Zellen diese Leistung jedoch in cirka acht Stunden vollbringen. Empfängt eine Zelle, nachdem sie ihre Substanzen verdoppelt hat, das Signal zur Teilung, überschreitet sie einen kritischen Punkt, den so genannten Terminationspunkt. Ist dieser überschritten, läuft das weitere Programm in starrer zeitlicher Folge ab.

Als Erstes wird die Erbsubstanz (DNA) samt ihren Verpackungsproteinen – den Histonen – verdoppelt. Die stark verdrillten Fäden werden mithilfe von Enzymen ausgebreitet. Dann schneiden Polymerase-Enzyme die DNA-Leiter jeweils ein Stück weit der Länge nach auf. In der Folge vervollständigen sie jede der beiden Hälften wiederum zu einem Doppelstrang, indem sie ihr der Reihe nach vorgefertigte Nukleotid-Elemente anfügen. Scharen von DNA-Polymerasen bewältigen diese Arbeit, denn an einem einzigen Chromosom sind zirka einhundertfünfzig Millionen (!) Nukleotide hintereinander aufgereiht. Eine einzelne Polymerase schafft es, fünfzig Nukleotide in einer Sekunde anzufügen, arbeitet also in einem ähnlichen Tempo wie eine Nähmaschine. Dabei muss sie vor jedem »Stich« zuerst das richtige – das zum Buchstaben auf dem Leitstrang passende – Stück aus dem Pool herausholen.

Weil ein einzelnes Polymerasenpaar jeweils nur einen bestimmten Abschnitt des Chromosoms bearbeitet, ist auch hier eine exakte Buchführung nötig, denn es darf kein Abschnitt ausgelassen und auch keiner zweimal verdoppelt werden, da sonst die Codierung der Aminosäuresequenz nicht mehr stimmen würde. Diese Art von Buchführung lässt sich allerdings mithilfe des Regelkreises nicht mehr erklären. Wir stoßen da auf eine weitere mit dem Energie-Begriff nicht vereinbare Leistung: auf eine weitere Facette des Geist-Aspekts der Natur.

Parallel zur DNA-Verdoppelung läuft die Fertigung der fünf Sorten von Histon-Proteinen. Dabei müssen gerade so viele produziert werden, dass es zur kunstgerechten Verpackung der neu erstellten DNA reicht. Daneben läuft in diesem Zeitabschnitt der Mitose – der so genannten S-Phase (S = Synthese) – die Biosynthese der zwei Arten von Tubulinen, jener kugelförmigen Proteine, aus denen sich bald darauf die Teilungsspindeln aufbauen werden. Ist dies alles geschafft, schaltet das Programm auf die eigentliche Teilung um, die wiederum durch eine Folge von Einzelprogrammen gesteuert wird. Zuerst wird der Inhalt des Kerns geteilt, dann die Zelle.

Bei der Teilung des Kerninhalts werden als erstes die Chromosomen wieder verdrillt, und zwar noch dichter, als sie es während des Normalbetriebs waren. Das ist der Grund dafür, dass sie nun im Lichtmikroskop sichtbar werden. Gleichzeitig löst sich die Kernmembran auf. Dann stellen sich die Chromosomen – immer zwei gleiche aufeinander liegend – in Reih und Glied auf, und zwar in der Äquatorialebene: in der Mitte zwischen den beiden Zentriolen, den Organisationszentren an den beiden Pole der Zelle. Dabei folgen sie einer faszinierenden Choreografie. Von den Zentriolen her, die im Mikroskop als so genannte Polkörperchen sichtbar sind, bauen sich nun – durch kunstvolle

Anordnung der beiden Sorten von Tubulinen – die fächerförmig ausgebreiteten Spindelapparate auf. In einer relativ raschen Bewegung ziehen und stoßen diese dann die beiden Partner jedes Chromosomenpaares gegen die beiden Pole hin. Dies ist das Signal für die eigentliche Zell-Teilung. Durch die Wirkung allosterischer Proteine buchtet sich nun die Zellmembran auf der Äquatorebene ein und schnürt schließlich die Zelle entzwei. Natürlich muss dafür gesorgt sein, dass jede der beiden Tochterzellen einen vollständigen Satz an Organellen (Mitochondrien, Golgi-Apparaten usw.) erhält, was wiederum Buchführung voraussetzt. Schließlich bildet sich in jeder Tochterzelle wieder eine Kernmembran. Nun ist die Mitose beendet, und es kann wieder auf normalen Stoffwechsel umgeschaltet werden.

Zellteilung und Geist-Aspekt

Wiederum sind wir einer Anzahl von Sachverhalten begegnet, die mit dem Energie-Begriff nicht erfasst werden können: der Programmsteuerung, der Buchhaltung und dem Timing, ferner der exakten Kooperation der Polymerasen, der Choreografie, welche der Bewegung der Chromosomen zu Grunde liegt, und schließlich der organisierenden Wirkung der Zentriolen. Fassen wir von all dem nur die Tatsache ins Auge, dass im Verlauf einer Mitose eine Fülle programmgesteuerter Syntheseprozesse und Ortsverschiebungen von Zellbestandteilen stattfindet. In dieser Steuerung von Vorgängen durch ein Programm begegnen wir einer besonders bemerkenswerten Facette des Geist-Aspekts der Natur. Im Zeitalter der EDV ist Programm in der hier gemeinten Bedeutung ja ein geläufiger Ausdruck. Mit ihm wird ein bestimmtes Angeordnetsein von Information (im Sinne von Bedeutungsgehalt) benannt: deren Angeordnetsein zu einer logischen Abfolge von Befehlen für die schrittweise Umsetzung eines Plans. Bedenken wir zudem, dass auch der Ausdruck »Plan« für eine bestimmte Art von Angeordnetsein steht.

Aber noch etwas anderes leuchtet bei Betrachtung einer Zellteilung auf, vor allem wenn man diese am lebenden Objekt beobachtet. Es ist die Spontaneität des Geschehens. Dies ist nun etwas, das mit jener Eigenschaft der Energie, welche im zweiten Hauptsatz umschrieben ist, ganz und gar nicht erklärt werden kann. Wir begegnen hier erstmals jener Art von Dynamik, in der sich etwas völlig anderes manifestiert als im In-die-Senke-Fallen der Energie. Es handelt sich um jene oben erwähnte Dynamik, die dem Geist-Aspekt der Natur zuzuordnen ist. Lassen wir es hier bei dieser Feststellung bewenden. Betrachten wir vorerst noch die Embryogenese, denn in dieser manifestiert sich die Spontaneität des Lebendigen noch viel deutlicher.

Die Embryogenese

Die Fähigkeit der Zellen, sich zu teilen, ist Voraussetzung für die Embryogenese, diesen wohl faszinierendsten Prozess im Bereich des Lebendigen. Sprachlich eingefangen wird dieses Geschehen heute mit einem komplementären Begriffspaar: mit den Ausdrücken Autopoiese und Morphogenese. Das Faszinierende an der Embryogenese ist zum einen, dass ein Organismus sich selber aufbaut. Man bezeichnet dies heute als Autopoiese (griechisch autos = selber; poiein = machen). Die Betonung liegt dabei auf autos, dem Machen aus eigener Kraft. Der andere Aspekt des Selbstaufbaus wird erfasst durch den Ausdruck Morphogenese (griechisch morphe = Form). Es geht dabei um das ebenso faszinierende Phänomen, dass aus einer einzigen, undifferenzierten Zelle eine Fülle hoch differenzierter Formen auf verschiedenen Niveaus der Organisation hervorgeht. Autopoiese und Morphogenese gehen Hand in Hand. Sie werden nur begrifflich unterschieden. Dass sie unterschieden werden müssen, liegt wiederum an der Struktur unseres Bewusstseins. So viel zu den Begriffen. Sehen wir uns jetzt – wiederum in ganz groben Zügen – an, wie der Selbstaufbau eines Wirbeltier-Organismus vor sich geht.

Das Werden eines Wirbeltier-Organismus

Als erstes teilt sich die befruchtete Eizelle viele Male in immer kleiner werdende Tochterzellen. Dadurch entsteht eine Kugel, die einer Brombeere gleicht und deshalb Morula (lat. = Brombeere) genannt wird. In dieser Kugel bildet sich dann ein mit Flüssigkeit gefüllter Hohlraum, das so genannte Coelom, aus: die künftige Brust- und Bauchhöhle. Die nunmehr hohle Kugel – Blastula (lat. = Bläschen) genannt – stülpt sich dann ein. Die Zellgruppe, die diesen (wiederum spontanaktiven) Vorgang auslöst und steuert, wird Organisator genannt. Durch das Einstülpen – die so genannte Gastrulation (von griechisch gastra = Bauch, Magen) – entstehen drei aufeinander liegende Zellschichten, die man Keimblätter nennt: das Ektoderm, Mesoderm und Entoderm. Zu diesem Zeitpunkt sind schon die Hauptachsen des werdenden Körpers festgelegt: ist schon entschieden, wo Kopf und Schwanz, Rücken und Bauch entstehen. Auch die Symmetrieebene, die den Körper in eine linke und eine rechte Hälfte teilt, ist festgelegt. Man beachte, wie früh schon sich der Grundbauplan manifestiert.

Nun beginnt der faszinierende Vorgang der Organogenese: der Ausbildung der einzelnen Organe. Welche Organe sich aus welchen Zellen bilden werden, ist schon durch die Differenzierung in die drei Keimblätter bestimmt. Aus dem Entoderm bildet sich der Darmtrakt samt den damit verbundenen Organen:

die Bauchspeicheldrüse und die Leber; ferner entsteht aus diesem Keimblatt die Lunge. Aus dem Mesoderm bilden sich die vielfältigen Strukturen des Binde- und Stützgewebes, ebenso die Muskulatur sowie das Gefäß- und das Urogenitalsystem. Aus dem Ektoderm schließlich geht die Haut samt ihren Anhängen (Haare, Federn, Schuppen usw.) hervor sowie das Nervensystem mitsamt den Sinnesorganen. Die Organogenese ist ein schrittweiser Vorgang. Zuerst wird grob skizziert, dann wird die Struktur jedes Bereichs Schritt um Schritt verfeinert.

Schon in diesem frühen Stadium entsteht aus der Mesodermschicht der Vorläufer der Wirbelsäule, das so genannte Notochord: ein schmaler Stab von Zellen, welche bald durch Vakuolenbildung anschwellen, sodass der Stab sich verlängert und den Embryo ausstreckt. Durch die Bildung des Notochords wird die Mesodermschicht auf die linke und die rechte Körperseite aufgeteilt. Diese seitlichen Mesodermschichten brechen bald darauf – vom Kopfende her nach unten fortschreitend – in getrennte Blöcke, die so genannten Somiten, auf. Damit ist die Segmentierung des fertigen Organismus vorgebildet.

Parallel zum Notochord buchtet sich das hinter diesem gelegene Ektoderm ein und schnürt sich als so genanntes Neuralrohr ab. Aus diesem werden Gehirn und Rückenmark entstehen. Seitlich von der Abschnürungsstelle des Neuralrohrs wandern einzelne Ektodermzellen ins Mesoderm ein. Aus diesen bilden sich später fast alle Teile des peripheren Nervensystems.

Ist so die Organisation des künftigen Organismus skizzenhaft und en miniature angelegt, setzen sowohl das Wachstum des Embryos als auch die eigentliche, schrittweise vor sich gehende Organwerdung ein. Diese wollen wir hier nicht mehr verfolgen.

Bedenken wir indessen, dass sowohl Organwerdung wie Wachstum weitere, bisher nicht erwähnte Fähigkeiten der Zelle voraussetzen: die Fähigkeit, ihre Form zu verändern und zu wandern, die Fähigkeit, mechanische Verbindungen mit anderen Zellen zu bilden sowie auch Substanzen abzugeben, welche die Aktivität der Nachbarn beeinflussen, und schließlich die Fähigkeit, sich zu differenzieren. Betrachten wir hier nur die letztere.

Zelldifferenzierung

Differenzierung bedeutet Spezialisierung. Während Einzeller Generalisten sind, ist ein mehrzelliger Organismus eine hierarchisch gegliederte Organisation von Spezialisten. Wie schon gesagt, lassen sich im Organismus eines Säugers über zweihundert verschiedene Zelltypen unterscheiden. Sowohl ihre äußere Form als auch innere Struktur sind jeweils auf eine bestimmte

Funktion hin ausgerichtet. So ist z. B. eine Muskelzelle auf Kontraktion hin gebaut, eine Nervenzelle auf Reizleitung und Reizverrechnung. Auf molekularer Ebene lassen sich an jedem Zelltyp noch eine Anzahl von Subtypen unterscheiden.

Wie weit aber auch die Differenzierung geht: im Kern jeder Zelle ist das gesamte Genom der betreffenden Art vorhanden. Der spezifische Bau und die spezielle Funktion einer Zelle ergeben sich einzig und allein dadurch, dass nur bestimmte Gene abgelesen werden können, der Rest aber blockiert ist. Diese Blockierung geschieht durch Apparaturen, die ebenso kompliziert gebaut und ebenso spezialisiert sind wie die früher erwähnten Transkriptionsapparate, welche jeweils das Kopieren eines Gens einleiten. Ebenso wie jene sind auch die Apparaturen, welche Gene blockieren – die so genannten Repressor-Proteine – das Ergebnis einer hochkomplexen Anordnung. Auch sie sind wiederum hierarchisch geordnet. So gibt es bei diesen reprimierenden Proteinen übergeordnete – so genannte Meister-Regulatoren – , welche die Repression eines ganzen Sets von Genen bewirken. Übrigens gibt es auch unter den Transskriptionsapparaten eine Hierarchie. Meisterregulatoren dieser Art, welche z. B. bei Insekten die Expression sämtlicher Gene zum Bau eines Beins oder einer Antenne bewirken, werden Homöoboxes genannt.

Determinierung und Zellgedächtnis

Von Differenziertsein der Zelle spricht man erst, wenn sie als gesonderter Typ – als Leber- , Knorpel- , Muskelzelle usw. – im Lichtmikroskop erkannt werden kann. Dieser Zustand ist jedoch das Ergebnis eines Prozesses, der schon viel früher eingesetzt hat, und den man Determinierung nennt. Determinierung geschieht – ebenso wie die gesamte Embryogenese – Schritt für Schritt. Dies ist jedoch nicht linear zu verstehen: nicht so, als würde einfach nach Ablauf einer bestimmten Zeit eine Schaltung am Genom vorgenommen. Die Zelle muss dazu an einem bestimmten Ort des werdenden Organismus liegen, und ihre Umgebung muss zudem jeweils einen bestimmten Organisationsgrad erreicht haben. Diese fortlaufende Wechselwirkung setzt eine fortlaufende Kommunikation zwischen den Zellen voraus.

Zu erwähnen ist noch, dass eine Zelle ihr Differenziertsein während der ganzen Lebensdauer eines Organismus bei jeder Teilung an die folgende Generation weitergeben muss. Sogar schon bevor sie ihre volle Differenzierung erreicht hat, muss sie ihren jeweiligen Grad des Determiniertseins an ihre Tochterzellen weitergeben. Andernfalls wäre ja Gewebe- und Organbildung gar nicht möglich, ebenso wenig die Aufrechterhaltung der erreichten

Struktur. Eine Zelle muss somit wissen, was sie an Befehlen für das Genom von der Mutterzelle übernommen hat und – während der Embryonalzeit – welche zusätzlichen Befehle sie seit der letzten Teilung erhalten hat. Man spricht deshalb von Zellgedächtnis. Man weiß sogar schon etwas über dessen molekulare Grundlagen. Es handelt sich um Besetzung des Genoms mit Repressor-Proteinen. Wie hingegen all dies über die für die Mitose nötige Verdoppelung der DNA hinweg aufrechterhalten wird, weiß man – wie so vieles andere – noch nicht.

Die Umsetzung des Programms

Die Embryogenese geht somit nach einem außerordentlich umfangreichen Programm vor sich. Wie aber wird dieses umgesetzt? Mit anderen Worten: Wie vollzieht sich die Morphogenese? Seit einiger Zeit sprach man schon von morphogenetischen Feldern. Auf viele übte dieser Ausdruck starke Faszination aus, andern wiederum erschien er »mystisch«. Seit kurzem kann man nun sehen, dass er Hand und Fuß hat: dass mit ihm ein kontrollierbares molekulares Geschehen benannt wird. Es wurde nachgewiesen, dass gewisse Substanzen, Morphogene genannt, über einen bestimmten Bereich Konzentrationsgefälle (Gradienten) aufbauen. Dabei handelt es sich allerdings um eine andere Art von Konzentrationsgefälle als bei dem zwischen ATP und ADP/Phosphat. Während jenes lediglich der Energiezufuhr dient, enthalten die morphogenetischen Gradienten Information, und zwar recht differenzierte: sie enthalten Befehle.

Die Zellen des sich entwickelnden Organismus, welche im Bereich eines solchen Gradienten liegen, reagieren auf die morphogenetischen Befehle in unterschiedlicher Weise. Wie sie reagieren, hängt zum Teil davon ab, in welchem Konzentrationsbereich sie sich befinden, zum Teil aber auch von ihrer individuellen »Lebensgeschichte«: von den Determinierungsbefehlen, die sie bis dahin empfangen haben.

Jeder der ungezählten morphogenetischen Gradienten bzw. Ungleichgewichte muss jeweils für eine bestimmte Zeit bestehen bleiben. Da nun chemische Ungleichgewichte – entsprechend dem zweiten Hauptsatz der Thermodynamik – dem Gleichgewichtszustand zustreben, erfordert die Aufrechterhaltung eines Gradienten eine differenzierte funktionale Anordnung: ein ganz bestimmtes Verhältnis von Neusynthese, Diffusion und Abbau der Stoffe, welche den Gradienten bilden.

Diese Stoffe sind in der Regel Proteine. Die Anweisungen zur Herstellung derjenigen Morphogene, welche die ersten Befehle des Programms übermitteln, werden der Eizelle schon vom mütterlichen Organismus mitgegeben: in der Form von RNAs, welche an einer bestimmten Stelle der Eizelle platziert sind. Alle späteren werden dann vom Genom der Embryonalzellen selber abgelesen. Morphogene üben ihre Wirkung auf das Genom der Zielzelle aus. Da sie auf diesem Weg aber verschiedene Hindernisse überwinden müssen (vor allem Membranen), benötigen sie zur Erfüllung ihrer Aufgabe häufig bis zu zehn Helfer-Proteine. Oft genügt zur Umsetzung eines Programmabschnitts ein einziger Gradient. Oft aber überlappen sich mehrere, von verschiedenen Organisationszentren ausgehende Gradienten. Durch dieses Überlappen entstehen Muster, welche wiederum – als Muster – Information für die Formwerdung enthalten.

Embryogenese und Geist-Aspekt

Was trägt nun die Kenntnis der Embryogenese zur neuen Vorstellung des Geistigen bei? Genauer gefragt: Wie bereichert sie die Vorstellung des Geistigen, die wir bis dahin gewonnen haben?

Wir haben gesehen, dass auch bei der Embryogenese – ebenso wie bei der Mitose – ein Generalprogramm, bestehend aus einer Fülle von sehr verschiedenartigen Einzelprogrammen, umgesetzt wird. Halten wir uns jetzt noch vor Augen, dass es sich dabei nicht um einfache, lineare Programme handelt. Es sind Programme im Sinn dessen, was man im Bauwesen Netzplantechnik, in der Automobilindustrie Lean production nennt. Sie drücken einen höheren Ordnungsgrad aus als die linearen. Würde man nun alle in Natur und Technik vorkommenden Programme bezüglich Komplexität aufreihen, käme dem, welches der Embryogenese von Säugetieren zu Grunde liegt, wohl allerhöchste Komplexität zu.

Die Anfertigung der Morphogene geht von Genomen aus. Ihrerseits aber wirken die Morphogene, wie erwähnt, auf die Genome der Zielzellen ein. In den Achtzigerjahren hat sich nun – auf dem Boden der Genetik, welche schon in die verschiedenen biologischen Disziplinen eingedrungen ist – die Genomik als gesonderte Disziplin entwickelt. Diese fasst nicht nur – wie die Genetik – einzelne Gene ins Auge, sondern das gesamte Genom. Als strukturelle Genomik erstellt sie Genkarten, welche die genaue Lage aller Gene auf den Chromosomen angeben. Im Hinblick auf das hier über das Programmiertsein der Embryogenese Gesagte ist jedoch die funktionelle Genomik bedeutsam. Diese bemüht sich zu verstehen, wie Gene zusammenwirken: in welches Netzwerk von Wechselwirkungen diese eingebunden sind, damit ein funktionierender Organismus entsteht.

Das Programmiertsein bringt indessen für unsere Untersuchung noch nichts wesentlich Neues. Darin tritt nur etwas eindrücklicher in Erscheinung, dem wir schon bei der Mitose begegnet sind.

Die grundlegend neuen Facetten des Geist-Aspekts der Natur, welche uns die Betrachtung der Embryogenese erschließt, implizieren die zwei schon erwähnten Ausdrücke »Autopoiese« und »Morphogenese«. Mit beiden wird nämlich jenes schon erwähnte Dynamische benannt, welches mit dem Energie-Begriff der Physik nicht erfasst wird und deshalb bei der Entwicklung der auf der Physik fußenden Biologie »durch die Maschen gefallen« ist.

Spontaneität

Beginnen wir mit dem Autopoiese-Aspekt. »Autopoiese« ist in der Biologie ein noch junger Ausdruck. Eingeführt und propagiert wurde er durch den Neurologen Umberto Maturana. Ob dieser darunter etwas anderes verstanden hat als Energie im Sinne der Physik, ist allerdings nicht erkennbar. Jedenfalls hat er mit Nachdruck darauf hingewiesen, dass die bislang als selbstverständlich hingenommene Tatsache, dass Organismen sich selber aufbauen, etwas Staunenerregendes ist.

Darüber gestaunt haben einzelne Biologen zwar schon vor längerer Zeit, unter anderen Hans Driesch (1867-1941). Driesch war ein Pionier der Entwicklungsbiologie. Er erforschte durch Experimente die frühen Stadien der Embryonenbildung. Er kannte also diesen Vorgang nicht nur – wie die meisten Biologen – aus Beschreibungen, sondern aus eigener Anschauung. Was er da sah, führte bei ihm zur Überzeugung, dass sich die Embryogenese – und der Lebensprozess überhaupt – mit dem Energie-Begriff der Physik allein nicht erklären lässt. Um das besondere Wirkende, das er postulierte, zu bezeichnen, verwendete er den der aristotelischen Philosophie entnommenen Ausdruck »Entelechie« (= Zielgerichtetheit, von griechisch telos = Ziel). Damit handelte er sich aber bei Zunftgenossen prompt den Vorwurf ein, ein Vitalist zu sein, d. h. zur Erklärung des Lebens eine übernatürliche Kraft zu fordern. Man spürt da noch die Angst, die eben eliminierte Übernatur könnte sich wieder in die Naturwissenschaft einschleichen. Damals – zurzeit des »Dilemmas zwischen Wissen und Glauben« – mag diese Angst noch berechtigt gewesen sein. Auch wissen wir nicht genau, was Driesch sich unter Entelechie vorstellte. Auf jeden Fall ist die Situation heute anders.

Zur Bezeichnung dessen, was seinerzeit Driesch mit dem historisch belasteten Ausdruck »Entelechie« benannte, scheint mir denn auch der Ausdruck »Spontaneität« geeigneter zu sein. Erwähnt habe ich ihn ja schon im Zusammenhang mit der Zellteilung. Im biologischen Sprachgebrauch ist er indessen noch wenig verbreitet. Das mag daran liegen, dass er sich nicht ohne weiteres in die Schublade des Energie-Paradigmas stopfen lässt. Deshalb hat ihm der im Gefolge von Ilya Prigogine aufgekommene – geradezu zum Schlagwort gewordene – Ausdruck »Selbstorganisation der Materie« den Rang abgelaufen. Wir werden im nächsten Kapitel auf diesen zurückkommen. Dann wird sich auch zeigen, dass unter »Selbstorganisation« beide Aspekte raumzeitlicher Dynamik untergebracht werden können: der als Energie bezeichnete und der, welcher sich uns in Lebewesen als Spontaneität manifestiert.

Der Ausdruck »Spontaneität« ist jedoch für das Erfassen des objektiv Geistigen unabdingbar, denn mit ihm wird die fundamentale Eigenschaft alles Lebendigen in einen separaten Begriff gefasst. Was wir als Leben bezeichnen, beruht nämlich auf dem Wirken dessen, was wir hier Spontaneität nennen. Das leuchtet ein, wenn wir uns überlegen, worauf das Sterben beruht. Dieses ereignet sich in dem Moment, in dem Spontaneität im betreffenden Individuum erlischt. Dann fällt das Ungleichgewicht, das den Lebensprozess in Betrieb hielt, zusammen. Die freie Energie, die im Organismus noch vorhanden ist, fällt ungehindert in die Senke, und die einst mithilfe von Energie aufgebauten Strukturen zerfallen.

Die Spontaneität des Lebendigen – verbunden mit Formwerdung – zu beobachten, hat mich bei meiner ärztlichen Tätigkeit immer wieder fasziniert. Als Facharzt für Gefäßkrankheiten hatte ich ja sehr häufig mit Ulcera cruris (»offenen Beinen«) zu tun. Diese beruhen auf einer lokalen Behinderung des Abflusses des Bluts in Venen und der dadurch bedingten Rückstauung ins Gewebe, welche vor allem die Sauerstoffzufuhr zur Zelle und damit die Bildung von ATP – und folglich aller mit ATP betriebener Stoffwechselprozesse – behindert, was schließlich zum Absterben des Gewebes (Nekrose) führt. Da musste ich jeweils nur die Ursache der venösen Rückstauung beheben; alles übrige besorgte dann die Natur von selbst (spontan). Zuerst wurden von weißen Blutzellen die nekrotischen Beläge abgetrennt und abgestoßen; aus dem nun reinen Wundgrund spross dann Granulationsgewebe (junges, an Kapillaren reiches Bindegewebe) hervor und füllte – Schicht um Schicht – die Wunde auf; sobald das Niveau der Haut erreicht war, wurde die Bildung von Granulationsgewebe gestoppt, und von den Rändern her wuchs Epithelgewebe (Deckgewebe) gegen die Mitte zu, bis die Wunde wiederum mit Haut bedeckt war.

Das Besondere, das mit Spontaneität gemeint ist – das, was mit dem Energie-Begriff nicht gefasst werden kann – , lässt sich anhand eines Beispiels aus der Technik verdeutlichen. Wir haben gesehen, dass die Stoffwechselwege einer Zelle mit einer automatisierten Fabrik verglichen werden können. In beiden Fällen werden die darin ablaufenden Prozesse in Betrieb gehalten durch freie Energie: indem die der Energie innewohnende Tendenz »nach unten« zu Arbeitsleistung ausgenützt wird. Sehen wir hier ab von den schon erwähnten Anordnungen, die das Ausnützen des Energiegefälles erst ermöglichen: von den Koppelungen. Richten wir unseren Blick auf folgendes: eine chemische Fabrik – auch wenn sie voll automatisiert ist – muss erst einmal in Betrieb gesetzt werden, zumindest dadurch, dass der Hauptschalter betätigt wird, sodass Energie aus dem Netz einströmen kann. Dies aber setzt den Willensentschluss von Menschen – also Wirken von Geistigem – voraus. Im Fall der Fabrik ist dies – gemäß unserer Unterscheidung – subjektiv Geistiges. Was aber schaltet zu Beginn der Embryonalentwicklung die Stoffwechselprozesse ein? Sicher ein Wirkendes, das zu jenem Aspekt der Wirklichkeit gehört, den wir den objektiv geistigen nennen.

Wahrscheinlich ist dieses Beispiel noch nicht überzeugend. Mit dem, was sich in Lebewesen als Spontaneität manifestiert, bekommen wir eben den dynamischen Aspekt des objektiv Geistigen gleichsam nur an einem Zipfel zu fassen: nur – anthropomorph ausgedrückt – den Entschluss bzw. Willen, den Plan für das betreffende Lebewesen in konkrete Wirklichkeit umzusetzen. In seinem vollen Umfang zeigt sich uns der dynamische Aspekt des objektiv Geistigen erst dann, wenn wir die Evolution betrachten: jenen Prozess, bei dem über eine unvorstellbar lange Zeit hinweg die Pläne selber – und zwar immer komplexere Pläne – geschaffen wurden. Am Impuls, den schon vorhandenen Plan für ein Lebewesen umzusetzen, kann man vielleicht noch ein Hintertürchen für den Energie-Begriff finden, nicht aber für das Zustandekommen all der Pläne, die den Lebewesen zu Grunde liegen. Bleiben wir aber vorläufig noch bei dem, was die Embryogenese für den dynamischen Aspekt des objektiv Geistigen hergibt. Fassen wir hierzu noch den Ausdruck »Morphogenese« ins Auge.

Formwerdung und Formzerstörung

Das Wort »Genese« kommt vom griechischen Genesis = Werden. Jedes Werden bzw. Entstehen von etwas aber ist Entstehung von Form, denn es gibt in der raumzeitlichen Wirklichkeit nichts, das keine Form hat. Schon das erste, das beim Urknall entstand – die Strahlung –, hat Form, ist sie doch, wie wir seit Planck wissen, gequantelt; zudem haben die Quanten – je nach Energieniveau – eine bestimmte »Größe«. Nun versuche man, sich einen Moment lang vor Augen zu halten, wie reich geformt das Lebendige ist:

welche Vielfalt von Komplexitätsgraden, von innerem – morphologischem und funktionalem – Strukturiertsein sowie von äußeren Gestalten sich in all den Lebewesen manifestiert.

Nun braucht es aber für jedes Entstehen etwas, das Entstehung – und damit auch Form – bewirkt: etwas Dynamisches, das den Werdeprozess vorantreibt. Stellen wir jetzt wiederum die Frage, inwiefern bei der Morphogenese zwischen den erwähnten zwei Aspekten der raumzeitlichen Dynamik unterschieden werden kann. Natürlich braucht das Heranwachsen eines Säugetiers aus der Eizelle oder einer Eiche aus dem Samen das, was unter dem Energie-Paradigma als das einzige Dynamische galt: Energie im Sinne der Physik. Bedenken wir nun, dass Energie nur dann Arbeit leisten kann, wenn sie gelenkt bzw. über geordnete Bahnen geführt wird. Dabei macht es keinen Unterschied, ob es sich um Lenkung mechanischer Energie durch eine Maschine handelt, von chemischer Energie durch jene Anordnung, die man Ungleichgewicht und Stoffwechselwege nennt, oder von elektrischen Potenzialschwankungen über ein neuronales Netz. Wenn Energie aber nicht gelenkt wird, fällt sie, wie gezeigt, in die Senke, und zwar nicht nur, ohne Formen zu erzeugen, sondern indem sie dabei alle Formen zerstört.

Energie bewirkt eben, wenn ihr die Möglichkeit, ungehindert in die Senke zu fallen, gegeben wird, gerade das Gegenteil von Formwerdung: Sie bewirkt die Zerstörung von Form. Das kann leicht demonstriert werden, indem man ein Feuer entfacht. Gleichgültig, wie reich an Formen das ist, was man in Brand setzt – ein Zündholz, ein antikes Möbel mit Intarsien oder ein Gemälde von Rembrandt –, sobald die Randbedingungen für den Ausbruch des Feuers gegeben sind, werden alle diese Formen radikal zerstört. Was übrig bleibt, ist ein Häufchen niedrigmolekularer Aschepartikel.

Um Missverständnisse zu vermeiden, muss aber schon hier festgehalten werden, dass mit »zwei Arten von Dynamik« nicht zwei Kräfte gemeint sind, von denen jede für sich allein existieren kann. Es geht nur um eine differenziertere Sicht der von der Naturwissenschaft erarbeiteten Fakten mittels eines komplementären Begriffspaars. Anders gesagt: Es handelt sich eben dabei um das, was man auch Paradoxon nennt, d. h. um eine nur scheinbar widersinnige Ausducksweise, deren innere Wahrheit erst dann erkennbar wird, wenn man die Beschränktheit bewussten Erkennens in Betracht zieht. Das ist ja das, was wir bei unserem Bemühen, den Geist-Aspekt der Natur herauszuarbeiten, stets im Auge behalten müssen.

Die Evolution der raumzeitlichen Wirklichkeit

Im letzten Kapitel haben wir das stets sich wiederholende Werden eines einzelnen Lebewesens betrachtet. Jetzt gilt es, den Blick zu weiten auf das Werden der gesamten raumzeitlichen Wirklichkeit. Dieses Werden bzw. Gewordensein wird als Evolution bezeichnet.

Das Wissen um die Evolution ist relativ jung. Zudem hat es sich schrittweise entfaltet. Erst gut ein Jahrhundert nachdem es Darwin gelungen war, die Evolution der Lebewesen empirisch nachzuweisen, war die Wissenschaft so weit, auch die Evolution des Universums zu rekonstruieren. Die Schlüsselbefunde hierzu waren zum einen die Entdeckung, dass die Galaxien voneinander wegstreben, zum anderen der Nachweis der kosmischen Hintergrundstrahlung. Erst ein Jahrzehnt nach der Entdeckung der kosmischen Evolution waren die Voraussetzungen gegeben, dass man auch die schon seit mindestens zwei Jahrhunderten postulierte Evolution des menschlichen Geistes nachweisen konnte. Voraussetzungen hierfür waren, wie gezeigt, die Einsicht, dass nach der Quelle von Kultur gefragt werden muss, ferner der Übergang von der mechanistischen zur systemischen Betrachtung der Natur sowie – in diesem Rahmen – die Erkenntnis des Fulgurierens und schließlich das Aufkommen der evolutionären biologischen Kognitionsforschung. Im Bereich der letzteren kam es dann schließlich zum entscheidenden Schlüsselexperiment: den Spiegelversuchen mit Schimpansen.

Die Natur als Prozess

So liegt denn heute das Wissen über die Gesamtevolution vor: von der Evolution des Kosmos und der leblosen Materie über die Evolution der Lebewesen bis und mit der Evolution des menschlichen Bewusstseins. Dadurch ist die Natur für unser Empfinden etwas durch und durch Dynamisches geworden: ein seit zirka fünfzehn Milliarden Jahren – einer unvorstellbar langen Zeit – fortschreitender Prozess.

Wir können uns heute gar nicht mehr vorstellen, wie statisch die Natur den Menschen – zumindest auf unserem Entwicklungszweig – über all die Jahrhunderte erschienen war: als etwas, das »am Anfang der Zeit« innerhalb von sechs Tagen in seiner ganzen Vielfalt von einem personalen Gott durch bloßes Aussprechen von Worten geschaffen wurde und sich seither gleich geblieben ist.

Dieser Wandel der Vorstellung vom Werden der Welt ist im Grunde genommen Ausdruck des Wandels der Vorstellung vom objektiv Geistigen. Dem jüdischen Schöpfungsmythos, der die abendländische Naturauffassung bis in jüngere Zeit bestimmte, lag – wie allen Schöpfungsmythen – die Vorstellung von der Wirkmächtigkeit jenseitiger Wesen zu Grunde. Die Elimination dieses Mythos durch den Nachweis der Evolution fügt sich ein in den Rahmen der allgemeinen Elimination naturerklärender Mythen durch die empirische Erforschung der Natur. Unter dem Blickwinkel der Bewusstseins-Evolution betrachtet, kann sie als Beitrag zum (notwendigen) »Sterben« der archaischen Vorstellung des objektiv Geistigen gesehen werden.

Schöpfungsmythen bilden übrigens heute ein wertvolles Ausgangsmaterial für die Erforschung der Bewusstseins-Evolution auf dem metaphysischen Zweig. Religionswissenschaftler und Ethnografen haben ja eine Unmenge von Schöpfungsmythen aus allen Zeiten und Breiten zusammengetragen. Anhand der darin dargestellten Gestalten des Weltenschöpfers lässt sich sehr schön das »Hochschieben des Himmels« – und damit das Zustandekommen der archaischen Vorstellung des objektiv Geistigen – verfolgen.

Evolution als Faktum und Evolutions-Theorien

Beim Reden von Evolution ist zu unterscheiden von der Evolution als Faktum – als empirisch fundiertem Wissen über deren Verlauf – und der Theorie, mit der dieses Geschehen erklärt wird. Bei der Vermehrung des Wissens über die Evolution als Faktum geht es fast nur noch um Verkleinerung von Maschen eines soliden Netzes. Evolutionstheorien hingegen sind nicht solid. Sie werden immer wieder überholt, insbesondere im Zug jenes Geschehens, das Thomas Kuhn als Paradigmawechsel bezeichnet hat. Ebenso wie andere wissenschaftliche Theorien sind auch sie jeweils Ausdruck eines bestimmten Stands der Bewusstseins-Evolution. Werden sie bei deren Weiterschreiten überholt, erweisen sie sich jedoch nicht als falsch, sondern lediglich als ungenügend bzw. als zu wenig tief greifend.

Betrachten wir zuerst das Wissen über die Evolution. Überlegen wir uns dann wiederum, was von den dabei erarbeiteten Fakten mit dem Energie-Begriff erfasst werden kann und was nicht. Dabei wird sich uns, wie gesagt, die neue Vorstellung des objektiv Geistigen in ihrer ganzen Größe und Fülle enthüllen. Man könnte auch sagen, dabei erst enthülle sich uns das wahre Gesicht des Geist-Aspekts der Natur.

Haben wir dieses erkannt, ergibt sich sozusagen von selbst eine differenziertere – auf größerem Unterscheidungsvermögen basierende – Sicht der Evolution: eine Evolutionstheorie, die größere Erklärungskraft besitzt als die bisher unter der Herrschaft des Energie-Paradigmas entwickelten materialistischen.

Evolution der »reinen« Materie

Die Entstehung unseres Universums begann, wie heute allgemein angenommen, vor zirka fünfzehn Milliarden Jahren. Ich sage absichtlich »unseres« Universums, denn wir können nicht sagen, ob es daneben noch andere Universen gibt, oder auch, ob die Evolution, die wir kennen, nur der aufsteigende Ast – nur die vorderste Front – einer Wellenbewegung ist, in deren Verlauf schon viele Evolutionen stattgefunden und strukturierte Welten sich wieder in reine Energie zurückverwandelt haben. In letzterem Fall wäre die »Singularität«, wie wir den Ausgangspunkt des »Urknalls« benennen, nur ein Durchgangsknoten von einer abgeebbten zu einer neu sich entfaltenden Welle. Lassen wir dies dahingestellt.

Auf jeden Fall steht heute fest, dass vor zirka fünfzehn Milliarden Jahren – im so genannten Urknall – eine »Singularität« von immenser Dichte und Temperatur, in der die gesamte Energie unseres Universums konzentriert war, explodierte. Die quasikontinuierlich sich ausbreitende Energie verdünnte sich und kühlte sich ab. Dabei kondensierten sich aus ihr sehr früh isolierte Teilchen. Man nimmt heute an, dass jeweils Teilchen-Paare – bestehend aus Teilchen und Antiteilchen – entstanden sind, die zum größten Teil wiederum zerstrahlten. Aus irgendeinem Grund müssen mehr (heute so genannte) Teilchen als Antiteilchen übrig geblieben sein: Protonen, Neutronen und Elektronen. An diesem kleinen Restbestand vollzog sich dann die Evolution.

Nach einer gewissen Expansion und Abkühlung des Universums konnten die Kernteilchen Elektronen an sich binden. Dabei entstanden die einfachsten Atome: zur Hauptsache Wasserstoff und Helium sowie Deuterium und Tritium (Wasserstoff mit Atomgewicht zwei und drei). Für die Bildung höherer Atome war das Universum schon zu kühl, doch stellten die vorhandenen kleinen bereits namhafte Masse-Punkte dar, an denen die Gravitation wirksam werden konnte. Dadurch entstanden Gaswolken, und diese zogen sich zu Sternen zusammen. Sterne bildeten Galaxien, diese Galaxiehaufen und Superhaufen. Jedenfalls war das Universum nun »gefleckt«: es bestand aus »leerem Raum« (der doch nicht so leer ist, wie man lange Zeit glaubte), in dem verteilt – wie Rosinen in einem Kuchen – sich Ansammlungen von Sternen befinden. Damit war die Bühne aufgebaut, auf der – bzw. das Laboratorium, in dem – sich die eigentliche Evolution, d. h. die weitere Komplexitätszunahme, vollziehen konnte.

Schon vorher hatten sich zwei prinzipielle Wege der Energie getrennt. Da war die freie Energie, die unaufhaltsam ihrem Gefälle folgte. Dieser sich verdünnende Energiestrom enthielt zum einen Energie, die sich vom Urknall an expandierte, zum anderen jene, die zuerst zu Teilchen und Antiteilchen kondensiert war und dann durch deren Zusammenstoß zerstrahlte. Diese Energie, die zu Beginn eine Temperatur von mindestens einer Trillion Grad Celsius (!) hatte, ist bis heute auf wenige Grad über dem absoluten Nullpunkt abgefallen. Sie bildet die so genannte kosmische Hintergrundstrahlung, welche in den Sechzigerjahren nachgewiesen werden konnte und die den Kosmologen einen der Schlüssel für die Erschließung des Werdens unseres Universums in die Hand gab. Bis vor kurzem schien die Hintergrundstrahlung homogen zu sein. In jüngster Zeit konnten in ihr gewisse Unregelmäßigkeiten nachgewiesen werden. Dadurch war die Möglichkeit gegeben, die bis dahin unerklärbare Bildung von Galaxien und Galaxiehaufen zu verstehen.

Auf einen anderen Weg begab sich jene Energie, die – zu Masseteilchen kondensiert – nach der Zerstrahlung von Teilchen und Antiteilchen übrig geblieben war. Sie begab sich auf den Weg der Evolution, wo aus ihr immer komplexere Gebilde entstanden. Statt von Gebilden kann man auch von Körnern sprechen, denn mit der Kondensation von Energie zu Teilchen und der Bildung von Atomen war das Universum körnig geworden: waren zu dauerhafter Existenz fähige Gebilde »mit einer Oberfläche rundherum« entstanden. Diese nahmen dann fortlaufend an Komplexität zu. Zum einen lagerten sie sich zu Gebilden aus immer mehr Teilchen zusammen: zu Körnern mit immer höherer morphologischer und funktioneller und schließlich auch kognitiver Komplexität; zum anderen entstanden – namentlich seit der Entstehung von Lebewesen – immer komplexere überindividuelle Gebilde. Bei dieser Betrachtung erscheint der Mensch als das bisher komplexeste Korn und das ökokulturelle System auf unserem Planeten als das komplexeste uns bekannte überindividuelle Gebilde.

Verfolgen wir nun diesen Prozess, jedoch wiederum nur in groben Zügen. Zuerst entstanden – eines nach dem andern – die zweiundneunzig natürlichen Elemente: jene »reine« Materie, in deren Überformung sich dann die weitere Evolution vollzog. Nun braucht Evolution gewisse – je nach Phase verschiedene – Randbedingungen. Für die Evolution der »reinen« Materie waren diese gegeben in Sternen; genau gesagt deren »Lebenslauf«. Sterne entstanden und entstehen heute noch aus kosmischen Gaswolken durch

Wirksamwerden der Gravitation. Zuerst bildeten sich – als »Jugendform« – noch lockere »Protosterne«, die sich infolge zunehmenden Gravitationsdrucks zu Normalsternen kontrahierten. Durch die Kontraktion erhitzten sie sich mehr und mehr. Sobald es in ihrem Zentrum heiß genug war, begann dort das Kernbrennen. Zuerst fusionierten Wasserstoffatome zu Helium, dann entstanden Elemente immer höherer Ordnungszahl bis zum Eisen.

Für die Bildung noch höherer Elemente war von da an die Masse des Sterns entscheidend. Von dieser hing nämlich dessen weiteres Schicksal ab. Kleinere Sterne blähten sich, wenn sie ausgebrannt waren, zu roten Riesen auf: zu Gasbällen mit geringer Dichte und Temperatur. Dies wird auch das Schicksal unserer Sonne sein. Bei massereichen Sternen hingegen ereignete sich das, was von der Erde aus als kurzes Aufleuchten – als so genannte Supernova – erscheint. Dieses beruht darauf, dass das Innere des Sterns kollabiert und durch die dabei entstehende Druckwelle die äußerste Schicht des Sterns abgestoßen wird. Bei der Explosion der Außenschicht entstanden jeweils eine Anzahl höherer (komplexerer) Atome.

Während der kollabierte Stern – je nach Größe – zu einem weißen Zwerg, einem Neutronenstern oder sogar zu einem schwarzen Loch (das gar kein Loch ist!) schrumpfte, befanden sich die ausgestoßenen Elemente nun in kosmischen Gaswolken. Diese kondensierten später wiederum zu Sternen, worauf der Prozess sich wiederholen konnte. Die Bildung der natürlichen Elemente war – im Unterschied zur Kontraktion kosmischer Gaswolken zu Sternen und Galaxien und auch im Unterschied zur gleichzeitigen Expansion des Universums und Zerstrahlung der Restenergie – eine echte Evolution: eine fortschreitende Zunahme der Komplexität.

Die chemische Evolution

Nun setzte sich die Evolution fort als chemische: durch Bildung immer komplexerer Moleküle. Dies erforderte jedoch andere Randbedingungen, vor allem niedrigere Temperatur. Solche Bedingungen waren vorhanden auf gewissen Planeten. Bekannt ist, dass weitere Evolution auf dem unsrigen stattgefunden hat. Wir müssen jedoch annehmen, dass die Überformung der Elemente auch auf vielen anderen Planeten – bei entsprechenden Randbedingungen – vorangeschritten ist.

Evolution der Moleküle – wenigstens so, wie sie bei uns geschah – setzte voraus, dass auf dem betreffenden Planeten alle zweiundneunzig Elemente in genügender Menge vorhanden waren. Dies wiederum ergab sich daraus, dass über Milliarden von Jahren hinweg in ungezählten Sternen die Bildung immer komplexerer Atome stattgefunden hatte und dass diese – in dem Kreisprozess von Sternbildung und -explosion – über viele Sterngenerationen hinweg im kosmischen Staub angereichert worden waren.

Begonnen hat die Bildung von Molekülen schon im Weltraum. In kosmischen Wolken wurden einige einfache – vor allem kohlestoffhaltige – Verbindungen nachgewiesen. Eine eigentliche chemische Evolution vollzog sich jedoch auf unserem Planeten. Neben die fortschreitende Komplexitätszunahme trat hier noch etwas Neues: die Diversifikation, d. h. die Bildung von Varianten gleichen Komplexitätsgrades. Der Komplexitätsgrad von Molekülen wird erfasst mit Ausdrücken wie Säure, Base, Salz und Ester, Kohlehydrate, Lipide, Peptide, Proteine usw. Von jeder dieser Molekülarten gibt es nun viele Varianten als Ausdruck der mit der Komplexitätszunahme Hand in Hand gehenden Diversifikation. Von nun an hat die Evolution dieses Doppelgesicht.

Leben entsteht

Das Doppelgesicht von Komplexitätszunahme und Diversifikation zeigt sich noch deutlicher von dem Moment an, da Leben entstand. Dies geschah auf unserem Planeten – nach dem heutigen Stand des Wissens – vor 3,8 Milliarden Jahren. Nicht auf jedem Planeten konnte Leben entstehen, denn dies setzt wiederum andere Randbedingungen voraus als die Evolution der Moleküle, zumindest der wenig komplexen. Entscheidend für die Entstehung und Evolution von Leben war eine noch niedrigere Temperatur. Es musste nicht die heutige sein. Die Entdeckung von thermophilen Bakterien legt die Vermutung nahe, dass Leben schon bei Temperaturen um den Siedepunkt des Wassers herum entstand. Diese Temperatur ist jedoch, verglichen z. B. mit der auf der Venus, recht niedrig.

Charakterisieren lässt sich Leben, wie früher beschrieben, durch die Ausdrücke Spontaneität, inneres Milieu, Fähigkeit zu abbauendem und aufbauendem Stoffwechsel, zu Wachstum, Teilung, Kommunikation und Fortpflanzung sowie – bei Mehrzellern – zu Autopoiese/Morphogenese.

In der Evolution der Lebewesen können drei große Schritte bzw. Etappen unterschieden werden. Als Erstes die Evolution vom kernlosen Einzeller (Prokaryoten) zum kernhaltigen (Eukaryoten). Dann der Schritt vom Einzeller zum Mehrzeller sowie die Evolution des Musters »Mehrzeller«; schließlich – als dritter – der Schritt vom unbewussten zum bewussten Lebewesen: zum Menschen sowie dann – innerhalb der menschlichen Art – die Evolution des Bewusstseins.

Von den ersten Lebewesen sind heute keine Spuren mehr vorhanden. Als gesichert kann jedoch angenommen werden, dass sie kleine Einzeller waren, die nicht viel anders aussahen als viele heutige Bakterien. Moderne Zellen dieser Entwicklungsstufe nennt man Prokaryoten (von griechisch karyon = Kern, Nuss, Stein), weil sie noch keinen Kern haben, in dem das genetische Material verwahrt wird. Die Zellmembran ist bei ihnen noch von einer festen Außenschicht umgeben. Diese bildet eine Art Außenskelett, das der Zelle Halt und Schutz zugleich gibt. Ihr Cytoplasma enthält nicht nur keinen Kern, sondern auch keine anderen membranumhüllten Funktionsräume (Organellen). Die frühesten Prokaryoten müssen auto-troph (griechisch trophae = Ernährung) in dem Sinn gewesen sein, dass sie ihre Betriebsenergie aus anorganischen Verbindungen – z. B. Schwefelwasserstoff – bezogen.

Diese heute noch vorhandenen Prokaryoten waren natürlich schon das Ergebnis einer schrittweisen Entwicklung. Was für Schritte dies gewesen sein müssen, kann heute dank der Methoden der Molekularbiologie und des Wissens der Biochemiker schon zu einem großen Teil rekonstruiert werden.

Von der kernlosen zur kernhaltigen Zelle

Für uns ist jedoch die nachfolgende Evolution interessant: die vom Prokaryoten zum Eukaryoten: zur kernhaltigen Zelle (Anm. 50). Der Kern ist allerdings nur deren hervorstechendstes Merkmal. Wie viele andere, hochdifferenzierte Einrichtungen in dieser Phase entstanden sind, wird ersichtlich, wenn man die eben skizzierte Struktur eines Bakteriums mit derjenigen der früher beschriebenen eukaryotischen Zelle vergleicht. Dazu sei noch erwähnt, dass eine eukaryotische Zelle mindestens das tausendfache Volumen einer prokaryotischen hat. Die Trennung der Linien muss schon sehr früh begonnen haben, denn die Entwicklung zum voll ausgebildeten Eukaryoten benötigte mehr als eine Milliarde Jahre. Gewiss erfolgte sie über viele kleine Schritte, die, wie immer in der Bio-Evolution, jeweils auf Bewährtem aufbauten.

Die entscheidende Errungenschaft auf diesem Weg war – aufs Ganze gesehen – die Fähigkeit zur Endocytose: die Fähigkeit der Zelle, Partikel aus der Umgebung in sich aufzunehmen. Dies setzte verschiedene Vorstufen voraus. Ausgegangen sein muss die Entwicklung von heterotrophen (griechisch heteros = der andere) Prokaryoten: von solchen, die nicht mehr selber aus anorganischem Material organisches herstellen konnten, sondern auf autotrophe Lebewesen – auf solche, die dies noch konnten – angewiesen waren. Sie müssen deshalb zur Verdauung fähig gewesen sein. Dazu schütteten sie noch Enzyme aus sich heraus, welche organische Stoffe zersetzten. Dann erst nahmen sie die verwertbaren Nährstoffe in sich auf (Pilze tun dies noch heute). Dazu mussten sie die Außenschicht, die früher wie ein feinmaschiges Netz über der Zellmembran lag, abgestoßen haben. Nicht mehr in ein festes Korsett eingezwängt, konnten sie nun auch wachsen. Um die dazu benötigten Nährstoffe aufzunehmen und anfallende Schlacken ausscheiden zu können, vergrößerten sie ihre Oberfläche noch durch Kräuselung der Membran.

Nun konnte auch der oben erwähnte entscheidende Schritt stattfinden: die Abschnürung von Membranbläschen ins Innere der Zelle. Ein Gewinn dabei war, dass sie nun Nahrungspartikel in sich aufnehmen konnte. Der andere – für die weitere Entwicklung des Lebendigen unabdingbare – Vorteil dieser Fähigkeit zur so genannten Endocytose soll später besprochen werden.

Betrachten wir vorerst, welche Entwicklung parallel dazu im Innern der Zellen stattfand. Die Preisgabe des »Außenskeletts« wurde kompensiert durch im Plasma gelegene Skelettelemente, das so genannte Cytoskelett. Da diese aus Proteinen bestehenden Gebilde mit molekularen Motoren (allosterischen Proteinen) versehen sind, können sie Komponenten im Innern der Zelle bewegen sowie auch die Zelle als Ganzes (amöboide Bewegung). Das Zellplasma wurde zudem durch innere Membranen in die früher beschriebenen Funktionsräume untergliedert. Es entstanden vorerst das Endoplasmatische Reticulum und der Golgi-Apparat sowie Verdauungs- und Transportvesikel, ferner der Zellkern. Das Erbmaterial, das in diesen eingeschlossen wurde, war ebenfalls komplexer geworden. Nicht nur enthielt es bedeutend mehr Gene. War es bei Prokaryoten noch ein einziger Ring, war es nun in Chromosomen unterteilt, die ihrerseits eine hochdifferenzierte Struktur aufweisen.

Für die weiteren Schritte auf dem Weg vom Pro- zum Eukaryoten war das Auftreten von freiem Sauerstoff entscheidend. Zwar bedeutete dies vorerst eine Katastrophe, bei der sehr viele Lebewesen zu Grunde gingen. Einige jedoch überstanden sie, indem sie lernten, Sauerstoff in den Dienst ihrer Energiegewinnung zu nehmen. Diese Erfindung rettete nicht nur deren Überleben. Ohne sie wäre die spätere Entstehung höheren tierischen Lebens gar nicht möglich gewesen, da dieses, wegen der Mobilität, viel Energie verbraucht.

Als das Leben entstand, war noch aller Sauerstoff in Mineralien gebunden oder wurde in geochemischen Oxidationsprozessen verbraucht. Freier Sauerstoff entstand erst in nennenswerten Mengen, als gewisse Prokaryoten – die Cyanobakterien – die Fotosynthese erfunden hatten: die Ausnützung der als Sonnenlicht transportierten Energie für die Herstellung organischer Substanz. Dabei spalten sie Wasser und verwenden, wie früher schon gesagt, den dabei frei werdenden Wasserstoff zusammen mit Kohlendioxid für den Aufbau von Glykose. Der Sauerstoff ist sozusagen Abfallprodukt und wird in die Atmosphäre abgegeben.

Für die übrigen Lebewesen, die alle an sauerstofffreies Milieu angepasst waren, war dieser Sauerstoff gefährlich, da er – beim Stoffwechsel – starke Zellgifte wie Wasserstoffperoxid, Hyperoxid-Ionen und Hydroxyl-Radikale bildet. Einige Prokaryoten lernten jedoch, diese Gefahr zu meistern. Es wird angenommen, dass zuerst einige zwar die Fähigkeit entwickelten, Sauerstoff im Stoffwechsel zu verbrauchen, dass sie jedoch die dabei frei werdende Energie noch ungenützt als Wärme abströmen ließen. Andere hingegen lernten (wahrscheinlich später) diese Energie für die Bildung von ATP – und damit für den eigenen Betrieb – zu nutzen, indem sie die Elektronentransportkette »erfanden«.

Kehren wir zu jenen Einzellern zurück, die sich auf dem Entwicklungsweg zum Eukaryoten befanden. Auch für sie war natürlich das Aufkommen von freiem Sauerstoff eine Katastrophe, der sicher viele erlagen. Zumindest einige von ihnen überlebten jedoch. Allerdings erfanden sie selber keine Abwehrmechanismen. Sie verschluckten – dank ihrer Fähigkeit zur Endocytose – einfach Prokaryoten, die mit Sauerstoff umgehen konnten. Zuerst lebten sie mit diesen wahrscheinlich in Symbiose, später versklavten sie sie. So wurden die einstigen Sauerstoff verarbeitenden Bakterien zu intrazellulären Organellen: die einen zu den Mitochondrien, die anderen (noch Wärme abgebenden) zu Peroxisomen.

Fortan war das Lebendige »geschichtet«. In sauerstofffreien Nischen lebten weiterhin Anaerobier (lat. aer = Luft), darüber die jüngeren, Sauerstoff verwertenden Aerobier. Mit den Aerobiern teilte sich der Strom des Lebendigen in zwei Arme auf: in einen, der Sonnenenergie sowie Kohlendioxid verwertet und Sauerstoff abgibt, und in den andern, der Sauerstoff verwertet und Kohlendioxid abgibt. Damit war der von der Sonne gespiesene, das Leben in Betrieb haltende Kreislauf geboren. Während zirka zwei Milliarden Jahren fand er nur zwischen Einzellern statt. Nach der Erfindung der Mehrzelligkeit setzte er sich zwischen Pflanzen und Tieren fort. Bevor jedoch die Mehrzelligkeit erfunden wurde, fand unter eukaryotischen Einzellern, die man heute Protoktisten nennt, eine ungeheure Diversifikation statt. Es entwickelte sich jener staunenswerte Formenreichtum, den man heute noch im Lichtmikroskop als »Welt im Wassertropfen« bewundern kann.

Vom Einzeller zum Mehrzeller

Nun erfolgte der grundlegende Evolutionsschritt vom Einzeller zum Mehrzeller. Er vollzog sich über das Zwischenstadium lockerer Verbände gleichartiger, miteinander kommunizierender einzelliger Eukaryoten. Aus fototrophen – Sauerstoff bildenden – entstanden die Pflanzen, aus den Sauerstoff verwertenden die Tiere. Zusammengehalten wurden die vielzelligen Organismen dieser beiden Reiche auf unterschiedliche Weise. Tiere bildeten verschiedenartige, zum Teil hochdifferenzierte Verbindungen zwischen den einzelnen Zellen aus, Pflanzen entwickelten hauptsächlich eine äußere Hülle zur Sicherung des Zusammenhalts.

Der Vorteil vielzelliger Individuen gegenüber einzelligen war größere Leistungsfähigkeit dank Arbeitsteilung. Hierzu erfolgte die im Kapitel über die Embryogenese beschriebene Differenzierung in verschiedene Zelltypen. Auch das Erfinden der Arbeitsteilung ist ein Aspekt der Evolution: des Schaffens von immer komplexerer Ordnung.

Einem mehrzelligen Organismus liegt ein Bauplan zu Grunde. Die Evolution der mehrzelligen Lebewesen – das, was man landläufig unter Bio-Evolution versteht – bestand zur Hauptsache in einer Komplexitätszunahme und Diversifikation der Baupläne.

Vielzellige Lebewesen gehen aus einer einzigen Zelle – einer so genannten Ursprungszelle – hervor. Bei Pflanzen sind dies Sporen oder Samen, bei Tieren befruchtete Eizellen. Änderungen des Bauplans, welche Folgen für die Evolution haben, müssen an den Ursprungszellen stattfinden, und zwar an deren Genen – insbesondere auch an den Regulator-Genen. Ob eine Mutation der Selektion durch die Umwelt standhält, entscheidet sich dann am heranwachsenden oder ausgewachsenen Individuum.

Die Grundbedürfnisse der Pflanzen und der Tiere sind verschieden. Grundverschieden sind deshalb auch deren Baupläne. Pflanzen müssen zum einen Wasser und Salze aufnehmen, zum anderen Kohlendioxid-Gas aufnehmen und Sauerstoff abgeben können. Die ersteren entnehmen sie dem Boden, wozu sie Wurzeln ausbilden. Der Gasaustausch hingegen erfolgt mit der Atmosphäre. Aus diesem Grund müssen sie in der stützenden und schützenden Außenschicht Spaltöffnungen haben.

Ein Grundbedürfnis der Tiere ist der Gewinn organischer Nahrung, bestehe diese in Pflanzen oder in Tieren. Dazu müssen sie mobil sein, ferner ein Verdauungssystem sowie Ausscheidungsorgane für die Schlacken haben. Für die Aufnahme von Sauerstoff und die Abgabe von Kohlendioxid bilden sie – von einer gewissen Evolutionsstufe an – spezielle Organe aus: im Wasser Kiemen, auf dem Lande Lungen.

Das Bild des Stammbaums

So ließen sich denn für die Evolution der Baupläne zwei unterschiedliche Stammbäume rekonstruieren: der des Pflanzen- und der des Tierreichs. Dazwischen lässt sich noch ein Stammbaum der Pilze – der professionellen Abfallverwerter – aufzeigen. Pilze (Mycota) sind weder Pflanzen noch Tiere. Zwar leben sie von organischer Nahrung, doch benötigen sie, da sie sozusagen im Schlaraffenland leben, keine Bewegungsorgane. Außerdem haben sie noch die primitive Verdauung. Ebenso wie Prokaryoten scheiden sie noch Enzyme aus und nehmen dann die löslichen Verdauungsprodukte mit ihrer Oberfläche auf. Die Pilze differenzierten sich zwar in zirka zweihunderttausend Arten. Ihre Komplexitätszunahme war jedoch gering. Ihr Stammbaum gleicht eher einem Buschwerk.

Um das Wesentliche an der Evolution der Mehrzeller zu erfassen, ist das Bild des Baumes sehr hilfreich. Ebenso wie der lebendige Baum entfaltet sich der des Pflanzen- und der des Tierreichs Schritt für Schritt. Große Äste zweigten sich vom Stamm des Lebensbaumes immer dann ab, wenn neue Erfindungen gemacht und dadurch ein komplexerer Prototyp des Bauplans zu Stande gekommen war. Mit der Abzweigung großer Äste ereignete sich – in der Sprache der Chaosforschung ausgedrückt – eine Bifurkation: eine Gabelung, bei der der Strom der Evolution auf zwei verschiedene Wege geleitet wurde.

An der Population, die als Ast abgezweigt war, vollzog sich das, was man adaptive Radiation nennt. Das neu gewonnene Muster wurde dabei – durch aktive Anpassung (Adaptation) an alle möglichen Nischen – breit variiert bzw. diversifiziert. Dabei entstanden viele neue, unter sich zum Teil sehr verschiedene Arten. Aufs Bild des Lebensbaumes übertragen, kann dieser Prozess als Verzweigung in immer kleinere Äste und immer feinere Zweiglein gesehen werden. Was von den verschiedenen Ästen heute noch vorhanden ist, sind in der Regel deren äußerste Zweiglein.

Während der abgezweigte große Ast sich diversifizierte, wuchs der Stamm unbeirrt in die Höhe. Das heißt: der Teil der Population vom neuen Prototyp, der als Stamm zurückblieb, »verzichtete« auf Diversifikation; dafür aber konnte sich an ihm die weitere Komplexitätszunahme vollziehen. Waren wiederum entscheidende Erfindungen gemacht und dadurch ein vollkommenerer Prototyp tierischen Lebens zu Stande gekommen, ereignete sich wiederum eine Bifurkation. Wiederum ging ein Teil der nunmehr »höheren« Population – als abzweigender Ast – in die adaptive Radiation usw.

Betrachten wir nun den Prozess in seinem konkreten Verlauf. Da es ja nur darum geht, einige Fakten für die spätere Erweiterung der zeitgemäßen Geist-Vorstellung darzulegen, wollen wir uns auf den Stammbaum der Tiere beschränken.

Evolution der Wirbellosen

Ausgegangen ist die Entwicklung wahrscheinlich von Diploblasten: abgeplatteten Bläschen, welche zu Stande gekommen waren durch Vereinigung von Choanoflagellaten (heterotrophen, anaeroben, mit einer Geißel ausgerüsteten Eukaryoten). Vertreter dieses Stammes gibt es heute noch. Bauchschicht und Rückenschicht der ursprünglichen Diploblasten schlugen beim Zustandekommen komplexerer Organismen (innerhalb derselben) verschiedene Entwicklungswege ein. Wozu diese führten, kann man heute noch am Wirbeltier-Embryo verfolgen. Dies ist deshalb möglich, weil sich bei der Individualentwicklung (Ontogenese) selbst der höchsten Lebewesen in gewissem Sinn die Stammesentwicklung (Phylogenese) wiederholt. Was wir beim frühen Wirbeltier-Embryo in dessen Blastula-Stadium als Ektoderm vorfinden, entspricht der Rückenschicht der ursprünglichen Diploblasten. Das Entoderm hingegen entspricht deren Bauchschicht. Aus ihm gehen heute noch – wie einst im Zug der Evolution – die Schleimhaut des Verdauungstrakts sowie dessen Anhänge hervor.

Diploblasten haben die Fähigkeit, die Körpermitte anzuheben, sodass unter ihnen ein Hohlraum entsteht. Darin sammelt sich Nahrung an, die sie resorbieren. Diese Fähigkeit ist zum Ausgangspunkt einer (phylogenetischen) Entwicklung geworden. Bevor jedoch diese Möglichkeit ausgenützt wurde, zweigte ein erster, nicht weit führender Ast ab. Aus diesem gingen die Schwämme hervor: ein Netzwerk untereinander verbundener Kanäle, das von einem Stützgerüst gebildet wird und von einer Zellschicht ausgekleidet ist. Durch Schlagen ihrer Flagellen bewegen diese Zellen Wasser durch die Kanäle, entnehmen ihm Nahrung und Sauerstoff. Dieser erste Versuch scheint mir so etwas wie ein Blindgänger der Evolution gewesen zu sein.

Größere Möglichkeiten bot jedenfalls jener Bauplan, der als zweiter Ast aus dem Stamm der Diploblasten hervorsprosste. Aus der Weiterentwicklung von deren Fähigkeit, sich in der Mitte anzuheben, entstanden die Hohltiere (Coelenteraten): Quallen, Hydren, Polypen und Seeanemonen. Sie haben die Form einer Glocke mit einer einzigen großen Öffnung, welche als Mund

und After zugleich dient. Die Öffnung ist umgeben von Tentakeln, die dazu dienen, Beute einzufangen, diese eventuell – durch Absonderung von Giften – zu lähmen oder zu töten und in den Mund hinein zu befördern. Der Bauplan der Coelenteraten enthält – im Unterschied zu dem der Schwämme – schon eine Symmetrie, und zwar eine radiale. Diese Art von Symmetrie wurde jedoch beim nächsten Schritt schon aufgegeben.

An der verbliebenen Stammpopulation vollzog sich die Evolution zu einem bedeutend komplexeren Bauplan. Diesem lag eine Bilateralsymmetrie zu Grunde: die Unterscheidung zwischen linker und rechter Körperhälfte. Zudem war der Körper in einer länglichen Form konzipiert. Auch war er von einem vorne und hinten offenen Kanal durchzogen, was eine gerichtete Nahrungspassage vom Mund zum After ermöglichte. Die Öffnung, die bei den Hohltieren als Mund und After zugleich gedient hatte, diente fortan nur noch als Mund. (Diese Feststellung ist wichtig zum Verständnis eines späteren folgenschweren Evolutionsschritts.) Der neue Prototyp sah ferner einen Kopf vor mit dem Ansatz zu einem Gehirn, ferner gut entwickelte Ausscheidungs- und Fortpflanzungsorgane. Aus dem Ast, der mit diesem Bauplan vom Stamm abzweigte, gingen die Plattwürmer und Schnurwürmer hervor.

Noch einmal ein Schritt zu höherer Komplexität vollzog sich auf dem Weg zur nächsten Bifurkation durch die Erfindung des Mesoderms, des Coeloms und der Segmentierung. Dem Mesoderm sind wir ebenfalls schon beim Wirbeltier-Embryo begegnet. Es ist das Keimblatt, aus dem heute noch der Bewegungsapparat und manches mehr hervorgeht. Entstanden ist das Mesoderm aus dem Entoderm und dieses, wie gesagt, aus der bauchseitigen Zellschicht der Diploblasten.

Eine ebenso weiterführende Erfindung war die des Coeloms: einer außerhalb des Darms gelegenen Körperhöhle. Sie ermöglichte die Bildung einer zirkulierenden Körperflüssigkeit, welche den aus immer mehr spezialisierten Zellen bestehenden Organismus mit Sauerstoff versorgt und aus ihm die Schlacken wegtransportiert.

Nehmen wir hier – als Beispiel einer Organentwicklung über verschiedene Evolutionsstufen hinweg – die künftige Entwicklung des Flüssigkeitstransports voraus. Als erstes entstand ein vorne und hinten offener, kontraktiler Schlauch. Aus diesem ging mit der Zeit ein geschlossenes, mit Rückschlagventilen ausgestattetes Kreislaufsystem mit einem pumpenden Herzen und immer feineren Verästelungen hervor. Dieses brachte die Körperflüssigkeit an jede einzelne Zelle heran und trug auf dem Rückweg die Schlacken zu den Reinigungsorganen. Auch entstanden Transportmoleküle für Gase: Shuttles, welche Sauerstoff zu den Zellen brachten und auf dem Rückweg das beim Zitronensäurecyclus ausgestoßene Kohlendioxid abführten. Es wurden auch die Wege von Blut und Lymphe getrennt. Schließlich erfolgte die Trennung von Körperkreislauf und Lungenkreislauf. Hierzu differenzierte sich das Herz schrittweise zu einem vierkammerigen System mit hochdifferenzierter Steuerung.

Kehren wir zurück zu dem Zeitpunkt, an dem Mesoderm und Coelom erfunden waren. Alle für den tierischen Organismus wesentlichen Funktionen konnten nun ausgeübt werden: die Aufnahme von Nahrung, deren Verdauung und Resorption, Aufnahme von Sauerstoff sowie Beseitigung des Abfalls, koordinierte Muskelbewegung und schließlich die Fortpflanzung. Für jede dieser Funktionen war ein – wenn auch noch so primitives – Organ vorhanden. Nun war der tierische Grundbauplan fertig. Von da an können drei Ebenen fortschreitender Komplexitätszunahme unterschieden werden: die der Baupläne, die der Zelldifferenzierung und die der Organe. Wie die Evolution der Organe im Prinzip vor sich ging, haben wir eben am Beispiel des Kreislaufsystems gesehen. Die Zelldifferenzierung haben wir im vorangehenden Kapitel besprochen. So soll denn im Folgenden nur noch die Evolution der Baupläne betrachtet werden.

Als der tierische Grundbauplan fertig war, zweigten vom Hauptstamm kurz nacheinander drei große Äste ab: Prototypen von drei untereinander sehr verschiedenen Varianten dieses Plans. Jede von ihnen diversifizierte sich dann in der Folge auf mannigfache Weise. Aus der ersten Variante gingen die Ringelwürmer (Anneliden) hervor. Heutige Vertreter dieses Typs sind die Regenwürmer und Blutegel. Aus der zweiten Variante entstanden die Weichtiere (Mollusken): Austern, Muscheln und Schnecken. Besonders reich entfaltete sich die dritte damals mögliche Variante des Grundbauplans. Sie wurde verwirklicht in den Gliederfüßlern (Arthropoden). Im Wasser entstanden dabei die Krebstiere. Auf dem Land, das unterdessen von Pflanzen besiedelt war, fand eine bemerkenswerte Aufzweigung statt: die Aufzweigung in Spinnen, Skorpione, Zecken, Hundert- und Tausendfüßler sowie in die vielen Millionen Arten von Insekten.

Diese kaum mehr überblickbare Diversifikation war möglich geworden, weil Hand in Hand mit der Erfindung von Mesoderm und Coelom das Prinzip der Segmentierung eingeführt worden war: die Bildung eines Tieres aus vielen Segmenten. Ein solches Tier war insofern zwar eine Einheit, als es von einem Verdauungskanal, zwei großen Blutgefäßen sowie einem Nervenstrang durchzogen war. Indessen war aber auf der damaligen Evolutionsstufe noch jedes Segment ein fast vollständiger Organismus mit ein paar Kiemen, ein paar Nephriden (Vorläufern der Niere) sowie männlichen und weiblichen Geschlechtsorganen. Auf Grund dieser Bauart konnten in jedem Segment die Gene, welche für den Bauplan kodieren, alle möglichen Kombinationen ausprobieren. Ob eine Kombination überlebte, entschied sich dann bei der Auseinandersetzung mit der Umwelt.

Evolution der Wirbeltiere

An den Prototypen, die bei der Metapher vom Lebensbaum dem Stamm zugeordnet werden können, vollzog sich nach einiger Zeit ein grundlegender, äußerst folgenreicher Umbau: Dieser ermöglichte eine völlig neue Form des Lebendigen: die Wirbeltiere. Vertreter dieses Bautyps konnten eine bis dahin unerreichte Größe annehmen. Von dem, was bei ihnen an Komplexitätszunahme geschah, kann man sich eine Vorstellung machen, wenn man das Steuerungssystem betrachtet. Wie unerhört groß diese war, wird ersichtlich, wenn man ein Gehirn eines Tieres aus der vorangegangenen Abzweigung – z. B. das einer Fliege – mit dem Gehirn des Menschen vergleicht.

Der grundlegende Umbau begann mit dem Vertauschen von Kopf und Schwanz. Verstehen lässt sich dieses Geschehen, seitdem man die homöotischen Gene – die ranghöchste Form der Regulatorgene – entdeckt hat. Eine erste Folge des Vertauschens von Kopf und Schwanz war eine anatomische Veränderung, bei der die Organe für Nahrungs- und Sauerstoffaufnahme zusammengelegt wurden. Auf beiden Seiten des Rachens entstanden von Kiemen umsäumte Spalten, auf jedem vorderen Segment eine. Wenn nun das durch den Mund aufgenommene Wasser diese durchströmte, wurde ihm der Sauerstoff entzogen.

Bei der Umsetzung dieses Bauplans entstanden die Fische, und im Zug der Evolution der Fische fand die Evolution zu den Wirbeltieren statt. Zunächst bildete sich bei Tieren, die kaum anders aussahen als Würmer, entlang der Rückenseite ein bindegewebiger Stab aus, Notochord oder Chorda genannt. Diesem sind wir ebenfalls schon bei der Embryogenese begegnet. Mit der Bildung der Chorda war der Grundstein für eine gewaltige Größenzunahme der Lebewesen gelegt. Vollzogen war damit nämlich der Schritt vom Außenskelett, durch das die Arthropoden noch stabilisiert wurden, zum Innenskelett. Dieses ließ nicht nur größere Individuen zu. Dank dem Erwerb eines Innenskeletts konnten Tiere nun im Verlauf ihres Lebens kontinuierlich wachsen, während z. B. die Arthropoden bei ihrer Größenzunahme das Außenskelett immer wieder abstoßen müssen.

Parallel zur Chorda entstanden auch ein beweglicher Unterkiefer und Flossen. Mit der Zeit verwandelte sich die Chorda in Knorpelgewebe. Mit Knorpel wurden auch die Flossen versteift. Heutige Vertreter dieser so genannten Knorpelfische sind die Haie. Später wurde die Knochensubstanz – ein Gemisch von Calciumphosphat und Calciumkarbonat – erfunden. Auf Grund der Segmentierung entstanden einzelne Wirbelkörper, sodass das Rückgrat trotz der Verknöcherung beweglich blieb. Durch Fortsätze, die beiderseits aus den Wirbeln hervorwuchsen, wurde das dahinter liegende Rückenmark umschlossen und so gleichsam in eine Schutzhülle gelegt.

Vom Prototyp dieser so genannten Knochenfische ging dann die Evolution der Wirbeltiere vor sich. Zuerst ereignete sich allerdings noch einmal eine Bifurkation. Der eine Zweig blieb im Meer. An ihm ereignete sich die Diversifikation der Fische, welche heute mehr als die Hälfte aller Wirbeltierarten ausmachen. Am anderen Zweig der Knochenfische, der als Fortsetzung des Stammes der Evolution betrachtet werden kann, vollzog sich die weitere Komplexitätszunahme. Sie begann im Zug der Landnahme und schritt – wie wohl allgemein bekannt – voran über die Stufen der Amphibien, der Reptilien und Vögel zu den Säugetieren.

Ein roter Faden, anhand dessen die Höherentwicklung der Wirbeltiere skizzenhaft verfolgt werden kann, ist die Art der Vermehrung. Amphibien (z. B. Frösche) müssen noch im Wasser laichen. Die Scharen schwimmender Larven (Kaulquappen), die aus dem Laich eines einzigen Individuums hervorgehen, müssen zudem noch eine Metamorphose durchmachen.

Auf der nächsten Komplexitätsstufe – bei den Reptilien – wurde die landgebundene Fortpflanzung erreicht. Sie wurde möglich dank der Erfindung des mit Flüssigkeit gefüllten Eies. Das Ei ist von einer Schale umgeben und auf differenzierte Weise strukturiert. Dem Dotter kann der heranwachsende Embryo Nahrung entnehmen, und ein separates Gebilde, die so genannte Allantois, nimmt die Abfallprodukte des Stoffwechsels auf. Da Reptilien noch wechselwarm sind, können sie ihre Eier – an einem geschützten Ort – sich selbst überlassen. Vögel hingegen, die schon Warmblüter sind, müssen ihre Eier bebrüten.

Beim Schritt zum Säugetier wurde die Entwicklung des Embryos in den Leib der Mutter hinein verlegt. Dort kann er nun in völliger Geborgenheit heranwachsen. Über die Plazenta – ein flaches Gebilde, das gefäßreiche Zotten in die Wand der Gebärmutter hinein versenkt – wird der Embryo mit Nährstoffen und Sauerstoff versorgt. Nach der Geburt kann das Junge Nahrung aus den Brustdrüsen der Mutter beziehen.

Wenn wir beim Bild des Lebensbaumes bleiben, können wir die Säugetiere als Wipfel bezeichnen. In verschiedene Richtungen strebten nun Verzweigungen des Stammes, auf denen die Evolution von katzenartigen, hundeartigen, pferdeartigen usw. Säugern voranschritt. Als zentraler Teil des Wipfels nimmt sich bei dieser Sichtweise der der Primaten aus: der Ast, auf dem sich schließlich der Evolutionsschritt vom Tier zum Menschen – vom unbewussten zum unbewusst-bewussten Lebewesen – vollzog. Seither schreitet die Evolution als Evolution des Bewusstseins voran. Wie diese nachgewiesen und rekonstruiert werden kann, habe ich im ersten Kapitel beschrieben.

Co-Evolution und Ökosystem

Die Schilderung des Stammbaums der Arten könnte den Eindruck erwecken, sowohl der Stamm als auch jeder Ast habe sich für sich allein entwickelt. Dieser Eindruck wäre falsch. Ein sehr wichtiger Faktor der Bio-Evolution war das, was man Co-Evolution nennt. Jede Art ist nämlich auf andere Arten angewiesen: teils als Helfer in irgendeiner Form, meistens aber als Nahrungsspender. So entwickelten sich Hand in Hand mit der durch Individuen repräsentierten Evolution der Arten auch überindividuelle Gebilde: innerartliche und überartliche Gemeinschaften. Hand in Hand mit der Evolution des Lebensbaumes entfaltete sich jene Hierarchie von Gemeinschaften, die wir heute – zusammen mit der unbelebten Natur – als Ökosystem bezeichnen. Auch dieses entwickelte sich Schritt um Schritt zu immer höherer Komplexität. Abgesehen von den vielen Hilfen, die es jeder einzelnen Art bietet, bewirkte es – auf jeder Evolutionsebene – an den neu angebotenen Varianten das, was man in der Evolutionsbiologie Selektion nennt.

Das Anbieten neuer Varianten und deren Selektion durch die Umwelt wird – seit Aufkommen der Genetik – als Mechanismus von Mutation und Selektion bezeichnet. Lange Zeit glaubte man, damit den Vorgang der Evolution erklärt zu haben. Ich würde diesen »Mechanismus« eher als Trick bezeichnen, dessen sich jenes Etwas, das die Evolution vorantrieb, bedient hat. Natürlich ist das eine anthropomorphe Ausdrucksweise, doch hilft sie uns, noch etwas anderes zu sehen: jenen Trick, dessen sich die »evolutionäre Tendenz« bei der Bildung überindividueller Gebilde bediente. Eine anthropomorphe Ausdrucksweise dürfte hier berechtigt sein, da es sich bei dem, was ich da Trick nenne, nur um eine weitere Manifestation jenes »Know-how« handelt, dem wir beim morphologischen und funktionellen Angeordnetsein schon mehrfach begegnet sind: »Intelligenz ausweisenden« Sachverhalten, die mit dem Begriff »Energie« nicht erfasst werden können.

Besinnen wir uns auf den Ausdruck »Korn« zur Bezeichnung der raumzeitlichen Gebilde. Dieser Ausdruck ist insofern neutral, als er auf belebte und unbelebte Gebilde angewendet werden kann. Aus diesem Grund ist er hilfreich zur Beschreibung dessen, was ich unter dem Gemeinschaften bildenden Trick verstehe. Dieser besteht darin, dass die »evolutionäre Tendenz« jedes Korn nur mit bestimmten anderen in Beziehung treten ließ: dass sie die Beziehungen zwischen den Körnern gleichsam kanalisierte, d. h. auf einem schmalen Kanal »einengte«.

Dies begann schon mit den vier Grundkräften, die ja wegen ihrer Quantelung auch schon in einem gewissen Sinn gekörnt sind. Erinnern wir uns daran, dass Physiker heute sagen, jede Grundkraft suche sich »ihr« Objekt aus. Denken wir ferner – auf der nächst höheren Evolutionsstufe – an die kristallinen Strukturen, zu denen sich gleichartige Körner im unbelebten Bereich – sofern sie im festen Aggregatzustand vorkommen – zusammenfinden. Früher wurde oft die Frage aufgeworfen, wo sich das Kristallgitter befinde, wenn Moleküle in ungeordneter Weise im Lösungsmittel herumschwimmen. Heute weiß man, dass die Art und Weise, wie atomare und molekulare Körner sich zu Kristallen zusammenfinden, sobald das Lösungsmittel verschwindet, schon im Ordnungsmuster eines jeden Korns angelegt ist. Beim Zusammenschluss von Atomen zu Molekülen besteht der Beziehungskanal in dem, was man in der Chemie Affinitäten nennt. Schon auf diesen niedrigen Komplexitätsstufen bedient sich somit die anordnende Tendenz jenes oben erwähnten Prinzips, wonach sie über die typische Struktur eines Korns festlegt, auf welche Weise dieses mit anderen Körnern in Beziehung tritt: zu einer »Gemeinschaft« zusammentritt, die sich auf dieser niedrigen Stufe in Gestalt des Kristalls oder des Moleküls manifestiert.

Im vitalen Bereich führt die im arttypischen Muster beziehungsweise Reaktionsprogramm festgelegte Erkenntnis- und Verhaltensweise gegenüber Körnern gleicher Art zur Bildung von Gemeinschaften, und zwar von innerartlichen und überartlichen.

Die Beziehung schaffenden Kanäle werden vor allem durch das bestimmt, was von einer Art wahrgenommen werden kann. Nun ist an der Wahrnehmung zu unterscheiden zwischen Perzeption und Apperzeption. Perzeption hat zu tun mit den Sinnesorganen, Apperzeption hingegen mit dem »inneren« kognitiven System: mit der im Nervensystem vorhandenen, phylogenetisch erworbenen, kognitiven »Software«.

Die Wahrnehmungssysteme (Sinnesorgane) einer Art sind jeweils nur für ein bestimmtes Spektrum von Signalen geschaffen. So vermag das menschliche Auge aus der breiten Skala elektromagnetischer Schwingungen nur den schmalen Bereich der Lichtwellen wahrzunehmen (zu perzipieren), und das Sinnesorgan »Haut« übermittelt uns noch die nahe dabei liegenden Wärmewellen. Alle übrigen Frequenzen filtert unser Wahrnehmungssystem aus. Röntgenstrahlen, Radar- und Radiowellen sowie Gammastrahlung können wir erst dann wahrnehmen, wenn sie durch technische Umsetzer in Licht- oder Schallwellen gewandelt worden sind.

Von Art zu Art ist dieses Spektrum verschieden. So können Bienen ultraviolettes Licht sehen, und Fledermäuse können Ultraschall hören. Hunde schließlich vermögen ein viel breiteres Spektrum von Gerüchen wahrzunehmen als wir. Weil die Wahrnehmungssysteme einer Art aus der Fülle der auf sie einströmenden Signale nur eine begrenzte Auswahl zu empfangen vermögen, den Rest hingegen ausfiltrieren, nimmt jede tierische Art nur einen Teilbereich der Wirklichkeit wahr. Das alles gehört aber noch in den Bereich der Perzeption.

Wie der einer Art zugängliche Teilbereich der Wirklichkeit für die Individuen der betreffenden Art »ausschaut«, wird bestimmt durch die Apperzeption: durch die artspezifische »kognitive Software«. So ist – um ein von Jakob v. Üxküll (Anm. 258) beschriebenes Beispiel anzuführen – der Stängel einer Wiesenblume in der Welt der Ameise ein Weg – und nur ein Weg – , auf dem sie zu ihrem Nahrungsgebiet in den Blumenblättern gelangen kann; in der Umwelt einer Zikadenlarve ist er eine Zapfstelle – und nur eine Zapfstelle – für den Saft, aus dem sie ihr Schaumhaus erbaut, und in der Umwelt einer Kuh ist er Nahrung, sonst nichts. Dieser Ausschnitt aus der Fülle des objektiv Wirklichen, der einem unbewussten Lebewesen durch die Wahrnehmung – durch Perzeption und Apperzeption – zugeleitet wird, macht für dieses die Welt aus. Über sie hinaus erkennt es nichts, d. h., was außerhalb derselben liegt, existiert für die betreffende Art nicht. Diese »Kanalisierung« des Wahrnehmbaren ermöglicht es, dass unterschiedlichste Tiere im gleichen Lebensraum »friedlich« – d. h. aufeinander abgestimmt oder voneinander abgeschirmt – leben können.

In diesem Zusammenhang sei vermerkt, dass allein der Mensch – wegen seiner Fähigkeit zu Bewusstheit – über den ihm von der Phylogenese her abgesteckten Rahmen hinausgreifen kann. So war es ihm z. B. möglich, dank der Erfindung technischer Hilfsmittel und indirekter Methoden sowohl den Mikrobereich der subatomaren Teilchen als auch den Makrobereich des Universums zu erschließen, und dies sowohl in der räumlichen als auch der zeitlichen Dimension. Dies machte ja einen wesentlichen Teil der Bewusst-seins-Evolution auf dem physischen Zweig aus.

Evolution und Geist-Aspekt

Die Quintessenz dessen, was die Erforschung der Evolution gezeigt hat, ist die Tatsache, dass seit fünfzehn Milliarden Jahren ein anhaltendes Fortschreiten zu immer komplexeren und vielgestaltigeren raumzeitlichen Gebilden stattge-funden hat. Ist das Hervorbringen immer komplexerer Gebilde an sich schon staunenswert, ist es ebenso die Tatsache, dass dieser Prozess nicht irgendwann – z. B. nach der Entstehung der Prokaryoten – zum Stillstand gekommen ist: dass die Evolution bis heute ständig vorangeschritten ist und – zumindest als Evolution des Bewusstseins – immer noch voranschreitet. Bevor wir nun die Frage stellen, ob dies mit dem Energie-Begriff erklärt werden kann, sollten wir erst einmal versuchen, uns zu vergegenwärtigen, was das heißt.

Da ist einmal die zeitliche Dauer des Vorgangs: eine Dauer, die jegliches Begreifen übersteigt. Bedenken wir, dass die lineare Vorstellung der Zeit selber schon ein Ergebnis der Evolution des Bewusstseins ist: dass für den frühar-chaischen Menschen die Zeit noch präsentisch war; ferner, dass bis ins 18. Jahrhundert die Zeitachse nur wenige tausend Jahre rückwärts in die Vergan-genheit reichte. In der Folge wurde sie zwar von der Geologie noch ein gutes Stück weiter vorangetrieben. Aber erst in den Sechzigerjahren des 20. Jahrhun-derts wurde erkannt, dass unser Universum ein Alter von fünfzehn Milliarden Jahren hat. Wirklich assimiliert – in ihrer vollen Bedeutungsschwere erfasst – wurde diese Erkenntnis wohl nur von wenigen.

Da ist ferner die Großartigkeit dessen, was bei diesem Geschehen zu Stande gekommen ist. Betrachtet sei zum einen der Komplexitäts-Unter-schied zwischen dem zu Beginn des Prozesses entstandenen Wasserstoffatom – einem Proton, um das ein Elektron kreist – und dem Menschen, in dem Billionen von Wasserstoffatomen (nebst vielen anderen) in eine hochkomplexe Ordnung gebracht sind: in ein Fließgleichgewicht mit ungezählten funktio-nellen Parametern sowie eine hochkomplexe morphologische Ordnung; in eine Ordnung ferner, aus der eine unvorstellbar reiche Innerlichkeit resultiert.

Um den Komplexitätsgrad eines menschlichen Organismus einigermaßen zu erfassen, empfiehlt es sich, in Gedanken über die ganze Hierarchie von Komplexitätsstufen, über welche darin die »reine« Materie überformt ist, hinaufzusteigen: von der Stufe der Biomoleküle an über die der intrazellulären Organellen, die Zelle, die Gewebe usw. bis hinauf zum menschlichen Zentral-nervensystem. Bei diesem Hinaufsteigen sei noch das »Prinzip des zehn hoch minus« berücksichtigt: auf jeder Stufe sei in Betracht gezogen, in welcher räumlichen Dimension jeweils Komplexität gestaltet ist. Man bedenke, dass diese bei den Molekülen in der Größenordnung von millionstel (zehn hoch minus sechs) Millimetern liegt, bei Organellen in der von tausendstel (zehn hoch minus drei), bei der Zelle von hundertstel (zehn hoch minus zwei) Millimetern: alles Dimensionen, in die der Mensch mit unbewaffnetem Auge keinen Einblick hat. Aber auf jeder dieser einem Organismus ineinander geschachtelten Größenordnungen finden wir adäquates, hochkomplexes morphologisches wie funktionelles Geordnetsein.

Kreativer Aspekt der Evolution

Erst wenn man versucht hat, sich all das zu vergegenwärtigen, sollte man die Frage stellen, ob das, was diese Komplexität in einem seit Beginn unseres Universums unaufhaltsam voranschreitenden Aufbau zu Stande gebracht hat, mit dem in der Physik erarbeiteten Begriff »Energie« allein fassbar ist. Vor dem Hintergrund dessen, was in den bisherigen Kapiteln dargelegt wurde, ergibt sich als Antwort nur ein klares »Nein«.

Natürlich brauchte es dazu Energie. All die Prozesse, über die sich die Evolution raumzeitlicher Gebilde vollzog, gingen nur dadurch vor sich, dass das natürliche Gefälle der Energie zur Leistung von Arbeit ausgenützt wurde. Aber wie schon früher gesagt: jegliches Ausnützen eines Energiegefälles für Arbeit setzt Anordnung voraus. Diese aber ist mit dem Energie-Begriff nicht fassbar.

Betrachtet man das Werden von Anordnung im Zug der Evolution – das Auftreten immer komplexerer Muster, Programme und Baupläne – , kommt man nicht um die Feststellung herum, dass seit Beginn unseres Universums etwas da war, das die Energie bzw. einen Teil derselben »in den Griff genommen« – in immer komplexere Anordnungen hineingezwungen – hat. In diesem Etwas zeigt sich uns wiederum die dynamische Seite des Geist-Aspekts der Natur. Begegnet sind wir dieser dynamischen Seite des objektiv Geistigen ja schon bei der Ontogenese: bei Mitose und Embryogenese. Bezeichnet haben wir sie dort als Spontaneität. Auch habe ich dort gesagt, mit der Spontaneität bekommen wir nur ein Zipfelchen der geistigen Dynamik zu fassen. In ihrem vollen Umfang zeige sie sich erst bei der Betrachtung der Evolution.

Auch konnten wir schon bei der Ontogenese zwei Aspekte der geistigen Dynamik unterscheiden. Gefasst wurden sie dort durch die Ausdrücke »Autopoiese« und »Morphogenese«. Nun können wir auch bei der Phylogenese diese beiden Aspekte auseinander halten. Auf der einen Seite sehen wir da ein Streben nach immer größerer Komplexität; auf der andern Seite – auf jedem Komplexitätsniveau oberhalb der »reinen« Materie – sehen wir ein Streben nach Vielfalt der Formen. Begrifflich gefasst haben wir diese beiden Aspekte der geistigen Dynamik als Streben nach Komplexitätszunahme und als Streben nach Diversifikation. Suchen wir nun nach einem gemeinsamen Nenner für diese beiden Tendenzen, drängt sich uns der Ausdruck »schöpferisch« bzw. »kreativ« auf. Das, was wir als geistige Dynamik von der mit dem Energiebegriff der Physik erfassten Dynamik unterscheiden, zeigt sich uns – in der eigentlichen Bedeutung dieses Worts – als Kreativität.

Damit geraten wir allerdings in bedenkliche Nähe zur archaischen Vorstellung eines Weltenschöpfers, d. h. eines übernatürlichen Geist-Wesens, das zu akausaler Bewirkung fähig ist. Werden wir uns deshalb bewusst, dass mit dem Ausdruck »Evolution« ein natürlicher Vorgang benannt wird. Das dürfte nach dem bisher Gesagten klar sein. Indessen geraten wir, wenn wir von einem schöpferischen, die Evolution vorantreibenden naturhaften Geistigen reden, in Konflikt mit den heute akzeptierten Evolutionstheorien. Diese sind nämlich materialistisch, sind sie doch noch unter der Dominanz des Energie-Paradigmas zu Stande gekommen.

Erinnern wir uns indessen, dass die materialistische Auffassung des Natürlichen aus der Abwehr der Vorstellung vom Eingreifen übernatürlicher Mächte hervorgegangen ist: dass dieser eliminatorische Materialismus – als Ausdruck des ersten Schritts der Bewusstseins-Mutation – sozusagen auf einem Bein steht. Mit dem Fragen nach dem Geist-Aspekt der Natur vollziehen wir nun den zweiten Schritt der Mutation: jenen Evolutionsschritt des Bewusstseins, durch den wiederum eine umfassende, unserem Bewusstsein adäquate Sicht der Welt, des Menschen und der Befindlichkeit des Menschen in der Welt zu Stande kommt.

Evolutionstheorien

Zum Vollzug dieses zweiten Schritts der Bewusstseins-Mutation gehört nun auch, dass wir uns mit den materialistischen Evolutionstheorien auseinander setzen. Um das Ergebnis gleich vorwegzunehmen: Diese Theorien werden sich nicht als falsch erweisen, sondern als Ausgangsbasis für eine differenziertere Sicht.

Zuerst ein Wort zu derjenigen von Darwin: zur schon erwähnten Erklärung der Evolution durch den »Mechanismus« von Variation und Selektion. Als Gregor Mendel (1822-1884) die Gesetze der Vererbung entdeckt hatte und schließlich noch deren molekulare Grundlage erschlossen wurde, war das, was Darwin als Variation bezeichnet hatte, verständlich geworden. Heute spricht man von Mutation und Selektion. Nachdem aber das Mutieren sich als Zufallsereignis herausgestellt hatte, wurde es mehr und mehr üblich, das, was die Evolution vorantreibt, in der Selektion zu sehen. So sprechen denn heute viele Biologen von Selektionsdruck und glauben, mit diesem Begriff die Entstehung neuer Arten erklären zu können. Indessen befinden sie sich damit offensichtlich auf einem Holzweg, denn die Selektion treibt nicht, sondern wirkt passiv. Sie wirkt sozusagen als Sieb, das nur die lebenstüchtigen Varianten durchlässt. Das Vorantreibende – das, was zur Bildung neuer Arten führt – ist anderswo zu suchen.

Da geht die heute dominierende Evolutionstheorie – die von der Selbstorganisation der Materie – einen Schritt weiter als die von Darwin. Formuliert und in den Sprachgebrauch eingeführt wurde der Ausdruck »Selbstorganisation der Materie« durch den Physikochemiker Ilya Prigogine (geb. 1917). Dieser benannte damit seine Entdeckung, dass bei gewissen Versuchsanordnungen sich spontan einfache Formen – z. B. farbige Ringe – bilden. Damit diese Formenbildung stattfindet, muss der Versuch nach Art eines dissipativen (Energie zerstreuenden) Systems aufgebaut sein: nach Art eines Systems, das sich im thermodynamischen Ungleichgewicht befindet.

Aufbauend auf dieser Entdeckung entwickelte sich seit den Achtzigerjahren die schon erwähnte Synergetik: jene interdisziplinäre Forschungsrichtung, deren Ziel es ist, die Sichtweise der Molekularbiologie zu ergänzen, indem sie zu verstehen sucht, auf welche Weise funktionelle und morphologische Muster in offenen Nichtgleichgewichtssystemen zu Stande kommen.

Daneben fand aber noch eine andere Entwicklung statt. Nachdem Prigogine mit dem Nobelpreis ausgezeichnet worden war und man zudem entdeckte, dass auch lebendige Systeme ihre morphologischen Strukturen unter Aufrechterhaltung eines chemischen Ungleichgewichts aufbauen und aufrechterhalten, entstand – von Prigogine maßgeblich unterstützt – ein eigentlicher Prigoginismus: der Glaube, nun sei das Rätsel des Lebens erklärt. Bald darauf glaubte man sogar, die gesamte Evolution – auch die »kulturelle« – mit dem Schlagwort »Selbstorganisation« erklärt zu haben (z. B. Jantsch) (Anm. 123).

Bei unserem Bemühen, die Wirklichkeit – und damit auch die Evolution – differenzierter zu erfassen, als es bei der materialistischen Weltsicht der Fall war, müssen wir auch den Prigoginismus auf seine Stichhaltigkeit hin prüfen: die Aussage, mit dem Begriff »Selbstorganisation der Materie« sei die Evolution rein energetisch erklärt.

Zurzeit wird zwar von denen, die gerne auf fahrende Züge aufspringen, der Ausdruck »Selbstorganisation« fallen gelassen zu Gunsten des Ausdrucks »Chaos«. Alles und jedes soll nun durch die Theorie vom deterministischen Chaos erklärt werden. Was die Evolution – insbesondere die der Lebewesen – betrifft, setzt die »chaotische« Sichtweise jedoch die Theorie von der Selbstorganisation voraus. Für unsere Auseinandersetzung mit den materialistischen Evolutionstheorien genügt es somit hier, diese ins Auge zu fassen.

Nun ging die Faszination der Prigogineschen Theorie zu einem großen Teil von deren zentralen Begriff »Ungleichgewicht« aus. Mit diesem glaubte man der Natur bzw. der Evolution auf die Schliche gekommen zu sein. Ihn müssen wir somit zuallererst unter die Lupe nehmen. Hierzu ist es empfehlenswert, die Versuche genauer anzusehen, aus denen Prigogine seine Theorie abgeleitet hat; fassen wir dabei gleich den Kern von Prigogines Entdeckung ins Auge: das chemische Ungleichgewicht (Gefälle). Dieses darf nämlich nicht wie bei »gewöhnlichen« chemischen Prozessen nur zu Beginn bestehen und sich dann ausgleichen. Es muss aufrechterhalten werden. Zu seiner Aufrechterhaltung ist aber zweierlei erforderlich. Erstens muss ein fortlaufender Nachschub der Reagentien erfolgen, und zwar in der richtigen Auswahl und im richtigen Mengenverhältnis. Zweitens müssen die überflüssigen Reaktionsprodukte laufend entfernt werden. Dass es sich bei diesen Randbedingungen um Anordnungen handelt – dass somit der Energie-Begriff allein zur Erklärung der Formbildung nicht ausreicht – , versteht sich wohl nach dem bisher Dargelegten von selber.

Nun geht aber die Faszinationskraft der Prigogineschen Theorie nur zum Teil vom Ausdruck »Ungleichgewicht« aus. Die geradezu erlösende Wirkung, welche vom Prigoginismus bei seinem Aufkommen zu Beginn der Siebzigerjahre ausging, beruhte wohl vor allem auf dem Wörtchen »selbst« in »Selbstorganisation der Materie«. Mit ihm glaubten eliminatorische, nach rückwärts blickende Materialisten nun den Trumpf in der Hand zu haben, mit dem sie den supranaturalistischen Schöpfungsglauben endgültig abstechen konnten.

Das mag ja seine erlösende Funktion gehabt haben. Bei unserem Bemühen um eine Sicht der Evolution, die differenzierter ist als die materialistische, müssen wir aber gerade das Wörtchen »selbst« unter die Lupe nehmen.

Die Versuchsanordnung zur Erfüllung der Randbedingungen für Prigogines Experimente entstand ja nicht von selbst. Prigogine musste sie herstellen (oder durch seine Mitarbeiter herstellen lassen). Er musste Zuleitung, Reaktionsgefäß, Abflussmöglichkeit zusammenbauen und auch die Reagentien in richtiger Auswahl und Dosierung zusammenstellen. Zudem fanden die Planung, der Entschluss zur Ausführung sowie die Durchführung der einzelnen Schritte erst einmal in Prigogines Kopf statt: als Aktivitäten seines (subjektiven) Geistes. Erst nachdem dies alles geschafft war, wurde die in den zugeführten Substanzen enthaltene freie Energie so geleitet, dass sich ein chemisches Ungleichgewicht aufbaute und erhalten blieb.

Blicken wir nun wieder auf die Natur, und zwar vorerst auf die lebendige. Worin bestehen die Randbedingungen für die ungezählten chemischen Gefälle (Ungleichgewichte), welche die Embryogenese und den Lebensprozess überhaupt ermöglichen? Sie sind gegeben in den morphologischen und prozessualen Anordnungen, denen wir bei der Betrachtung der Zellen begegnet sind und von denen wir schon festgehalten haben, dass in ihnen der Geist-Aspekt der Natur zum Ausdruck kommt.

Was aber schafft diese Randbedingungen? Diese Frage muss auf zwei Ebenen beantwortet werden: auf der der Ontogenese (der Geschichte eines Individuums) und auf der der Phylogenese (der Stammesgeschichte). Für die Ontogenese sind die Randbedingungen schon mit der befruchteten Eizelle gegeben: in jenen als Erbgut festgeschriebenen Programmen, die wir besprochen haben. Für die Umsetzung der Programme wird dann zwar, wie wir schon sahen, Energie im Sinn der Physik benötigt, doch kann auch diese Umsetzung – wie alle Lebensprozesse – nur durchgeführt und ein Leben lang aufrechterhalten werden dank jenes mit dem Energie-Begriff nicht fassbaren Dynamischen, das wir Spontaneität nennen. Wir sehen: der Begriff »Selbstorganisation der Materie« umfasst schon auf der Ebene der Ontogenese sowohl den materiellen als auch den geistigen Aspekt.

Die eigentliche Lösung des Problems ergibt sich jedoch erst, wenn wir die Phylogenese betrachten. In ihr bekommen wir jenen Prozess zu fassen, bei dem die Programme für die Ontogenese »geschaffen« wurden. Spätestens hier bekommen wir das Analogon dessen zu fassen, was in Prigogines Kopf vorgegangen ist, bevor er jene Versuche durchführen konnte, auf die jetzt der Prigoginismus sich stützt. Es handelt sich dabei um das, was wir weiter oben als dynamische Seite bzw. schöpferischen Charakter des Geist-Aspekts der Natur bezeichnet haben.

Der Ausdruck »Selbstorganisation der Materie« wird durch diese Überlegungen nicht betroffen. Er kann weiterhin – als treffende Bezeichnung eines beobachtbaren Geschehens – verwendet werden. Das »selbst« jedoch darf – ebenso wie das »autos« im Ausdruck »Autopoiese« – nicht mehr nur energetisch verstanden werden. Auch an ihm muss man – wie nunmehr am gesamten Naturprozess – zwischen einem materiellen und einem dazu komplementären geistigen Aspekt unterscheiden. Aus dieser neuen, differenzierteren Betrachtungsweise ergibt sich dann zwangsläufig eine Evolutionstheorie, die der heutigen Evolutionsstufe des Bewusstseins entspricht und die zudem größere Erklärungskraft hat als die materialistischen.

Nun haben wir zwar die Evolution der raumzeitlichen Systeme betrachtet, noch nicht aber die der kognitiven. Betrachten wir jetzt noch, wie sich Hand in Hand mit der Evolution der raumzeitlichen Systeme die Fähigkeit zur Kognition – zum Erkennen, Bewerten und Erleben – entfaltet hat und wie dabei aus dem Boden unbewussten Erkennens schließlich das Bewusstsein hervorgewachsen ist. Dadurch wird sich uns die Sicht des objektiv Geistigen – und damit die neue Sicht der Evolution – noch einmal vertiefen.

Vom mechanistischen zum systemischen Naturverständnis

Bevor wir auf die Evolution der kognitiven Systeme eingehen, sei jedoch noch einmal ein Marschhalt eingeschaltet. Halten wir uns noch vor Augen, dass Paradigmawechsel nicht vom Himmel fallen. Einer Gesetzmäßigkeit psychischer Entwicklung folgend, bahnen sie sich langsam an. Sie bahnen sich in der Weise an, dass das dominierende Paradigma von innen her – mit »hauseigenen« Mitteln – ausgehöhlt wird. Besonders gut kann dies dann beobachtet werden, wenn es sich um die Überwindung eines obersten – die gesamte Naturwissenschaft überdachenden – Paradigmas wie im Fall des Energie-Paradigmas handelt.

Enantiodromie

Wir haben gesehen, dass der ausgewachsene, nach allen Seiten abgestützte Materialismus auf dem Glauben beruhte, das gesamte Naturgeschehen lasse sich auf Energie zurückführen. Wenn nun heute der Materialismus zerbröckelt, beruht dies gewiss zum Teil darauf, dass bei dieser Weltsicht die existenzielle Seite des Menschseins zu kurz kommt; zum größeren Teil aber wohl darauf, dass in der Naturwissenschaft, auf die er sich ja stützte, ein anderer Geist eingezogen ist. Allerdings gilt dort das Energie-Paradigma nach wie vor. Aber es hat sich unter seinem Dach ein Prozess vollzogen, der es von innen her ausgehöhlt hat.

Das Aushöhlen einer fest gefügten, jedoch überholten Position des Bewusstseins (des Ich) wird in der Tiefenpsychologie Enantiodromie genannt. Dieser Ausdruck ist abgeleitet vom griechischen »enantios«, was entgegengesetzt heißt, sowie von »dromos«, was Lauf bedeutet. Enantiodromie ist somit ein gegenläufiger Prozess: ein unbewusster Prozess, der dem bewusst Angestrebten und Geglaubten entgegenläuft.

Wie vollzog sich nun die Enantiodromie am Energie-Paradigma? Ich habe ja schon früher gesagt, beim Bemühen um eine Vorstellung des Geistigen, die sich mit unserem Wissen über die Natur verträgt, müssen nicht erst geistige Fakten entdeckt werden; solche seien durch die Naturwissenschaft selber schon in großer Zahl entdeckt worden. Der neue Geist-Begriff liege sozusagen auf der Straße. Er müsse nur noch ins Bewusstsein gehoben werden. Dass dies der Fall ist, haben wir in den vorigen Kapiteln gesehen. Auf jeder Ebene im Stufenbau der Natur, die wir durchmusterten, sowie auch beim Betrachten der Evolution fanden wir durch naturwissenschaftliche Forschungsmethoden erwiesene Sachverhalte, die mit dem Energie-Begriff der Physik allein nicht mehr erfasst werden können: die mit dem Energie-Paradigma nicht mehr vereinbar sind, dieses somit von innen her ausgehöhlt haben.

Es war nötig, zuerst derartige Fakten im Einzelnen aufzuzeigen und zu durchleuchten. Nur dies bewahrt nämlich vor der Gefahr des Abrutschens in bloßes Spekulieren. Dass gerade in Sachen Geist diese Gefahr groß ist, ist ja leicht zu sehen, wenn man sich Publikationen auch aus neuerer Zeit zu diesem Thema anschaut. Jetzt aber, nachdem wir eine Reihe einzelner Fakten betrachtet haben, dürfen wir es uns wohl leisten, den Blickwinkel zu erweitern und die Entwicklung naturwissenschaftlichen Denkens im Verlauf des 20. Jahrhunderts aus einer gewissen Distanz zu betrachten. Dann enthüllt sich uns jener Prozess, den ich als Enantiodromie des Energie-Paradigmas bezeichne, in seiner vollen Gestalt. Es handelt sich dabei um einen Wandel der Auffassung der Natur. Ohne dass es den einzelnen Forschern in vollem Umfang bewusst wurde, hat sich diese nämlich – Hand in Hand mit dem weiteren Vordringen hinter die Fassade des Augenscheins – verändert. Benannt werden kann dieser Wandel der Naturauffassung als Wandel von der mechanistischen zur systemischen Sicht.

Das mechanistisch-deterministische Naturverständnis

Im 19. Jahrhundert, als die Naturwissenschaft von der sich rapid entwickelnden Physik dominiert wurde, entstand eine Auffassung der Natur, die man als mechanistische bezeichnet. Da zu jener Zeit auch die maschinelle Produktion aufkam, galt weit herum das Zahnrad als Symbol der Zeit. So lag denn damals auch dem Verständnis der Natur das Bild eines Mechanismus zu Grunde, bei dem ein Zahnrädchen ins andere greift (z. B. La Mettrie. Anm. 142).

Charakteristisch für dieses mechanistische Naturverständnis war der Determinismus: der Glaube, wegen der Gesetzmäßigkeit des Naturverlaufs sei alles zukünftige Geschehen schon jetzt festgelegt (determiniert). Daraus resultierte die Überzeugung, wenn man alle Ursachen kennen würde, könnte man die gesamte zukünftige Entwicklung der Welt exakt voraussagen, da die Naturgesetze sich mit unerbittlicher Logik durchsetzen.

Im Rückblick kann man sehen, dass dieser Determinismus auf zwei Säulen ruhte: zum einen auf einer naiven Auffassung der Kausalität, zum anderen auf der Annahme, die Naturvorgänge können durch lineare Differenzialgleichungen beschrieben werden. Beide Säulen sind seither zerbröckelt: zuerst die naive Auffassung der Kausalität, dann – in jüngster Zeit – der Glaube an die Linearität der Naturgesetze.

Von der monokausal-linearen Auffassung zur statistischen

Wir haben gesehen, dass eine der grundlegenden Entscheidungen für das Zustandekommen der empirischen Naturforschung war, beim Fragen nach den (natürlicherweise wirkenden) Ursachen nicht mehr gleich nach der ersten Ursache alles Seins zu fragen, wie es die Vorsokratiker bei jenem ersten, misslungenen Anlauf taten, sondern nur nach den Letzt-Ursachen: nach dem, was die beobachtbaren Veränderungen unmittelbar verursacht hat.

Während der ersten drei Jahrhunderte naturwissenschaftlichen Forschens war nun die Auffassung der Kausalität sowohl monokausal als auch streng linear. Man suchte ausschließlich nach starren Ursache-Wirkungs-Ketten. Dies war damals gewiss richtig, ging es doch in jener Phase um Zerlegung der Natur und um das erstmalige Erfassen von Gesetzmäßigkeiten, nach denen sich der Naturprozess vollzieht.

In den basalen und auch als erste entwickelten Disziplinen – in der Physik und Chemie – musste (und muss noch heute) diese Arbeit so weit wie möglich durch Experimente bewerkstelligt werden: durch Isolation einzelner Naturvorgänge unter klar umschriebenen Bedingungen. Auf diese Weise glaubte man, einzelne Ursachen fassen zu können. Nachdem dann Max Planck entdeckt hatte, dass die freie Energie gequantelt ist, wandelte sich diese monokausale Auffassung zur statistischen. Dies ergab sich aus dem Problem der Messung im subatomaren Bereich. Die Energien, die bei der Mess-Wechselwirkung umgesetzt wurden, waren dort nämlich von der gleichen Größenordnung wie die Masse-Energien der zu untersuchenden Objekte. Aus diesem Grund konnte man die Messresultate nicht tel quel als Informationen über das Sosein und Verhalten der gemessenen Partikel hinnehmen. Man musste sich bewusst sein, dass diese durch den Messvorgang selber verändert wurden. Mehr noch: Man musste akzeptieren, dass in diesem Bereich nicht mehr der einzelne Partikel erfasst werden kann, sondern nur noch große Gruppen von ihnen. Die gemessenen Wirkungen waren somit als Gruppenwirkungen aufzufassen. Dadurch wurde die monokausale Sicht von der statistischen abgelöst.

Ein Denkfehler mit Folgen

Auf die in der Teilchenphysik aufgekommene Problematik, dass die Einwirkung des Beobachters auf die beobachteten Objekte in die Beurteilung der Resultate mit einbezogen werden muss, soll hier nicht näher eingegangen werden. Es sei jedoch darauf hingewiesen, dass diese Einsicht nur für den Mikrobereich gilt, dass sie aber von Physikern oft ungebührlicherweise auf Beobachtungen im Bereich der mittleren Dimensionen extrapoliert wird. Zu welch blühendem Unsinn diese Extrapolation führen kann, wurde mir klar, als mir ein Quantenphysiker weismachen wollte, wenn ich die Weinflasche vor mir auf dem Tisch auch nur anschaue, verändere ich sie. In ihrer Unhaltbarkeit weniger leicht durchschaubar wird eine solche Behauptung, wenn sie sich auf Beobachtungen mittels Instrumenten bezieht. Dies ändert aber nichts an der Tatsache, dass mit der Extrapolation dessen, was nur für den Mikrobereich gilt, auf den Makrobereich ein Denkfehler begangen wird.

Auf diesem Denkfehler aufbauend, haben nun gewisse Physiker das schon erwähnte Dogma in die Welt gesetzt, die Unterscheidung zwischen Subjekt und Objekt sei jetzt aufgehoben. Leider wird diese unhaltbare Behauptung heute von vielen kritiklos übernommen und weiter verbreitet. Es sei indessen noch einmal daran erinnert, dass die Fähigkeit zur Unterscheidung zwischen Ich und Nicht-Ich – zwischen Subjekt und Objekt – von den Problemen der Messung im Mikrobereich nicht nur nicht berührt wird, sondern nach wie vor das fundamentale Kennzeichen von Bewusstsein ist: dass sich mit dem In-die-Welt-Treten dieser Fähigkeit sogar ein Evolutionsschritt vollzogen hat, dem im Rahmen der Gesamtevolution der gleiche Stellenwert zukommt wie dem In-die-Welt-Treten von Leben.

Was die Erkenntniskritik im 20. Jahrhundert gebracht hat, war zum einen die Bestätigung dessen, was Kant schon gesagt hat: dass wir infolge der Beschränktheit unseres Erkenntnisvermögens das »Ding an sich« – z. B. das, was Energie »in Wirklichkeit« ist – nicht erkennen können; zum anderen die Einsicht, dass es sehr schwierig ist, beim Forschen – insbesondere beim kulturwissenschaftlichen – das Objektivitätspostulat zu erfüllen: das Postulat, die eigenen Vorurteile auszublenden.

Vernetzungs-Denken modifiziert Auffassung der Kausalität

Kommen wir auf die Kausalität zurück. Halten wir fest, dass durch das Aufkommen der Quantenphysik wenigstens im Mikrobereich die streng monokausale Auffassung durch die statistische abgelöst worden ist. Weiter modifiziert wurde der Kausalitätsbegriff dann, als das Geregeltsein vieler Naturvorgänge die Aufmerksamkeit auf sich zog.

Vom Menschen angewendet wurde das Prinzip der Regelung ja schon seit langem: z. B. im Fliehkraftregler der Dampfmaschine und im Schwimmer der WC-Spülung. Ins Rampenlicht trat die Regelung technischer Systeme jedoch erst während des zweiten Weltkriegs, als die elektronische Regelung für Fliegerabwehrgeschütze erfunden wurde. Fast mit einem Schlag wurde daraufhin erkannt, dass die Natur das Prinzip des rückgekoppelten Regelkreises – zumindest im Bereich des Lebendigen – schon seit mehr als drei Milliarden Jahren angewendet hat.

Das Prinzip des rückgekoppelten Regelkreises bewirkt, dass die folgenden Wirkimpulse korrigiert werden. Damit kam gleichsam das Bild des Kreises – eines Kreises, der in den meisten Fällen die Ausgangsbedingungen verändert – in die Auffassung der Kausalität hinein. Deren lineare Auffassung wurde zur zirkulären erweitert. Dazu kam noch, dass in der Natur sozusagen jedes mit jedem – wiederum über Regelkreise – vernetzt ist. Auch dieses Vernetzungs-Denken fand Eingang in die Auffassung von Kausalität.

Noch weiter modifiziert wurde der Kausalbegriff durch das Aufkommen der Chaosforschung. Diese ging von der Erforschung chaotischer Systeme wie des Wetters, turbulenter Flüssigkeitsströmungen usw. aus. Dabei drängte sich die Einsicht auf, dass – wegen des Vernetztseins von allem mit jedem – bei der Beschreibung von Naturprozessen besser gar nicht mehr von Ausgangsbedingungen geredet werden sollte, sondern nur noch von Randbedingungen; ferner, dass es in sehr vielen Fällen gar nicht möglich ist, die Gesamtheit der Randbedingungen – im traditionellen Sprachgebrauch die Ursachen – vollumfänglich zu erfassen.

Damit war die eine Säule, auf der die mechanistisch-deterministische Sicht der Natur geruht hatte – die monokausal-lineare Auffassung von Kausalität – zerbröckelt. Am Wesen der Kausalitätsvorstellung – an der Vorstellung, dass exakt gleiche Ursachen gleiche Wirkungen zur Folge haben – hat sich dadurch jedoch nichts verändert. Es sei ausdrücklich festgehalten, dass auch der modifizierte Kausalitätsbegriff in diametralem Gegensatz steht zur archaischen Vorstellung vom willkürlichen Einwirken übernatürlicher Wesen auf die Natur.

Die Nichtlinearität der Naturgesetze

Die zweite Säule des Determinismus – die lineare Vorstellung der Naturprozesse – zerbröckelte erst mit dem Aufkommen der Chaosforschung. Zwar zeigte sich, dass auch in turbulenten Prozessen Ordnung herrscht bzw. dass auch diese einem geordneten Zustand zustreben. So heißt denn auch die Theorie, die dabei entstand, nicht einfach Chaostheorie, sondern – ironischerweise – Theorie vom deterministischen Chaos. Mit »deterministisch« ist jedoch hier etwas anderes gemeint als zurzeit der deterministischen Weltsicht.

Jene stützte sich nämlich auf den Glauben, Naturgesetze lassen sich mittels Differenzialgleichungen für lineare Prozesse ausdrücken. Die Ergebnisse der Chaosforschung ließen jedoch erkennen, dass dies nicht der Fall ist: dass selbst einfache natürliche Vorgänge in der Regel nichtlinear sind und sich infolgedessen nur durch nichtlineare Differenzialgleichungen einfangen lassen. Offenbar hatte man früher in den so genannten exakten Naturwissenschaften die experimentellen Ergebnisse begradigt.

Nun haben es nichtlineare Gleichungen in sich, dass sie mehr als nur eine Lösung zulassen. Selbst die kleinste Veränderung der Randbedingungen kann unvorhersehbare – nicht vorausberechenbare – Folgen haben. Sie führt in der Regel dazu, dass der Prozess einem Punkt zustrebt, an dem er in verschiedene, nicht vorhersehbare Richtungen umschlagen kann. Man spricht in diesem Fall von Bifurkationen (Gabelungen). Wir sind diesem Ausdruck schon bei der Betrachtung der Evolution begegnet. Auf Grund der Einsicht, dass selbst einfache Naturprozesse nicht linear verlaufen, musste man nun die Hoffnung, die künftige Entwicklung der Natur könne exakt vorausgesagt werden, aufgeben. Der Determinismus war nun definitiv überwunden.

Zufall innerhalb eines naturgesetzlich gegebenen Spielraums

Die Einsicht in den nichtlinearen Verlauf natürlicher Prozesse ermöglichte jedoch gleichzeitig eine differenziertere Sicht des Naturgeschehens. Nun hatte nämlich der Zufall, der ja bei der deterministischen Sicht ausgeschlossen war, einen legitimen Platz in der Naturwissenschaft bekommen. Beim nun akzeptierten Zufallsbegriff handelte es sich jedoch nicht um den des absoluten Zufalls, sondern des limitierten: um die Zufälligkeit innerhalb eines bestimmten Spielraumes. Die Vorstellung eines gesetzmäßigen Verlaufs des Naturgeschehens blieb trotzdem erhalten, erwies sich doch der Spielraum für den Zufall ebenfalls als naturgesetzlich festgelegt.

Bestätigt wurde diese Aussage gerade durch die Chaosforschung. Eine der grundlegenden Einsichten, die dabei gewonnen wurden, war, dass die Natur von den vielen möglichen Wegen der Unordnung nur einige wenige zulässt.

Wie dies gemeint ist sowie auch welche Bedeutung die Einführung des Begriffs »Spielraum« für das Verständnis des Naturgeschehens hatte, wird vor allem erkennbar, wenn wir die Evolution betrachten. Nebst vielem anderen eröffnet uns das Wissen um den naturgesetzlich limitierten Zufall die Möglichkeit, das offensichtliche Vorhandensein der (relativen) Willensfreiheit des Menschen ins übrige Wissen von der Natur einzuordnen: diese als Fortsetzung bzw. als höchste Stufe von etwas zu verstehen, das seit Beginn der

Evolution da war. Damit greifen wir jedoch wiederum vor. Bevor wir darauf eingehen, müssen wir noch auf den Begriff »mechanistische Weltsicht« zurückkommen und verfolgen, wie dieser sich weiter entwickelt bzw. gewandelt hat.

Wende von der nur analytischen zur auch synthetischen Naturbetrachtung

Dass man zurzeit des mechanistischen Naturverständnisses von einer noch naiven Auffassung von Kausalität ausging und die Naturgesetze begradigte, konnte man damals noch nicht sehen. Dies war aber beim damaligen Entwicklungsstand der Naturwissenschaft gar nicht nötig, befand sich diese doch noch in ihrer analytischen Phase. Im Zentrum des Interesses stand noch die Zerlegung der Natur sowie der grundsätzliche Nachweis von Naturgesetzlichkeit.

Als man jedoch bei den subatomaren Teilchen angekommen war, trat eine grundlegende Wende im Denken ein: die Wende von der nur analytischen zur auch synthetischen Naturforschung. Hand in Hand mit der Erforschung der Elementarteilchen entstanden ja die Atommodelle: Modelle vom Angeordnetsein der Teilchen zu einem Muster, d. h. zu einer Ganzheit, die mehr ist als die Summe ihrer Teile. Damit erhielt der bis dahin verpönte Ausdruck »Ganzheit« in der Naturwissenschaft (wenigstens vordergründig) einen legitimen Platz. Mit diesem Ausdruck bzw. mit diesem Beginn ganzheitlichen Denkens am Anfang des 20. Jahrhunderts war die Enantiodromie der mechanistischen Weltsicht schon eingeleitet worden. Allerdings wurde dies damals nicht bemerkt. Enantiodromien gehen eben, wie gesagt, ganz unspektakulär vor sich.

Dies war auch noch bei der nächsten Etappe auf diesem Weg der Fall: als die Regelung ins Rampenlicht trat. Regelung geschieht, wie erwähnt, durch Aufnahme, Verarbeitung und Abgabe von Information. Um diese Vorgänge herum bildete sich eine eigene – quer durch viele Disziplinen hindurchgehende – Wissenschaft: die Kybernetik. Begründet hat sie der amerikanische Mathematiker Norbert Wiener (1894-1964) (Anm. 276). Von nun an hatte auch der Begriff »Information« seinen festen Platz in der Naturwissenschaft.

Der entscheidende Schritt zu einer grundlegend neuen Sicht der Natur fand jedoch erst statt mit dem Aufkommen des Begriffs »System«. Dieser Begriff ist allerdings heute ebenso verwässert wie jene anderen Begriffe, die wie er einst die Keime zur neuen Weltsicht bildeten, z. B. Ganzheit, Komplementarität, Paradigma usw. Ebenso wie jene wird er heute für alles und jedes gebraucht. Halten wir uns deshalb erst einmal vor Augen, was hier darunter zu verstehen ist.

Der Begriff »System«

Ein System kann umschrieben werden als dynamisches, ganzheitliches Gebilde, das sich selber reguliert und das – zumindest von der Stufe des Lebendigen an – die Fähigkeit hat, sich unter Aufrechterhaltung der Ganzheit zu transformieren, wobei auch die Transformation mittels Selbstregulation geschieht. »Höhere« Systeme sind sogar lernfähig: sie können ihre immanenten Sollwerte auf Grund gemachter Erfahrung verändern. Für all das passt aber das Bild des mechanischen Uhrwerks nicht mehr.

Schulbeispiele von sich transformierenden Systemen finden wir bei den Insekten, wo sich die Larve über die völlig anders aussehende Puppe zur noch einmal anders aussehenden Imago – z. B. zu einem Schmetterling – transformiert, dabei jedoch dasselbe Individuum bleibt. Höhere Lebewesen transformieren sich vom Embryo über die Kindes- zur Jugendform, danach über die Erwachsenen- zur Altersform. Individuelle Lernfähigkeit trat erst auf einer hohen Evolutionsstufe des Lebendigen in die Welt.

Grundsätzlich wird bei Systemen noch unterschieden zwischen geschlossenen und offenen. Unter offenen Systemen versteht man solche, die mit ihrer Umgebung Energie und – zumindest auf höherer Evolutionsebene – auch Information austauschen. Unter geschlossenen versteht man solche, die dies nicht tun. Es gibt nur ein einziges geschlossenes System im strengen Sinne des Wortes: unser Universum. In gewissem Sinn können wohl noch die so genannten schwarzen Löcher als geschlossen bezeichnet werden, da sie Energie (fast) nur verschlucken. Alle übrigen uns bekannten raumzeitlichen Systeme sind jedoch – gemäß obiger Definition – als offene zu bezeichnen. Die Offenheit ist deshalb, wenn man von Systemen spricht, nicht extra zu erwähnen.

Nun ist der Begriff »System« ein Oberbegriff wie der Begriff »Energie«. Wie jener umschließt er eine Gruppe von Sachverhalten; er umschließt jedoch lauter Sachverhalte, die mit dem Energie-Begriff nicht vereinbar sind: ganzheitliches Angeordnetsein, Komplexität, Transformation und Selbstregulation. Letztere wiederum setzt gespeicherte Information (bei Lebewesen »angeborenes« Wissen) voraus und vollzieht sich als Aufnahme, Verarbeitung und Abgabe von Information.

Ferner impliziert der Systembegriff den Begriff »Finalität«: einen bis dahin in der Naturwissenschaft streng verpönten Begriff. Verpönt war er zum einen deshalb, weil er an den »Willen Gottes« erinnerte, zum anderen aber auch deshalb, weil er mit dem Energie-Paradigma allzu offensichtlich in Widerspruch steht. Inwiefern soll aber der Begriff »Finalität« im Begriff »System« impliziert sein? Die Antwort ist einfach: weil die Anordnungen – die morphologischen wie die funktionellen – in lebendigen Systemen offensichtlich auf eine Funktion hin ausgerichtet sind. So ist das Auge aufs Sehen, das Ohr aufs Hören und das Magen-Darm-System auf Verdauung und Resorption hin ausgerichtet. Wollen wir ein System – zumindest ein lebendiges – erfassen, ist es somit unabdingbar, neben der kausalen Betrachtung auch die finale anzuwenden. Indessen dürfte klar sein, dass es dabei nicht mehr um ein Entweder-Oder geht, wie dies bei den endlosen Debatten zu diesem Thema zurzeit der mechanistischen Naturauffassung noch der Fall war, sondern um ein Sowohl-Als-auch im Sinne komplementären Denkens.

Systemisches Verständnis von Natur und Kultur

Der Begriff »System« umfasst eben nicht nur – als Oberbegriff – eine Anzahl von Begriffen, die im Verlauf des 20. Jahrhunderts schrittweise in den Sprachgebrauch eingegangen sind. In seinem Zustandekommen manifestiert sich das Ergebnis einer Entwicklung, bei der sich das Verständnis von Natur (und auch Kultur) grundlegend verändert hat. Dies war wohl auch der Grund, weshalb er innert/innerhalb kurzer Zeit von sozusagen allen Disziplinen geradezu begierig übernommen worden ist, und zwar nicht nur von natur-, sondern auch von kulturwissenschaftlichen. Meines Erachtens drückt sich darin so etwas wie ein Aha-Erlebnis aus: die plötzliche Bewusstwerdung einer neuen Sicht der Dinge, die sich seit langem angebahnt hat. Ich nenne diese Sicht die systemische.

Es ist nicht uninteressant zu sehen, dass dies kurz nach der Studenten- bzw. Jugendrevolte der Sechzigerjahre und dem fast gleichzeitig stattfindenden Zweiten Vatikanischen Konzil geschah: nach zwei Ereignissen, in denen sich ebenfalls der Aufbruch in eine neue Zeit manifestierte.

Im wissenschaftlichen Bereich ereignete sich der Durchbruch zur systemischen Betrachtungsweise zuerst in den Kulturwissenschaften, und zwar im französischen Sprachraum. Deshalb trug die neue Bewegung zuerst den Namen Strukturalismus (frz. structure = Gefüge, Anordnung) (siehe z. B. Piaget. Anm. 192). Während in den Naturwissenschaften die systemische Sicht die mechanistische ablöste, löste sie in den Kulturwissenschaften die atomistische ab: die Fixierung des Blicks auf Einzelfakten. Ausgegangen ist die Wende in den Kulturwissenschaften von der Linguistik. Es war der

Genfer Linguist Ferdinand de Saussure (1857-1913), der postulierte, man solle Sprachen als ganzheitliche Gebilde auffassen, in denen jedes Element mit jedem andern in Beziehung steht (Anm. 219).

In den Naturwissenschaften setzte sich die systemische Sicht zwar erst später durch, doch wurden dort jene Fakten erarbeitet, durch welche die (eliminatorische) materialistische Weitsicht – die ja sowohl den Natur- als auch den Kulturwissenschaften zu Grunde lag – überwunden wurde. Allerdings hatten Naturwissenschaftler bei ihrer Arbeit alles andere im Sinn, als die materialistische Weltsicht zu überwinden. Ihr Ziel war und ist es, das Wissen über die Natur zu vertiefen. So kann denn auch die Reflexion über die Konsequenzen, die sich aus der naturwissenschaftlichen Forschung für die Vorstellung des objektiv Geistigen – und damit für das Welt- und Menschenbild – ergeben, nicht Sache von Naturwissenschaftlern allein sein, aber auch nicht von Kulturwissenschaftlern allein, sondern nur Sache transdisziplinärer Arbeit. Nun ist aber transdisziplinäre Reflexion die zeitgemäße, vom heutigen Wissensstand ausgehende Art des Philosophierens. Sie löst gegenwärtig die an den Philosophischen Fakultäten etablierte – auf die Geschichte der Philosophie ausgerichtete – akademische Philosophie ab.

Systemische Sicht vertieft Verständnis der Evolution
Sehr viel wurde in jüngerer Zeit darüber diskutiert, ob der Evolution ein Ziel zu Grunde liege. Von traditionellen Naturwissenschaftlern wurde diese Vorstellung vehement abgelehnt. Wahrscheinlich stand hinter dieser Ablehnung die Furcht, mit der Finalität könnte sich – sozusagen durch ein Hintertürchen – die supranaturalistische Vorstellung eines Weltenschöpfers wieder einschleichen.

Auch in dieser Frage hilft die systemische Sicht weiter, erlaubt sie doch, die Evolution – im Sinne des komplementären Denkens – sowohl unter dem kausalen als auch unter dem finalen Aspekt zu betrachten. Allerdings muss man sich überlegen, was dabei unter dem Ziel (lat. finis) zu verstehen ist.

Gewiss kann aus dem Verlauf der Evolution herausgelesen werden, dass deren Ziel die Schöpfung immer komplexerer Systeme war. Das heißt jedoch nicht, dass ihr Ziel in der Schöpfung bestimmter Systeme bestand. Auch hier hat die Chaosforschung Klarheit geschaffen. Sie hat ja gezeigt, dass bei nichtlinearen Prozessen dann, wenn diese an einer Bifurkation anlangen, der Zufall entscheidet, was für ein Weg eingeschlagen wird. In diesem Sinn sind alle Arten, die im Verlauf der Bio-Evolution entstanden sind, als zufällige Verwirklichungen des Grundbauplans »Lebewesen« anzusehen. Auch dieser

Grundbauplan hätte gewiss anders sein können. Man muss sogar annehmen, dass auf der entsprechenden Komplexitätsstufe auch etwas anderes hätte zu Stande kommen können als das, was wir Lebewesen nennen.

Bei allen Überlegungen zur Zufälligkeit der Formen muss allerdings bedacht werden, dass in der Natur der Zufall, wie schon gesagt, nur innerhalb einer bestimmten Bandbreite spielen kann: innerhalb einer Bandbreite, die naturgesetzlich festgelegt ist. Wie erwähnt, hat die Erforschung nichtlinearer Systeme – von Systemen, in denen der Zufall eine Rolle spielt – dies bestätigt.

Nun muss aber die Naturgesetzlichkeit des Zufallsgeschehens – wollen wir deren Bedeutung für die Vorstellung des objektiv Geistigen voll erfassen – wiederum unter zwei Aspekten betrachtet werden: zum einen als Einschränkung von Möglichkeiten, zum anderen aber als Voraussetzung dafür, dass diese Möglichkeiten überhaupt realisiert werden können. Beginnen wir – immer noch mit Blick auf die Evolution – mit der Einschränkung.

Wie der Verlauf der Evolution zeigt, wurde die Bandbreite der Zufälligkeiten mit jeder Bifurkation schmäler. Betrachten wir noch einmal das Bild des Stammbaums der Arten. Jede Ausformung des Grundbauplans, die als Ast aus dem Stamm abgezweigt war, konnte nur noch in einem gewissen Rahmen variiert werden, und mit jeder weiteren Verzweigung wurde die Variationsbreite weiter eingeschränkt. Als z. B. jene Äste abgezweigt waren, aus denen dann die Ringelwürmer, Weichtiere und Gliederfüßler hervorgegangen sind, konnte aus diesen kein Wirbeltier mehr hervorgehen, und bei jeder weiteren Bifurkation dieser Äste wurden die Variationsmöglichkeiten weiter eingeschränkt. So konnte aus dem Ast der Gliederfüßler kein Weichtier und kein Ringelwurm hervorgehen. Das gleiche gilt für den in die Höhe wachsenden Stamm. Hatte auf diesem der Schritt zu den Wirbeltieren stattgefunden, konnte aus ihm kein Ast mehr hervorwachsen, der sich zu Ringelwürmern, Weichtieren und Gliederfüßlern differenzierte.

Aber nicht erst auf der Stufe des Lebens – auch nicht erst auf der der strömenden Gase und Flüssigkeiten – war die Bandbreite des Zufalls eingeschränkt, sondern schon zu Beginn unseres Universums. Das ergibt sich aus dem, was man Feinabstimmung der Grundkräfte nennt. Zumindest die schwache und die starke Kernkraft haben eine ganz bestimmte Stärke. Durch dieses Abgestimmtsein – ebenso wie durch das Abgestimmtsein der anderen Naturkonstanten – wurde der Rahmen abgesteckt, innerhalb dessen die Naturprozesse bzw. die Gestaltbildung stattfinden konnten: innerhalb dessen das spielen konnte, was man Zufall nennt.

Die Feinabstimmung der Grundkräfte und Naturkonstanten bildet jedoch nicht nur den Rahmen, durch den die Variationsbreite des Zufallsgeschehens beschränkt wird. Sie muss auch positiv gesehen werden: als etwas, das die Evolution erst ermöglicht bzw. auf die richtige Bahn geführt hat (Anm. 128). Wäre nämlich die schwache Kernkraft nur ein wenig stärker, würde die Sonne ihren Wasserstoff nicht in Milliarden von Jahren verbrennen, sondern hätte ihn schlagartig verbrannt wie eine H-Bombe. Dies hätte sich sogar schon früher ausgewirkt. Dann wäre die Sonne gar nicht entstanden. Dann hätte sich schon in der Frühphase des Universums der gesamte Wasserstoff in Helium verwandelt. Es wären somit Heliumsterne entstanden, und diese wären in ihrer stabilen Brennphase viel zu kurzlebig gewesen, um die ganze Reihe der natürlichen Elemente hervorzubringen. Analoges gilt für die starke Kernkraft. Schon eine zweiprozentige Steigerung derselben hätte die Bildung von Protonen aus Quarks verhindert, sodass gar keine Wasserstoffatome – und selbstverständlich auch keine komplexeren Atome – entstanden wären.

Das Wissen um die Feinabstimmung der Grundkräfte für das Werden des Universums hat nun auch Konsequenzen für das Verständnis dessen, was in der Physik als Energie bezeichnet wird. Die »neuen« Kräfte stellen ja – solange die vereinheitlichende Theorie (TOE) noch nicht gefunden ist – sozusagen den Urbegriff der Energie dar: den Urbegriff dessen, was im Verlauf der Evolution angeordnet worden ist.

Nun zwingt uns deren Abgestimmtsein – wenn wir konsequent denken – , auch sie schon unter dem materiellen und dem geistigen Aspekt zu betrachten: an ihnen selber schon zu unterscheiden zwischen dem, was geordnet ist, und der Art und Weise, wie es geordnet ist. Im Abgestimmtsein der Grundkräfte erfassen wir nämlich wiederum ein Geordnetsein, vor allem, wenn wir in Betracht ziehen, dass unser Universum gar nicht hätte entstehen können, wenn sie nicht in dieser Weise abgestimmt gewesen wären.

Im Grunde genommen hätte schon die Entdeckung Plancks, dass die Energie gequantelt ist, dazu gezwungen, am »alten« – vor dem Aufkommen der Hochenergiephysik gebräuchlichen – Energie-Begriff zu unterscheiden zwischen dem, was angeordnet ist, und dem Wie des Angeordnetseins dieses Was.

Wir müssen zwar solche Unterscheidungen treffen, weil wir – als zu Bewusstsein fähige Lebewesen – die objektive Wirklichkeit nur erfassen können, indem wir sie in Begriffspaare zerlegen. Mit »erfassen« meine ich das Vordringen hinter die Fassade des bloßen Augenscheins: über das hinaus, was unbewusste Lebewesen zu erkennen vermögen. Wir können aber auch entscheiden, bei welcher Wegmarke wir stehen bleiben wollen. Lassen wir es somit bei dem in den vorangegangenen Kapiteln zur Unterscheidung von materiellem und geistigem Aspekt der Wirklichkeit Gesagten bewenden.

Erst das Fundament ist gelegt

Mit der Erwähnung des Zwangs zur Unterscheidung sind wir wieder bei der Kognition angelangt. Über diese haben wir allerdings bis jetzt recht wenig in Erfahrung gebracht. Das musste aber so sein. Die Fähigkeit zum Erkennen wird ja von uns immer noch – auf Grund unserer Denktradition – in erster Linie mit bewusstem Erkennen assoziiert: mit dem subjektiv Geistigen. Bei unserer Untersuchung geht es indessen gerade darum, entgegen dieser Tradition die Realität des objektiv Geistigen ins Bewusstsein zu heben, allerdings die Realität des naturhaften objektiv Geistigen: nicht des exteriorisierten Menschengeistes, den Kulturwissenschaftler oft als objektiv Geistiges bezeichnen. Da aber die archaische, supranaturalistische Vorstellung des objektiv Geistigen »vom Himmel her« abgeleitet wurde, musste die dem heutigen Bewusstseins-Niveau entsprechende naturalistische »von unten her« aufgebaut werden. Dabei mussten wir bei der untersten Seinsschicht der Natur – bei der »reinen« Materie – beginnen und dann deren schrittweises Überformtwerden verfolgen.

Jetzt können wir auf diesem Fundament aufbauen und den Bau in die Höhe ziehen bis hinauf zu dem schließlich aus dem objektiv Geistigen hervorgewachsenen subjektiv Geistigen: dem Bewusstsein. Dazu müssen wir noch einmal auf die Evolution zurückkommen. Allerdings müssen wir sie dieses Mal unter einem anderen Gesichtspunkt betrachten.

Die Evolution der Kognition

Bei Kognition bzw. Erkennen handelt es sich um etwas, das weder im Mikroskop gesehen noch durch indirekte Methoden sichtbar gemacht werden kann. Es kann auch nicht in der Weise erfasst werden wie chemische Prozesse. Mit der Kognition bekommen wir sozusagen den reinen Geist zu fassen, jedoch nur sozusagen. Wir denken hier ja schon vor dem Hintergrund der unistischen Weltsicht und wissen, dass Geistiges nicht für sich allein existieren kann, sondern dass wir mit diesem Begriff nur den geistigen Aspekt der raumzeitlichen Wirklichkeit erfassen.

Nun ist aber die Fähigkeit zu Kognition im engeren Sinn erst mit der Entstehung des Lehens in die Welt getreten. Da mit dieser Fähigkeit etwas grundlegend Neues – etwas, das schließlich zur Entstehung von Bewusstsein führte – in die Welt getreten ist, wollen wir diesem erstmaligen Auftreten von Neuem besondere Aufmerksamkeit widmen.

Fulgurationen

Wir haben ja schon gesehen, dass im Zug der Evolution immer neue Eigenschaften und Fähigkeiten zu Stande gekommen sind. Indem ich darauf hinwies, dass dies mit der Komplexitätszunahme zu tun hat, habe ich etwas vorweggenommen, das erst mit dem Aufkommen der systemischen Betrachtungsweise ins Bewusstsein getreten und auch verständlich geworden ist.

Als man sich nämlich über die Eigenschaften von Systemen Rechenschaft gab, stieß man auf die damals noch verblüffende Tatsache, dass beim Schritt von einem einfacheren zu einem komplexeren System – genau gesagt bei der Integration von zwei oder mehr (selbstständigen) »Teilsystemen« zu einem einzigen, komplexeren – jeweils völlig neue Eigenschaften in die Existenz treten.

Beobachtet wurde dies wiederum – wie einst das Prinzip der Regelung – beim Arbeiten mit technischen Systemen.

Konrad Lorenz hat diese Einsicht dann für das Verständnis der Evolution fruchtbar gemacht. Um das Neue dieser Sicht hervorzuheben, verwendete er den Ausdruck »Fulguration«. Das bedeutet so viel wie Aufblitzen (lat. fulgur = Blitz). Lorenz setzte sich damit bewusst von jenem Verständnis der Evolution ab, das zum Ausdruck »Emergenz« geführt hatte. Emergenz (von lat. emergere = zum Vorschein kommen) steht für die Vorstellung, bei der Entstehung neuer Arten sei jeweils nur etwas zum Vorschein gekommen, das schon von Beginn an angelegt war: so wie z. B. eine ausgewachsene Eiche schon im Samen vollständig angelegt ist.

Was Lorenz mit der Einführung des Ausdrucks »Fulguration« bewusst machen wollte, erläuterte er anhand eines Beispiels aus der Elektrotechnik: man nehme zwei jeweils über eine Batterie gespeiste Stromkreise. Im einen sei ein Kondensator eingebaut, im andern eine Spule. Schließt man diese Stromkreise, steigt in demjenigen mit dem Kondensator die Spannung an und bleibt dann auf einem bestimmten Niveau stehen. In dem mit der Spule ist die Spannung gleich zu Beginn hoch, sinkt aber dann langsam auf Null ab. Sonst passiert nichts.

Integriert man aber diese beiden einfachen Systeme zu einem einzigen, indem man im gleichen Stromkreis Spule und Kondensator hintereinander schaltet, sendet dieses neue, komplexere System elektromagnetische Schwingungen aus. Durch Integration zweier einfacher, selbstständig funktionierender Systeme zu einem komplexeren (»höheren«) trat somit – als völlig neue Systemeigenschaft – die Fähigkeit in die Existenz, Nachrichten drahtlos zu übermitteln, damit die Möglichkeit, Rundfunk und Fernsehen zu entwickeln.

Lorenz war sich bewusst geworden, dass auch im Zug der Evolution durch Integration einfacherer Teilsysteme zu komplexeren ständig neue Eigenschaften in die Existenz getreten sind. Um dieses Aufblitzen bzw. Aufscheinen von etwas völlig Neuem, vorher noch nie da Gewesenem zu benennen, führte er, wie gesagt, den Ausdruck »Fulguration« in den naturwissenschaftlichen Sprachgebrauch ein. Natürlich hat Lorenz diesen Ausdruck ebenso wenig erfunden wie C. G. Jung den Ausdruck »Archetypus«. Beide Ausdrücke wurde schon in der Philosophie gebraucht, jedoch in völlig anderer Bedeutung. Unsere Sprache hält eben mit der geistigen Entwicklung nicht Schritt. Gerade bei grundlegend neuen Einsichten ist es deshalb oft nötig, auf »abgestorbene« Ausdrücke zurückzugreifen. Es wirkt deshalb peinlich, wenn nun Geisteswissenschaftler und Theologen mittels »philosophischer« Argumentation die empirisch erwiesenen Sachverhalte, die heute mit solchen Ausdrücken benannt werden, vom Tisch diskutieren wollen.

Betrachten wir nun die wichtigsten Fulgurationen, die sich im Zug der Evolution ereignet haben. Begonnen hat es schon mit den Masse-Teilchen. Nicht nur die Eigenschaft »Masse« trat mit der Kondensation von Energie in die Welt, sondern auch Ladung und Spin. Mit der darauf folgenden Integration von Proton und Elektron zum Wasserstoffatom fulgurierte die Festigkeit. Atome können nämlich, obwohl sie zum größten Teil aus »leerem Raum« bestehen, nicht komprimiert werden; zumindest nicht mit den

Drucken, die wir mit technischen Mitteln erzeugen können (in »schwarzen Löchern« ist das wohl anders). Bei jedem Schritt zu einem komplexeren Atom traten dann – als Fulgurationen zweiter Ordnung – jene Eigenschaften in die Welt, welche in den Lehrbüchern der Chemie als Eigenschaften der natürlichen Elemente aufgezählt werden.

Atome sind mehr oder weniger kugelförmige Gebilde. Mit der Entstehung der Moleküle trat eine völlig neue Art von Form in die Existenz. Sehen können wir diese zwar nicht, da Moleküle nur Größen von milliardstel Millimetern haben. Dank der indirekten Methoden der Physikochemie können wir uns jedoch Modellvorstellungen von ihnen machen und diese in den so genannten Schalenmodellen darstellen. Im Zug der chemischen Evolution fulgurierten dann – ebenfalls als Fulgurationen zweiter Ordnung – all die Eigenschaften, die wir an den unbelebten Stoffen wahrnehmen können, z. B. das, was sich uns als Süßigkeit von Zucker oder als Gestank von Schwefelwasserstoff manifestiert.

Beim Schritt zum Lebewesen traten wiederum – als Fulgurationen erster Ordnung – Eigenschaften in die Existenz, die Moleküle allein, auch wenn sie noch so komplex waren, nicht hatten: Spontaneität, die Fähigkeit zu programmgesteuertem Stoffwechsel, zu Wachstum und Reproduktion sowie die Fähigkeit zu Kognition (Erkennen) und Kommunikation.

Kognition fulguriert

Mit dem In-die-Welt-Treten der Fähigkeit zum Erkennen sind wir bei dem angelangt, was uns nunmehr als Leitfaden für die weitere Entwicklung der Vorstellung vom objektiv Geistigen dienen soll. Wenn wir diesem Faden folgen, werden wir bis zum menschlichen Unbewussten, sogar zum Bewusstsein gelangen. Damit werden wir schließlich das Geistige – das objektive und das subjektive – in der Gestalt antreffen, in der es uns aus der Alltagserfahrung vertraut ist.

Vorerst gilt es aber wiederum, Begriffe zu klären. Das Bedeutungsfeld der Ausdrücke »Erkennen« und »Wissen« wurde nämlich seit der Mitte des 20. Jahrhunderts – der Evolutionsachse entlang abwärts – enorm erweitert. Bis vor kurzem schrieb man nur dem Menschen die Fähigkeit zu Erkennen und Wissen im eigentlichen Sinn zu. Dann konfrontierte uns aber die Verhaltensforschung mit der Tatsache, dass auch Tiere ganz außerordentliche Erkenntnisleistungen vollbringen und eine Fülle von angeborenem und erlerntem Wissen besitzen. In neuester Zeit reden nun Physiker in zunehmendem Masse davon, dass auch Elementarteilchen und Feldquanten einander erkennen.

Gewiss steht es Physikern frei, von gegenseitigem Erkennen der Teilchen zu reden. Indessen wollen wir uns vor Augen halten, dass mit dem In-die-Welt-Treten von Leben eine kategorial neue Art von Erkennen fulgurierte. Nur von dieser soll im Folgenden die Rede sein.

»Innerlichkeit« als Oberbegriff

Anderseits ziehe ich es vor, für die Erkenntnisfähigkeit, die mit dem Lebendigen in die Existenz trat, den Ausdruck »Innerlichkeit« zu verwenden. Mit diesem Ausdruck, den der Biologe Adolf Portmann eingeführt hat, setzen wir uns ab von der früheren – noch der mechanistischen Auffassung entsprungenen – Vorstellung, das Lebewesen sei eine Reflexmaschine. Mit »Innerlichkeit« tragen wir der Einsicht Rechnung, dass das Lebewesen auf Grund seiner kognitiven Fähigkeiten in sich die Außenwelt, in der es lebt, zur Innenwelt aufbaut. Der Begriff »Innerlichkeit« ist – ebenso wie »Energie« und »System« – ein Oberbegriff, der Verschiedenes zusammenfasst: Kognition im engeren Sinn, Fühlen (Bewerten), Erleben und Verhalten.

Unter Fühlen versteht man in der Emotionspsychologie – einem jungen Zweig der biologischen Kognitionsforschung (Anm. 260) – die Fähigkeit der Lebewesen, zu beurteilen: »Das ist gut für mich und das ist nicht gut für mich«. Dieses Urteil ergibt sich jeweils aus einem Evaluationsprozess, bei dem – völlig unbewusst und blitzschnell – eine ganze Liste von Kriterien »abgecheckt« wird. Dies setzt angeborene (phylogenetisch erworbene) Sollwerte voraus.

Was unter Erleben zu verstehen ist, weiß wohl jeder aus eigener Erfahrung, doch ist es sehr schwer zu umschreiben. Wie und was Tiere erleben, können wir zwar nicht in Erfahrung bringen; das ist denn auch der Grund, weshalb dafür noch kein eigener Forschungszweig entstanden ist. Dass jedoch Erleben bei Tieren vorkommt, ist nicht zu bestreiten. Die Frage ist allerdings, auf welcher Evolutionsstufe des Lebendigen Erleben begann.

Den umfassendsten erforschbaren Bereich der Innerlichkeit nimmt das ein, was in den Neurowissenschaften als Kognition – als Erkenntnis im engeren Sinn – bezeichnet wird. An dieser unterscheidet man die Aufnahme von Information (die Wahrnehmung) von deren Verarbeitung. Der Kognition zugerechnet wird hier auch das Verhalten: die Abgabe der verarbeiteten Information bzw. deren Umsetzung in Motorik, was immer auch von einer Umstellung physiologischer Prozesse (zur Energiebereitstellung) begleitet ist.

All dies wird – bei höheren Lebewesen – geleistet vom Zentralnervensystem, und zwar von dessen zentralstem Teil: dem Gehirn. Dass dieses aus voneinander abgegrenzten Nervenzellen (Neuronen) besteht, wurde erst zu

Beginn des 20. Jahrhunderts nachgewiesen durch den spanischen Neuroanatomen Ramon y Cajal. Allerdings sind alle Neuronen miteinander vernetzt, und zwar auf unvorstellbar komplexe Weise.

Sie arbeiten als Neuronenverbände. Diese wiederum sind in drei große Funktionskreise eingebaut: in den afferenten (hineinführenden), die so genannte Sensorik, sowie den efferenten (hinausführenden), die so genannte Motorik. Zwischen diesen beiden liegt der integrative Funktionskreis, der die eigentlichen Hirnleistungen vollbringt: der die Innenwelt aufbaut, die Entscheidungen für das Verhalten fällt sowie die hierzu nötigen motorischen Muster entwirft. Wir werden später auf diesen größten Neuronenkomplex – den so genannten Integrator – zurückkommen.

Der Klarheit halber sei festgehalten, dass wir in diesem Kapitel nur von Kognition im Tierreich reden und dass es sich dabei um unbewusste Kognition handelt. Nun ist der Ausdruck »unbewusst« Hand in Hand mit der Tiefenpsychologie entstanden. Als nämlich der Nachweis gelang, dass es einen Bereich der Psyche gibt, der nicht zum Bewusstsein gehört, bezeichnete man diesen als unbewusst bzw. als das Un-bewusste. Diesen Anteil der Psyche hat der Mensch bei seinem Hervorwachsen aus dem Tierreich »mitgebracht«. Weil nun Biologen – anders als Psychologen – hauptsächlich in Kategorien der Evolution denken, bezeichnen sie die im Tierreich vorkommende Kognition nicht als un-bewusst, sondern als vor-bewusst (im Sinn von »noch nicht bewusst«). Da wir aber später auch auf die kognitiven Fähigkeiten des Menschen zu sprechen kommen, gebrauche ich hier weiterhin für die tierische Kognition den Ausdruck »unbewusst«.

Zweierlei Zugänge zur Innerlichkeit

Bevor wir uns die Evolution der Kognition ansehen, sei festgehalten, dass es zur Erforschung der kognitiven Fähigkeiten – wegen des segmentären Charakters bewussten Erkennens – zwei grundverschiedene methodische Zugänge gibt, jeder erschließt einen ganz anderen Aspekt derselben. Mit diesen Überlegungen kommen wir übrigens in die Nähe des heute so viel diskutierten psychosomatischen Problems: der Frage, wie Psyche und Körper (griechisch soma) miteinander verbunden seien.

Gehen wir einfach von der früher gemachten Feststellung aus, dass Information sowohl unter dem materiellen wie unter dem geistigen Aspekt betrachtet werden kann. Da nun Information an einen Informationsträger gebunden ist, kann die Wahrnehmung – die Informationsaufnahme durch ein Lebewesen – als physikalischer Prozess der Wechselwirkung zwischen einem eigenständigen Objekt und einem kognitiven System beschrieben werden. Unter diesem Blickwinkel werden Wahrnehmungsprozesse in der Physiologie untersucht. Für die Erarbeitung der neuen Vorstellung des Geistigen gibt dies jedoch nicht viel her. Hierzu ist nämlich wiederum zu fragen nach der Bedeutung, die beim Wahrnehmungsvorgang übermittelt bzw. dem wahrgenommenen Objekt vom Subjekt (aktiv) zuerteilt wird. Dies erfordert jedoch einen anderen methodischen Zugang.

So haben sich denn zur Erforschung der Innerlichkeit der Lebewesen zwei grundverschiedene Disziplinen entwickelt: die Neurobiologie und die Verhaltensforschung (Ethologie). Neuerdings werden diese zwar unter dem Oberbegriff »Neurowissenschaften« unter ein Dach gebracht, wobei im Fall des Menschen noch Neurologie, Psychiatrie und Tiefenpsychologie an die Seite der Verhaltensforschung treten. In Hinblick auf das Finden dessen, was ich als Geist-Aspekt der Natur bezeichne, ist es jedoch unabdingbar, sich darüber klar zu werden, was jeder der beiden Zugänge hergibt und was nicht.

Aufsehen erregen heute die Ergebnisse der Neurobiologie. Diese untersucht Anatomie und Physiologie des Nervensystems. Im Vordergrund des Interesses steht hier gegenwärtig die Verschaltung der Neuronen (Nervenzellen) sowie die Art und Weise, wie die durchlaufende Information verarbeitet wird. Schon lange ist bekannt, dass das Hirn ein Informations-Reduktions-System ist: dass es aus der über die Sinnesorgane einströmenden Informationsflut das für das betreffende Lebewesen Wesentliche extrahiert. Nun ist man bemüht, herauszufinden, wie das Hirn dies schafft: auf welche Weise es Information aufarbeitet und verarbeitet. Schon hat man erkannt, dass dies nicht wie bei den heutigen Computern digital geschieht, sondern irgendwie analog.

Die Techniken, die bei neurobiologischen Untersuchungen angewendet werden, sind beeindruckend. Es ist schon Routine geworden, einzelne Nervenzellen anzuzapfen und deren elektrische Aktivität auf dem Monitor sichtbar zu machen. Auf Grund des dabei erkannten Prinzips der Arbeitsweise von Gehirnen baut man nun aus technischen Schaltelementen so genannte neuronale Netzwerke auf und simuliert in diesen z. B. einfache Wahrnehmungs- und Lernvorgänge. Dass in den Aufbau solcher Netzwerke und bei deren »Fütterung« – ebenso wie bei den Versuchen von Prigogin – menschlicher Geist investiert wird, wird allerdings bei der Erklärung dessen, was in ihnen abläuft, in der Regel nicht berücksichtigt. Unmittelbare Beobachtung neuronalen Geschehens gestatten zwar das PET-Verfahren (die Positronen-Emissions-Tomografie) sowie die Magnetresonanz-Tomografie. Da kann man auf dem Bildschirm verfolgen, welche Areale des menschlichen Gehirns bei der Lösung bestimmter Aufgaben arbeiten. Was dabei »innerlich« geschieht, ist indessen nicht erkennbar.

Das gilt für die gesamte neurobiologische Forschung. So beeindruckend sie (vor allem wegen ihrer technischen Leistungen) ist und so groß auch die Flut an populärwissenschaftlichen Publikationen und Dokumentationen ist, die aus ihr hervorgeht: für die Fragestellung, die uns in diesem Kapitel interessiert, gibt sie sehr wenig her. Natürlich könnte man auch an den Befunden über Struktur und Funktion des Zentralnervensystems – wie wir es bei den Befunden über Struktur und Funktion einer Körperzelle taten – einen materiellen und einen geistigen Aspekt unterscheiden, indem man nach dem fragt, was angeordnet ist und wie dieses Was angeordnet ist. Dabei würden zwar die Antworten auf die Frage nach dem Wie des Angeordnetseins der Neuronen im Gehirn höherer Tiere alles, was im übrigen Organismus vorkommt, weit in den Schatten stellen. Der Ertrag für die zeitgemäße Vorstellung des objektiv Geistigen ginge jedoch nicht über das hinaus, was die Betrachtung in den vorausgegangenen Kapiteln ergeben hat.

Uns geht es aber jetzt darum, noch eine weitere Facette des Geistigen zu erfassen: diejenige, die mit dem Ausdruck »Innerlichkeit« benannt wird. Es geht somit um die Annäherung an die Inhalte bzw. den Bedeutungsgehalt dessen, was in einem Zentralnervensystem »abläuft«. Es geht um das Semantische.

Zugang und Beitrag der Verhaltensforschung

Hierzu müssen wir den zweiten Weg beschreiten, auf dem sich die unter dem Begriff »Neurowissenschaften« zusammengefassten Disziplinen dem neuronalen Geschehen annähern: jenen Weg, den die Verhaltensforschung (Ethologie) geht. Mit dem Aufkommen dieser Forschungsrichtung hat sich nämlich im Denken von Biologen eine radikale Wende vollzogen. Der Ethologe betrachtet die Tiere nicht mehr einfach als Objekte im traditionellen Sinn, sondern – so weit seine wissenschaftliche Methodik dies zulässt – als Subjekte. Ihn interessiert weniger, über welche Nervenbahnen Information geleitet, in welchen Zentren sie verarbeitet wird und nach welchen Prinzipien dies geschieht. Ihn interessiert vielmehr, was Tiere erkennen und wie sie mit den erkannten Inhalten umgehen. Verhaltensforschung ist somit in eigentlichen Sinn des Wortes Innerlichkeitsforschung, auch wenn sie sich bewusst von der früheren Tierpsychologie distanziert.

Wenn ich sage, Ethologen betrachten Tiere als Subjekte, handelt es sich bei dem, was mit ihrer Methodik erkannt werden kann, trotzdem um objektiv

Geistiges. Um keine Missverständnisse aufkommen zu lassen, muss hier auf eine grundlegende (in der Tiefenpsychologie erarbeitete) terminologische Unterscheidung eingegangen werden, die allerdings nur beim Menschen zu machen ist: auf die zwischen dem Ich und dem Selbst.

Es handelt sich dabei um die Benennung von Zentren, in denen Information verarbeitet wird. Allerdings wird der Ausdruck »Zentrum« in diesem Fall in anderer Bedeutung gebraucht als in der Neurobiologie, d. h. nicht als anatomisch fassbare Gruppe von Nervenzellen. Er dient hier der Benennung dessen, was mit der Methodik bzw. Betrachtungsweise der Verhaltensforschung und der Psychologie sowie teilweise auch der Neurologie (Krankheitslehre des Nervensystems) – also mit dem zweiten der erwähnten Zugänge – erarbeitet werden kann.

Nun wird das spontanaktive, Information verarbeitende und Impulse abgebende Zentrum des Bewusstseins – wie schon oft erwähnt – als Ich bezeichnet. Das ebenfalls spontanaktive, Information verarbeitende und Impulse abgebende Zentrum des menschlichen Unbewussten hingegen bezeichnet man in der Tiefenpsychologie als Selbst. Da nun Tiere (verglichen mit dem Menschen) unbewusste Lebewesen sind, empfiehlt es sich, auch ihre Informationsverarbeitungs-»Zentrale« – aus Gründen terminologischer Sauberkeit – Selbst zu nennen, auch wenn das unter Biologen noch kaum üblich ist.

Bedenken wir jetzt noch, dass das Unbewusste – das des Menschen wie selbstverständlich auch das der Tiere – zum Nicht-Ich, d. h. zur objektiven Wirklichkeit gehört, wird wohl verständlich, dass ich oben sagte, Ethologen betrachten zwar die Tiere als Subjekte, trotzdem aber handle es sich bei dem, was mit ihrer Methodik erkannt werden kann, um objektiv Geistiges.

Obwohl Verhaltensforschung im eigentlichen Sinn des Wortes Innerlichkeitsforschung ist, beobachten Ethologen doch Äußerungen von Lebewesen: deren Bewegungen, Haltungen, Abgabe von Lauten, Düften, Exkrementen usw. Ferner untersuchen sie, wodurch diese Äußerungen ausgelöst werden. Ausgehend von diesem Beobachtungsgut schließen sie dann auf die Innerlichkeit der verschiedenen Arten: auf das, was diese an phylogenetisch erworbenem (»angeborenem«) Wissen besitzen, was sie eventuell dazulernen, was für Konfigurationen sie wahrnehmen (apperzipieren), was für Muster (Programme) der Motorik in ihnen angelegt sind, was für Stimmungen sie unterworfen sind usw. An dem, was bei ethologischem Vorgehen herauskommt, muss nicht mehr zwischen materiellem und geistigem Aspekt unterschieden werden. Es bleibt nur noch der geistige im Netz hängen.

Die Ethologie ist zwar noch eine junge Wissenschaft, doch sind ihre grundlegenden Entdeckungen schon vor mehreren Jahrzehnten gemacht worden. Die großen Kontroversen sind ebenfalls schon durchgestanden, wobei insbesondere der Behaviorismus (»alles ist erlernt«) überwunden wurde. Heute steht fest, dass artspezifisches Verhalten ebenso wie körperliche Strukturen und Funktionen vererbt wird. Man weiß ferner, dass zwischen Umgebung und Umwelt zu unterscheiden ist: dass jede tierische Art ihre arteigene Umwelt hat, d. h., dass sie auf Grund ihrer angeborenen Erkenntnisstrukturen – durch aktive Tätigkeit – das aus der Umgebung herausfiltriert, was für ihr Überleben notwendig ist. Man weiß auch, dass jede Art über angeborene Muster der Motorik (so genannte Erbkoordinationen) und angeborene Auslösemechanismen (so genannte AAMs) verfügt. In Bezug auf den Begriff »Instinkt« wurde (einigermaßen) Einigkeit erzielt, und man hat auch erkannt, dass sich im Instinktverhalten – als so genannte Appetenz – auf eindrückliche Weise jene Grundeigenschaft des Lebendigen manifestiert, die man als Spontaneität bezeichnet.

Längst ist die Verhaltensforschung ins Stadium der normalen Wissenschaft – wie Thomas Kuhn gesagt hätte – eingegangen. Ihre hauptsächliche Aufgabe besteht heute darin, Verhaltensrepertoire (so genannte Ethogramme) der verschiedenen Arten zu erarbeiten. Heerscharen von Etologen sind zur Zeit durch diese Beobachtertätigkeit beschäftigt und werden es, da die Anzahl der Arten unüberschaubar ist, noch auf Generationen hinaus sein. Früchte ihrer Sammlertätigkeit werden durch Presse und Fernsehen laufend unters Volk gebracht, sodass wohl umfangreiche Anschauungserfahrung hier vorausgesetzt werden kann.

Die Evolution als Erkenntnis gewinnender Prozess

Indem uns die Methodik der Ethologie die Innerlichkeit der Lebewesen erschließt, erschließt sie uns wie gesagt eine weitere Facette des objektiv Geistigen. Durch das Erarbeiten einzelner Ethogramme bekommen wir jedoch nur einen Blick in das Sosein der artspezifischen Innerlichkeiten. Auch hier kommen wir noch einen Schritt weiter, wenn wir diese unter dem Blickwinkel der Evolution ins Auge fassen: wenn wir die Ergebnisse der früher schon erwähnten evolutionären biologischen Kognitionsforschung betrachten.

Schon Konrad Lorenz hat damit begonnen, Ethogramme entsprechend dem Stammbaum der Arten zu ordnen: zu untersuchen, wie die Innerlichkeit im Zug der Evolution sich ausgeweitet hat. Auf Grund der dadurch gewonnenen Einsicht bezeichnete er die Evolution als Erkenntnis gewinnenden

Prozess. Damit hob er jene Facette des objektiv Geistigen ins Bewusstsein, um die es uns in diesem Kapitel geht. Mit dem Ausdruck »Erkenntnis gewinnender Prozess« hat Lorenz mehrere Teileinsichten zusammengefasst. Versuchen wir, uns einige davon zu vergegenwärtigen.

Beginnen wir mit dem Begriff »artspezifische Umwelt«. Eingeführt hat ihn Jakob v. Uexküll. Er verstand darunter jenen Ausschnitt aus der Umgebung, den ein Lebewesen auf Grund seiner angeborenen kognitiven Strukturen erkennen kann. Uexkülls grundlegende Einsicht war, dass dieser Ausschnitt für die betreffende Art die Welt ausmacht: dass das, was außerhalb davon liegt, für sie nicht existiert. In seiner blumigen Sprache sagte er, die Umwelten der Tiere seien verschieden möbliert. Nun hat aber die Möblierung – um bei diesem Bild zu bleiben – im Lauf der Evolution ständig zugenommen.

Ein immer wieder beigebrachtes Schulbeispiel einer armselig möblierten Umwelt ist die Zecke. Um überleben zu können, muss sie Gelegenheit finden, Blut zu saugen. Um dies zu erreichen, muss sie aber nur zwei »Dinge« wahrnehmen können: die Temperatur eines Warmblüters und Buttersäure. Nimmt sie beides gleichzeitig wahr, »weiß« sie, dass nun ihre Nahrung da ist. Sie braucht sich nur noch von dem Zweig oder Stängel, auf dem sie sitzt, fallen zu lassen und ihren Rüssel in die Haut des Warmblüters einzubohren.

Vergleichen wir mit dieser armseligen Umwelt, die nur mit zwei »Dingen« möbliert ist, Umwelten höherer Säuger, z. B. die von Hunden, Katzen oder gar von Schimpansen. Ohne deren Ethogramme im Detail zu kennen, wissen wir, dass deren Umwelten unvergleichlich reicher möbliert sind.

Kommen wir auf den Ausdruck »Innerlichkeit« zurück: auf die Einsicht, dass das Lebewesen in sich die Außenwelt als Innenwelt aufbaut. Dabei geht es ja um den Aufbau der aktuellen Situation der Außenwelt bzw. Umwelt. Dass dieser gelingt, setzt voraus, dass im Lebewesen schon ein Abbild der Dinge bzw. der arteigenen Umwelt vorhanden ist: dass letztere – in der Fachsprache ausgedrückt – im Zentralnervensystem repräsentiert ist. Diese zentrale Repräsentation der Umwelt ist die Grundlage von deren Verinnerlichung. Wie aber ist sie in den Organismus hineingekommen? Die Frage ist müßig. Umwelt war schon drinnen nach dem Zustandekommen des ersten lebenstüchtigen Einzellers. Schon ein Bakterium muss nämlich fähig sein, seine Nahrung zu erkennen, sonst könnte es nicht überleben. Die Fähigkeit zur Repräsentation der Umwelt im Innern fulgurierte – wie viele andere Fähigkeiten und Eigenschaften – beim Evolutionsschritt von der toten Materie zu den Lebewesen.

Als mit der Mehrzelligkeit eine Differenzierung der Zellen stattfand und sich ein Zentralnervensystem als Spezialist für Reizleitung und Reizverarbeitung ausbildete, übernahm dieses die Repräsentation. Hand in Hand mit der Komplexitätszunahme der Lebewesen sind dann nicht nur die Nervensysteme (hier als »Hardware« betrachtet), sondern auch das darin Repräsentierte (als »Software« gesehen) komplexer geworden, und zwar in überhaupt nicht vorstellbarem Ausmaß. Es war diese fortschreitende, ungeheure Zunahme des zentral repräsentierten Wissens im Zug der Evolution, die Konrad Lorenz veranlasst hat, die Evolution als Erkenntnis bzw. Wissen gewinnenden Prozess zu bezeichnen.

Zur Frage, ob das Erkennen mit der äußeren Realität übereinstimme, haben philosophische Erkenntnistheoretiker heftige Kontroversen geführt und zum Teil recht abstruse Theorien aufgestellt. In Bezug auf den Menschen als das mit Bewusstsein ausgestattete Lebewesen mögen solche Diskussionen berechtigt sein. Hier aber reden wir, wie gesagt, von der Kognition im Tierreich. Auf diese bezieht sich denn auch die von Konrad Lorenz erarbeitete evolutionäre Erkenntnistheorie. Darin stellte Lorenz die plausible These auf, das innerlich Repräsentierte habe sich im Dienste des Überlebens entwickelt, und es müsse mit der äußeren Realität übereinstimmen, weil die Selektion jedes Tier, bei dem dies nicht der Fall wäre, ausmerzen würde.

Angeborenes und erlerntes Know-how

Erkennen ist ein aktiver Vorgang. Es beruht – wie alle Lebensvorgänge – auf der Spontanaktivität des Lebewesens. Dieses extrahiert auf Grund seiner angeborenen Erkenntnisstrukturen aus der über die Wahrnehmungssysteme einfließenden Flut von Signalen jene Merkmale der »Dinge«, welche deren zentraler Repräsentation in ihm entsprechen. Stimmen sie mit dieser überein, geschieht Erkennen. Im angelsächsischen Sprachraum wird dafür der prägnante Ausdruck »pattern matching« gebraucht (von pattern = Vorlage, Muster, Konfiguration und to match = passend machen). Prägnant ist dieser Ausdruck aus zwei Gründen. Zum einen drückt er die im Erkenntnisvorgang liegende Aktivität des Subjekts aus, zum andern ist »Muster« bzw. »Konfiguration« der bessere Ausdruck für zentrale Repräsentation als »Abbild«. Mit einem Abbild assoziieren wir für gewöhnlich das, was auf einer Fotografie oder einem naturalistischen Gemälde zu sehen ist.

Ethologen haben indessen rekonstruieren können, wie die »Dinge« im Zentralnervensystem repräsentiert sind. Durch Attrappenversuche stellten sie fest, dass dieses jeweils nur einige wenige charakteristische Merkmale der »Dinge« enthält: dass das phylogenetisch erworbene Wissen über die Umwelt so einfach wie möglich kodiert ist.

Erkenntnis als Selbstzweck kommt im Bereich unbewussten Lebens nicht vor. »Sinn des Daseins« ist es dort, zu überleben und Nachkommen zu erzeugen. Angeborenes Wissen ist deshalb Know-how. Gesehen haben wir dies schon bei der Zecke. Sie weiß, dass sie, sobald sie Wärme und Buttersäure wahrnimmt, sich fallen lassen, den Rüssel einbohren und saugen muss. Viele Tiere beherrschen im Dienst des Überlebens bewundernswerte Fertigkeiten, ohne diese je erlernt zu haben: Spinnen zum Beispiel das Erstellen kunstvoller Netze, wobei sie auch gleich noch das im Moment zweckdienliche Mischungsverhältnis der Proteine für die Herstellung des Fadens wählen. Bemerkenswertes phylogenetisch erworbenes Know-how setzt auch das Erstellen vieler Vogelnester voraus – allen voran das des immer wieder zitierten Webervogels. Erwähnt seien auch die raffiniert angeordneten, gut klimatisierten Bauten so einfacher Tiere wie der Termiten.

Staunenswert ist auch vorausschauendes Know-how, wie wir es z. B. bei der Juwelenwespe (einer Schlupfwespenart) finden. Nachdem diese ein Ei in ihre Höhle gelegt hat, sucht sie eine Kakerlake, lähmt sie durch einen Stich ins Genick und kupiert deren Antennen, wodurch diese desorientiert und hilflos wird. Die Wespe schleppt nun die Kakerlake an den abgeschnittenen Fühlern in ihre Höhle. Dann verschließt sie diese mit kleinen Steinchen, sodass sie gut getarnt und gleichzeitig von innen leicht zu öffnen ist. Die Wespe stirbt, bevor die Larve geschlüpft ist. Diese findet dann eine lebendige Kraftnahrung vor, denn die Kakerlake lebt, bis sie fast völlig von innen her aufgezehrt ist. Ist die frisch geborene Schlupfwespe dann selber zum geschlechtsreifen Individuum herangewachsen, wendet sie – ohne es je erlernt zu haben – das gleiche vorausschauende Verhalten an wie ihre Mutter. Lassen wir es bei diesen Beispielen angeborenen (phylogenetisch erworbenen) Wissens im Sinn des Know-how bewenden.

Von einer gewissen Evolutionsstufe an kommt zu diesem angeborenen noch erlerntes Wissen hinzu. Die Fähigkeit zu individuellem Lernen mittels Versuch und Irrtum fulgurierte durch die Erfindung von Rückmeldungsschlaufen. Was eine Art lernen kann, ist aber schon im Genom festgelegt. Man spricht hier von einem offenen Programm. Ein solches benötigt übrigens mehr Information als eines, das nur für angeborenes Wissen kodiert.

Erweiterung des Entscheidungsspielraums

Mit der Fähigkeit zu individuellem Lernen setzte auch die Erweiterung des Entscheidungsspielraums ein. Was damit gemeint ist, wird ersichtlich, wenn wir z. B. ein Infusorium als Vertreter einer sehr niedrigen Evolutionsstufe neben einem höheren Säuger betrachten. Im Experiment wurde nachgewiesen, dass die Innerlichkeit z. B. des Pantoffeltierchens sehr armselig ist: dass diese nicht einmal richtige Gegenstände enthält. Es vermag nämlich keine umrissenen Gestalten zu erkennen, sondern nur diffuse Milieufaktoren wie Licht, Wasserstoffionenkonzentration (PH) usw. Damit besitzt es zwar das Know-how, das es zum Überleben braucht, doch entspricht dem eine große Starrheit des Verhaltens. Wie starr, ohne individuellen Spielraum diese niedrigen Tiere in ihre arttypische Umwelt »eingehängt« sind, lässt sich nachweisen, wenn man die wenigen Faktoren, die sie zu erkennen vermögen, variiert. Durch wahlweise Veränderung des Lichteinfalls und des PH kann man ein Pantoffeltierchen wie eine Marionette gleichsam an unsichtbaren Fäden herumführen, wie und so lange es einem beliebt.

Bei Vertretern des oberen Evolutionspols ist von einer willkürlichen Fernsteuerung auch bei noch so großer Kenntnis der jeweiligen Innerlichkeit keine Rede mehr. Höhere Tiere können in einer gegebenen Situation relativ frei zwischen mehreren Möglichkeiten des Verhaltens wählen. Zumindest bei einem Schimpansen ist dies so ausgeprägt, dass man den Eindruck hat, man stehe einer Person gegenüber: einem Wesen, das weitgehend macht, was ihm beliebt und wie es ihm beliebt.

Mit den Schimpansen sind wir – von der Evolution her gesehen – in die Nähe des Menschen gekommen: in die Nähe jenes Zeitpunkts, an dem Bewusstsein fulgurierte. Dabei entstand – »oberhalb« des Selbst – ein Ich, und es trat die Fähigkeit in die Existenz, zwischen Ich und Nicht-Ich zu unterscheiden. Daraus wiederum ergab sich die völlig neue Möglichkeit, jene Grenzen, die Tieren durch ihre arteigenen Erkenntnis- und Verhaltensmuster abgesteckt sind, zu überschreiten. Mit dieser Möglichkeit weitete sich der Entscheidungsspielraum, der ja bei höheren Säugern schon recht groß ist, enorm aus. Damit trat aber auch der Zwang in die Welt, sich um das richtige Tun zu bemühen und nach dem Sinn des Lebens zu fragen. Sparen wir diese Problematik für später auf. Bleiben wir noch bei der unbewussten Innerlichkeit, die ja auch im Menschen bei weitem überwiegt.

Humanethologie

Wir haben gesehen, dass Ethologen artspezifische Ethogramme erarbeiten. Im Rahmen dieser Tätigkeit haben sie sich auch um das Ethogramm des Menschen bemüht. Die wissenschaftliche Disziplin, die dabei entstand, nennt sich Humanethologie. Während nun Tiefenpsychologen das menschliche Unbewußte auf dem Weg über die innere Wahrnehmung erschließen,

erschließen die Humanethologen dieses – gemäß der ihnen eigenen Methodik -über das sinnlich Wahrnehmbare. So gehen sie denn nicht wie die Tiefenpsychologen von dem aus, was Menschen über innerlich Wahrgenommenes (über Träume, Wachfantasien, evtl. Visionen) berichten, sondern von dem, was »aus Distanz« beobachtet werden kann. Bevorzugtes Hilfsmittel (aber nicht das einzige) ist hierbei der Film. Dank Erfindung des Winkelobjektivs kann man Menschen filmen, ohne dass sie sich beobachtet fühlen. Auf diese Weise untersuchte Irenäus Eibl-Eibesfeldt, der Begründer der Humanethologie, menschliches Verhalten quer durch viele Kulturen hindurch – von Papua Neuguinea bis Schweden. Dabei ergaben sich Grundmuster, die sich über die Kulturen hinweg gleich blieben. Aus deren universellem Vorhandensein konnte darauf geschlossen werden, dass sie arteigen bzw. phylogenetisch erworben sind. Es fanden sich vor allem Grundmuster des sozialen Verhaltens: bei der Beziehung zwischen Mutter und Kind, bei der Paarfindung, bei Besitz und Tausch von Objekten, beim Rangordnungskämpfen und Feindverhalten sowie bei Neugierverhalten bzw. explorativer Aggression.

Was damit gemeint ist, soll ein Beispiel zeigen. Betrachten wir, was die ethologische Erforschung der Beziehung zwischen Mutter und Kind ergeben hat (Anm. 53). Einerseits beherrschen die Mütter differenzierte, altersstufengemäße Strategien für den Umgang mit ihrem Säugling, ohne sich dessen bewusst zu sein; anderseits kommt der Säugling den Kontaktbewegungen der Mutter entgegen. Außerdem verfügt der Säugling – außer verschiedenen Formen des Weinens, die die Mutter versteht – als völlig unbewusstes Lebewesen über fünf unterscheidbare Lautäußerungen mit spezifischer Funktion: den Kontaktlaut, den er unmittelbar nach dem Aufwachen äußert, den Unmutslaut, den er beispielsweise von sich gibt, wenn ihm die Mutter die Nase putzt, den Schlaflaut, der Wohlbehagen signalisiert. Unterbleibt der Schlaflaut längere Zeit, sieht die Mutter nach dem Rechten, ohne jedoch zu wissen, weshalb sie dies tut. Der Trinklaut wird im Rhythmus des Trinkens geäußert und signalisiert, dass alles in Ordnung ist. Mit dem Wohligkeitslaut schließlich signalisiert der Säugling Wohlbehagen und Sättigung. Bemerkenswert ist auch die aktive Rolle, die schon der nur einen Monat alte Säugling bei den Interaktionen mit der Mutter spielt.

Humanethologen beschränken sich indessen nicht auf den Vergleich in der geografischen Breite. Sie vergleichen die Verhaltensmuster, die sich als für die menschliche Art typisch ergeben haben, auch mit denen evolutionär niedrigerer Lebewesen. So konnte z. B. durch Vergleich mit Menschenaffen entschieden werden, welche menschlichen Verhaltensformen uraltes Primatenerbe und welche menschlicher Neuerwerb sind. Als Neuerwerb erwies sich z. B. die Familiarisierung des Mannes; anderseits haben wir mit unseren nächsten tierischen Verwandten das Vorgehen bei Rangordnungskämpfen gemeinsam sowie auch den Umgang mit Außenseitern der Gruppe (das heute wieder ins Blickfeld rückende »Mobbing«) und vieles andere mehr.

Noch einmal die zwei positivistischen Zugänge zur Innerlichkeit

Bevor wir uns vor Augen führen, was die Erschließung des menschlichen Unbewussten auf dem Weg über das innerlich Wahrgenommene ergeben hat, wollen wir noch einmal auf die beiden positivistischen (nur die Sinneswahrnehmung benützenden) Wege zur Erschließung der Innerlichkeit zurückkommen. Ich habe gesagt, über den Weg, den die Neurobiologie beschreitet, sei es nicht möglich, den Bedeutungsgehalt zu erfassen. Ergänzend sei dem hier noch beigefügt, dass auch alles neurobiologische Bemühen um das Verständnis des Traums – insbesondere des Bedeutungsgehalts und der Funktion der Träume – nichts hergibt, auch wenn Versuche in dieser Richtung immer wieder unternommen werden. Diese Aufgabe kann nur mit der tiefenpsychologischen Methodik – durch Beobachten der Wechselwirkung zwischen Bewusstsein bzw. zwischen Ich und Selbst – gelöst werden, also mit einer Methodik, bei der man analog zur Verhaltensforschung vorgeht. Mit der neurobiologischen Methodik kann man nur nachweisen, wann, wie oft und wie lange geträumt wird, eventuell noch, welche Hirnregionen beim Träumen aktiv sind.

Am weitesten gegen das hin, was mit der tiefenpsychologischen Methode an Innerlichkeit erschlossen werden kann, konnte die Neurologie einen Stollen vorantreiben. Als Zweig der Medizin untersucht die Neurologie Krankheiten des Nervensystems. Zur Erhellung der unbewussten Leistungen des Gehirns können Neurologen deshalb beitragen, weil sie die »grausamen Versuche der Natur« – die Erkrankungen des Zentralnervensystems – zu sehen bekommen. So können sie mit den Methoden medizinischer Diagnostik deren Symptomatologie herausarbeiten und vor allem auch testen, welche normalen Funktionen dabei ausfallen. Nach dem Tod der Patienten kann dann festgestellt werden, welche Schädigungen des Gehirns diese funktionalen Ausfälle bewirkt haben. Festzuhalten ist jedoch, dass bei all den noch so aufschlussreichen klinischen Tests nur festgestellt werden kann, was »nicht mehr geht« bzw. »noch geht«, nicht aber, was für Inhalte (Bedeutungsgehalte) vom Unbewussten ins Bewusstsein fließen und wie das Unbewusste auf Bewusstseinslagen reagiert.

Indessen möchte ich doch einem möglichen Missverständnis vorbeugen. Wenn ich bisher – im Hinblick auf das Ziel dieser Arbeit – vor allem hervorgehoben habe, was die Neurobiologie nicht leisten kann, will dies doch nicht heißen, deren Ergebnisse können bei der Erarbeitung der Innerlichkeit vernachlässigt werden. Im Gegenteil. Für das Verständnis lebendiger kognitiver Systeme sind beide Zugänge wichtig, sowohl der ethologische als auch der neurobiologische, jeder erschließt diese Systeme von einer anderen Seite her. Die Ergebnisse beider sind als komplementäre Aspekte ein und derselben Sache zu betrachten.

Zum Schluss ist noch darauf hinzuweisen, dass – abgesehen von verschwindenden Ausnahmen – all die Fakten, an denen wir bis dahin den Geist-Aspekt der Natur vom materiellen abgetrennt haben, durch positivistische Methodik erarbeitet worden sind: nach dem Prinzip des seit zirka vierhundert Jahren allein als wissenschaftliches Vorgehen anerkannten methodischen Positivismus. Auf diesem soliden Fundament des mithilfe der Sinne Gewonnenen kann sich nun heute jenes Wissen niederlassen, das seit Beginn des 20. Jahrhunderts auf dem andern Weg der Wahrnehmung – über das innerlich Wahrnehmbare – erarbeitet worden ist. Hierzu müssen wir uns aber erst einmal vor Augen führen, wie die Forschung auf diesen Weg gekommen ist und dass es sich dabei um echte Empirie handelt.

Das menschliche Unbewusste

Der initiale Impuls zur Erforschung des Nicht-Ich über das innerlich Wahrgenommene erfolgte schon beim Übergang vom 18. zum 19. Jahrhundert mit der anthropischen Wende: mit dem Hinweis von Kant, dass zwischen Welt und Weltbild zu unterscheiden ist. Wir haben gesehen, dass dadurch die Frage ins Blickfeld rückte, wie der Mensch die objektive Wirklichkeit erkenne.

Bis diese Frage beantwortet werden konnte, musste jedoch ein langer Weg zurückgelegt werden. Eine erste Etappe wurde um die Mitte des 19. Jahrhunderts erreicht mit dem Aufkommen einer empirischen Psychologie, welche die bis dahin in reichem Ausmaß geübte philosophische und theologische (mythische) »Seelenkunde« ablöste.

Nun war aber während der Aufklärung die archaische, noch viele Aspekte umfassende Vorstellung der Seele geschrumpft auf die Vernunft; auf das, was man heute Bewusstsein nennt. So entfaltete sich denn die frühe empirische Psychologie unter dem Bewusstseins-Paradigma. Man sprach erstens nicht mehr von Seele, sondern von Psyche; zweitens setzte man Psyche mit Bewusstsein gleich.

Indessen wurde schon bald einmal von einzelnen Forschern – auf Grund von Beobachtung so genannter parapsychischer Phänomene, unwillkürlicher Bewegungen, des Verhaltens während der Hypnose usw. – ein unbewusster, dem Bewusstsein nicht zugänglicher Bereich der Psyche postuliert. Lange Zeit blieb das jedoch ein bloßes Postulat, da man über keine Methode verfügte, mit der man die Existenz des Unbewussten schlüssig nachweisen konnte. Eine solche Methode gefunden zu haben ist das säkulare Verdienst von Sigmund Freud (1856-1939). Säkular kann man es nennen wegen der »welterschütternden« Konsequenzen, die dieser Nachweis zur Folge hatte. Mit »welterschütternd« meine ich: die bisher gültigen, sich für absolut nehmenden Weltbilder – das archaische und das positivistisch-materialistische – erschütternd. Auf diese Konsequenzen werde ich jedoch erst im dritten Teil eingehen. Betrachten wir vorläufig nur, wie der Zugang zum Nicht-Ich über das innerlich Wahrnehmbare erschlossen wurde.

Entdeckung der inneren Wahrnehmung

Die hauptsächlichen Elemente der Methode Freuds waren das freie Assoziieren und die Analyse von Träumen. Indem Freud den bis dahin der wissenschaftlichen Erforschung nicht würdigen Traum ernst nahm, tat er einen genialen

Griff. Bis dahin hatte man unter dem Einfluss des positivistischen Menschenbildes (Abb. 2 und Abb. 3, S. 209 f.) angenommen, Träume werden vom Ich, dem »Zentrum« des Bewusstseins, gemacht. Nun ergab sich aber, dass das nicht der Fall ist, sondern dass Träume vom Ich als fertige Gebilde wahrgenommen werden und dass sie dem Ich Information über den unbewussten Bereich der Psyche zuführen. Um diese Art von Wahrnehmung von der Sinneswahrnehmung abzugrenzen, nennt man sie heute innere Wahrnehmung.

Nun gehört das Unbewusste per definitionem zum Nicht-Ich, d. h. zur objektiven Wirklichkeit. Mit dem Nachweis, dass Träume wahrgenommen werden, war erwiesen, dass es noch einen anderen Weg zur Erforschung der unbewussten menschlichen Innerlichkeit gibt als den des methodischen Positivismus, den z. B. die Humanethologie beschreitet. Für die Wissenschaft – insbesondere für die Humanwissenschaft – hatte die Entdeckung der inneren Wahrnehmung enorme Konsequenzen. Durch sie war nämlich der Empiriebegriff, auf den sich wissenschaftliches Forschen bis dahin gestützt hatte, erweitert worden.

Mit der Feststellung, dass Träume wahrgenommen werden, war es allerdings noch nicht getan. Es musste auch verstanden werden, was für Botschaften diese enthalten. Dazu musste erst einmal die Bildersprache des Unbewussten entschlüsselt werden. Diese war nämlich dem Menschen des 20. Jahrhunderts völlig fremd. Auf niedrigeren Bewusstseins-Stufen hatte man die Botschaften der Träume zwar noch verstanden. In vorchristlichen und nichtchristlichen Kulturen war Traumdeutung sogar zu hoher Meisterschaft entwickelt worden. Allerdings verstand man damals Träume noch konkretistisch. Wegweisend für das Leben galten vor allem die »großen«, d. h. erlebnisintensiven bzw. beeindruckenden Träume. Die darin auftretenden Gestalten fasste man aber entsprechend der archaischen Apperzeption des innerlich Wahrgenommenen – noch als wirkliche (konkrete) Wesen auf, die während des Schlafes die Seele besuchen und ihr wichtige Mitteilungen machen. Auch glaubte man noch, die Seele könne im Schlaf den Körper verlassen und sich »umsehen«.

Nachdem aber Hand in Hand mit der Entdeckung der inneren Wahrnehmung erkannt worden war, dass es sich beim Traum um bildsprachliche Mitteilungen handelt, galt es, erst einmal diese Bildersprache zu entschlüsseln. Freud kam damit nicht mehr zurecht. Die Entschlüsselung gelang erst C. G. Jung (1875-1961). Die Auseinandersetzung drehte sich um die so genannten archaischen Reste: um jene Traumfiguren, zu denen der Träumer keine Assoziationen aus seiner persönlichen Lebensgeschichte beibringen konnte. Es waren dies »fantastische« Figuren und Geschehensabläufe: solche, die sich in der sinnlich erfahrbaren Welt nicht vorfinden, z. B. Elfen, Dämonen, Engel usw., sowie ein Geschehen, das den Naturgesetzen wie auch den Regeln der Logik zuwiderläuft, z. B. dass ein Gott eine Jungfrau befruchtet und diese dann ein göttliches Kind gebiert oder dass ein Toter wieder lebendig wird.

Freud sah darin lediglich bedeutungslose Relikte aus früheren Phasen der Menschheitsentwicklung (daher der Ausdruck »archaische Reste«). Jung hingegen vermutete, dies seien gerade die bedeutungsvollen Inhalte der aus dem Unbewussten kommenden Botschaften. Diese Vermutung erwies sich nicht nur als richtig. Sie erwies sich im Nachhinein auch als Ausgangspunkt für die Weiterentwicklung der Modellvorstellung der Psyche sowie – als weitere Konsequenz – für die Überwindung des archaischen Weltbilds.

Grundlegend war die Erkenntnis Jungs, dass die gleichen Gestalten und Geschehensabläufe, die man in Träumen vorfand, auch in Mythen aller Zeiten und Breiten vorkommen, dass also auch Mythen als Gestaltungen des Unbewussten aufzufassen sind. Zur Erschließung des Bedeutungsgehalts dieser Bilder ging er nach Art der vergleichenden Sprachforschung vor, indem er vor allem Mythen aus verschiedenen Kulturen miteinander verglich. Da er eine außergewöhnliche Begabung zur Mustererkennung hatte, entdeckte er, dass die kaum überblickbare Vielfalt der mythischen Gestalten und Geschehnisse auf einige wenige Muster von Bedeutung zurückgeführt werden kann. Diese Bedeutungsmuster nannte Jung Archetypen. (Später verwendete er diesen Ausdruck allerdings noch in anderem Sinn, was zu vielen Missverständnissen Anlass gab.) Bei der ursprünglichen vergleichenden Analyse der Gestaltungen des Unbewussten fand Jung unter anderem einen Archetypus des Bergenden und einen des Hervortretens aus der Geborgenheit (auch Archetypus des Weiblichen und des Männlichen genannt), einen Archetypus des Übergangs (von einer Einstellung des Ich zu einer differenzierteren), einen Archetypus der absolut überlegenen Instanz (des Göttlichen), einen des Versuchers, einen der hilfreichen Kräfte usw.

Da diese Bedeutungsmuster aus einer Vielfalt von Gestalten und Geschehensabläufen abstrahiert worden waren, wurde auch ersichtlich, dass das Unbewusste den gleichen Inhalt durch viele verschiedenartige Bilder veranschaulicht: dass die zum gleichen Bedeutungsmuster (Archetypus) gehörenden Bilder (archetypischen Bilder) als Synonyme der Sprache des Unbewussten aufzufassen sind.

Vorausgegangen war der Erschließung der Sprache des Unbewussten noch eine Erweiterung des Begriffs »innere Wahrnehmung«. Während sich nämlich

Freud nur mit Träumen befasst hat, untersuchte Jung auch Visionen und entdeckte, dass auch diese dem innerlich Wahrgenommenen zuzuordnen sind: ebenso wie Wachfantasien und Intuitionen (»Einfälle«, »Erleuchtungen«).

Von der Bewusstseinspsychologie zur Tiefenpsychologie

Die Entdeckung des Unbewussten führte in der empirischen Psychologie zu einem Paradigmawechsel. Bewusstseinspsychologie wurde zu Tiefenpsychologie. Indessen wurde dieser Paradigmawechsel – anders als in anderen naturwissenschaftlichen Disziplinen – von der damals etablierten Psychologie nicht vollzogen. Der Grund lag darin, dass die empirische Psychologie seinerzeit aus der Physiologie (der Wissenschaft vom normalen Funktionieren des Organismus) hervorgegangen war, die Entdeckung des Unbewussten sich hingegen in der medizinischen Wissenschaft ereignete: beim Bemühen um die Heilung seelischer Störungen. Weil die Bewusstseinspsychologie aber an den philosophischen Fakultäten angesiedelt war, rezipierten – infolge der Abschottung der Fakultäten – die akademischen Psychologen die Entdeckung des Unbewussten bis in die jüngste Zeit nicht. Dazu kam (und dies war wahrscheinlich das Entscheidende), dass die Tiefenpsychologie sich zwar auf den durch die Entdeckung des Unbewussten erweiterten Empiriebegriff stützt, die Pioniere der Tiefenpsychologie sich dieser Erweiterung jedoch nicht bewusst waren bzw. dies noch nicht zu formulieren vermochten.

Jedenfalls blieben die akademischen Psychologen weiterhin dem positivistischen Empiriebegriff verhaftet. Dazu kam, dass die Tiefenpsychologie auch innerhalb der medizinischen Fakultäten anfangs nicht Fuß fassen konnte, weil die Psychiatrie, die sich ja auch mit seelischen Störungen befasste, ebenfalls dem positivistischen Empiriebegriff verhaftet blieb. So führte denn die Tiefenpsychologie lange Zeit ein Randdasein und galt in den Augen vieler »zünftiger« (jedoch nicht informierter) Naturwissenschaftler als »mystisches Zeug«.

Die innere Struktur der Tiefenpsychologie ist im Prinzip die gleiche wie die der Medizin. Wie diese gliedert sie sich in einen praktischen Teil, bei dem es um Therapie geht, und einen wissenschaftlichen Teil, bei dem die bei der Therapie gemachten Beobachtungen reflektiert werden. Reflektiert wird dabei – wie in der Medizin – sowohl über krankhafte als auch über normale Zustände. Ersteres führte zu den Neurosetheorien, das zweite zu Modellvorstellungen über Struktur und Funktion der normalen Psyche. Letzterem entsprechen in der Medizin Anatomie und Physiologie.

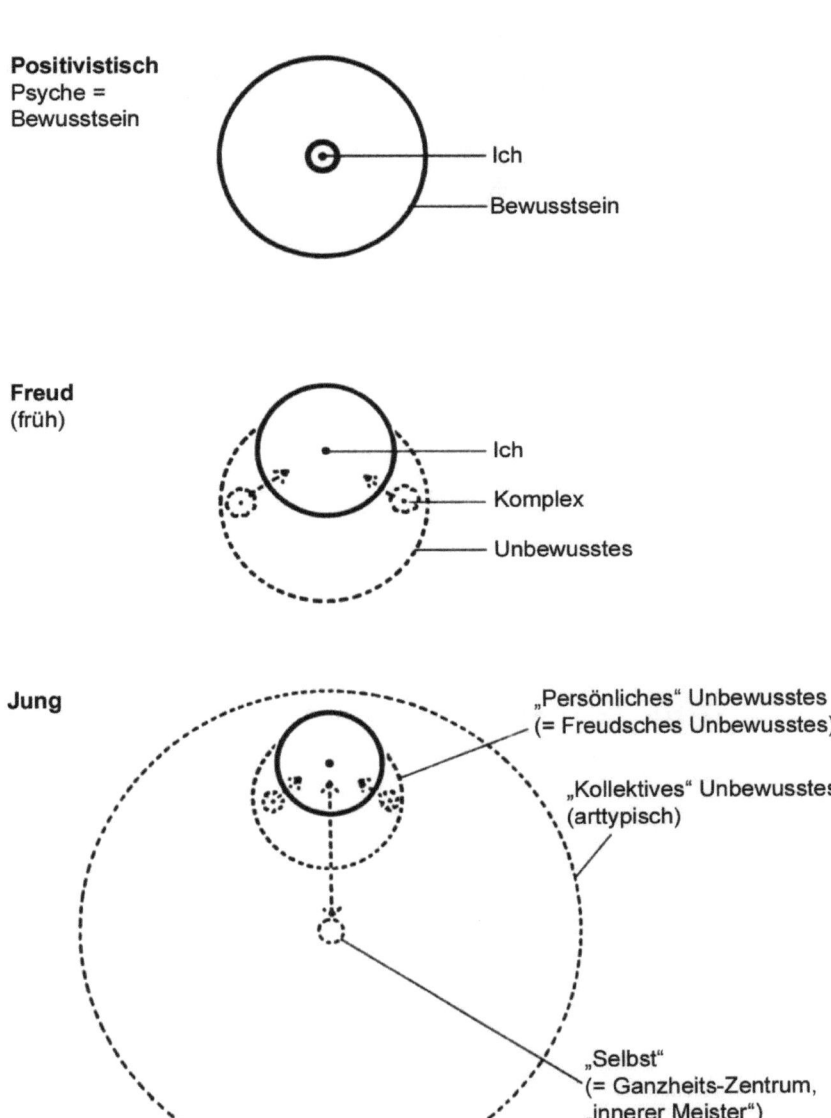

Positivistisch
Psyche =
Bewusstsein

Ich

Bewusstsein

Freud
(früh)

Ich

Komplex

Unbewusstes

Jung

„Persönliches" Unbewusstes
(= Freudsches Unbewusstes)

„Kollektives" Unbewusstes
(arttypisch)

„Selbst"
(= Ganzheits-Zentrum,
„innerer Meister")

Abb. 2 Modellvorstellungen der Psyche

209

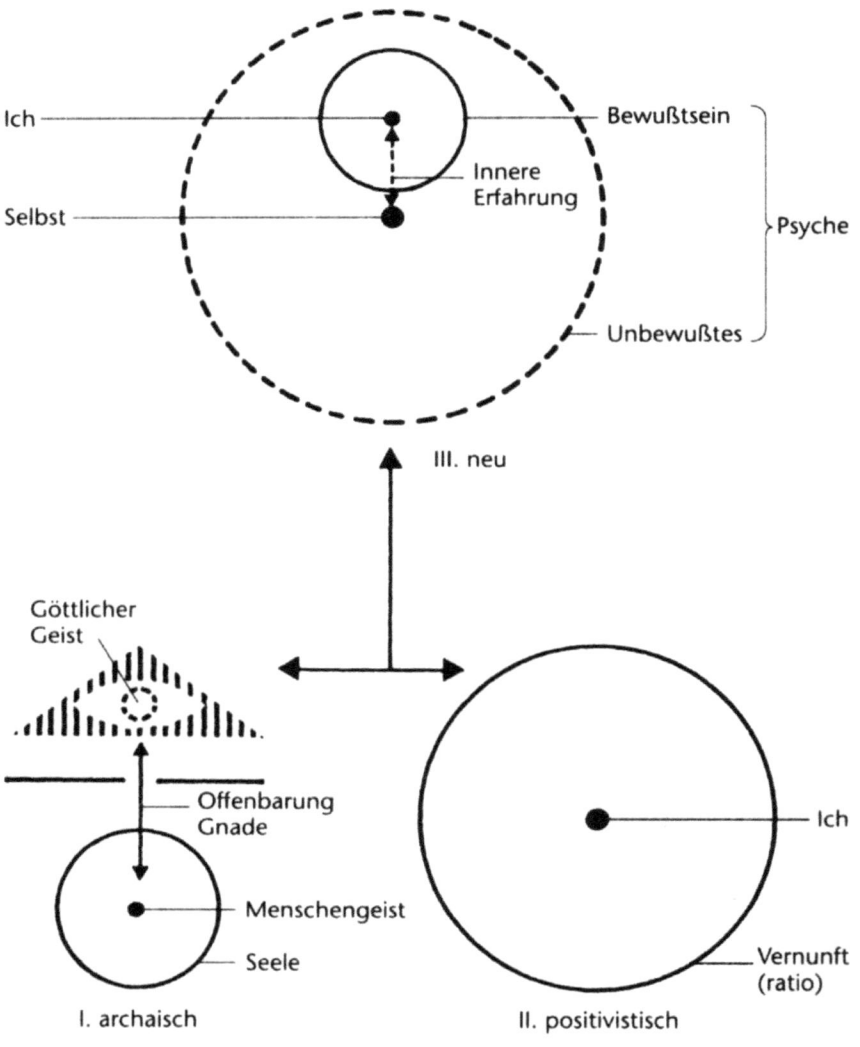

Abb. 3 Der Wandel des Menschenbildes

Anders hingegen als die wissenschaftliche Medizin hat die wissenschaftliche Tiefenpsychologie neben diesem so genannten theoretischen Zweig noch einen hermeneutischen. Dieser erforscht die Sprache des Unbewussten. Als Jung den Code dieser Bildersprache geknackt hatte, war ja erst die Möglichkeit eröffnet, diese im Detail zu erschließen. Die Erschließung geschah nun in der Folge durch den hermeneutischen (deutenden) Zweig der Tiefenpsychologie, der den Bedeutungsgehalt der in Mythen, Märchen und Sagen sowie in »archetypischen« Träumen vorkommenden Bilder und Geschehensabläufe erarbeitete.

Es sei ausdrücklich vermerkt, dass tiefenpsychologische Hermeneutik etwas völlig anderes ist als juristische, ethnologische, literaturwissenschaftliche, musikalische, kunsthistorische oder gar theologische. Es sei vor allem deshalb vermerkt, weil akademische Theologen das Wort »Hermeneutik«, seit es von Hans-Georg Gadamer in unseren Sprachgebrauch eingeführt worden ist, sozusagen für sich gepachtet haben: Sie reden von der Hermeneutik in einem Ton, als gäbe es nur die theologische. Indessen benannte Gadamer mit dem Ausdruck Hermeneutik lediglich das Bemühen zu verstehen, was der Autor eines Textes (Text im weitesten Sinn verstanden) sagen wollte. Nun sind theologische und tiefenpsychologische Hermeneutik diametral verschieden, da in diesen beiden Typen von Wissenschaft unter der Autorschaft der zu untersuchenden Texte etwas völlig anderes verstanden wird.

Modellvorstellung der unbewusst-bewussten Psyche

Für unsere Untersuchung ist vor allem das Ergebnis der theoretischen Tiefenpsychologie im engeren Sinn von Interesse: die Modellvorstellung der unbewusst-bewussten Psyche (Abb. 2 und Abb. 3, S. 209 f.). Diese kam in zwei Etappen zu Stande. Die erste ist mit dem Namen Freud verbunden, die zweite mit dem Namen Jung. Jung war nur neunzehn Jahre jünger als Freud, doch manifestieren sich in den Modellvorstellungen dieser beiden Forscher zwei aufeinander folgende Etappen in der Auffassung der Natur. Während nämlich Freud noch wie die gesamte damalige Naturwissenschaft der mechanistischen Sicht verhaftet war, nahm Jung mit seiner Vorstellung der Psyche schon die systemische vorweg. Immer wieder betonte er, die Psyche sei ein selbstregulierendes System.

Freud glaubte noch, das Unbewusste komme im Verlauf eines individuellen Lebens durch Verdrängen und Vergessen von Bewusstseinsinhalten zu Stande. Zudem nahm er an, das Unbewusste sei rein reaktiv: so etwas wie ein Abfallsack, dessen Inhalte – die »Komplexe« – Neurosen bewirken. Jung wies dann mithilfe einer differenzierteren Methodik – durch gezielte Assoziation, verbunden mit Amplifikation – nach, dass das Unbewusste nicht reaktiv, sondern sogar in noch höherem Ausmaß als das Bewusstsein spontanaktiv ist; ferner zeigte er, dass Freud nur eine »oberflächliche Schicht« des Unbewussten erfasst hatte: dass es noch einen viel umfangreicheren und zudem schon bei der Geburt vorhandenen Bereich des Unbewussten gibt, nämlich jenes arteigene – für die Spezies Homo sapiens typische – kognitive System, dessen weniger komplexe Ausformungen später die Ethologen bei den verschiedenen tierischen Spezies nachgewiesen haben.

Während ferner Freud im Unbewussten vor allem etwas sah, das die Funktion des Bewusstseins (des Ich) stört, zeigte Jung, dass das arteigene (er nannte es das kollektive) Unbewusste der eigentliche Mutterboden ist, aus dem das Bewusstsein im Verlauf eines individuellen Lebens hervorsprießt und von dem her es während des ganzen Lebens genährt und befruchtet wird. Durch Vergleich von Langzeitentwicklungen (so genannten Individuationsprozessen) konnte er zudem nachweisen, dass das Programm für die Entwicklung des Bewusstseins bzw. des Ich – für dessen Jugend- , Erwachsenen- und Altersform – im Unbewussten gespeichert ist und dass dessen Durchführung von dort her gesteuert wird.

Jung erkannte zudem, dass das menschliche Unbewusste ebenso wie das der Tiere zu Wahrnehmung – aus der Umgebung und aus dem eigenen Körper – fähig ist, und auch, dass es diese verarbeitet. Zu Verarbeitung von Information ist das Unbewusste sogar in ganz besonderem Maße fähig, weil es über die gesamte » Software« – für die physiologischen Funktionen, für das artspezifische Verhalten sowie für die Ausführung vieler Bewusstseinsfunktionen (z. B. für Erwerb und Anwendung von Sprache, für Mathematik, künstlerische Gestaltung usw.) – verfügt. In welchem Ausmaß das Unbewusste zu Informationsverarbeitung fähig ist, wird ersichtlich, wenn man bedenkt, dass es im Wachzustand pro Sekunde viele Millionen Bits empfängt, das Bewusstsein hingegen nur zirka vierzig!

Aus der Beobachtung, dass das Unbewusste Information verarbeitet, schloss Jung, es sei zentriert. Dies ist wohl neben der Artspezifität der wesentlichste Unterschied zwischen der Modellvorstellung von Freud und Jung. Wesentlich nenne ich ihn vor allem wegen der Konsequenzen, die sich daraus für den Wandel der archaischen Vorstellung eines menschennahen Gottes ergaben. Ich komme darauf zurück. Es sei hier lediglich noch daran erinnert, dass Jung dieses Zentrum, um es vom Ich, dem Zentrum des Bewusstseins, begrifflich zu unterscheiden, als Selbst bezeichnet hat.

In die Modellvorstellung Jungs ist ferner die Einsicht eingegangen, dass die Psyche ein ganzheitlich funktionierendes System ist, d. h. dass das Unbewusste und das Bewusstsein zusammenspielen müssen, da sonst Neurosen, eventuell sogar Psychosen entstehen. Besonders folgenschwer war dabei die Erkenntnis, dass das Führungssystem der gesamten Psyche im unbewussten Bereich liegt: dass das Selbst das eigentliche Führungszentrum der Psyche ist.

Beide Zentren sind spontanaktiv. Dabei handelt jedoch das Ich nur in gewissem Ausmaß in eigener Regie, d. h. nur in relativer »Willensfreiheit«. Letztlich muss es sich nämlich in existentiellen Belangen den Intentionen des Selbst unterordnen. Die »Botschaften«, die das Selbst hierzu über den inneren Informationsstrom dem Ich zukommen lässt, enthalten denn auch zu einem großen Teil korrigierende Impulse, daneben aber auch ziel- und sinngebende, entwicklungsfordernde sowie »erleuchtende«. Je nach Bewusstseinszustand empfängt das Ich diese Botschaften als Wachfantasien und Intuitionen, als Träume oder als Visionen. Da sie verarbeitete Information enthalten und – als Träume und Visionen – semantisch und syntaktisch gestaltet sind, werden sie insgesamt Gestaltungen des Unbewussten genannt.

Die Analyse dieser Gestaltungen eröffnete unter anderem Einblick in eine interessante Seite der sprachschöpferischen Funktion des Selbst. Interessant (und für das Weltbild folgenschwer) ist dabei die Erkenntnis, dass es gewisse – vor allem psychische – Sachverhalte in der Weise veranschaulicht, dass es aus Elementen, die der Sinneswahrnehmung entnommen sind, neue Gestalten komponiert. So veranschaulichte es z. B. seit jeher die destruktiven, die Ganzheit der Psyche gefährdenden Tendenzen durch Dämonengestalten. Die dämonische Gestalt, die sich in der abendländischen Tradition durchgesetzt hat – der Teufel – , besitzt auf bildlichen Darstellungen meistens einen menschlichen Körper, Füße eines Bocks oder Pferdes, Hände mit Krallen eines Greifvogels, den Schwanz einer Kuh oder eines Reptils sowie Hörner wie die eines Ziegenbocks. Obwohl aus lauter Elementen komponiert, die uns von der Sinneswahrnehmung her vertraut sind, ist die Teufelsfigur mit den Sinnen nirgends wahrnehmbar: das Selbst veranschaulichte damit etwas seinem Wesen nach Unanschauliches.

Tiefenpsychologische Methode ermöglicht »direkte« Schau des objektiv Geistigen, jedoch nur im Menschen

Die Tiefenpsychologie beobachtet die Wechselwirkung zwischen dem Bewusstsein und dem Unbewussten. Zum einen beobachtet sie, wie das Unbewusste auf Einstellungen und Absichten des Ich reagiert, zum andern, wie es – auf Grund seiner Spontanaktivität – die Entwicklung des Ich in Gang bringt, steuert und fördert. Da man nun die Sprache des Unbewussten versteht, somit den Bedeutungsgehalt der Botschaften, die über den inneren Informationsstrom ins Bewusstsein gelangen, verstehen kann, gewinnt man mit der tiefenpsychologischen Methode einen ganz anderen, »tieferen« Einblick in die unbewusste menschliche Innerlichkeit, als es mit der Methode der Humanethologie – sowie allen anderen Disziplinen, die sich der positivistischen Methode bedienen – möglich ist. Es ergibt sich damit sozusagen eine direkte Schau auf das objektiv Geistige.

Allerdings wird damit nur eine Schau des objektiv Geistigen im Menschen gewährt. Das objektiv Geistige in der übrigen Natur – in der belebten und schon gar in der unbelebten – kann nur über das mit den Sinnen Wahrgenommene erkannt werden. Dies ist denn auch der Grund, weshalb ich das menschliche Unbewusste erst zuletzt besprochen habe, obwohl es schon zu Beginn des 20. Jahrhunderts – lange vor dem Aufkommen der modernen Biologie und der biologischen Innerlichkeitsforschung – entdeckt und erschlossen worden ist.

Noch einmal Klärung von Begriffen

Dazu kommt noch, dass die tiefenpsychologische Methode nur Einblick in die höchste Komplexitätsstufe des menschlichen Unbewussten gewährt: nur in jene, die man dem psychischen Bereich zuordnet. Damit stehen wir noch einmal vor der Notwendigkeit, Begriffe zu klären. Das ist ja bei transdisziplinären Überlegungen eine der fundamentalen Tätigkeiten, weil jede wissenschaftliche Disziplin und auch jede Philosophie ihre eigene Begrifflichkeit hat.

Der Ausdruck »das Psychische« ist zwar der Oberbegriff der Psychologie, doch wurde er beim Schritt von der Bewusstseinspsychologie zur Tiefenpsychologie unterteilt in »das subjektiv Psychische« und »das objektiv Psychische«. Das erstere ist synonym mit »das Bewusstsein«, das zweite mit »das Unbewusste«. Mit dem Begriff »das objektiv Psychische« – einem fundamentalen Begriff der Tiefenpsychologie – soll betont werden, dass das Unbewusste der objektiven Wirklichkeit zuzuordnen ist. Nun gehört aber das, was man das Psychische nennt, bei unserer Betrachtung der Natur zu deren Geist-Aspekt. Indessen wird mit dem gängigen Ausdruck »das Psychische« nur ein bestimmter Bereich des objektiv Geistigen erfasst.

Um diesen Bereich des objektiv Geistigen einzugrenzen, muss auf die »alten« Ausdrücke »vegetativ«, »animalisch« usw. zurückgegriffen werden. Schon vor langem wurden ja an der Natur verschiedene »Seinsstufen« bzw.

»Seinsschichten« unterschieden: zuunterst die unbelebte, darüber – am Lebendigen – eine vegetative, über ihr eine animalische, über dieser eine psychische und zuoberst eine geistige. Der vegetativen Stufe ordnete man die Fähigkeit zu Fortpflanzung und Wachstum zu, ferner die Fähigkeit zu Ernährung, Stoffwechsel und Ausscheidung. Unter der animalischen Stufe verstand man das »Instinkthafte«: z. B. Beutefang, Brunstverhalten und Rangordnungskämpfe. Als psychisch bezeichnete man Eigenschaften, die man als Ausdruck des Erlebens und der Emotionen auffasste: Freude, Furcht, Zorn, Zuneigung, Anhänglichkeit usw. Als charakteristisch für die geistige Stufe galt das, was man heute bewusstes Erkennen, Denken und Wollen nennt: den Menschengeist bzw. das subjektiv Geistige. Der Bereich, der Gegenstand psychologischer Forschung ist – das, was in der empirischen Psychologie unter Psyche verstanden wird – , deckt sich ungefähr mit dem, was in der Seinsstufenlehre als psychische und geistige Stufe bezeichnet worden ist. Mit all diesen Ausdrücken über »Seinsstufen« wurden unterschiedliche Abschnitte auf der Skala dessen bezeichnet, was wir bei unserer Untersuchung unter dem Geist-Aspekt der Wirklichkeit verstehen.

Nun gilt es noch, die Bedeutungsfelder der Begriffe »das objektiv Psychische« und »das Unbewusste« voneinander abzugrenzen. Sie haben nämlich (bei der in diesem Buch verwendeten Terminologie) nicht den gleichen Bedeutungsumfang.

Der Begriff »das objektiv Psychische« umfasst einen Teilbereich dessen, was wir vorhin als Forschungsbereich der Tiefenpsychologie umschrieben haben: jenen Teil der Psyche, der der objektiven Wirklichkeit zuzurechnen ist.

Der Begriff »das Unbewusste« ist jedoch umfangreicher. Genauer gesagt: es empfiehlt sich, das Bedeutungsfeld dieses Ausdrucks weiter zu fassen, als es in der Tiefenpsychologie üblich ist, bzw. darunter einen weiteren Bereich der Innerlichkeit zu verstehen als den, der mit der tiefenpsychologischen Methode erschlossen werden kann. Dies ist vor allem wichtig im Hinblick auf die Gesamtschau der Natur oder – anders gesagt – auf das Übersteigen der engen, durch die Methodik der einzelnen Disziplinen gegebenen Gesichtsfelder.

Als ich in den Siebzigerjahren vor der Aufgabe stand, die tiefenpsychologische Theorie nicht nur herauszuarbeiten, sondern auch in das heutige Wissen über die Natur einzufügen wurde mir bewusst, dass das Bedeutungsfeld des Ausdrucks »das Unbewusste« im Grunde genommen all das umfasst, was man Innerlichkeit des Lebendigen nennt: dass das, was man das Unbewusste nennt, über alle »Seinsstufen« lebendiger Organismen hinabreicht bis in die einzelnen Zellen, in denen ja, wie wir sahen, schon hochkomplexe, unbewusste Kommunikation und Informationsverarbeitung stattfindet.

Erforschung des Unbewussten ermöglicht Erforschung des Bewusstseins

Aus dem Unbewussten ist schließlich – beim letzten großen Evolutionsschritt – das Bewusstsein hervorgegangen. Anders gesagt: aus dem objektiv Geistigen ging das subjektiv Geistige hervor. Dies war, wie gesagt, eine Fulguration allererster Ordnung: eine Fulguration, die bezüglich Stellenwert der einstigen Fulguration von Leben gleichkommt.

Der Besitz von Bewusstsein hat uns, wie schon mehrmals gesagt, in den Stand gesetzt, hinter die Fassade des Augenscheins vorzudringen: unsere phylogenetisch erworbene, zentral repräsentierte Umwelt durch vorgestellte Welt – realitätsbezogene sowie fantastische bzw. virtuelle – zu ergänzen und diese Vorstellungswelt immer mehr zu erweitern. Wir haben gesehen, dass jede tierische Art auf Grund ihrer angeborenen kognitiven Strukturen, auf welche ihre Wahrnehmungssysteme abgestimmt sind, nur einen Ausschnitt der Umgebung erkennt: nur jenen Ausschnitt aus der Umgebung, den man arteigene Umwelt nennt. Das heißt, dass die Welt für jede tierische Art anders ist bzw. dass die verschiedenen tierischen Arten in verschiedenen Welten leben. Im Hinblick auf die Fulguration von Bewusstsein beim Schritt zum Menschen ist nun festzuhalten, dass diese tierischen Umwelten sich immer gleich geblieben sind: dass »alte« Arten über Millionen – gewisse Einzeller sogar über Milliarden – von Jahren in einer (von ihnen aus gesehen) unveränderten Welt gelebt haben.

Das hängt damit zusammen, dass Tiere – als unbewusste Lebewesen – nur die Vassade des Augenscheins erkennen. Erst dem Menschen – dem mit Bewusstsein ausgestatteten Lebewesen – ist es möglich geworden, beim Bemühen um das Erfassen der objektiven Wirklichkeit hinter diese Fassade vorzudringen, und zwar immer weiter hinter die Fassade. Damit eröffnete sich der evolutionären Tendenz eine qualitativ neue Ebene. Sie schritt – nun innerhalb der menschlichen Art – voran als Evolution des Bewusstseins. Was wir Evolution des Bewusstseins nennen, kann somit auch umschrieben werden als immer weiteres Voranschreiten hinter die Fassade des bloßen Augenscheins.

Dank der Fähigkeit zu Bewusstheit entstand in uns immer mehr »Welt«, und zwar nicht nur zentral repräsentierte, phylogenetisch erworbene, sondern – im Zug der Ontogenese – erlernte Welt. So können wir uns heute aus dem im Verlauf der Bewusstseinsevolution angereicherten Traditionsstrom das

Wissen aneignen, wie die objektive Wirklichkeit in der Mikrodimension und auch in den Weiten des Universums ist, ferner, wie sie geworden ist.

Seit Kant wissen wir zwar, dass wir – wegen unserer angeborenen Erkenntnisstrukturen – zwischen Welt und Weltbild unterscheiden müssen. Auf Grund der neu hinzugekommenen biologischen Kognitionsforschung wissen wir zudem, dass auch bei Tieren zwischen Welt und Weltbild unterschieden werden muss. Seit der Entdeckung des Unterschieds zwischen unbewusstem und bewusstem Erkennen wissen wir allerdings auch, dass bei den tierischen Arten das Weltbild ausschließlich durch deren phylogenetisch erworbene Strukturen bestimmt und deshalb »fest« bzw. unveränderlich, dasjenige des Menschen hingegen erweiterungsfähig ist und seit der Entstehung des Menschen enorm an Weite zugenommen hat. Trotzdem aber wissen wir, dass wir wegen der Beschränktheit des kognitiven Systems »Bewusstsein« das »Ding an sich« – d. h. die objektive Wirklichkeit so, wie sie »in Wirklichkeit« ist – nie werden erkennen können.

Über all die Jahrhunderte hat der Mensch von seinem Bewusstsein einfach Gebrauch gemacht. Es war zwar oft Gegenstand philosophischer Spekulation, doch kaum Gegenstand empirischer Forschung. Selbst die empirische Bewusstseinspsychologie erforschte nicht das Bewusstsein, sondern Wahrnehmungsprozesse, Gedächtnisleistungen, Problemlösungsverhalten usw.: alles Vorgänge, die sich zum überwiegenden Teil im unbewussten Bereich der Psyche abspielen.

Der Anlass – ja die Notwendigkeit – zu fragen, was eigentlich das sei, was man mit dem Begriff »Bewusstsein« benennt, ergab sich erst aus der »weltanschaulichen Krise«, genau genommen aus der Konfrontation der Tiefenpsychologie mit der Theologie infolge der Entdeckung des Unbewussten: durch die dabei aufleuchtende Erkenntnis, dass zwar jeder dieser beiden Typen von Wissenschaft sich auf »Offenbartes« stützt, dass jedoch der eine annimmt, es komme vom Himmel, der andere, es komme aus dem menschlichen Unbewussten. Als sich daraus die Vermutung ergab, diese Verschiedenheit der Auffassung vom Offenbarungs-Vorgang hänge mit der Evolution des Bewusstseins zusammen, ergab sich die Notwendigkeit, sich darüber klar zu werden, was man heute unter Bewusstsein versteht. Die Charakteristika von Bewusstsein – die Voraussetzung für die Erforschung der Bewusstseins-Evolution – konnten nur auf Grund jenes Wissens gefunden werden, das die evolutionäre biologische Kognitionsforschung erarbeitet hatte. Man kann sagen, erst die Kenntnis des Unbewussten – genauer gesagt: die Kenntnis der Evolution unbewusster kognitiver Systeme – habe es möglich gemacht zu erkennen, worin Bewusstsein besteht.

Rückblick

Wir sind nun am Ende des Weges angelangt, auf dem wir uns bemühten, uns darüber klar zu werden, was man heute – nach dem evolutionären Wandel der Weltsicht – unter dem Geistigen (dem subjektiv wie dem objektiv Geistigen) versteht.

Es war ein langer Weg, und er hat gewiss vom Leser viel Geduld erfordert. Es ging eben nicht einfach darum, über den Geist zu spekulieren, sondern die neue Vorstellung von diesem aus den durch die Wissenschaft – insbesondere die Naturwissenschaft – zu Tage geförderten Fakten zu erarbeiten: sie von der Basis her Schritt für Schritt aufzubauen. Was dabei herauskam, ist im Grunde genommen eine Grundlagenphilosophie im Sinn der unserer Zeit entsprechenden Art des Philosophierens. Nun erst können wir uns überlegen, was für Konsequenzen unsere Einsichten für ein zeitgemäßes ethisches und sinnvolles Handeln haben. Aber auch hierbei soll schrittweise vorangegangen werden.

3. Teil
Ausweg aus der Krise der Werte und der Sinngebung

Die »weltanschauliche« Krise

Die Erforschung der Bewusstseins-Evolution hat gezeigt, dass die archaische Vorstellung des objektiv Geistigen am Ende des Mittelalters an einem Plafond angestoßen ist und dass eine grundlegend neue gefunden werden musste. Dank der Erarbeitung dieser neuen Vorstellung des Geistigen sind wir zu einem neuen – nunmehr unistischen – Weltbild gekommen. Unistisch – basierend auf der Fähigkeit zu komplementärem Denken – ist auch das neue Menschenbild. So muss denn über die Beziehung zwischen dem Leib und der Seele fortan nicht mehr spekuliert werden. Was man früher Leib und Seele nannte – und als zu getrennter Existenz fähige Wesenheiten auffasste –, sehen wir heute, wie gesagt, als komplementäre Aspekte des »an sich« einheitlichen Lebewesens Mensch.

Trotz all dieser kognitiven Fortschritte besteht aber immer noch – bzw. jetzt in besonderem Ausmaß – die viel beklagte Krise der Werte und der Sinngebung. Sie ergab sich aus der »weltanschaulichen« Krise. Diese wiederum hat ihre Ursache darin, dass das Überwundensein der archaischen und der positivistischen Weltsicht vom allgemeinen Bewusstsein wohl gespürt, jedoch noch nicht – oder doch nur unvollständig – rezipiert worden ist. Ich habe ja schon erwähnt, dass die beiden Weltbilder durch die Entdeckung des Unbewussten zu Beginn des 20. Jahrhunderts nur de facto überwunden worden sind.

Darauf müssen wir jetzt zurückkommen. Zum einen müssen wir uns darüber klar werden, was mit diesem Überwundensein gemeint ist, zum andern, was die Rezeption dieses Faktums nahezu ein Jahrhundert lang behindert hat, und auch, wie diese Hindernisse sich langsam aufgelöst haben.

Dabei wird erkennbar, dass sich Hand in Hand mit dem Wandel der Vorstellung vom objektiv Geistigen auch die Vorstellung von der Quelle der ethischen Normen und der Sinngebung gewandelt hat. Mit der Einsicht, dass und inwiefern sie sich gewandelt hat, ist aber das Problem noch nicht gelöst. Es muss auch ein Weg gefunden werden, auf dem – jetzt vor dem Hintergrund der neuen Vorstellung von der »Quelle« – die lange Zeit vernachlässigte Adaptation der Ethik an die Erfordernisse unserer wissenschaftlich-technologischen Zivilisation vollzogen werden kann. Doch ich greife vor. Beginnen wir erst einmal mit der Frage, was unter der Überwindung der alten Weltbilder zu verstehen ist.

Die Relativierung der alten Weltbilder

Überwindung der alten Weltbilder heißt nicht, sie hätten sich als völlig falsch erwiesen. Sie erwiesen sich nur in gewisser Hinsicht der Korrektur bedürftig. Man spricht deshalb, wenn man sich genau ausdrücken will, von Relativierung. In relativiertem Zustand konnten dann beide – auf einer höheren Evolutionsstufe des Bewusstseins – zu einer neuen Sicht integriert werden; integriert wurden die alten Weltbilder in dem Sinn, dass zwar deren »noch brauchbare« Elemente in die neue Sicht eingingen, dass dabei jedoch – wie bei jedem »Systemsprung« – etwas völlig Neues, vorher noch nie Dagewesenes in die Existenz trat.

Nun wurden aber die beiden Weltbilder nicht auf gleiche Weise relativiert. Die materialistische Sicht wurde lediglich erweitert, die archaische hingegen wurde umgekrempelt, indem die Vorstellung einer jenseitigen Welt ins Innere der menschlichen Psyche »hereingeklappt« und – Hand in Hand damit – »entkonkretisiert« wurde.

Relativierung der materialistischen Weltsicht
Der materialistischen Sicht lag, wie gesagt – als erkenntnistheoretisches Fundament – der ideologische Positivismus zu Grunde. Zu dieser ideologisch-dogmatischen Sicht hatte sich im Gefolge der Aufklärung der methodische Positivismus – das Postulat, nur das dürfe als wissenschaftlich erwiesen betrachtet werden, was mit den Sinnen wahrnehmbar ist – entfaltet. Der ideologische Positivismus implizierte die Aussage, was mit den Sinnen nicht nachweisbar sei, existiere nicht. Durch die Entdeckung Freuds, dass Träume wahrgenommen werden, wurde nun dieses Dogma gesprengt. Dadurch wurde, wie wir schon gesehen haben, der Empiriebegriff, der den positivistischen Wissenschaften bis dahin zu Grunde gelegen hatte, erweitert.

Für die traditionellen naturwissenschaftlichen Disziplinen hatte dies keine Folgen. Physik und Chemie sowie Biologie – einschließlich Neurobiologie und Ethologie – müssen sich weiterhin an das Ethos des methodischen Positivismus halten. Unter den Naturwissenschaften hatte die Erweiterung des

Empiriebegriffs lediglich Folgen für die Tiefenpsychologie. Da diese – mit ihrem theoretischen Zweig – bei der Erschließung von Struktur und Funktion des Unbewussten von dessen Gestaltungen, also von innerlich Wahrgenommenem ausgeht, arbeitet sie in erster Linie mit dem erweiterten Empiriebegriff. Aus diesem Grund ist mit der Tiefenpsychologie nicht einfach ein neuer Zweig am Baum der empirischen Wissenschaften hervorgegangen, sondern ein neuer Typus empirischer Wissenschaft.

Für »weltanschauliche« Materialisten, die sich, wie gesagt, auf das Dogma des ideologischen Positivismus stützen, hatte die Entdeckung der inneren Wahrnehmung jedoch insofern Folgen, als sie deren Blickwinkel erweiterte: dass sie ihnen die Aussicht auf einen Wirklichkeitsbereich eröffnete, der ihnen bisher verschlossen war. Erinnern wir uns aber, dass der Materialismus der Aufklärung durch Elimination dessen zu Stande gekommen war, was der archaische Mensch als übernatürliche Wirklichkeit aufgefasst hatte. Diese blieb weiterhin eliminiert, auch wenn Theologen neuerdings – um ihre supranaturalistische Weltsicht zu retten – statt »Übernatur« oft sagen: »außerhalb von Raum und Zeit«. Der neue Wirklichkeitsbereich, der durch die Entdeckung der inneren Wahrnehmung erschlossen worden ist – die unbewusste menschliche Innerlichkeit – , gehört zur Natur, d. h. zu der uns allein zugänglichen raumzeitlichen Wirklichkeit. Im Licht der Bewusstseins-Evolution betrachtet, bestand ja die Funktion des Materialismus gerade darin, die archaische Apperzeption des innerlich Wahrgenommenen – gemäß der im Mythologem von Tod und Auferstehung veranschaulichten Gesetzmäßigkeit – untergehen zu lassen, damit die neue, einer höheren Evolutionsstufe des Bewusstseins entsprechende Apperzeption desselben in die Welt treten konnte. Was mit dem neu erschlossenen Wirklichkeitsbereich gemeint ist, wird wohl verständlicher, wenn wir erfasst haben, inwiefern die Entdeckung des arteigenen Unbewussten die archaische Weltsicht relativiert hat.

Relativierung der archaischen Weltsicht

Inwiefern die archaische Weltsicht durch die Entdeckung des Unbewussten relativiert worden ist, ließe sich zwar mit wenigen Sätzen umschreiben. Nun sind aber heute viele Menschen, trotz aller Verunsicherung – zumindest »im tiefsten Inneren« – , dieser noch verhaftet und befürchten, durch Preisgabe dieses Rests den letzten Halt zu verlieren. Anderseits kann die neue, unserer Zeit entsprechende Auffassung dessen, was der archaische Mensch als helfende, normgebende und sinnstiftende jenseitige Wesen aufgefasst hat, erst akzeptiert werden, wenn man eingesehen hat, dass und inwiefern die archaische Sicht dieser »Mächte« relativiert worden ist. Aus diesem Grund muss ich weiter ausholen.

Relativiert wurde die archaische Weltsicht durch die Erforschung der Vision. Kenntnis des visionären Geschehens ist deshalb unabdingbar sowohl für die Auseinandersetzung mit der archaischen Sicht als auch für das Verständnis dessen, was mit neuem menschlichem Selbstverständnis gemeint ist. Da aber Phänomenologie wie auch heutige Auffassung der Vision wohl den wenigsten bekannt sind, muss zuallererst auf diese eingegangen werden.

Phänomenologie der Vision

Der Ausdruck »Vision« wird zwar heute für alles Mögliche und Unmögliche gebraucht; hier aber geht es um jenes klar umrissene, beobachtbare psychische Geschehen, das im Zusammenhang mit der Entdeckung des Unbewussten erschlossen wurde. Abzugrenzen ist die hier zur Diskussion stehende Vision nicht nur von den »Visionen« von Geschäftsleuten, Fußballtrainern, Politikern usw., sondern auch von dem, was in der Psychiatrie als Halluzination bezeichnet wird. Halluzinationen sind Symptome von Psychosen, insbesondere jener Krankheitsbilder, die man Schizophrenien nennt. Während Halluzinationen somit Ausdruck krankhaften psychischen Geschehens sind, ist die Vision etwas völlig Normales, wenn auch nur selten Vorkommendes.

Immerhin kommt sie häufiger vor, als man gemeinhin glaubt. In der Regel scheuen sich nämlich die Menschen, von ihren Visionen zu erzählen. Zum einen, weil der Zeitgeist dem entgegensteht und sie deshalb befürchten, für verrückt erklärt zu werden; zum anderen aber auch, weil Visionen oft zu den kostbarsten Erlebnissen gehören und als persönliches Geheimnis gehütet werden. Zu greifen bekommt man Visionen am ehesten in der psychoanalytischen Praxis. Bis jetzt bin ich da elf Menschen begegnet, welche zum Teil sehr eindrückliche Visionen hatten. Das mag allerdings damit zusammenhängen, dass ich mich – im Rahmen meiner Arbeit über die Bewusstseins-Evolution – während Jahren intensiv mit dem visionären Geschehen befasst habe und dies sich wohl herumgesprochen hat.

Eine Vision entwickelt sich – im Unterschied zum Traum – aus dem wachen Zustand heraus. Willkürlich herbeigeführt werden kann sie nicht. Sie drängt sich einem auf und kann nicht unterdrückt werden. Von außen gesehen ist ein von einer Vision befallener Mensch unansprechbar. Oft befindet er sich sogar in einem tief komatösen Zustand. Wenn er daraus erwacht, behauptet er jedoch, während der ganzen Zeit wach gewesen zu sein, wacher sogar als sonst. Er behauptet ferner (und das ist das Entscheidende!), er habe ein sich außerhalb von ihm abspielendes Geschehen geschaut und mit realen Personen gesprochen. Er erzählt auch, was er geschaut und gehört habe, sei realer gewesen als alles, was er sonst erlebt habe.

Phänomenologisch lassen sich zwei Typen von Vision unterscheiden. In den meisten Fällen spielt sich das visionäre Geschehen in einem beschränkten Bereich des Gesichtsfeldes ab, sodass die Umgebung, wenn auch nur »am Rande«, noch wahrgenommen werden kann. Dieser Typus wurde bei archaischer Weltsicht als Erscheinung bezeichnet, weil man damals glaubte, ein normalerweise unsichtbares Wesen habe sich einem Menschen gezeigt. Befindet sich der Visionär hingegen – von außen gesehen – im komatösen Zustand, hat er subjektiv oft den Eindruck, er werde hinweggetragen: entweder an einen entfernten Ort auf der Erde oder in eine jenseitige Welt. Oft kann er dann auch – beim »Abflug« oder bei der »Rückkehr« – auf seinen »zurückgelassenen Leib« herabschauen. In diesem Fall sprach man von Entraffung oder Entrückung.

Visionen sind außerordentlich erlebnisintensiv und psychisch sehr wirksam. Sie können mit einem Schlag das Leben des betreffenden Menschen auf eine völlig andere Bahn bringen. So standen denn in archaischer Zeit Visionen meistens am Anfang einer »Bekehrung«: häufig zu echterer Religiosität innerhalb der gegebenen Religion; oft waren sie jedoch der Anlass zur Gründung einer neuen Religion. In der Analyse kann festgestellt werden, dass Visionen meistens dann auftreten, wenn das Unbewusste auf eine Änderung der bewussten Einstellung hin tendiert, der betreffende Mensch hingegen nicht auf seine Korrekturträume achtet. Es sieht so aus, als ob das Selbst in diesem Fall auf die Pauke hauen würde, um sich Gehör zu verschaffen. Visionen treten aber auch an der Schwelle zum Tod auf (und Berichte von Reanimierten über das Geschaute werden dann von manifesten und latenten Archaikern, die ja die Vision noch konkretistisch verstehen, als Beweis für die Existenz einer jenseitigen Welt angeführt).

Nicht immer indessen sind Visionen außergewöhnliche Ereignisse. Es gibt auch habituelle Visionäre, bei denen die Vision sozusagen zum Alltag gehört. Ein bekanntes Beispiel dieses Visionärstypus ist der schwedische Naturforscher und Theosoph Emanuel Swedenborg (1688-1772). Er »wurde« regelmäßig in den christlichen Himmel entrückt, wo er theologische Vorlesungen hörte und Antworten auf vorgelegte theologische Fragen bekam.

Der spontane Eindruck der Vision trügt

Von den Pionieren der Tiefenpsychologie hat sich erst C. G. Jung mit der Vision befasst. Visionen waren für ihn etwas Selbstverständliches, war er mit diesen doch aus seinem persönlichen Erleben vertraut. Jungs historische Leistung – eine Leistung, die unabsehbare Konsequenzen hatte – bestand darin, dass er nicht wie Swedenborg dem spontanen Eindruck erlag, sondern erkannte, dass der spontane Eindruck trügt: dass in der Vision nicht ein konkretes äußeres Geschehen geschaut wird, sondern dass es sich beim Geschauten um bildsprachliche Botschaften aus dem Unbewussten handelt.

Was für eine Leistung es war, das Trügerische des spontanen Eindrucks zu erkennen, kann wohl nur ermessen, wer unmittelbar mit Visionären zu tun hatte. So sagte mir z. B. eine Analysandin, die selber eine tiefenpsychologische Ausbildung hinter sich hatte und später von einer Vision befallen wurde, bei der nachträglichen Exploration, wenn sie sich auf den spontanen Eindruck verlassen würde, müsste sie schwören, sie habe ein Geschehen geschaut, das sich außerhalb von ihr abgespielt hat.

Indem Jung erkannte, dass es sich auch bei der Vision um innerlich Wahrgenommenes handelt, hat er die Vorstellung dessen, was Freud als innere Wahrnehmung entdeckt hat, erweitert. Seither weiß man, dass das Unbewusste bzw. das Selbst sich dem Bewusstsein bzw. dem Ich nicht nur in Form von Träumen mitteilt, sondern auch in Form von Wachfantasien und Intuitionen (»Einfällen«, »Erleuchtungen«) sowie – ganz besonders eindrucksvoll und wirksam – in Form von Visionen. Auch kann man jetzt erkennen, dass die jeweilige »Gestalt«, in der diese Mitteilungen erfolgen, durch den Bewusstseinszustand, in dem sie empfangen werden, bestimmt wird: dadurch, ob ein Mensch sich im Wachzustand, im Schlaf oder – wie im Fall der Vision – im so genannten außergewöhnlichen Bewusstseinszustand befindet.

Innere und außersinnliche Wahrnehmung

Es ist wohl hier der Ort, die innere Wahrnehmung noch von der so genannten außersinnlichen Wahrnehmung (ASW bzw. Telepathie) abzugrenzen. Infolge der noch verbreiteten Prägung durch die archaische Weltsicht wird zwar statt von außersinnlicher bzw. übersinnlicher oft von übernatürlicher Wahrnehmung gesprochen. Das ist jedoch irreführend, handelt es sich doch bei der ASW um etwas durchaus Natürliches. Die unbewusste menschliche Psyche hat nämlich die Fähigkeit, durch eine Wahrnehmungsart, die nicht über die bekannten sinnlichen Wahrnehmungssysteme fließt, in fremde Psychen »hineinzuschauen« sowie auch dem Auge verborgene – sogar weit entfernte – Gegenstände oder Situationen zu erkennen. Im ersten Fall spricht man von Gedankenlesen, im zweiten von Hellsehen.

Im Prinzip besitzt jeder Mensch die Fähigkeit zur ASW, doch wird dies in unserer geschäftigen Welt kaum je bemerkt. Indessen gibt es Menschen, die dazu besonders begabt sind, so wie andere für Mathematik, Musik usw. eine außergewöhnliche Begabung haben. Menschen mit besonderer Begabung zu außersinnlicher Wahrnehmung nennt man Sensitive. Entscheidend ist nun, dass nur das Unbewusste diese Fähigkeit besitzt und dass es jeweils entscheidet, was es davon ins Bewusstsein aufsteigen lassen will. Lässt es außersinnlich Wahrgenommenes aufsteigen, dann über den Kanal der inneren Wahrnehmung. Aus diesem Grund gibt es Telepathie nicht nur im Wachzustand; es gibt auch telepathische Träume und telepathische Visionen. Da telepathisch erworbene Information besonders reichlich im so genannten außergewöhnlichen Bewusstseinszustand (auch Trance genannt) aufsteigt – und das Sich-Versetzen in diesen Zustand durch »Psychotechniken« bis zu einem gewissen Grad eingeübt werden kann – , versetzen sich Sensitive (u.a. auch Medien genannt) für ihre »Sitzungen« häufig in Trance.

Für die Erforschung telepathischer Phänomene hat sich eine besondere wissenschaftliche Disziplin etabliert: die Parapsychologie. Da nur das Unbewusste die Fähigkeit zur Telepathie besitzt, ist die Parapsychologie ebenso wie die Tiefenpsychologie eine Wissenschaft vom Unbewussten. Während aber die Tiefenpsychologie ihr Augenmerk auf die Wechselwirkung zwischen dem Unbewussten und dem Bewusstsein richtet, richtet die Parapsychologie das ihre auf die »direkte« Wechselwirkung zwischen Unbewusstem und Außenwelt. Von Wechselwirkung kann hier gesprochen werden, weil es auch eine »direkte« Wirkung von Unbewusstem zu Unbewusstem sowie vom Unbewussten auf unbelebte Gegenstände (Telekinese) gibt. Während Telekinese sehr selten vorkommt (vor allem bei sehr starker »Aufladung« des Unbewussten durch gefühlsbetonte Komplexe), spielt die »direkte« Wirkung von Psyche zu Psyche eine viel bedeutendere Rolle, als man gemeinhin annimmt (z. B. bei Gruppendynamik und Massenphänomenen).

Wie Telepathie zu Stande kommt, kann noch nicht erklärt werden.

Wie erkennt man die Konsequenzen für die archaische Weltsicht?

Kehren wir zur Vision zurück. Stellen wir nun die Frage, inwiefern die Entdeckung, dass bei der Vision der spontane Eindruck trügt, Konsequenzen für die archaische Weitsicht hatte. Wo aber soll da angesetzt werden? Die archaische Weltsicht hat ja viele Facetten.

Gehen wir von der Tatsache aus, dass jede der archaischen Weltsicht verhaftete Kultur eine Religion hervorgebracht hat: ein sozio-kulturelles Gebilde mit typisch archaischen Vorstellungen über eine jenseitige Welt, mit archaischen Verhaltensweisen und einem typisch archaischen Selbstverständnis. Bedenken wir ferner, dass jede Religion Theologen hatte: Männer (gelegentlich auch Frauen), die über die jenseitige Welt sowie den richtigen Umgang mit ihr besonders gut Bescheid »wussten«. Nun hat die christliche Religion nicht nur Theologen, wie z. B. die »Kirchenväter«, hervorgebracht, sondern – im Hochmittelalter – sogar eine theologische Wissenschaft (Anm. 87).

Von einer Wissenschaft ist nun zu erwarten, dass sie Auskunft über ihre erkenntnistheoretischen Vorstellungen geben kann. Tatsächlich hat die katholische Theologie eine Disziplin entwickelt, die sich speziell damit befasst: die Fundamentaltheologie. Gegenstand der Fundamentaltheologie ist der Begriff »Offenbarung«. In dieser sieht sie das erkenntnistheoretische Fundament der Theologie.

Fundamentaltheologen untersuchen indessen nicht den Offenbarungs-Vorgang. Diesen (bzw. die archaische Auffassung desselben) setzen sie als etwas Unbezweifelbares voraus und suchen nur zu beweisen, dass, wann und wo die christlichen »Glaubenswahrheiten« von Gott geoffenbart worden »sind«. Die Fundamentaltheologie ist nämlich im 19. Jahrhundert – als Reaktion auf die Aufklärung – entstanden mit dem Ziel, den »wahren Glauben« zu verteidigen. So nannte sie sich denn auch zuerst Apologetik (vom griechischen apologia = Verteidigung). Erst als die »Feinde des Glaubens« ihr Interesse an der Auseinandersetzung mit der Theologie verloren hatten, wurde der Name Apologetik in Fundamentaltheologie abgeändert.

Wie sich der archaische Mensch den Offenbarungs-Vorgang vorstellte, hat indessen die Religionswissenschaft aufgedeckt: jener kulturwissenschaftliche Forschungszweig, der die Religionen wertfrei untersucht, also nicht auf den Anspruch der Theologen, ihre »Glaubenslehren« seien (physisch) wahr, eingeht. Die Religionswissenschaft hat nun gezeigt, dass in allen Theologien als wichtigste Offenbarungsquelle die »Gesichte« galten: »Erscheinungen« und »Entraffungen«, also das, was man heute Visionen nennt.

Wir brauchen somit, um zu unserem Ziel zu gelangen, nur vom heutigen Wissen über die Vision ausgehen. Dies hilft uns sogar in zweifacher Hinsicht weiter. Einerseits lässt es uns verstehen, wie einst – auf früheren Stufen der Bewusstseins-Evolution – die Vorstellung jenseitiger Welten und jenseitiger Wesen, die Vorstellung übernatürlicher Offenbarung sowie das archaische Selbst- und Weltverständnis überhaupt mitsamt seinen Verhaltensmustern zu

Stande kamen; anderseits gibt es uns die Möglichkeit zu erkennen, inwiefern diese Vorstellungen durch die Entdeckung, dass der spontane Eindruck der Vision trügt, verändert worden sind.

Projektion und Konkretismus

Knüpfen wir an die Tatsache an, dass der Visionär den Eindruck hat, etwas zu schauen (auch zu hören, zu riechen, sogar zu betasten), das sich außerhalb von ihm befindet oder abspielt, obwohl es sich dabei um innerlich Wahrgenommenes handelt. In der Fachsprache bezeichnet man diesen Sachverhalt als Projektion.

Nun kann aber etwas, das sich außerhalb von uns befindet – eine Person, ein Thronsessel oder Thronwagen, ein Gebäude oder eine Landschaft –, wie schon mehrmals gesagt, nur etwas Konkretes sein. Da aber diese Personen und Dinge nur während eines »Gesichts« wahrnehmbar waren, nicht aber im gewöhnlichen Alltag, mussten die »Seher« annehmen, dass es noch eine normalerweise unsichtbare Welt, bewohnt von normalerweise unsichtbaren personalen Wesen, gebe. Die Vorstellung einer normalerweise unsichtbaren – einer »jenseitigen«, »übernatürlichen«, »metaphysischen«, »transzendenten« usw. – Welt, die ja das Grundelement der archaischen Weltsicht bildet, beruhte somit darauf, dass auf früheren Stufen der Bewusstseins-Evolution jener Sachverhalt, den wir heute Projektion nennen, noch nicht durchschaut werden konnte.

Jenes Verständnis der bildsprachlichen Gestaltungen des Unbewussten, welches dadurch zu Stande kommt, dass diese in der Projektion wahrgenommen (perzipiert) und deshalb als konkrete Dinge und konkretes Geschehen aufgefasst (apperzipiert) werden, nennt man, wie schon erwähnt, konkretistisch. Wenn nun heute nur noch die Vision konkretistische Apperzeption bewirkt, ist dies nicht etwa ein Charakteristikum der Vision allein, sondern Überrest eines früher viel umfassenderen Sachverhalts. Aus ethnografischen Berichten wissen wir nämlich, dass noch vor kurzer Zeit bei sehr vielen Ethnien – in den verschiedensten Gebieten der Erde – auch Träume, oft sogar Wachfantasien konkretistisch verstanden wurden.

Wie religiöse Mythen entstanden

Aus dem, was »Seher« von ihren Erfahrungen während eines »Gesichts« erzählten, entstanden die religiösen Mythen: das, was Theologen als Glaubensgut (im Sinn von Glauben an etwas) bezeichnen. Charakteristisch für die archaische Zeit ist nun, dass diese Mythen konkretistisch verstanden wurden: als physisch wahre Aussagen über jenseitige Wesen, deren Taten und deren »Willen«. Zwar verstehen wir beim heutigen, bildsprachlichen Verständnis die religiösen Mythen ebenfalls als wahre Aussagen, jedoch als psychisch wahre: als Aussagen über reale psychische Sachverhalte.

Weil das Unbewusste den gleichen Sachverhalt durch verschiedene Bilder veranschaulicht, entstanden – bei konkretistischem Verständnis – so viele unter sich verschiedene jenseitige »Welten«. Sie waren jeweils für einen Stamm, ein Volk, oft sogar für eine Völkergemeinschaft gültig und bestimmten maßgeblich deren spezifische Kultur. Die Geschlossenheit und zeitliche Dauer der verschiedenen Mythensysteme beruhte zum einen darauf, dass das Unbewusste in der Regel in seinen Gestaltungen die Bilder verwendet, die dem betreffenden Menschen von seiner Sozialisation her vertraut sind. So schaute z. B. ein indianischer Visionär aus dem Stamm der Oglala-Sioux – genannt »Schwarzer Hirsch« – während einer »Entraffung« die sechs »großen Väter«, die in einem aus Wolken gebauten Tipi saßen; er sah »heilige« Pferde, die die Farben und Insignien der »heiligen« Richtungen trugen; auch empfing er als Geschenk eine »heilige« Pfeife (Anm. 231). Christliche Visionäre hingegen schauten die »heilige« Dreifaltigkeit, die Gottesmutter Maria, Engel oder Teufel (z. B. Dinzelbacher, Anm. 43). Die Kontinuität der Mythensysteme beruhte zum anderen darauf, dass der Visionär – nicht zuletzt unter dem sozialen Druck seiner Umgebung – sich bemühte, »unorthodoxe« Schauungen an den für sein Kollektiv gültigen Bilderkanon zu assimilieren, bevor er davon erzählte (z. B. v. Franz , Anm. 69). Weiterentwicklungen von Mythensystemen bzw. darauf beruhenden Religionen fanden jeweils dann statt, wenn – infolge der Evolution des Bewusstseins – die Zeit reif war für die Akzeptanz »unorthodoxer«, jedoch weiterführender Visionen.

Auf niedrigeren Evolutionsstufen des Bewusstseins konnten noch unterschiedliche »jenseitige Welten« friedlich nebeneinander bestehen. Dies nicht nur, weil die Ethnien voneinander relativ abgeschieden waren, sondern auch, weil bei wenig entwickeltem Unterscheidungsvermögen diese Verschiedenartigkeit kaum störte. Erst als auf dem zu uns führenden Entwicklungszweig das Unterscheidungsvermögen rapid zunahm, nahm die Toleranz ebenso rapid ab. Sie nahm deshalb ab, weil beim Bemühen um klare Unterscheidung die Einsicht reifte, dass entweder nur die eine oder die andere Aussage über die »jenseitige Welt« richtig sein kann. Aus diesem Grund ist heute echte Toleranz (nicht nur »wohlmeinende«) zwischen den Hochreligionen erst wieder möglich, wenn die religiösen Mythen (auch die eigenen) bildsprachlich verstanden werden.

Archaische Identität, Partizipation und Wirkmächtigkeit

Unter dem Blickwinkel der Bewusstseins-Evolution betrachtet ist das bildsprachliche Verständnis des innerlich Wahrgenommenen als eine der jüngsten Errungenschaften zu betrachten. Das konkretistische Verständnis war noch Ausdruck jenes Eingebundenseins in die Umwelt, das für ein wenig entwickeltes Bewusstsein charakteristisch ist. Dieses – das Gegenteil von Bewusstheit – wird als archaische Identität bezeichnet. Archaisch hat hier die Bedeutung von »uranfänglich« (nicht von »veraltet« wie beim Ausdruck »archaische Weltsicht«). Das Erleben, das diesem Zustand entsprach, wird als Partizipationserleben bzw. Partizipation bezeichnet: als Gefühl des sozusagen physischen Verbundenseins mit anderen Menschen, auf früheren Stufen auch mit Tieren und Pflanzen, sogar mit der unbelebten Natur.

Zu der Zeit, als archaische Identität und Partizipation noch überwogen, war das Ich erst wenig entwickelt bzw. gefestigt. Bei diesem frühen Zustand des Ich wurden die aus dem Unbewussten auf dieses einwirkenden Mächte noch vollumfänglich in der Projektion wahrgenommen und zwar in der nächsten Umgebung (Abb. 1 »früharchaisch«, S. 39). Dass auf jener Stufe der totemistische und der animistische Religionstyp zu Stande kamen, interessiert hier nicht. Wichtig hingegen ist es zu wissen, dass die aus dem Unbewussten kommenden Bilder nicht einfach zum Anschauen da sind: dass sie – im Licht der Selbstregulation der Psyche betrachtet – Wirk-Impulse sind. Aus diesem Grund wurden die »geschauten« Gestalten immer als dem Menschen überlegen – als »Mächte« – erlebt, und zwar vom wenig entwickelten, dem Unbewussten gegenüber noch »wehrlosen« Ich in unvorstellbar höherem Grad als von dem des heutigen Menschen. Jedenfalls rührt die Vorstellung von der Wirkmächtigkeit jenseitiger Wesen – neben der archaischen Vorstellung vom Offenbarungsvorgang das zweite Charakteristikum der archaischen Weltsicht – von daher: jene Vorstellung, welche im Zug der empirischen Erforschung der Natur eliminiert und vom Kausalitätsbegriff abgelöst worden ist.

Das »Hereinklappen« der jenseitigen Welten

Durch die Entdeckung, dass bei der Vision der spontane Eindruck trügt, wurden die jenseitigen Welten des archaischen Menschen – bildhaft gesprochen – ins Innere der menschlichen Psyche »hereingeklappt«. Natürlich wurde nicht etwas in die Psyche hinein verlegt, das vorher außen gewesen ist. Das, was der archaische Mensch sich als jenseitige (übernatürliche, metaphysische) Welten und Wesen vorgestellt hat, waren immer schon mit der inneren Wahrnehmung ins Bewusstsein geflossene Bilder und Bildabläufe. Diese waren lediglich in der Projektion wahrgenommen (perzipiert) und deshalb konkretistisch – als etwas außen Befindliches, Konkretes – aufgefasst (apperzipiert) worden. Statt vom Hereinklappen der metaphysischen Welten könnte man somit auch von einer Drehung der Apperzeption des innerlich Wahrgenommenen um 180 Grad reden. (Bei beiden Vergleichen wird das Ich als Drehpunkt angenommen.)

Im Zug der Internalisierung der jenseitigen Welten und Wesen wurde die Vorstellung von diesen entkonkretisiert. Nun können sie als bildhafte Veranschaulichungen psychischer Sachverhalte verstanden werden. Dies will jedoch nicht heißen, die jenseitigen Wesen bzw. Mächte der archaischen Weltsicht haben sich als etwas Irreales erwiesen. Im Gegenteil: die aus dem Unbewussten auf das Bewusstsein bzw. das Ich einwirkenden Mächte sind sehr real. Das weiß wohl jeder, der sich in einem analytischen Prozess mit ihnen auseinander gesetzt hat.

Die Zeit der Ernte: ihre Problematik und ihre Erfordernisse

Obwohl die Relativierung der alten Weltbilder gleich zu Beginn des 20. Jahrhunderts stattgefunden hat, sind wir erst jetzt – am Übergang vom 20. ins 21. – in der Lage, uns über den Ertrag jenes Durchbruchs klar zu werden: das neue Selbst- und Weltverständnis zu erarbeiten. Wodurch kam diese Verzögerung zu Stande? Die Antwort: Zu Beginn des 20. Jahrhunderts war die Zeit noch nicht reif dafür, und auch die Tiefenpsychologie, die den Durchbruch gebracht hatte, war es noch nicht.

Unvermögen der frühen Tiefenpsychologie

Tiefenpsychologie wird heute noch von den meisten mit Psychoanalyse gleichgesetzt. Psychoanalyse ist jedoch eine therapeutische Methode, Tiefenpsychologie hingegen jener neuartige Typus empirischer Wissenschaft, der durch die Entdeckung des arteigenen Unbewussten – durch den Paradigmawechsel innerhalb der empirischen Psychologie – zu Stande kam.

Nun stand die Tiefenpsychologie von Anfang an außerhalb des Universitätsbetriebs. Sie konnte nicht in diesen integriert werden, weil für deren Studium eine Lehranalyse unabdingbar ist, eine solche aber die Bereitschaft voraussetzt, in einem schmerzhaften Prozess erst einmal seine eigenen Komplexe aufzuarbeiten.

Dazu kam, dass die Pioniere der Tiefenpsychologie ihr neues Verständnis von Empirie noch nicht klar formulieren konnten. Freud hat das Bahnbrechende seiner Entdeckung – die Sprengung des positivistischen Dogmas – nie erkannt und ist bis ans Ende seines Lebens ideologischer Positivist geblieben. Jung hat den Schritt über das positivistische Denken hinaus zwar vollzogen, und wenn die Tiefenpsychologie von positivistischen Wissenschaftlern als Mystik apostrophiert wurde, hat er immer betont, sein Forschen sei ebenso empirisch wie ihres. Wodurch und weshalb jedoch der Empiriebegriff der Tiefenpsychologie sich von dem der positivistischen Wissenschaften unterscheidet, vermochte er nicht zu formulieren.

Ferner hat Jung das Schwergewicht seiner Forschung immer mehr auf den hermeneutischen Zweig verlagert, den theoretischen hingegen stiefmütterlich behandelt. Zwar hatte er innerhalb weniger Jahre jene neue Modellvorstellung der Psyche entwickelt, die heute nicht nur weiterhin gültig, sondern sogar durch die Ergebnisse der modernen Biologie noch untermauert worden ist.

Jung hatte aber – Hand in Hand mit der Entwicklung der Modellvorstellung der Psyche (Abb. 2 und Abb. 3, S. 209 f.) – auch den Code der Sprache des Unbewussten entschlüsselt und damit den hermeneutischen Zweig der Tiefenpsychologie begründet. Da nun das Verständnis der Traumsprache unabdingbare Voraussetzung für die analytische Therapie ist und zudem der Bedeutungsgehalt der Gestaltungen des Unbewussten Jung vor allem interessierte, widmete er den größten Teil seiner späteren wissenschaftlichen Arbeit deren Erschließung. Seine bahnbrechende Theorie hat er nie systematisch dargestellt. Wenn er dazu ansetzte, ist er jeweils bald einmal zu hermeneutischen Erläuterungen abgeschweift.

Die weltanschaulichen Blöcke

Dass es fast ein Jahrhundert gedauert hat, bis das Überholtsein der alten Weltbilder eingesehen wurde, lag aber nicht nur am Unvermögen der frühen Tiefenpsychologie. Es beruhte ebenso sehr darauf, dass sich die beiden Weltbilder nach wie vor in Gestalt fest gefügter, nahezu undurchlässiger Blöcke gegenüberstanden. Den archaischen Block bildeten die Kirchen. Der positivistisch-materialistische Block wurde hauptsächlich durch die positivistischen Wissenschaften gebildet. Zwar gab es viele Wissenschaftler, die sich Christen nannten und beim Kirchgang auf archaische Weltsicht umschalteten; diese sind jedoch dem kirchlichen Block zuzuordnen, profilierten (und profilieren) sie sich doch in ihren »philosophischen« Schriften oft als besonders heftige Verteidiger des archaischen Weltbilds.

Bevor man daran denken konnte, das durch die Relativierung der alten Weltbilder möglich gewordene neue Welt- und Menschenbild zu erarbeiten, mussten erst einmal diese Blöcke – bzw. die »Gesinnungs-Enge« derer, die in ihnen lebten – aufgeweicht werden: musste jener Prozess stattfinden, den man in der Tiefenpsychologie als Enantiodromie bezeichnet. Dass und wie im positivistischen Block – zumindest in dessen naturwissenschaftlichem Bereich – ein enantiodromischer Prozess stattgefunden hat, haben wir gesehen. Es bleibt nun noch zu betrachten, wie die Enantiodromie im archaischen Block vor sich gegangen ist.

Enantiodromie im archaischen Block

Ebenso wie Relativierung für die beiden Weltbilder verschiedenes bedeutete, lief auch die Enantiodromie in zwei Blöcken auf verschiedene Weise ab. Ergab sie sich im materialistischen Block dadurch, dass dort Entdeckungen gemacht wurden, die mit dem Energie-Paradigma nicht mehr vereinbar sind

– also im Zug eines Wachstumsprozesses – , ergab sie sich im archaischen Block infolge einer »Infektion«: dadurch, dass die schon seit langem stagnierende Theologie ein für sie tödliches »Virus« in sich aufgenommen hatte: die kritische Geschichtsforschung.

Theologen glaubten wohl, ihrer Disziplin dadurch das Gesicht einer neuzeitlichen Wissenschaft verschaffen zu können. Sie waren sich ja (als Archaiker) nicht bewusst, dass die »Botschaft« von der Inkarnation des Sohnes Gottes, dessen freiwilligem, die Menschheit erlösenden Opfertod, dessen Auferstehung, Himmelfahrt usw. nicht ein historischer Bericht, sondern ein historisierter – auf die historische Person Jesu projizierter – Mythos ist. So ahnten sie nicht, was für Folgen die Einführung der kritischen Geschichtsforschung für die »christliche Wahrheit« hatte. Kritische Geschichtsforschung ist nämlich, als positivistische Disziplin – im Unterschied zur bis dahin in der Theologie geübten heilsgeschichtlichen – antimythisch.

Solange es um die Geschichte der Kirche, der Päpste, der Mönchsorden, des Kirchenrechts, der Theologie usw. ging, wirkte sich das nicht negativ aus. Als man sich aber daran machte, die Entstehung der Bibel – insbesondere des Neuen Testaments – mithilfe der historisch-kritischen Methode zu erforschen, begann die Enantiodromie. Da zeigte sich nämlich, dass die bis dahin als Wort Gottes angesehene »Heilige Schrift« ein menschliches Werk war: dass die Evangelisten die Botschaft des Jesus (dessen religiöse Einstellung) mit der Botschaft über Jesus (dem nach dem Tode Jesu innerhalb weniger Jahrzehnte entstandenen christlichen Mythos) zu einem »historischen Bericht« verschmolzen und so die schon erfolgte Projektion auf Jesus festgeschrieben haben.

Als die redaktionsgeschichtliche Forschung (Anm. 229) untersuchte, was jeder Evangelist aus eigener Überzeugung – bzw. aus der Gemeindetradition, in der er stand – in seine Schrift hatte einfließen lassen, erkannte man, dass sogar das bisher als wahrer historischer Bericht aufgefasste Leben Jesu komponiert war: dass »Markus« zu überlieferten (echten und unechten) Jesusworten szenische Rahmen schuf und diese sowie einzelne überlieferte Jesusgeschichten nach einem von ihm entworfenen örtlichen und zeitlichen Plan zu einem »Leben Jesu« verknüpfte, welches dann »Matthäus« und »Lukas« als Vorlage diente. Zudem erwies die redaktionsgeschichtliche Forschung, dass die Evangelisten – am großzügigsten »Johannes« – oft Elemente des christlichen Mythos Jesus in den Mund legten, sodass diese in der Folge als authentisches Wort Gottes geglaubt wurden. Besonders ernüchternd wirkte die Einsicht, dass der Eucharistie-Ritus – der zentrale Ritus des Christentums – gar nicht durch Jesus eingesetzt worden ist. Die historisch-kritische Forschung zeigte nämlich, dass die Wandlungsworte, durch die gemäß katholischer Lehre der Priester kraft seiner Weihegewalt die »Realpräsenz« Christi bewirken kann, »nachösterlich« sind: dass sie zur Begründung des in den frühen christlichen Gemeinden gewachsenen Kults erfunden und nachträglich Jesus in den Mund gelegt wurden (Anm. 156).

Wie der christliche Mythos entstanden ist, erhellte die Erforschung der Urgeschichte des Christentums. Sie zeigte, dass der Glaube, Jesus sei vom Tode auferstanden, sich auf Visionen (!) – insbesondere eine Vision des Petrus – stützte (Anm. 161), dass die Vorstellung, Jesus sei der Messias gewesen, erst nach dessen Hinrichtung in der Jerusalemer Urgemeinde um sich griff, dass man sich dort aber den Messias noch als menschliches Wesen vorstellte. Sie zeigte ferner, dass die Vorstellung, der Messias (griechisch »Christos«) sei ein himmlisches Wesen, erst nach der Missionierung der Diaspora-Juden in den christlichen Mythos eingegangen ist. Auch zeigte sie, dass die Gleichsetzung des nunmehr himmlischen Wesens Christos mit dem Logos – der griechischen Variante der schon von den Ägyptern erarbeiteten Vorstellung vom wesensgleichen Sohn des transzendenten Gottes – sich erst im Schoße der heidenchristlichen Gemeinden vollzogen hat.

Die religionswissenschaftliche Forschung hat dann noch gezeigt, dass diese »Botschaft über Jesus« aus lauter Mythologemen (Mythenmotiven) besteht, die auch in anderen Kulturen vorkommen: dem Mythologem vom wesensgleichen Sohn, dem Mythologem der Inkarnation durch Jungfraugeburt, der unscheinbaren Geburt und der Erdenwanderung eines göttlichen Wesens, das den Menschen ein neues Gesetz und eine neue Offenbarung bringt; ferner dem Mythologem von Leiden, Tod und Auferstehung, gekoppelt mit dem Mythologem vom erlösenden Opfertod eines Gottes usw.

Diese innere Zersetzung des archaischen Blocks durch die historisch-kritische Forschung wurde jedoch lange Zeit nicht manifest, weil in den dreißiger Jahren im katholischen Bereich noch der Triumphalismus aufkam und der evangelische von der archaisierenden Woge der Dialektischen Theologie überrollt wurde. Im Rückblick erscheint dies indessen wie das letzte Sich-Aufbäumen eines schon todkranken Organismus.

Ansätze zum Einbringen der Ernte

Schon in den Vierzigerjahren begannen sich indessen – im Bereich zwischen den beiden Blöcken – Arbeitskreise zu bilden von Wissenschaftlern, welche spürten, dass ein Zeitalter zur Neige gegangen war und etwas Neues zu keimen begann. Sie bildeten sich unter anderem in der Schweiz, die ja durch ein gütiges Schicksal vor dem Krieg, der rund um sie herum tobte, verschont geblieben war und wohin auch eine Anzahl bedeutender (vorwiegend jüdischer) Wissenschaftler hatten flüchten können. Als Beispiel einer solchen Arbeitsgruppe sei der Eranos-Kreis erwähnt. Bei diesem kamen allerdings in erster Linie Kulturwissenschaftler zusammen. Zudem war damals die moderne Biologie noch nicht entfaltet, und man glaubte noch, mithilfe der Quantentheorie alles erklären zu können. So konnte denn auch der eigentliche Ertrag der Bewusstseins-Mutation noch nicht erfasst werden.

In den Sechzigerjahren begann dann Marc A. Jaeger Lehrstuhlinhaber von Schweizer Universitäten für die Idee zu gewinnen, in gemeinsamer, transdisziplinärer Arbeit ein zeitgemäßes, erfahrungswissenschaftlich fundiertes Menschenbild zu erarbeiten. Als er zu diesem Zweck im Jahre 1970 die Stiftung für Humanwissenschaftliche Grundlagenforschung gründen konnte, war die Zeit reif für ein solches Unternehmen. Unterdessen hatten sich nämlich noch Molekularbiologie und Ethologie sowie die moderne Kosmologie entfaltet. Auch war im archaischen Block einiges geschehen: im katholischen Raum hatten sich dank des Zweiten Vatikanischen Konzils Schleusen (wenigstens ein Stück weit) geöffnet, und im evangelischen war die Woge der Dialektischen Theologie abgeebbt.

Wichtig für das Erreichen des gesteckten Zieles war noch, dass Jaeger programmatisch erklärte, die Entdeckungen der Psychologie des 20. Jahrhunderts müssten mit berücksichtigt werden. Wichtig war dies deshalb, weil, wie sich später zeigte, das eigentlich Neue, das die Bewusstseins-Mutation gebracht hat, erst im Licht der theoretischen Tiefenpsychologie erkannt werden konnte. Für Tiefenpsychologen bedeutete es jedoch die Herausforderung, nun endlich die so lange vernachlässigte theoretische Seite ihres Fachs aufzuarbeiten. Eine Herausforderung war es, weil damals die Tiefenpsychologie bei vielen positivistischen Wissenschaftlern noch als »Mystik« galt und von Theologen (um sie »abschießen« zu können) als »bloße Philosophie« hingestellt wurde.

Schwierigkeiten transdisziplinärer Arbeit

Von dem zur Verfügung stehenden Wissen her waren nun die Voraussetzungen für das Erarbeiten eines neuen Welt- und Menschenbilds gegeben. Eine Voraussetzung fehlte aber noch, wie sich bald zeigte: die Fähigkeit zu transdisziplinärer – die Fakultätsgrenzen überschreitender – Arbeit. Das gesamte Wissen wird ja von Einzeldisziplinen »verwaltet«, und die Wissenschaftler, die zu solcher Arbeit zusammenkommen, sind vor allem Kenner ihrer Disziplin. Nun setzt transdisziplinäre Arbeit – wie jede interdisziplinäre Arbeit – zwar Disziplinarität voraus, verlangt aber noch mehr.

Erstens verlangt sie, dass man bereit ist und sich auch bemüht, sich in andere Fachgebiete einzuarbeiten: sich über deren Methodik und den dadurch erschlossenen Wirklichkeitsaspekt klar zu werden und sich deren Ergebnisse wenigstens in den Grundzügen anzueignen.

Zweitens aber setzt transdisziplinäre Arbeit voraus, sich bewusst zu sein, dass da nicht nur verschiedene wissenschaftliche Disziplinen, sondern drei sehr unterschiedliche Typen von Wissenschaft zusammenkommen: dass da im Grunde genommen drei verschiedene Stadien der Bewusstseins-Evolution am gleichen Tisch sitzen, weil jeder der drei Wissenschaftstypen aus einer anderen Phase der Bewusstseins-Evolution hervorgegangen ist, somit auf anderen erkenntnistheoretischen Voraussetzungen aufbaut und deshalb eine andere Sprache spricht.

Diese unterschiedlichen Voraussetzungen mussten aber erst einmal herausgearbeitet werden. Es musste gezeigt werden, dass die Theologen von göttlicher Offenbarung ausgehen, positivistische Wissenschaftler und Tiefenpsychologen hingegen von Empirie, jedoch von Empiriebegriffen mit unterschiedlichem Umfang.

Dies wiederum konnte nur erkannt werden im Licht der Bewusstseins-Evolution. Wegen der Ablehnung einer »kulturellen« Evolution durch Geisteswissenschaftler und Theologen musste somit erst noch der Nachweis erbracht werden, dass eine Evolution des Bewusstseins stattgefunden hat. Bei diesem Bemühen wurde jener transdisziplinäre methodische Ansatz gefunden, den ich eingangs dargestellt habe.

Durch das Bewusstmachen der unterschiedlichen erkenntnistheoretischen Voraussetzungen fielen allerdings die Theologen als ernst zu nehmende Gesprächspartner aus den Rängen, zumindest die, welche es nicht vermochten, die Bewusstseins-Mutation nachzuwollziehen. Jene, die es vermochten, konnten – und können – zwar einen wertvollen Beitrag leisten zum Verständnis der christlichen Prägung der abendländischen Kultur. Die anderen jedoch müssen sich damit abfinden, dass sie nun zum Objekt ethnologischer Forschung – der Erforschung archaischer Denkmuster – werden.

Die Aufarbeitung der tiefenpsychologischen Theorie

Weshalb und inwiefern aber musste die tiefenpsychologische Theorie aufgearbeitet werden? Bedenken wir, dass diese zu der Zeit, als sie entstand, in der wissenschaftlichen Welt sozusagen in der Luft hing. Zum einen verstanden die etablierten Wissenschaften unter Empirie lediglich das Forschen auf der Grundlage des positivistischen Empiriebegriffs, zum anderen vermochten die Pioniere der Tiefenpsychologie noch nicht zu erkennen oder zu formulieren, inwiefern durch ihre Entdeckungen der positivistische Empiriebegriff erweitert und der archaische Offenbarungsbegriff »umgedreht« worden war. Dazu kam, dass man damals über die kognitiven Fähigkeiten unbewusster Lebewesen noch sehr wenig wusste. Auch hatte der Übergang von der mechanistischen zur systemischen Auffassung der Natur noch nicht stattgefunden, sodass Jung zur Formulierung seiner weiterführenden Einsichten damals noch keine adäquate Sprache zur Verfügung stand.

Nachdem sich aber im Rahmen der modernen Biologie die Kognitionsforschung entwickelt hatte, war für einen mit beiden Gebieten Vertrauten leicht erkennbar, dass nun Tiefenpsychologie und Biologie konvergierten: dass die Ergebnisse der biologischen Kognitionsforschung – insbesondere der evolutionären – die Theorie des Unbewussten nicht nur bestätigt, sondern dieser mit anerkannten positivistischen Methoden sogar ein solides Fundament gebaut hatten.

Allerdings konnte dies nicht ohne weiteres aufgezeigt werden. Bemerkungen über das Modell der Psyche, das Jung »im Kopf« hatte, waren diesem ja sozusagen unter der Hand in die hermeneutischen Arbeiten eingeflossen und über dessen ganzes Werk verstreut. Bei Ansätzen zu systematischer Darstellung war Jung, wie schon gesagt, bald einmal zu Hermeneutik der Gestaltungen des Unbewussten abgeschweift. Dazu kam, dass ihm auch viele rein spekulative Bemerkungen über Gott, die Welt und den Welthintergrund (»Synchronizität«) in den Text hineingerutscht sind. Da mussten erst einmal die empirisch fundierten – durch Beobachtungen abgestützten – Befunde herausgesucht werden. Diese musste man miteinander in Beziehung setzen und erst noch mit den entsprechenden von Freud vergleichen. Zudem war das Ganze in einer Sprache zu formulieren, die heutigen naturwissenschaftlich Gebildeten geläufig ist. Durch diese Arbeit wurde Jungs Modell nicht nur in seinen Details erkennbar, sondern auch in seiner genialen Einfachheit und Stimmigkeit. Auch konnte nun gesehen werden, dass Jung damit die systemische Betrachtung der Natur schon vorweggenommen hatte.

Der »Psychoboom« hatte die tiefenpsychologische Theorie verwässert und zugedeckt

Ein weiterer Grund, weshalb die empirisch fundierte tiefen psychologische Theorie aufgearbeitet werden musste, war der theoretische Wildwuchs, der im

Zug des so genannten Psychobooms ins Kraut geschossen war und die Entdeckungen der Pioniere der Tiefenpsychologie im öffentlichen Bewusstsein zugedeckt hatte. Vor allem seit den Dreißigerjahren war ja die psychotherapeutische Bewegung mit zunehmender Beschleunigung angeschwollen. Immer neue Wege wurden dabei beschritten, und immer neue Nischen wurden von therapeutischen Schulen besetzt (Anm. 136). Vielen Menschen wurde dadurch zwar praktische Hilfe zuteil, die Theorie jedoch wurde auf sträfliche Weise vernachlässigt, wenigstens die empirisch wissenschaftliche bzw. wissenschaftlich mögliche. Hand in Hand damit ließ der eigentlich tiefen-psychologische Impuls nach.

Aus der Schule von Jung gingen zwar auch einige wenige Seitentriebe hervor, unter denen hier nur der Franzianische erwähnt werden soll. Dieser hat seinen Schwerpunkt in gnostisch eingefärbten mythisierenden Vorstellungen. Im Großen und Ganzen jedoch blieb die von Jung erarbeitete, empirisch abgestützte Theorie in seiner Schule intakt, und zwar deshalb, weil aus dieser fast nur hermeneutische Arbeiten hervorgegangen sind, in denen – als theoretische Einführung – jeweils einfach Zitate aus Jungs Werk angeführt wurden. Die Befunde bzw. Beobachtungen, aus denen Jung seine Theorie erarbeitet hatte, entschwanden dabei aber mehr und mehr dem Bewusstsein seiner Schüler.

In der Schule von Freud spielte von Anfang an die Theorie der normalen Psyche eine geringe Rolle. Im Vordergrund standen dort – zumindest bei den »Klinischen«-Neurosetheorien, also Theorien über die kranke Psyche. Der gesellschaftskritische Zweig der Freudschen Schule ging sogar eine Verbindung mit marxistischer Ideologie ein und verabschiedete sich damit von der empirischen Psychologie. Bei denjenigen »Klinischen«, die sich als Neopsychoanalytiker verstanden und beanspruchten, die freudsche Lehre weiterentwickelt zu haben, trat die Bedeutung des Unbewussten schon bald in den Hintergrund. Völlig aufgegeben wurde der Begriff des Unbewussten dann mit dem Aufkommen der aus dem Behaviorismus (»alles ist nur angewöhnt und kann abgewöhnt werden«) hervorgegangenen Verhaltenstherapie. Mit ihr waren die theoretischen Vorstellungen wieder auf ein krass positivistisches Niveau abgesunken. Als Reaktion darauf entstand dann die Humanistische Psychologie. Diese war jedoch nicht mehr empirisch, sondern philosophisch begründet und stützte sich vor allem auf Husserl und Heidegger. Aus der Humanistischen Psychologie und der New-Age-Bewegung gingen schließlich die als Propheten des Wassermannzeitalters auftretenden Transpersonalen Psychologen hervor. Mit ihnen fielen die theoretischen Vorstellungen sogar wieder auf das archaische Niveau zurück, indem sie aus ostasiatischem mythischem Gedankengut einen Mix zusammenbrauten, den sie dann (spekulativ) mit Begriffen aus der modernen Physik verbrämten.

Kommen wir auf die Entdeckungen der Pioniere der Tiefenpsychologie zurück. Jungs Modellvorstellung musste nicht nur aus verstreuten Bemerkungen Jungs herausgearbeitet werden. Es galt noch, diese – in einem zweiten Schritt – in das von den positivistischen Wissenschaften unterdessen erarbeitete Bild des Lebendigen ein-zuarbeiten. Dies wiederum zog die Frage nach sich, wie das, was die Tiefenpsychologie das objektiv Psychische bzw. Mächte des Unbewussten nennt – und das in der Biologie als Kognition, Emotion, Verhalten und Spontaneität bezeichnet wird – , ins gesamte Bild der Natur eingeordnet werden kann. Dies führte schließlich zu jener komplementären Sicht des materiellen und geistigen Aspekts der Natur, die ich im zweiten Teil dargelegt habe.

Wir haben nun gesehen, wodurch und inwiefern die alten Weltbilder beim zweiten Schritt der Bewusstseins-Mutation relativiert worden sind, ferner, weshalb es fast ein Jahrhundert gedauert hat, bis diese Tatsache zur Kenntnis genommen wurde, und schließlich, was alles noch getan werden musste, bis man in der Lage war, das neue Welt- und Menschenbild mit seinen komplementären Aspekten – dem materiellen und dem geistigen – zu erarbeiten.

Nun dürfen wir so weit sein, uns an die Frage heranzumachen, inwiefern die neue Vorstellung des objektiv Geistigen uns die Quelle der ethischen Normen und der Sinngebung erschließt.

Natur als Quelle von Ethik und Sinn

Beim Evolutionsschritt vom unbewussten zum bewussten Lebewesen ereignete sich eine gewaltige Zunahme der Möglichkeit von Kognition: eine Zunahme nicht nur im quantitativen, sondern auch im qualitativen Sinn. Im Menschen bildete sich nun »Welt«: nicht nur zentral repräsentierte raumzeitliche Wirklichkeit bzw. Umwelt wie bei unbewussten Lebewesen, sondern vorgestellte Welt. Diese vorgestellte Welt war erweiterungsfähig, denn der Erwerb von Bewusstsein bedeutete auch die Fähigkeit, immer weiter hinter die Fassade des Augenscheins vorzudringen.

Dieser Gewinn an kognitiver Fähigkeit hatte aber seinen Preis. Es bedingte den Verlust jenes festen Eingebettetseins in die arteigenen Verhaltensmuster, das bei uns den Eindruck erweckt, Tiere seien ganz sich selber. Das richtige Verhalten bzw. Tun muss vom Menschen gefunden werden. Das Bemühen, der zu werden und zu sein, zu dem man genetisch und durch kulturelle Prägung »angelegt« ist, wurde zu einer lebenslangen Aufgabe: zu einer Aufgabe, die gelingen, aber auch misslingen kann. War somit die Fähigkeit zu bewusstem Erkennen – zum Schaffen von »Welt« – ein Geschenk, erwies sich der mit ihr verbundene Zwang zu ethischem Bemühen als Bürde.

Der Rahmen für das richtige Tun ist gegeben durch die phylogenetisch erworbenen Verhaltensmuster. Diese wurden ja durch die Bewusstwerdung nur aufgelockert. Zudem betrifft das ethische Tun nur einen relativ schmalen Bereich menschlichen Verhaltens. Das hat die Humanethologie in jüngster Zeit nachgewiesen. Was im Hinblick auf unser Thema jedoch wichtig ist: Das Finden des im Moment richtigen Tuns ist immer ein Optimierungsprozess zwischen den Intentionen des Ich und dem Selbst, jenem im unbewussten Bereich gelegenen Zentrum, welches die gesamte Psyche reguliert.

Bei archaischer Weltsicht galt der »Wille Gottes« als Quelle der Ethik

Während der archaischen Phase wurden die Impulse, die von dieser regulierenden Instanz über die innere Wahrnehmung ins Bewusstsein gelangen, wie gesagt, in der Projektion wahrgenommen: so als kämen sie von außen, und zwar nicht aus der sichtbaren, sondern aus der unsichtbaren Welt. Man stellte sich deshalb deren Quelle in der Übernatur vor: als Wille der Götter bzw. Gottes.

Als bei der Mutation des Bewusstseins die Übernatur des archaischen Menschen »hereingeklappt« wurde, konnte erkannt werden, dass die normgebende Instanz, mit deren »Willen« das Ich seine eigenen Strebungen optimieren muss, sich im unbewussten Bereich der Psyche befindet: dass sie dem objektiv Psychischen angehört, somit eine Manifestation des naturhaften objektiv Geistigen ist. Im Zug der Mutation, die ja ein Schritt zu höherer Bewusstheit und damit zu differenzierterem Unterscheidungsvermögen war, wurde somit die Vorstellung von der Quelle der Ethik vom Himmel heruntergeholt und in die Natur hinein verlegt.

All dies konnte von der Wissenschaft festgestellt werden einschließlich dessen, was wir uns heute unter dem Geist-Aspekt der Natur vorstellen. Ebenfalls mithilfe wissenschaftlicher Methoden konnte man nachweisen, dass auch das »Hereinklappen« der Quelle ethischer Normen sich nach dem Mythologem von Tod und Auferstehung vollzogen hat: dass somit auch die supranaturalistisch begründete Ethik sterben musste, damit Ethik nun »in neuer Gestalt auferstehen« kann.

Auferstanden ist diese jedoch noch nicht. Da hat erst das Absterben des Alten stattgefunden. Was aber ist hier unter dem Alten zu verstehen? Zusammen mit der Vorstellung von der Quelle der Ethik ist ja auch das Normengefüge, das auf Grund dieser Vorstellung erarbeitet worden ist, zu einem großen Teil zusammengebrochen. Es war gerade dieser Zusammenbruch, der zu dem geführt hat, was man heute als Krise der Werte und der Sinngebung beklagt.

Vergegenwärtigen wir uns, bevor wir uns mit der »Auferstehung in neuer Gestalt« befassen, die Art und Weise, wie das Absterben der alten Ethik vor sich ging. Hierzu müssen wir nun den Blick von den Weltbildern wegwenden und noch das Menschenbild ins Auge zu fassen. Blicken wir zuerst auf das der positivistischen Zwischenphase.

Im positivistischen Menschenbild galt das Ich als Quelle der Ethik

Durch die Aufklärung war die archaische Vorstellung der Seele mit ihren mannigfachen »Vermögen« geschrumpft auf die Vernunft (ratio). Akademische Philosophen unterscheiden zwar noch zwischen Vernunft und Verstand, doch spielt dies hier keine Rolle. Für beides steht nämlich heute der Ausdruck »Bewußtsein« und für das Zentrum des Bewußtseins der Ausdruck »Ich«. Weil im Zug der Aufklärung die Vorstellung eines übernatürlichen Geistigen eliminiert wurde, die des naturhaften objektiv Geistigen aber noch nicht entwickelt war, galt damals (und gilt heute noch bei sehr vielen) der menschliche Geist – das subjektiv Geistige – als das einzige Geistige in der Welt.

Während man bei archaischer Weltsicht noch angenommen hatte, der Menschengeist sei schwach und bedürfe der »Erleuchtung« durch den göttlichen Geist, sah (und sieht) man in ihm bei positivistischer ein Licht, das so hell leuchtet, dass es imstande ist, den hintersten Winkel der Wirklichkeit zu erhellen. Was nun im Hinblick auf das Finden der neuen Ethik besonders wichtig ist: bei positivistischem Selbstverständnis glaubte man, die Ratio sei imstande, auch das ethisch Richtige selber zu erkennen. Dazu kam noch der Glaube, der Mensch sei von Natur aus gut; er brauche deshalb das Richtige nur zu erkennen, dann sei er auch imstande, es zu tun. Beides entsprach aber, wie man heute sehen kann, nicht der menschlichen Natur.

Mit der Entstehung von Bewußtsein – und damit eines Ich – war ja eine ganz neue Art von Spontanaktivität in die Existenz getreten: die Tendenz, sich nicht mehr nur im Rahmen der arteigenen Kognitions- und Verhaltensmuster zu entfalten, sondern – im Gegenteil – Grenzen zu überschreiten: Grenzen des Erkennens und Grenzen des Tuns. Aus dieser neuen Art von Spontaneität kam der Antrieb für die Evolution des Bewußtseins. Diese vollzog sich jedoch nicht nur auf der kognitiven Ebene. Da sie den Menschen in den Stand setzte, Werkzeuge und Waffen herzustellen sowie – vor allem in späteren Phasen – die Kräfte der Natur in seinen Dienst zu nehmen, führte sie zu immer neuen Problemen auf der Ebene der Ethik. Bei jedem technischen Fortschritt stellte sich die Frage, wie mit diesem neu erworbenen Know-how umzugehen sei. Solange der Mensch den Sinn seines Lebens darin sah, den Willen der Götter bzw. Gottes zu erfüllen, oder zumindest fürchten musste, durch Fehlverhalten deren Zorn und Strafe zuzuziehen, spielte (mehr oder weniger) das Eingebundensein des Ich in die Gesamtregulation der Psyche durch das Selbst, auch wenn dieser Sachverhalt nicht durchschaut werden konnte. Jedenfalls sah es der Mensch bei archaischem Selbstverständnis als nötig an, sich – im Interesse seines Wohlergehens – um das Erfahren und die Erfüllung des Willens Gottes wenigstens zu bemühen.

Als nun die Überzeugung sich durchsetzte, die Vernunft bzw. das Ich allein sei in der Lage, zu erkennen, was richtig und unrichtig – gut und böse – ist, fiel die Einsicht in die Notwendigkeit dieses Bemühens dahin. Eine Folge der nunmehr mangelnden Rückkoppelung an die übergeordnete Führungsinstanz war eine Inflation des Ich, d. h. eine Aufblähung desselben sowie – vom Erleben her – eine Selbstüberschätzung: eine Haltung, welche die Griechen Hybris nannten.

Für die Erkenntnis von Sachverhalten brachte das positivistische Selbstverständnis keine Nachteile. Das Erkenntnisstreben ging nicht nur ungebremst weiter, es beschleunigte und intensivierte sich sogar. Wenn man genau hinschaut, kann man jedoch sehen, dass auf dieser Linie die Rückkoppelung ans Unbewusste trotz weit verbreiteter Inflation des Ich nach wie vor funktionierte. Wie die Geschichte der naturwissenschaftlichen Entdeckungen und der technischen Erfindungen zeigt, machte nämlich das Ich bei objektivierender Einstellung nach wie vor von dem Gebrauch, was man in der christlichen Tradition Erleuchtung durch den Heiligen Geist genannt hat und was wir heute als Einfälle aus dem Unbewussten bezeichnen. Voraussetzung dafür war allerdings immer, dass das Ich sich intensiv mit dem Problem befasste.

Abgesehen von der Fülle neuen Sachwissens, das unter der Dominanz des ideologischen Positivismus gewonnen wurde, schuf das Voranschreiten der Erkenntnis unter dessen Ägide auch die Voraussetzungen für das unistische Welt- und Menschenbild. Dieses führte dann wieder zur Einsicht, dass das Ich seine Entscheidungen letztendlich nach dem »Willen« der ihm übergeordneten psychischen Führungsinstanz auszurichten hat.

Bis es so weit war, stand indessen die Zeit für das Handeln nicht still. Da wirkte sich die Preisgabe der Rückkoppelung des Ich negativ und destruktiv aus. Nun war nämlich der Willkür und den Egoismen Tür und Tor geöffnet. Zwar konnte man noch während langer Zeit vom Vorrat christlicher Normen zehren. Diesen erwuchs jedoch Konkurrenz durch »Ethiken«, die ideologisch begründet waren. Infolge der Elimination der Übernatur aus der Weltsicht waren nämlich Ideologien aufgekommen: »Weltanschauungen«, welche einen aus »ungeordneten Neigungen« hervorgegangenen Wert als höchsten Wert setzten: z. B. den arischen Herrenmenschen, die Arbeiterklasse oder – neuerdings – Konsum und wirtschaftlichen Erfolg. Nach dem höchsten Wert der gerade dominierenden Ideologie wurde entschieden, was richtig und unrichtig bzw. was gut und böse ist. Die Ethik war damit, wie man sagt, relativiert worden: nicht mehr ausgerichtet auf den »absoluten« – der phylogenetisch erworbenen Struktur der Psyche entsprechenden – höchsten Wert. Diese Entwicklung barg ungeheure Gefahren in sich, weil gerade seit der Aufklärung die Macht des Menschen über die Kräfte der Natur in unvorstellbarem Maße zugenommen hat.

Die Wissenschaft ist zur Erarbeitung ethischer Normen nicht fähig
Die im Ich begründete, relativierte Ethik der Aufklärung hat uns zwar in die gegenwärtige Krise der Werte geführt, doch war sie ein notwendiges Übergangsstadium der Mutation des Bewusstseins. Entsprechend der allgemeinen Gesetzmäßigkeit psychischer Wandlungsprozesse sollten wir nun

wieder aus der Krise herauskommen durch »Auferstehung der Ethik in neuer Gestalt«.

Was aber ist hier unter neuer Gestalt zu verstehen? Da geht es nicht mehr um das bloße Aufzeigen der Quelle, sondern darum, diese Quelle zum Fließen zu bringen: eine Ethik zu erarbeiten, die dem heutigen Bewusstseins-Niveau bzw. der heutigen, hoch technisierten Zivilisation entspricht. Hierzu ist aber die Wissenschaft nicht in der Lage. Sie kann zwar noch aufzeigen, worin frühere und fremde ethische Systeme bestanden haben und bestehen. Eine zeitgemäße neue Ethik erarbeiten kann sie jedoch nicht. Das musste in letzter Zeit immer wieder resigniert festgestellt werden. Wer aber soll es dann tun?

Eine weiterführende Unterscheidung: objektivierende und existenzielle Einstellung

Um hier weiterzukommen, müssen wir ein wenig gebräuchliches Begriffspaar einführen: die Unterscheidung zwischen objektivierender und existenzieller Einstellung. Der Mensch kann und muss nämlich alternierend zwei grundverschiedene Haltungen einnehmen.

Zum einen muss er fragen, wie die Welt – die natürliche wie die kultürliche – sei, geworden sei und funktioniere. Dabei kommt die dem Menschen allein eigene Fähigkeit zur Unterscheidung zwischen Ich und Nicht-Ich – zwischen Subjekt und Objekt – zum Tragen. Deshalb nenne ich diese Haltung die objektivierende.

Zum andern muss der Mensch sich immer wieder fragen, wie er vorgehen soll, um sich richtig zu verhalten. In diesem Fall geht es um den Gewinn und die Anwendung jener Art von Know-how, welche wir als die für unbewusste Lebewesen zum Überleben notwendige kennen gelernt haben. Die Einstellung, die zum Gewinn und zur Anwendung dieses Know-how führt, nenne ich die existenzielle.

Bei objektivierender Haltung geht es somit um das Sein, bei existenzieller um das Sollen. Anders gesagt: bei objektivierender geht es um das Wahre, bei existenzieller um das Richtige. Die beiden Haltungen stehen zueinander in einem komplementären Verhältnis: Zu gleicher Zeit kann man zwar – wenn man einem Problem auf den Grund gehen will – nur die eine oder andere einnehmen. Für ein ausgewogenes Menschsein jedoch ist es unerlässlich, dass beide in gebührendem Ausmaß zum Tragen kommen.

Wissenschaft und Schulen der Spiritualität

Auf jedem dieser beiden Gebiete kann der Mensch »Meisterschaft« erstreben und erlangen. Aus objektivierender Einstellung geht dabei der Gelehrte bzw. Wissenschaftler hervor, aus existenzieller hingegen der Weise oder Heilige oder – in heutiger Ausdrucksweise – der ganzheitliche Mensch.

Solche »Meister« der einen oder anderen Haltung stehen jeweils in einem Traditionsstrom. Sie stehen in Beziehung zu einer Gruppe von Menschen, die über Generationen hinweg – sozusagen professionell – das gleiche erstrebten und die Ergebnisse ihres Bemühens an die folgenden Generationen weitergaben. Aus solch gemeinsamer, gleichgerichteter Anstrengung ergaben sich zwei grundverschiedene Arten von Gemeinschaftsbildung: die Wissenschaften – als scientific community – und die Schulen der Spiritualität. Grundverschieden sind diese Gemeinschaften nicht nur in dem, was sie erstreben, sondern auch in der Art und Weise, wie sie zu ihrem Ziel gelangen.

Ziel der Wissenschaften ist der Gewinn von Sachwissen über die objektive Wirklichkeit. Sachwissen, das einmal gewonnen und schriftlich fixiert ist, geht im Prinzip nicht mehr verloren. Jede Generation von Wissenschaftlern kann auf dem weiterbauen, was frühere Generationen erarbeitet haben. So wird das Wissen über Natur und Kultur fortschreitend vermehrt und vertieft. Wenn auch dieses Fortschreiten nicht kontinuierlich, sondern über »revolutionäre« Paradigmawechsel vor sich geht: der Fortschritt sowie der Glaube an den Fortschritt sind integrierende Elemente der Wissenschaft und der von der Wissenschaft begründeten Technologie.

Anders ist dies in den Schulen der Spiritualität, deren Ziel die Hinführung des Menschen zu psychischer Reifung ist. Einen Fortschritt im Sinne des unaufhaltsamen Voranschreitens von Generation zu Generation gibt es da nicht. Wohl formulieren spirituelle Neuerer bei veränderter Bewusstseinslage – im Zug der Differenzierung der materiellen wie der geistigen Kultur – das Ziel auf neue Weise und schlagen andere Lebensformen und andere Praktiken vor. Dies ändert aber nichts an der unerbittlichen Tatsache, dass innerhalb jeder Generation jeder einzelne mit seinem Bemühen um seelische Reifung von vorn anfangen – im Prinzip die gleichen Erfahrungen und Fehler wie die Menschen früherer Generationen machen – muss.

In der Wissenschaft bedeutet Lernen Aneignung von Sachwissen, von Arbeits- und Forschungsmethoden sowie von technischem Können. Die Überlegenheit des Lehrers beruht darauf, dass er über größeres Sachwissen verfügt, die Forschungsmethoden besser beherrscht und den Zugriff zu gespeichertem Sachwissen besser handhaben kann.

In der spirituellen Schulung bedeutet Lernen gerade nicht Anhäufung von Sachwissen, sondern Bewusstwerdung, und zwar individuelle (im Unterschied zur phylogenetischen). Bewusstwerdung ist jedoch etwas ganz anderes als bloße Übernahme von Information. Dazu gehören z. B. Aha-Erlebnisse des einzelnen über desintegrierende Tendenzen in seiner Seele, welche seine »guten Absichten« zunichte machen, ferner über von ihm verdrängte Gefühle und Wünsche, aber auch über schlummernde Fähigkeiten. Zum Bemühen um (individuelle) Bewusstwerdung gehört auch das immer neue Ringen um die richtige Entscheidung, insbesondere bei Pflichtenkollisionen; ferner das Bemühen des einzelnen, den Sinn seines Lebens innerhalb der gegebenen, von ihm nicht veränderbaren Situation zu finden.

Der Lehrer ist hier einer, der nicht unbedingt mehr Sachwissen besitzt als der Schüler, sondern ein Meister in dem Sinn, dass er schon einen hohen Grad an subjektiver Bewusstheit erlangt hat: dass er (archaisch ausgedrückt) die »Wege Gottes« und die »Schliche des Teufels« kennt. Der spirituelle Meister lehrt zudem zu einem großen Teil dadurch, dass er beispielhaft vorlebt, was er vom Schüler fordert. Er versteht jedoch sich selber nicht als »eigentlichen« Meister. Er weiß, dass der »eigentliche« Meister, der den Schüler auf seinem Weg führt, dessen (in heutiger Ausdrucksweise) innerer Meister, d. h. dessen Selbst ist.

Aus diesem Grund ist der spirituelle Meister so etwas wie ein (seelischer) Geburtshelfer. Er hilft dem Schüler, die Stimme des inneren Meisters – die Intentionen des Selbst – zu erkennen. Er überwacht auch, ob der Schüler diese befolgt. Als Grundsatz galt dabei in allen traditionellen Schulen der Spiritualität, dass der Meister in reiner Absicht handelt. Dies heißt, dass er den Schüler nicht an sich bindet, dass er über ihn keine Macht ausübt, ihm auch nicht imponieren will und dass er in keiner Weise danach trachtet, sich an ihm unrechtmäßig zu bereichern. Auch vom Schüler wurde in der spirituellen Tradition reine Absicht verlangt. Das bedeutete, dass er sich jedes Gedankens an Vorteile enthalte, die ihm das Begehen des spirituellen Weges bringen könnte: z. B. des Gedankens an bessere berufliche Leistungen oder materiellen Erfolg.

Schulen der Spiritualität gab es in allen Religionen. Die Grundfunktion einer Religion war es ja, die Menschen zum Heil – heute würden wir sagen zur psychischen Ganzheit – hinzuführen. Da aber Religionen Gemeinschaftsbildungen »für die Vielen« waren, bildeten sich innerhalb von ihnen Eliten aus, welche sich sozusagen professionell dem Streben nach Heil widmeten. In Stammesreligionen waren es die, welche man – in unserer Terminologie

– Medizinmänner, Schamanen usw. nennt. In Hochreligionen fanden sich religiöse Eliten zu jenen Gemeinschaftsbildungen zusammen, die wir als Schulen der Spiritualität bezeichnen. Im Christentum waren dies die geistlichen Orden der Mönche und Nonnen, im Islam die Sufi-Gemeinschaften, in den hinduistischen Religionen die Jogaschulen und in China die Klostergemeinschaften des »philosophischen« Taoismus. Der Buddhismus war zu Beginn gar keine Religion, sondern eine – als Erneuerungsbewegung innerhalb der Jogaschulen entstandene – neuartige Schule der Spiritualität.

Weltbild, Spiritualität und Ethik

Inwieweit ist nun die Unterscheidung zwischen objektivierender und existenzieller Haltung – zwischen Wissenschaft und Schulen der Spiritualität – im Hinblick auf unser Problem weiterführend? Die Antwort: weil ethische Normen aus der spirituellen Tradition hervorgehen. Spiritualität – auch Religiosität genannt – umfasst zwar mehr als Ethik. An dieser Stelle ist jedoch nur die Feststellung wichtig, dass Ethik immer schon aus dem Bemühen um Spiritualität – d. h. aus existenzieller Einstellung – hervorgegangen ist.

Ebenso wichtig ist es indessen, festzuhalten, dass die Unterschiedlichkeit der spirituellen Schulen letztlich durch die Unterschiedlichkeit der religiösen Weltbilder bedingt war, aus denen sie hervorgegangen sind: dass das Weltbild jeweils den theoretischen Hintergrund und die Terminologie bestimmte. Nun gehen aber Weltbilder aus objektivierender Einstellung hervor – in späteren Phasen der Bewusstseins-Evolution aus der Wissenschaft.

Bei archaischer Weltsicht entstanden neue Weltbilder in der Regel durch das Aufkommen einer neuen Gottesvorstellung. Ob nun aber diese oder jene Gottesvorstellung ein Weltbild bestimmte: die dem Ich überlegene Macht, deren »Willen« zu erfüllen der Mensch sich bemühte, »befand« sich immer in der Übernatur.

Durch das »Hereinklappen« der übernatürlichen Welt ist jedoch diese »Kontinuität innerhalb allen Wandels« unterbrochen worden. Auch die Auffassung von Spiritualität unterlag nämlich – im Zug dieses Evolutionsschritts – dem Gesetz von Tod und Auferstehung. Allerdings hat bisher erst der »Tod« der alten Auffassung stattgefunden. Während das neue Weltbild, dessen Grundlagen ja gerade durch die neuzeitliche Wissenschaft erarbeitet wurden, schon klar erkennbar ist, muss das, was man in archaischer Zeit Schulen der Spiritualität nannte, erst noch »in neuer Gestalt auferstehen«. Erst wenn diese »Auferstehung« stattgefunden hat, kann eine neue, der heutigen

Bewusstseinsebene adäquate – aus einer naturhaften Quelle hervorgegangene – Ethik entstehen.

Heute wird zwar schon sehr viel von Spiritualität geredet, insbesondere im Rahmen der »Esoterik«. So viel Wertvolles diese neureligiöse Bewegung dem westlichen, von der Natur, vom »Nächsten« und von sich selbst entfremdeten Menschen brachte: All die Theorien und Auffassungen von Spiritualität, die dabei aus fremden Kulturen zusammengetragen wurden, entstammen archaischer Weltsicht und sind für unser Unternehmen nicht zu gebrauchen.

Wir wollen nämlich auch bei der Frage nach der neuen Spiritualität und Ethik vom empirisch fundierten Wissensstand unserer Zeit ausgehen: von dem, was ich als neue Vorstellung des objektiv Geistigen bzw. als Geist-Aspekt der Natur beschrieben habe. Wir haben ja gesehen, dass man das, was man früher als Erleuchtung durch den Geist Gottes bezeichnete, als das Wirken des naturhaften objektiv Geistigen erkannt hat. Da wir bei der Beschreibung des naturhaft Geistigen von der Basis her der Evolutionsachse entlang aufwärts vorangeschritten sind, können wir an dem zuletzt darüber Gesagten anknüpfen: an der Modellvorstellung der menschlichen Psyche, insbesondere am Wissen über die Wechselwirkung zwischen dem Selbst und dem Ich.

Weg zur Erarbeitung einer zeitgemäßen Ethik

Zu Stande gekommen ist die neue Modellvorstellung der Psyche, wie dargestellt, im Rahmen der Tiefenpsychologie. Nun ist aber mit der Tiefenpsychologie ein neuer Typus empirischer Wissenschaft entstanden. Das Neue daran ist nicht nur, dass ihr ein gegenüber dem der positivistischen Wissenschaften erweiterter Empiriebegriff zu Grunde liegt und dass mit ihr die Kluft zwischen den »zwei Welten« überbrückt worden ist.

Die Tiefenpsychologie ist eine existenzielle Wissenschaft

Neu ist auch, dass die Tiefenpsychologie – im Unterschied zu den rein objektivierenden positivistischen – eine existenzielle Wissenschaft ist. Das »Feld«, auf dem hier die Beobachtungen für die wissenschaftliche Reflexion gesammelt werden, ist die analytische Praxis. Bei dieser geht es aber nicht wie in der akademischen Psychologie um Durchführung von Experimenten und Tests mit Versuchspersonen, sondern um das Finden der richtigen Einstellung zum Leben und des richtigen Tuns.

Ferner geht es bei den »Analysen« nicht nur um die Heilung von Neurosen. Viele Therapien münden nämlich in so genannte Individuationsprozesse ein: in das Bemühen um seelische Reifung. Es geht hier somit um das, was bei archaischer Weltsicht das Anliegen der Schulen der Spiritualität war: jener Schulen, aus denen schon immer die Ethiken hervorgegangen sind.

Es ist nicht das Ziel dieses Kapitels, eine an die Anforderungen unserer Zeit adaptierte Ethik vorzulegen. Das wäre gar nicht möglich, denn diese muss ja erst erarbeitet werden. Das aber wird eine Aufgabe für Generationen sein, muss doch erst einmal das Wissen ins allgemeine Bewusstsein dringen, dass mit dem zweiten Schritt der Bewusstseins-Mutation eine Art des Bemühens um das richtige Tun »in die Welt gekommen« ist, die sich von der heute noch allgemein üblichen grundlegend unterscheidet.

Allgemein üblich ist heute noch die positivistische Art, ist doch in der westlichen Welt das positivistische, im Ich zentrierte Menschenbild das am weitesten verbreitete. Wie schon erwähnt, glaubte und glaubt man bei positivistischem Selbstverständnis, der Mensch könne mit dem Licht seiner Vernunft – dem Bewusstsein – allein erkennen, was richtig ist und was nicht.

Dazu kam noch der Glaube, der Mensch sei von Natur aus gut; er brauche deshalb das Richtige nur zu erkennen, dann sei er auch im Stande, es zu tun. Der archaische Mensch war da realistischer. Er wusste nicht nur, dass er zum

Erkennen des richtigen Tuns der »Erleuchtung« bedurfte, sondern auch, dass er nicht nur zum Guten, sondern ebenso sehr zum Bösen neigte und dass er dieser Neigung in vielen Fällen nur »mit der Hilfe Gottes« widerstehen konnte. Zu dieser Auffassung ist man beim zweiten Schritt der Bewusstseins-Mutation zurückgekehrt, auch wenn man sich jetzt »Erleuchtung durch den Geist Gottes« sowie »Hilfe Gottes« anders vorstellt. Durch die Wiederentdeckung dieser Tatsachen veränderte sich denn auch die Auffassung von dem beim Bemühen um das richtige Tun einzuschlagenden Weg.

Der neue »Weg« in der tiefenpsychologischen Praxis

Gefunden wurde dieser Weg – ebenso wie die neue Modellvorstellung der Psyche (Abb. 2 und Abb. 3, S. 209 f.) – beim Bemühen um die Heilung von Neurosen. Ebenso wie das Finden der neuen Modellvorstellung vollzog sich auch das Finden des neuen »Weges« in zwei Etappen. Freud konzentrierte sich noch auf das Aufdecken von Ursachen. Jung hingegen führte zusätzlich zur kausalen Betrachtung noch die finale ein. Er fasste die neurotischen Symptome vor allem als Ausdruck misslungener Selbstheilungsversuche der Psyche auf und bemühte sich in erster Linie herauszufinden, wohin – zu welch neuer Einstellung – das Unbewusste den betreffenden Menschen führen wolle. Wie erwähnt, ergab sich aus dieser Einsicht dann die Begleitung seelischer Reifungsprozesse: dessen, was man als zeitgemäßen spirituellen Weg bezeichnen kann.

Wie seinerzeit in der spirituellen Tradition vollzieht sich auch in der tiefenpsychologischen Praxis das Beschreiten des »Weges« im Rahmen eines »Meister-Schüler«-Verhältnisses, wobei dem Analytiker die Rolle des »Meisters« zukommt. Auch versteht man diesen – ebenso wie in der spirituellen Tradition – nicht als den »eigentlichen« Meister. Man geht vielmehr davon aus, dass er – im Unterschied zum Pädagogen – nicht weiß, was für den »Schüler« das Richtige ist, sondern (letztendlich) das Unbewusste bzw. Selbst, und dass dieser »eigentliche Meister« seine »Meinung« zu dem anstehenden Problem vor allem in Gestalt von Träumen kundgibt (»offenbart«). Dabei gilt jedoch die Regel, dass der »Schüler« zuerst alles daran setzt, durch bewusste Überlegung – durch sorgfältiges Abwägen des Für und Wider – zu einer Entscheidung und Einstellung zu gelangen und dass er erst dann noch hinhört, was das Unbewusste dazu »meint«. Nur dann nämlich ist eine Optimierung der Tendenzen des Ich mit denen des Selbst möglich. Dafür, dass die Beziehung zwischen Ich und Selbst »spielt«, gilt auch hier als Voraussetzung das Einhalten des im Zusammenhang mit den Schulen der Spiritualität geschilderten Gebotes der »reinen Absicht«, und zwar für den Analytiker wie für den Analysanden.

Nur dann auch ergibt sich das, was man bei archaischer Weltsicht als Unterscheidung der Geister – als Unterscheidung der Stimme des guten Geistes von der des bösen – bezeichnet hat: die Unterscheidung zwischen integrierenden und desintegrierenden (die psychische Ganzheit gefährdenden) Tendenzen. Wichtig ist diese »Kunst«, weil ja auch die Tendenz zur Grenzüberschreitung aus dem Unbewussten kommt. Voraussetzung für das Verstehen der vom Selbst kommenden »Offenbarungen« ist allerdings, dass man die Bildersprache des Unbewussten zu entziffern versteht.

Es geht hier nur darum, sich im Prinzip darüber klar zu werden, wie man – vor dem Hintergrund des neuen Welt- und Menschenbildes – bei der Optimierung der Strebungen des Ich mit denen des Selbst vorgehen soll. Es geht um das Know-how ethischen Bemühens, und zwar um die Wiederbelebung jenes Know-how, das die alten Schulen der Spiritualität – vor dem Hintergrund eines völlig anderen Weltbilds – schon immer gepflegt und zu hoher Blüte gebracht haben.

Theoretischer Hintergrund

Betrachten wir nun den heutigen theoretischen Hintergrund dieses Vorgehens. Erstens wird davon ausgegangen, dass das Selbst über das im Moment Richtige mehr weiß als das Ich, da es – im Unterschied zum Ich – zum einen über die arteigenen Sollwerte des richtigen Tuns und über das zu deren Einhaltung nötige Know-how verfügt, zum anderen noch Information »von überall her« empfängt, eventuell sogar über den dem Bewusstsein nicht zur Verfügung stehenden Kanal der außersinnlichen Wahrnehmung. Zweitens weiß man aus der Beobachtung der Wechselwirkung zwischen Bewusstsein und Unbewusstem, dass das Ich ans Selbst »rückgekoppelt« ist: dass das Selbst nicht nur darüber im Bilde ist, was das Ich bewusst entschieden hat, sondern auch, was dieses – eventuell unter dem Einfluss von Komplexen – »im Schilde führt«.

Jung entdeckte die im Unbewussten gelegene Führungsinstanz, die er als »Selbst« bezeichnete, mittels der tiefenpsychologischen Methode. Bei der Begleitung von Individuationsprozessen stellte er fest, dass diese so verlaufen, als ob jemand vom Unbewussten her Regie führen würde. Seither ist dieses Konzept mittels positivistischer Methodik bestätigt worden. Nicht nur hat die Ethologie das »psychische« Zentriertsein unbewusster Lebewesen – und die Humanethologie das Zentriertsein des menschlichen Unbewussten – nachgewiesen. Die Neurobiologie hat sogar das zentralnervöse Substrat ausgemacht, in dem diese Zentrierung stattfindet.

Der Schweizer Physiologe Walter R. Hess (Nobelpreis 1949), dem es schon gelungen war, die Instinktzentren sowie das Zentrum zur Steuerung von Wachsein und Schlafen zu lokalisieren, griff im hohen Alter noch die einst von seinem englischen Kollegen Charles Sherrington (Nobelpreis 1932) geäußerte Idee auf, im Großhirn befinde sich ein Gesamtintegrationssystem. Die Erforschung dieses Systems – abgekürzt Integrator genannt – hat er seinem jüngeren Mitarbeiter Gino Gschwend, einem passionierten Hirnforscher, überlassen. Dieser hat dann – durch Kombination von neurobiologischer und neurologischer Methodik – die anatomische wie auch die funktionelle Grundstruktur des Integrators beim Menschen erschlossen.

Gschwend wies nach, dass an diesem größten Zellverband des Gehirns, der 70% der Hirnneuronen umfasst, anatomisch wie funktionell zwei Teile zu unterscheiden sind: ein über die ganze Hirnrinde ausgebreiteter Anteil, den er Globalsystem nannte, sowie ein Teil, der aus achtzehn verschiedenen Zellgruppen besteht, die umschriebene Areale des Gehirns einnehmen. Diese bezeichnete Gschwend als Teil- bzw. Hilfssysteme.

Das Globalsystem vollbringt die »eigentlich geistigen« Leistungen Denken, Erleben und Wollen. Die Teilsysteme arbeiten in Wechselwirkung mit dem Globalsystem. Sie erhalten von diesem Aufträge, teilen ihm die Ergebnisse ihrer Arbeit mit und beteiligen sich so am Aufbau der psychischen Leistungen. So kleidet z. B. das Sprachsystem Gedachtes in Worte, die allein hörbar gemacht werden können. Bekommen wir eine Antwort, packt das Sprachsystem deren Bedeutung (semantischen Gehalt) aus den Worthülsen aus und gibt sie ans Globalsystem weiter, welches sie dann verarbeitet (überdenkt und erlebt). Solche Sachverhalte ließen sich – typisch für die neurologische Methodik – aus Beobachtungen bei Sprach- und Verstehensstörungen (Aphasien und Agnosien) eruieren.

Der Integrator ist die Kommandozentrale der gesamten Hierarchie unbewusst arbeitender innersomatischer Integrationszentren. Er allein hat die Gesamtübersicht. Zu ihm fließt ja – als Input – die gesamte von den Sinnesanalysatoren vorverarbeitete Information über die Außenwelt, ferner Information über den Zustand des eigenen Bewegungsapparates, über den Zustand des visceralen Systems sowie des Wach-Schlaf-Systems. Der Integrator allein hat zudem die Übersicht über alle Sollwerte: über die genetisch fixierten – die arttypischen Muster – und über Erinnerungen an Ergebnisse früherer Lernprozesse. Ihm fließen auch die Instinktmotivationen zu. Auf

Grund all dessen ist er in der Lage, ein der gesamten momentanen Situation angepasstes Aktionsmuster zu entwerfen. Dieses schickt er dann hinaus einerseits in die Muskulatur (auch in die des Sprechens und Schreibens), welche zielsicher in die Umweltsituation eingreift, anderseits in das viscerale System, in dem dadurch eine Fülle von im Moment wichtigen Regulationen ausgelöst wird. Im Licht dieses Aktivitätsmusters prüft der Integrator auch das, was das Ich gerade beschäftigt, sowie auch, was dieses »im Schilde führt«. Da zudem das arteigene Entwicklungsprogramm für das Ich im Unbewussten gespeichert ist, »weiß« der Integrator auch, welche Grundeinstellung in der betreffenden Lebensphase die richtige ist, welche Aufgaben somit das Ich in dieser Phase zu bewältigen hat, und lässt ihm die dazu nötigen Impulse zukommen.

Die neurobiologische Grundlage der Entstehung des Ich bzw. des Bewusstseins sieht Gschwend darin, dass gewisse Neuronengruppen des unbewusst arbeitenden Globalsystems die Fähigkeit gewannen, auf eine völlig neue Weise spontanaktiv zu werden: zu den Wahrnehmungen aus dem Körper und der Außenwelt hinzu die vom Globalsystem aufgebaute Aktivität selber zu integrieren. Durch diesen Systemsprung zur Selbstintegration gewisser Bereiche des Integrators entstand »über« dem unbewussten Integratoranteil ein evolutionsmäßig höheres kognitives System – mit dem Ich als »Zentrum« –, wobei die entscheidende Fulguration stattfand: das In-die-Existenz-Treten der Fähigkeit zur Unterscheidung zwischen Ich und Nicht-Ich und damit der Schritt vom Tier zum Menschen.

Die neurobiologische Grundlage der Evolution des Bewusstseins sieht Gschwend darin, dass immer größere Bereiche des Integrators die Fähigkeit zur Selbstintegration erlangten. Obwohl aber diesen Bewusstsein erzeugenden Bereichen eine gewisse Selbstständigkeit zukommt – in der Psychologie als Autonomie des Ich bezeichnet –, müssen auch sie in die Gesamtintegration einbezogen werden. Dabei ist der Integrator oft »genötigt«, dem Ich Korrekturimpulse zukommen zu lassen. Bei tiefenpsychologischer Betrachtung – bei Beobachtung der Wechselwirkung zwischen Bewusstsein und Unbewusstem – erscheinen diese dann als »Botschaften« des Selbst.

Bei dem weiter oben geschilderten – in der analytischen Praxis begangenen – Weg wird diesem nun auch neurobiologisch nachgewiesenen Eingebundensein des Ich in die Gesamtintegration Rechnung getragen. Begeht man ihn, bewegt man sich »auf den Bahnen der menschlichen Natur«.

Ethik ist wiederum in der objektiven Wirklichkeit verankert

Die Ethik, die aus der Optimierung der Strebungen des Ich mit denen des Selbst hervorgeht, ist bei dieser »neuen Sicht der Dinge« wiederum in der objektiven Wirklichkeit verankert. Diese objektive Wirklichkeit ist das, was wir im zweiten Teil als Geist-Aspekt der Natur – als das objektiv Geistige – herausgearbeitet haben. Es kann nun wohl verstanden werden, was ich meinte, als ich sagte, das Erarbeiten einer Vorstellung des objektiv Geistigen, die mit dem heutigen Wissen über die Natur kompatibel ist, sei nicht nur eine Sache von akademischem Wert, ihm komme eminent existenzielle Bedeutung zu.

Wenn ich sage, die Ethik sei nun wiederum in der objektiven Wirklichkeit verankert, meine ich damit, sie sei ebenso in einem Bereich außerhalb des Bewusstseins verankert, wie es die archaische Ethik gewesen ist. Jetzt gilt es nur noch, sich vor Augen zu halten, dass schon die archaische Ethik – obwohl »vom Himmel her« begründet – de facto in dem verankert war, was wir heute das naturhaft Geistige nennen: dass das, was der archaische Mensch als Willen der Götter bzw. Gottes auffasste, immer schon der »Wille« des Selbst gewesen ist.

Wenn ich ferner sage, die Ethik sei nun wiederum in der objektiven Wirklichkeit verankert, will ich damit aber auch auf den fundamentalen Unterschied zur Ethik der Aufklärung hinweisen: zu jener Ethik, die, wie gezeigt, einzig und allein vom Ich, d. h. vom Subjekt her begründet war, und der wir – wegen der naturhaften Tendenz des Ich zur Grenzüberschreitung – das ganze Schlamassel verdanken, in dem wir heute stecken, sowie einen großen Teil der Gräuel, die im »aufgeklärten« zwanzigsten Jahrhundert verübt worden sind.

Der neue Weg bringt mehr als nur Ethik

Kommen wir auf die Feststellung zurück, dass beim zweiten Schritt der Bewusstseins-Mutation ein Weg erschlossen worden ist, auf dem wir zu einer neuen Ethik gelangen können, und auch, dass das Bemühen um Ethik sich immer im Rahmen dessen vollzogen hat, was man bei archaischer Weltsicht Spiritualität nannte. Nun umfasste aber Spiritualität, wie gesagt, immer mehr als nur Ethik. Das Begehen des neuen Weges impliziert infolgedessen auch dieses Mehr. Worin dieses besteht, soll im nächsten Kapitel noch betrachtet werden. Erst dann nämlich können wir die existenzielle Bedeutung der neuen Vorstellung des objektiv Geistigen in ihrem vollen Ausmaß erkennen.

Religiöse Dimension wieder erschlossen

Inwiefern der beim zweiten Schritt der Bewusstseins-Mutation erschlossene Weg existenziellen Bemühens mehr bringt als nur unserer Zeit entsprechende ethische Normen, wird erkennbar, wenn wir den Individuationsprozess des Menschen ins Auge fassen.

Der Individuationsprozess

Allgemein bezeichnet man als Individuation jenen Prozess, bei dem das arteigene Muster zu Gestaltwerdung drängt. Individuation kam in die Welt, als die ersten Mehrzeller entstanden. Seit jener Zeit gibt es Individuen: Lebewesen, die sich erstens wegen der immer wieder erfolgenden Vermischung des Erbguts – bei aller artgemäßen Gleichheit – voneinander unterscheiden und die sich zweitens über verschiedene charakteristische Stadien – einem arteigenen Programm gemäß – zu jenen ausgewachsenen Individuen entfalten, zu denen sie in ihrem Erbgut angelegt sind. Mit dem Auftreten von Individuen trat aber auch der Tod in die Welt. Individuation ist im Grunde genommen Leben auf den Tod hin.

Mit fortschreitender Komplexitätszunahme der Arten nahm die individuelle Variationsbreite zu. Mehr und mehr wurden auch die Einflüsse der Umwelt, in die ein Individuum hineinwächst, mitbestimmend für dessen endgültige – physische wie psychische – Form.

Bei frei lebenden Tieren vollzieht sich die Individuation – verglichen mit der des Menschen – problemlos. Aus diesem Grund erwecken Tiere in uns den Eindruck, ganz das zu sein, wozu sie von der Natur »gewollt« sind. Erst mit dem In-die-Welt-Treten von Bewusstsein ist Individuation störungsanfällig geworden: wurde es eine schwer zu bewältigende Aufgabe, der zu werden, zu dem man angelegt ist.

Die Individuation des Menschen kann unter verschiedenen Gesichtspunkten betrachtet werden: unter dem körperlichen, dem geistig-intellektuellen und dem psychischen. Unter allen drei Gesichtspunkten erscheint sie nicht als gerade Linie, sondern als Bogen, der jenem verglichen werden kann, dem entlang die Sonne im Verlauf eines Tages »am Himmel wandert«.

Am ehesten stimmt dieser Vergleich bei der körperlichen Individuation. Da vollzieht sich die erste Hälfte eines Lebens als Entfaltung zu voller Kraft, die zweite hingegen als Abstieg: als langsame Rückbildung körperlicher Leistungsfähigkeit.

Die geistig-intellektuelle (Anm. 23) verläuft normalerweise parallel zur körperlichen. Allerdings kann der Höhepunkt eventuell schon in der Pubertät erreicht werden, um dann abzusinken, oder – in seltenen Fällen – bis in die letzte Lebensphase anzuhalten.

Auch die psychische Individuation gleicht dem Tageslauf der Sonne, doch besteht der Unterschied zwischen aufsteigendem und absteigendem Ast nicht mehr in erster Linie in einer quantitativen Zu- und Abnahme der Leistungsfähigkeit. Er ist mehr qualitativer Art. Die Natur verlangt nämlich vom Menschen in der ersten und zweiten Lebenshälfte die Entfaltung ganz unterschiedlicher Fähigkeiten, Eigenschaften und Einstellungen. Für die erste Lebenshälfte sieht das »Programm« vor allem Expansion vor: das Hinausschreiten in die äußere Welt. Ebenso wie die biologische Aufgabe während dieser Zeit darin besteht, Nachkommen zu zeugen oder zu gebären, besteht die psychische Aufgabe darin, ein starkes Ich aufzubauen und Aufgaben »in der Welt« zu lösen: einen Beruf zu erlernen, für sich und die auf ihn Angewiesenen eine Existenz aufzubauen und zu sichern, Aufgaben und Verantwortung im Heim, im Beruf und in der Gesellschaft zu übernehmen. In der Lebensmitte – zwischen dem fünfunddreißigsten und fünfundvierzigsten Lebensjahr – bahnt sich dann eine Wende an. Nun drängt das Unbewusste dazu, sich aus der äußeren Welt zurückzunehmen: wenn nicht de facto, so doch vom Verhaftetsein in ihr. Auch geht es nun darum, die »andere Seite«, die beim Drang nach Expansion vernachlässigt werden musste, nachzuentwickeln.

Was ergibt dies für unser Thema? Erst einmal erschließt es uns die Einsicht in eine »Seite« des objektiv Geistigen, die bisher noch nicht in Erscheinung trat: in die Tatsache, dass das Programm für die Entwicklung des Bewusstseins im Unbewussten gespeichert ist. Die tiefenpsychologische Begleitung von Individuationsprozessen, bei der sich ja der Analytiker, wenn er seine Aufgabe richtig versteht, jedes Eingriffs in das Geschehen enthält und nur darauf achtet, was für Impulse aus dem Unbewussten kommen, hat gezeigt, dass jede Phase der Entwicklung zum richtigen Zeitpunkt im Unbewussten »konstelliert« wird: dass das Selbst das Ich jeweils dazu drängt, gewisse überholte Einstellungen aufzugeben und neue Aufgaben in Angriff zu nehmen; ferner, dass es ihm die dazu nötigen Hinweise und Anweisungen zukommen lässt sowie auch die Kraft, diese zu befolgen. Folgt das Ich diesen Impulsen nicht, treten Neurosen auf.

Psychische Individuation konfrontiert mit »religiöser Frage«

In archaischen Kulturen wusste das Kollektiv um die verschiedenen Stadien psychischer Individuation: um das, was in jeder Lebensphase erarbeitet werden muss. Gewonnen worden war dieses Wissen sowie das zur Bewältigung der verschiedenen Aufgaben nötige Know-how in den Schulen der Spiritualität. Im Kollektiv wurde es durch so genannte Übergangsriten »begangen«.

Mit dem »Absterben« der archaischen Weltsicht und unter dem Einfluss des subjektivistischen Selbstverständnisses der Übergangsphase ist dieses Know-how verloren gegangen. Es musste – Hand in Hand mit der Entdeckung des Unbewussten und der Entwicklung der tiefenpsychologischen Praxis – erst wieder erarbeitet werden. Wie gesagt, wurde dabei auch entdeckt, dass der Ontogenese des Bewusstseins ebenfalls ein arteigenes Muster bzw. Programm zu Grunde liegt und dass dieses in jenem kognitiven System gespeichert ist, das wir das Unbewusste nennen. Nach dem subjektivistischen Selbstverständnis mit seinem Glauben an den »absolut freien Willen« war und ist dies für viele ein schwer zu verdauender Brocken.

Im Hinblick auf unser engeres Thema – auf die neue Art existentieller Einstellung, die beim zweiten Schritt der Bewusstseins-Mutation erschlossen wurde – ist aber eine weitere Einsicht entscheidend: eine Einsicht, die sich bei der Beobachtung dessen ergab, was das Unbewusste im Verlauf des Individuationsprozesses vom Bewusstsein verlangt. Dabei geht es vor allem um das, was in der zweiten Lebenshälfte – als Nachentwicklung der bis dahin vernachlässigten Seite – verlangt wird.

Jung, der auch das arteigene Muster psychischer Individuation entdeckt hat, hat beobachtet, dass es zwar in der zweiten Lebenshälfte zuerst um die Aufarbeitung dessen geht, was er Schatten nannte: um die Bewusstwerdung der eigenen negativen (eventuell auch positiven) Eigenschaften sowie um deren Integration. Ferner um die Nachentwicklung der während der Expansionsphase zu kurz gekommenen Beziehungsfunktion: der Beziehung sowohl zu anderen Menschen als auch zum eigenen Unbewussten.

Entscheidend im Hinblick auf das neue Selbstverständnis ist hingegen Jungs Beobachtung, dass früher oder später sich, wie er sagte, »die religiöse Frage stellt«. Um zu verstehen, was er damit meinte bzw. was dies vor dem Hintergrund des neuen Selbstverständnisses heißt, müssen wir weiter ausholen.

Religiosität ja, jedoch ohne Religion

Erst einmal gilt es, sich des Unterschieds zwischen Religionen und Religiosität bewusst zu werden. Unter Religionen versteht man historisch gewachsene, soziokulturelle Gebilde, welche aus der archaischen Weltsicht hervorgegangen sind. Ihr Ziel ist es, den Menschen zum Heil zu verhelfen, doch sind ihre Vorstellungen (übernatürliche Welt und übernatürliche Wesen usw.), ihr

Selbstverständnis (z. B. mystischer Leib Christi) sowie die in ihnen gepflegten Verhaltensmuster (Magie und Riten) konstituierende Elemente der archaischen Weltsicht.

Unter Religiosität hingegen ist nicht ein soziokulturelles Gebilde zu verstehen, sondern eine bestimmte existentielle Haltung. Das Wort »Religiosität« kommt vom lateinischen religere, dem Gegenteil von neglegere. Neglegere heißt vernachlässigen, religere aber heißt sorgfältig beachten. Die vorchristlichen Römer, die den Ausdruck »religiositas« schufen, verstanden darunter eine Haltung, bei der der Mensch in allem Tun auch den Willen der Numina – der unsichtbaren, wirkmächtigen Wesen – sorgfältig beachtet.

Diese Haltung wurde vom Hereinklappen der jenseitigen Welt nicht betroffen. Für die Echtheit der Religiosität spielt es keine Rolle, ob man sich die Numina als jenseitige Wesen oder als Mächte des Unbewussten vorstellt. Die Entdeckung des Unbewussten hat sogar dem abendländischen Menschen – nach der areligiösen positivistisch-materialistischen Zwischenphase – wiederum die religiöse Dimension erschlossen. Sie hat sogar erkennen lassen, dass Religiosität zum Menschsein gehört.

Bei der Begleitung von Individuationsprozessen kann nämlich beobachtet werden, dass das Unbewusste – zumindest in den späteren Phasen – das Ich dazu drängt, sorgfältig auf die Weisungen des Selbst zu achten, d. h. diese ernst zu nehmen und wirklich zu befolgen: jene Haltung einzunehmen, die in unserer sprachlichen Tradition als religiöse bezeichnet wird. Man könnte allerdings meinen, das Hinhören auf die aus dem Unbewussten kommenden Botschaften sei die Voraussetzung für den analytischen Prozess. Das ist zwar in der Theorie so, doch geschieht es sehr häufig nur »mit dem Kopf«, nicht aber »mit ganzer Seele«. Dies führt dann dazu, dass das »analytische Gespräch« in intellektuelles Gerede ausartet, wodurch das eigentliche Ziel des Prozesses – die psychische Wandlung bzw. Ganzwerdung – verfehlt wird.

Existenzielle Haltung als Bemühen um das richtige Tun ist nämlich nicht ohne weiteres religiös. Auch während der positivistischen Zeit waren ja viele Menschen um richtiges Tun bemüht. Ausdruck dieses Bemühens war z. B. die Maxime der Aufklärung: »Edel sei der Mensch, hilfreich und gut«. Da indessen der ideologische Positivismus im eliminatorischen Sinn atheistisch war – die Existenz von Göttern negierte, ohne die psychische Grundlage der Gottesvorstellung zu kennen – , war (und ist) bei positivistischem Selbstverständnis religiöse existenzielle Haltung gar nicht möglich. Existenzielle Einstellung vor dem Hintergrund positivistischer Weltsicht war (und ist) prinzipiell areligiös.

Erst die Entdeckung des Unbewussten bzw. des Selbst hat wiederum religiöse existenzielle Haltung ermöglicht: hat dem Menschen unserer Zeit die »religiöse Dimension« wieder erschlossen. Nun war aber bei archaischer Weltsicht Religiosität immer Religiosität mit Religion. Nachdem nun im Zug der Bewusstseins-Mutation die archaische Weltsicht überwunden und damit den Religionen der Boden entzogen worden ist, ist die dem heutigen Welt- und Menschenbild adäquate existenzielle religiöse Haltung Religiosität ohne Religion. Diese Tatsache zu akzeptieren setzt allerdings die Bereitschaft voraus, die Konsequenzen zu akzeptieren, die die Mutation des Bewusstseins für die Gottesvorstellung gehabt hat.

Konsequenzen der Bewusstseins – Mutation für die Gottesvorstellung

Greifen wir noch einmal auf Kant und die anthropische Wende zurück: auf das durch Kant in die Welt gesetzte Wissen, dass zwischen Welt und unserer Vorstellung von der Welt unterschieden werden muss. Daraus ergibt sich als logischer Schluss, dass auch zwischen Gott und Gottesvorstellung zu unterscheiden ist.

Dass die Einsicht von Kant für die sichtbare Welt gilt, ist heute wohl eine Selbstverständlichkeit. Nicht so selbstverständlich ist sie allerdings bei dem, was der archaische Mensch sich als übernatürliche Welt und übernatürliche Wesen – insbesondere als Gott – vorgestellt hat.

Als ich 1980 in meinem Buch »Die Mutation des Bewusstseins« vom Hereinklappen der Vorstellung des erfahrbaren Gottes sprach, stieß dies in weiten Kreisen auf vehemente Ablehnung. Indessen ist seither die Enantiodromie im archaischen Block so rapid vorangeschritten, dass man jetzt in Ruhe darüber reden kann. Selbst bei Theologen ist es unterdessen Mode geworden, nicht einfach von Gott, sondern häufig nur noch vom Gottesbild zu reden. Bei genauem Zuhören lässt sich allerdings feststellen, dass sich dahinter meistens noch die Meinung verbirgt, Gott existiere zwar so wie eh und je, doch könnten wir uns kein richtiges Bild von ihm machen.

Überlegen wir uns, wie weit diese Meinung vor dem Hintergrund des Wissens über die Evolution des Bewusstseins noch Bestand hat. Halten wir als erstes fest, dass der archaische Mensch nicht einfach Gott »gekannt« hat, sondern – zumindest in den theistischen Religionen – personhafte Götter, die alle einen Namen und bestimmte Eigenschaften »hatten«. Selbst als im Bereich der westasiatischen Religionen der Monotheismus erreicht war, »war« Gott eine Person mit bekanntem Namen und charakteristischen Eigenschaften: Jahwe, Allah und – im Christentum – der Eine Gott in den drei Personen von Vater, Sohn und Heiligem Geist.

Nun hat die religionswissenschaftliche Forschung gezeigt, dass in diesen monotheistischen Gottesvorstellungen wie auch in dem heute allgemein üblichen Ausdruck »Gott« zwei grundverschiedene Vorstellungen zu einer Einheit verschmolzen sind: die des menschennahen bzw. erfahrbaren Gottes und die des transzendenten Weltenschöpfers. Grundverschieden sind diese Vorstellungen durch ihre Herkunft. Die des menschennahen Gottes stammt aus »Gotteserlebnissen«: aus großen Träumen, Visionen usw. Die des Weltenschöpfers ist das Ergebnis von Reflexion: des Nachdenkens darüber, wie die sichtbare Welt zu Stande gekommen ist.

Aus ethnografischen Berichten wissen wir, dass bei wenig entwickeltem Bewusstsein zwar noch alle Götter menschennahe Götter »waren«, dass aber in einzelnen von ihnen auch die Vorstellung des Schöpfers der Welt enthalten war. Im Zug der Bewusstseins-Evolution drifteten dann die beiden Vorstellungen vorerst während langer Zeit auseinander, verschmolzen aber dann – sozusagen in einem Ruck – wieder miteinander. Weshalb dies so war, wird verständlich, wenn wir die Entwicklung der Vorstellung des Weltenschöpfers betrachten.

Vor dem Aufkommen der empirischen Naturwissenschaft konnte die Frage nach der Entstehung der Welt nur durch mythische Theorien beantwortet werden. Entsprechend der Vielzahl von Ethnien bzw. Kulturen konnten Ethnografen und Religionshistoriker eine Unmenge solcher mythischer Theorien bzw. Schöpfungsmythen zusammentragen (z. B. Anm. 227). Schöpfungsmythen sind aber ätiologische (naturerklärende) – nicht religiöse – Mythen. Die Figur des Weltenschöpfers ist somit integrierendes Element einer mythischen kosmogonischen Theorie.

In Stammeskulturen waren Schöpfungsmythen – entsprechend dem engen Horizont jener Menschen – noch recht naiv. So erzählten sich z. B. die Mandan, ein Stamm der Sioux-Gruppe, »am Anfang der Zeit« sei eine Ente hinabgetaucht und habe einen Schnabel voll Urschlamm heraufgebracht, aus dem dann »Erdmacher« zusammen mit »Erstem Schöpfer« die Erde in ihrer bunten Vielfalt formte (Anm. 170).

Je mehr dann bei fortschreitender Kenntnis »dieser« Welt über deren Entstehung nachgedacht wurde, umso weniger naiv stellte man sich den Schöpfungsprozess vor. So gelangte man schließlich zur Vorstellung der Schöpfung durch bloßes Aussprechen von Worten. Gleichzeitig rückte der Schöpfergott (in der Vorstellung) in die Ferne. Was wir bei der Betrachtung der Bewusstseins-Evolution auf dem metaphysischen Zweig als Hochschieben des Himmels feststellten, beruhte auf diesem In-die-Ferne-Rücken des Weltenschöpfers. Dabei kam man schließlich zur Ansicht, der Schöpfergott sei transzendent: er übersteige jedes menschliche Begreifen. Im historischen Rückblick lässt sich dies zum ersten Mal im alten Reich Ägyptens – in der Theologie von Memphis – feststellen (Anm. 243).

Durch das Erreichen der Transzendenz-Vorstellung war aber das Problem entstanden, wie es möglich sei, dass dieser unendlich ferne und »ganz andere« Gott sich dem Menschen noch offenbaren, dessen Opfergaben sehen und riechen und dessen Gebete hören könne. Als Lösung dieses Problems wurde von Theologen die Gestalt des wesensgleichen Sohnes »gefunden«: eines Gottes, der dem transzendenten Schöpfer zwar wesensgleich ist, paradoxerweise aber den Menschen nahe steht. Durch dieses »Theologem« des wesensgleichen Sohnes wurden die auseinandergedrifteten Gottesvorstellungen – die spekulativ erarbeitete des Weltenschöpfers und die auf unmittelbarer Erfahrung beruhende des menschennahen, sich offenbarenden Gottes – wieder zusammengebracht.

In der Theologie von Memphis wurde der » Sohn « des transzendenten Ptah in der Sonne – als Sonnenwesen – »erkannt«. Ein analoger Prozess vollzog sich später in der nachklassischen griechischen Philosophie. Dort hielt man es zudem für schwierig, sich den transzendenten Gott – wie es die Ägypter noch taten – als »Werker« vorzustellen. Deshalb übertrugen die Griechen das Schöpfungswerk dem Demiurgen. Dieser wurde wie die anderen beiden »Hypostasen« im griechischen Himmel – der Logos und der Nus – als wesensgleicher Sohn aufgefasst. Im geistigen Schmelztiegel von Alexandria gingen dann, kurz vor Beginn unserer Zeitrechnung, auch jüdische Theologen daran, ihre noch recht anthropomorphe Gottesvorstellung ans griechische Niveau anzupassen. Dabei führte Sirach die Sophia als Jahwes Tochter ein, kurz darauf Philo den Logos als göttlichen Sohn. Das Judentum hat diesen Evolutionsschritt allerdings nicht mehr rezipiert. Auch der Islam fuhr – zirka siebenhundert Jahre später – auf dem jüdischen Niveau fort. Die christliche Theologie hingegen nahm das Vater-Sohn-Symbol auf und entwickelte es sogar weiter zum Trinitätssymbol, indem es als dritte Person den Heiligen Geist einführte. Als schließlich 589 das Konzil von Toledo entschied, der Heilige Geist gehe aus dem Vater und dem Sohne zugleich (ex patre filioque) hervor, war die Verschmelzung der zwei unterschiedlichen Gottesvorstellungen perfekt.

Mit seiner innertrinitarischen Ökonomie, wie die Theologen die paradoxe Beziehung zwischen den drei göttlichen Personen im Trinitätssymbol der westlichen Christenheit nennen, kommt ein höherer Grad phylogenetischer Bewusstheit zum Ausdruck als in den in vielen Religionen vorkommenden Götter-Triaden. In der Sprache des Unbewussten bedeutet nämlich das Auftreten von Trinitätssymbolen, dass der psychische Prozess an Dynamik zunimmt. Da nun Symbole nicht nur Psychisches ausdrücken, sondern auch Psychisches bewirken, kann das christliche Trinitätssymbol als Psychomotor für die Entwicklung der abendländischen Kultur angesehen werden. So war denn seinerzeit sein Zustandekommen durch intensive theologische Spekulation – unter dem Blickwinkel der Bewusstseins-Evolution betrachtet – ein Gewinn. Dass nämlich der Evolutionsschritt vom archaischen zum heutigen Selbst- und Weltverständnis ausgerechnet in Europa stattgefunden hat, kann wohl als Folge davon gesehen werden, dass dessen damals noch barbarische Völker im Zug der Christianisierung das Trinitätssymbol übernahmen und zu ihrem zentralen »Glaubensinhalt« machten.

Nun aber hat dieser Evolutionsschritt stattgefunden. Jetzt geht es darum, zu erkennen, was für Konsequenzen sich daraus für die Gottesvorstellung ergeben. Hierzu müssen wir vorerst einmal die beiden im Trinitätssymbol verschmolzenen Vorstellungen wieder auseinander halten. Um das Ergebnis vorwegzunehmen: internalisiert wurde nur die des menschennahen Gottes, nicht aber die des Weltenschöpfers.

Die mythischen Theorien von der Entstehung der Welt sind zwar durch die empirische Erforschung der Natur – ebenso wie die übrigen naturerklärenden Mythen – überwunden worden. Beim heutigen Stand des Wissens über die Evolution und dem gleichzeitigen Wissen um die Bewusstseinstranszendenz dieses Geschehens ist jedoch die Vorstellung eines weltschöpferischen Seins nicht auszuschließen. Ob es aber außerhalb dessen, was uns als (schöpferischer) Geist-Aspekt der Natur erscheint, ein solches gibt oder nicht, kann – gerade wegen der Bewusstseinstranszendenz dieses Problems – nicht entschieden werden. Ebensowenig kann gesagt werden, um was für ein Sein es sich, falls es ein solches gäbe, handeln würde. Aus diesem Grund ist in Bezug auf diese Frage ein Agnostizismus (»Wir können es nicht wissen«) die einzige mit geistiger Redlichkeit vereinbare Haltung. Was im Hinblick auf die Konsequenzen der Bewusstseins-Mutation zu wissen allein wichtig ist: falls es ein wie immer geartetes für sich bestehendes weltschöpferisches Sein gäbe, wäre die Vorstellung eines solchen nicht in die menschliche Psyche »hereingeklappt« bzw. internalisiert worden. Es befände sich außerhalb von uns.

Internalisiert wurde hingegen die Vorstellung des menschennahen Gottes (sowie der Engel und des Teufels). Allerdings wurden, wie schon gesagt, bei dem Geschehen, das ich als Hereinklappen der übernatürlichen Welt bezeichne, nicht Wesenheiten, die vorher außen gewesen sind, in die Psyche hinein verlegt. Es handelte sich nur um einen Wandel der Apperzeption des innerlich Wahrgenommenen: der Auffassung von Realitäten, die immer schon im unbewussten Bereich der Psyche gelegen waren und von dort her auf das Ich eingewirkt haben. Mit anderen Worten: es handelte sich um ein durch einen Evolutionsschritt des Bewusstseins ermöglichtes, richtigeres Verständnis von objektiv Psychischem.

»Gotteserlebnisse« beruhten auf unmittelbarem Erleben des Selbst

Aus der Erforschung der Wechselwirkung zwischen Bewusstsein und Unbewusstem ergab sich, dass es sich bei dem, was bei archaischer Weltsicht als Gotteserlebnis bezeichnet wurde, um unmittelbares Erleben des Selbst – des »inneren Meisters« – gehandelt hat: dass somit die archaische Vorstellung des menschennahen Gottes eine (konkretistisch apperzipierte) Veranschaulichung des Selbst war.

Mit dem Ausdruck »Erlebnis« stoßen wir allerdings auf einen Aspekt der inneren Wahrnehmung, auf den ich bislang nicht näher eingehen konnte. Es ging ja erst einmal darum, jenen Aspekt des objektiv Geistigen darzustellen, den man im heutigen Sprachgebrauch als Kognition – als Aufnahme, Verarbeitung und Abgabe von Information – bezeichnet. In diesem Zusammenhang hat der Ausdruck »Wahrnehmung« lediglich die Bedeutung von Informations-Aufnahme bzw. Input.

Beim Erleben geht es aber um etwas, das, wie schon gesagt, mit dem Ausdruck »Kognition« (in der hier verwendeten Bedeutung) nicht erfasst wird. Indessen ist Erleben eine essenzielle Qualität dessen, was ich als Innerlichkeit bezeichnet habe. Auch ist es unabdingbare Voraussetzung für das, was man individuelle Bewusstwerdung nennt und das von der bloßen Informationsaufnahme unterschieden werden muss. Erleben ist zwar nicht beschreibbar, doch was Erleben heißt, weiß wohl jeder Mensch aus eigener Erfahrung. Erleben ist nicht nur nicht beschreibbar, es ist auch nicht im eigentlichen Sinn des Wortes mitteilbar. Wenn ein Mensch von seinen Erlebnissen spricht, kann ein anderer Mensch nur dann wirklich verstehen, was dieser meint, wenn er selber ähnliche Erlebnisse gehabt hat.

Innerlichkeit, wie ich sie umschrieben habe, fulgurierte mit der Entstehung von Leben. Wann aber – im Zug der Evolution der Innerlichkeit – die Fähigkeit zu Erleben auftrat, kann nicht festgestellt werden. Zweifellos haben höhere Säuger diese Fähigkeit. Beim Menschen – dem bewussten Lebewesen – ist sie jedoch in besonders hohem Grade vorhanden.

Nun ist das, was wir innere Wahrnehmung nennen – im Unterschied zur Sinneswahrnehmung –, fast immer mit Erleben verbunden. Aus diesem Grund redet man statt von innerer Wahrnehmung treffender von innerer Erfahrung: von Erfahrung im Sinn dessen, was Theologen religiöse Erfahrung nennen. Allerdings gibt es dabei sehr verschiedene Intensitätsgrade des Erlebens. Im Traum – zumindest bei »großen« Träumen – ist die Erlebnisintensität größer als bei Wachfantasien und »gewöhnlichen« Träumen; am intensivsten ist sie jedoch bei der Vision.

Nun finden Visionen – als Spontanereignisse – im so genannten außergewöhnlichen Bewusstseinszustand statt. Dieser Zustand kann aber auch durch Psychotechniken – insbesondere durch Meditation – herbeigeführt werden. In diesem »aktiv« erreichten Bewusstseinszustand ereigneten sich viele der »ganz großen« Erlebnisse, von denen die spirituellen Traditionen berichten.

Abgesehen vom Bewusstseinszustand (Wachsein, REM-Schlaf, außergewöhnlicher Bewusstseinszustand) ist aber für die jeweilige Intensität des Erlebens entscheidend, was für eine »Schicht« der Psyche dabei »zur Sprache kommt« bzw. veranschaulicht wird. Am intensivsten ist das Erleben in jenen seltenen Fällen, in denen das Selbst sich selber veranschaulicht: wenn es um etwas ganz Fundamentales geht. Dann nimmt das Erleben jene Intensität und auch Qualität an, die heute in der Religionswissenschaft als numinos – als faszinierend und erschütternd zugleich – bezeichnet wird.

Erlebnisse des Selbst haben nicht nur jene Intensität, über die in der religiösen Tradition von Gotteserlebnissen berichtet wird, sondern auch jenes Erscheinungsbild. Die Analyse der Gestaltungen des Unbewussten hat nämlich ergeben, dass das Selbst, wenn es sich selber veranschaulicht, dazu jene Gestalten und Symbole bildet, welche Religionswissenschaftler aus den verschiedensten Kulturen als Gottesbilder zusammengetragen haben. Das heißt, dass die im Verlauf der Kulturgeschichte zu Stande gekommenen Gottesbilder als synonyme Selbstveranschaulichungen des Selbst aufzufassen sind.

Durch die Bewusstseins-Mutation entstand ein neuer »kognitiver Bauplan«

Mit dem eben Gesagten tritt in voller Deutlichkeit die Radikalität des Evolutionsschritts vom archaischen zum heutigen Selbst- und Weltverständnis ins Blickfeld: eines Schritts, der – sozusagen als Naturprozess – stattgefunden hat. Erinnern wir uns, dass die Evolution, die als kosmische begann, dann als Evolution des Lebendigen weiterging, mit dem In-die-Existenz-Treten der Fähigkeit zu Bewusstheit auf einer neuen Ebene voranschritt: dass es sich von da an um immer weiteres Voranschreiten hinter die Fassade des bloßen Augenscheins – hinter das, was unbewusste Lebewesen zu erkennen vermögen – handelte; ferner, dass wegen des Zwangs, dabei alternierend analytisch und synthetisch vorzugehen, immer wieder neue, zu ganzheitlicher Struktur tendierende, vorgestellte »Welten« entstanden.

Wie bei der Evolution des Lebendigen von Zeit zu Zeit neue, komplexere Baupläne zu Stande kamen, entstand nun bei der Mutation des Bewusstseins – durch das Hereinklappen der metaphysischen Welt bzw. den Wandel der Apperzeption des innerlich Wahrgenommenen – ein neuer kognitiver Bauplan für die Weltsicht. Von einem neuen Bauplan kann hier deshalb gesprochen werden, weil es sich beim Wandel der Apperzeption um eine Änderung der Weichenstellung für das Denken handelt: um eine Änderung jener Vorverbindungen, welche das Denken – die Verarbeitung des Wahrgenommenen – in bestimmte Bahnen leiten. Dies hatte Folgen sowohl bei existenzieller als auch bei objektivierender Einstellung. Bei existenzieller bewirkte es ein grundlegend neues Selbstverständnis, bei objektivierender Einstellung eine grundlegend neue Weltsicht. War für das archaische Selbstverständnis das Begriffspaar Mensch und erfahrbarer Gott konstitutiv, ist es für das neue das Begriffspaar Ich und Selbst. War für die archaische Weltsicht konstitutiv das Begriffspaar Mensch und Schöpfergott, ist es für die neue dasjenige von subjektiv und objektiv Geistigem. Ausdrücklich sei aber festgehalten, dass im neuen Selbst- und Weltverständnis – im neuen kognitiven Bauplan – der Begriff »Gott« – ohnehin für sehr viele Menschen nur noch eine leere Hülse – nicht mehr vorkommt: dass zur Bezeichnung des früher mit »Gott« (menschennahem und Weltenschöpfer) Gemeinten der Ausdruck »das objektiv Geistige« getreten ist. Dabei sei daran erinnert, dass mit diesem Begriff der Geist-Aspekt der »an sich« einheitlichen raumzeitlichen Wirklichkeit bezeichnet wird und dass unter deren materiellem Aspekt das zu verstehen ist, was man früher (in theistischen Weltbildern wie dem christlichen) als Welt bezeichnet hat.

Archaikern, die noch glauben, Theologen hätten eben auch zu einer Wirklichkeit »außerhalb von Raum und Zeit« Zugang gehabt, sei noch einmal empfohlen, sich darüber Rechenschaft zu geben, wie Theologen aller Zeiten und Breiten zur Vorstellung »jenseitiger« Welten gekommen sind: dass sie sich dabei auf die archaische Vorstellung von Offenbarung stützten und dass es gerade diese war, die bei der Mutation des Bewusstseins überwunden und durch eine um hundertachtzig Grad gedrehte Sicht des innerlich Wahrgenommenen abgelöst worden ist. Ferner sei daraufhingewiesen, dass mit der Evolution der »Pfeil der Zeit« in die Welt gekommen ist: dass Evolutionsschritte irreversibel sind.

Weiteres zu Religiosität ohne Religion

Kommen wir auf die Feststellung zurück, dass das Unbewusste im Verlauf eines Individuationsprozesses auf religiöse Haltung drängt, dass aber Religiosität auf der heutigen Ebene der Bewusstheit Religiosität ohne Religion ist: dass der Mensch sich heute bei seinem Bemühen um seelische Reife nicht mehr nach dem Willen einer himmlischen Macht auszurichten hat, sondern nach einer Macht im unbewussten Bereich der Psyche.

Auch in diesem Fall von einer Macht zu reden, ist deshalb der Realität angemessen, weil das Selbst vom Ich als etwas Übermächtiges erlebt wird: als etwas, dem unbedingter Gehorsam zu leisten ist. Allerdings gelangen nur die wenigsten Menschen zu unmittelbarem Erleben des Selbst, so wie auch aus archaischer Zeit nur von wenigen berichtet wird, dass sie Gotteserlebnisse hatten. So wie früher die meisten Menschen »Gott« nur vom Hörensagen her kannten, so kennen auch heute die, welche die neue Weltsicht zur Kenntnis nehmen, erst einmal das Selbst nur vom Hörensagen.

Damit man aber den Weg der Individuation mit Gewinn begehen kann, ist mehr als dieses intellektuelle Wissen erforderlich. Wenn sich wirklich eine Wandlung zu Ganzheit vollziehen soll, braucht es die Gewissheit, dass man sich auf die Weisungen des Selbst verlassen kann. Diese Gewissheit kann aber nicht durch Willensentschluss erlangt werden. Sie geschieht, und zwar geschieht sie dann, wenn es dem Selbst »beliebt«.

Zur Benennung all dieses Geschehens steht der Tiefenpsychologie noch keine ausgefeilte Terminologie zur Verfügung. Wir können aber hierzu auf Ausdrücke zurückgreifen, welche in der spirituellen Tradition bei archaischer Weltsicht erarbeitet worden sind. Dies kann man deshalb, weil heute erkennbar ist, dass das, worum sich all die verschiedenen Schulen der Spiritualität bemüht haben, das war, was wir heute psychische Individuation nennen. Während seinerzeit Theologen – als archaische Wissenschaftler – über das Sosein und über Heilstaten jenseitiger Wesen reflektierten, indem sie »Heilige Texte« auslegten, wurde in den spirituellen Schulen beobachtet, was sich beim Bemühen, »unter den Augen Gottes zu wandeln«, abspielte. Auch wurde das Beobachtete benannt. Zwei solcher Termini aus der christlichen spirituellen

268

Tradition sind nun für die Benennung dessen, was ich oben beschrieben habe, besonders hilfreich: die Ausdrücke »Glaube« und »Gnade«.

Heutiges Verständnis von Glaubensgewissheit, Gnade und Gebet

Bei Verwendung des Ausdrucks Glaube (fides) muss allerdings eine Unterscheidung berücksichtigt werden, die schon in archaischer Zeit getroffen wurde: die Unterscheidung zwischen Glauben an etwas (fides, *quae* creditur) und Glaubens-Gewissheit (fides, *qua* creditur). Nachdem der Glaube an übernatürliche Wesen durch das Wissen um die Mächte des Unbewussten und deren bildsprachliche Veranschaulichung ersetzt worden ist, geht es bei der Individuation nach wie vor um das, was man in archaischer Zeit Glaubens-Gewissheit genannt hat.

So kann man denn bei der Begleitung von Individuationsprozessen immer wieder beobachten, dass die Sache in dem Moment »zu laufen beginnt«, in dem sich die Gewissheit einstellt, dass auf den »inneren Meister« unbedingter Verlass ist, aber auch die Gewissheit, dass man dessen »Willen« auf die Dauer nicht – zumindest nicht ohne Schaden zu nehmen – widerstehen kann. Mit anderen Worten: die Beobachtung zeigt, dass echte Optimierung der Strebungen des Ich und des Selbst erst dann einsetzt, wenn das sich einstellt, was in der christlichen Tradition als Glaubensgewissheit (fides, *qua*) bezeichnet wurde.

Von religiöser Haltung kann erst gesprochen werden, wenn Glaubensgewissheit sich eingestellt hat. Bis zu diesem Zeitpunkt handelt es sich lediglich um Bemühen um Religiosität. Ohne dieses Bemühen – das übrigens auch durch Impulse aus dem Unbewussten angeregt wird – geht es zwar nicht. Ob sich aber Glaubensgewissheit einstellt, liegt nicht im Belieben des Ich bzw. des bewussten Wollens. Bei der Begleitung von Individuationsprozessen kann man beobachten, dass Glaubensgewissheit sich eines Tages – meistens völlig unerwartet – einstellt: dass sie geschieht. Der Dynamismus, der dieses Geschehen bewirkt, wurde in der christlichen Tradition als Gnade Gottes bezeichnet. Bei neuer Weltsicht spricht man einfach noch von Gnade.

Wenn auch der Mensch das »Gnadengeschehen« nicht im Griff hat, kann er doch seine Seele für das Wirksamwerden der Gnade vorbereiten. Dies war in archaischer Zeit das spezielle Anliegen der spirituellen Schulen. Das Know-how der Meister der Spiritualität bestand zu einem großen Teil im Wissen um das Vorgehen bei der Vorbereitung der Seele auf das »Wirken der Gnade Gottes«.

Die Haltung, die sich aus diesem Vorgehen ergibt, ist der heute allgemein verbreiteten Homo-faber-Haltung bzw. Do-it-yourself-Haltung diametral entgegengesetzt. Sie kann als Haltung des Geschehen-lassen-Könnens bezeichnet werden: als die »Kunst«, sich zwar erst einmal mit allen Kräften des Bewusstseins zu bemühen, das Richtige zu finden, dann aber – bevor man den Entschluss in die Tat umsetzt – noch gleichsam über die Schulter zurückzublicken, um zu vernehmen, was das Selbst dazu »meint«. Mit dem bloßen Zurückblicken ist es allerdings noch nicht getan. Man muss auch bereit sein, die »Meinung« des Selbst zu beachten, und zwar auch dann, wenn sie der bewussten Absicht zuwiderläuft.

Um aber den Begriff »Gnade« voll zu erfassen, muss man sich noch ins Gedächtnis rufen, dass man bei positivistischem Selbstverständnis nicht nur (irrtümlicherweise) glaubte, der Mensch sei seiner Natur nach gut, sondern auch noch der Meinung war, wenn er das Richtige erkannt habe, sei er auch in der Lage, es zu tun. Wie erwähnt, wusste der archaische Mensch es besser. Wenn er sagte, der Teufel habe nichts anderes im Sinn, als den Menschen zu bösem Tun zu verleiten, und der Mensch sei nur mit der Hilfe der Gnade Gottes im Stande, dem Versucher zu widerstehen, formulierte er – in archaischer Ausdrucksweise – einen Sachverhalt, den die tiefenpsychologisch fundierte Humanwissenschaft bestätigt hat: die Tatsache, dass das Ich ebenso sehr wie zu gutem auch zu bösem Tun neigt und dass es diese Neigung zu bösem Tun nur mithilfe des Selbst in Schranken halten kann.

Gut und böse sind Kategorien bewussten Tuns. Bei unbewussten Lebewesen gibt es keine Bosheit, sondern nur Aggression im Rahmen des arteigenen Verhaltensmusters. Erst die Fähigkeit zu Bewusstheit implizierte – als besondere Form der Spontaneität – den naturgegebenen Drang, die durch das arteigene Muster gegebenen Schranken im Erkennen wie auch im Tun zu überschreiten. Aus diesem Drang ergab sich zwar, wie schon gesagt, die Evolution des Bewusstseins: das Voranschreiten zu immer neuen Horizonten. Dieser Drang birgt aber auch die Gefahr in sich, beim einzelnen Schritt unrichtig vorzugehen und dabei sowohl Falsches als auch Böses – andere Lebewesen Schädigendes – zu tun. Aus diesem Grund ist es so nötig, sich bei jeder wichtigen Entscheidung zu bemühen, die Intentionen des Ich mit denen des Selbst zu optimieren: eine grundsätzlich religiöse Haltung einzunehmen.

Zum Thema »Religiosität ohne Religion« ist schließlich noch zu bemerken, dass im Zug der Bewusstseins-Mutation auch die archaischen Verhaltensmuster Magie und Ritus überwunden worden sind. Wichtig ist vor allem, sich dessen in Bezug auf den Ritus bewusst zu werden. Es geht dabei um die archaische Vorstellung, durch den Vollzug eines Ritus – durch die Dramatisierung eines Elements des Mythos – werde eine ontologische (seinsmäßige) Veränderung bewirkt. Preisgeben muss man damit vor allem die von der katholischen Kirche immer noch vertretene Auffassung, durch den Vollzug des Ritus der Priesterweihe könne ein (durch Weihe wirkmächtig gewordener) Bischof bewirken, dass der Geweihte nun die Macht habe, Riten wirksam zu vollziehen: z. B. Brot und Wein in den Leib und das Blut Christi zu verwandeln bzw. – wie heute euphemisierend gesagt wird – Realpräsenz Christi in der Gemeinde zu bewirken. Würde man sich dessen bewusst, wäre es sogar Kirchen möglich, die Bewusstseins-Mutation nachzuvollziehen, ohne von dem abzulassen, was sie als ihren Auftrag postulieren.

Die Einsicht, dass das archaische Ritenverständnis überholt ist, bedeutet jedoch nicht, Rituale seien überholt. Im Gegenteil: nach der Überwindung des mit dem positivistischen Selbstverständnis verbundenen Rationalismus hat man erkannt, dass Rituale – bildhaft verstandene Gebärden, Handlungen und Zeichen – existenzielles Bemühen unterstützen. In diesem Sinne sind auch viele der Praktiken psychisch wirksam, die mit der »esoterischen« Welle aus fremden und früheren Kulturen übernommen worden sind. Allerdings sind auch hier – im Dienst der geistigen Redlichkeit – die mythisch-theoretischen Vorstellungen, die zusammen mit diesen Praktiken eingeschleppt wurden, aufzugeben.

Von den in archaischer Zeit geübten Verhaltensmustern hat indessen eines die Mutation des Bewusstseins überstanden: das Gebet. Allerdings versteht man jetzt Gebet nicht mehr als Sprechen zu einem im Himmel befindlichen unsichtbaren Geistwesen, sondern als Sprechen zum Selbst. So ist z. B., wie die Erfahrung zeigt, Gebet um Gnade – um erleuchtende und um helfende – nicht nur sinnvoll, sondern auch wirksam. Man kann sogar alte, in der spirituellen Tradition bewährte Gebetstexte verwenden, sofern man versteht, diese »im Hinterkopf« in die heutige Verstehensweise zu übersetzen. Wir reden ja auch heute noch von Sonnenaufgang und -untergang, obwohl wir wissen, dass diese Ausdrucksweise dem realen Sachverhalt nicht entspricht.

Rückblick

Mit dem in diesem dritten Teil Gesagten dürfte erwiesen sein, dass das Bemühen, eine zeitgemäße Vorstellung des objektiv Geistigen zu erarbeiten, nicht nur akademische Bedeutung hat, sondern in höchstem Grad existenzielle: dass die neue Vorstellung auch einen Ausweg aus der Krise der Werte weist, in der wir heute – als Folge der positivistischen Zwischenphase der Bewusstseins-Mutation – stecken.

Die Betrachtung der existenziellen Konsequenzen des Bewusstseinswandels hat auch gezeigt, dass durch diesen den Menschen, die bisher in archaischer Weltsicht lebten, nichts Wesentliches weggenommen worden ist: dass das neue Selbst- und Weltverständnis in existenziellen Belangen dem archaischen im vollen Sinn des Wortes äquivalent ist.

Schließlich hat dieser dritte Teil das über den Geist-Aspekt der Natur Gesagte noch in einem neuen Licht erscheinen lassen. Er ließ uns erkennen, dass das gesamte existenzielle Bemühen, zu dem der Mensch auf Grund seiner Fähigkeit zu Bewusstheit gedrängt ist, vom naturhaften objektiv Geistigen her bewirkt und geleitet wird: von jener Dynamis, welche nicht nur die Evolution der raumzeitlichen Wirklichkeit bewirkt hat, sondern auch – in diesem Rahmen – seit eh und je unbewusste wie bewusste Lebewesen entstehen ließ und am Leben erhielt.

Anmerkungen und ausgewählte Literatur

1   Alberts, Bruce / Bray, Dennis / Lewis, Julian / Raff, Martin / Roberts, Keith / Watson, James D.: Molekularbiologie der Zelle. Weinheim 1986

2   Alberts, Bruce / Francisco, Jan: Molekularbiologie der Zelle. Weinheim 1995

3   Albrecht, Jörn: Europäischer Strukturalismus. Ein forschungsgeschichtlicher Überblick. Darmstadt 1988

4   Altner, Günther, Hrsg.: Die Welt als offenes System. Eine Kontroverse um das Werk von Ilya Prigogine. Frankfurt a. M. 1984

5   Atkins, Peter William: Wärme und Bewegung. Die Welt zwischen Ordnung und Chaos. Heidelberg 1986

6   Andersen, John: Kognitive Psychologie. Heidelberg 1988

7   Barrow, John D.: Wissen an den Grenzen von Raum und Zeit. Reinbek b. Hamburg 1996

8   Beissel, Stefan: Die Verehrung der Heiligen und ihrer Reliquien in Deutschland im Mittelalter, 1890 & 92. Nachdruck Darmstadt 1976

9   Bender, Hans: Verborgene Wirklichkeit. Parapsychologie und Grenzgebiete der Psychologie. München 1976

10 Benz, Ernst: Die Vision. Erfahrungsformen und Bilderwelt. Stuttgart 1969

11 Bertalanffy, Ludwig v.: Das biologische Weltbild. Bern 1949.

12 Bhagavadgita: Gesang des Erhabenen. Zürich 1954

13 Bingen, Hildegard von: Wisse die Wege, Scivias. Nach dem Originaltext des illuminierten Ruppertsberger Kodex der Wiesbadener Landesbibliothek ins Deutsche übertragen und bearbeitet von Maura Böckeler. Salzburg 5. Aufl. 1963

14 Blofeld, John: Das Geheime und Erhabene. Mystizismus und Magie im Taoismus. München 1974

15 Böcher, Otto: Dämonenfurcht und Dämonenabwehr. Ein Beitrag zur Vorgeschichte der christlichen Taufe (Beiträge zur Wissenschaft vom Alten und Neuen Testament). Berlin 1970

16 Borst, Arno: Mönche am Bodensee. Darmstadt 1985

17 Braun, Hans Jörg: Das Jenseits. Vorstellungen der Menschheit über das Leben nach dem Tod. Zürich 1996

18 Breidbach, Olaf: Expeditionen ins Innere des Kopfes. Von Nervenzellen, Geist und Seele. Stuttgart 1993

19 Brown, Peter: Die Entstehung des christlichen Europa. München 1996

20 Brunner, Cornelia: Die innere Welt. Visionen von Giulia. Zürich 1975

21 Buber, Martin: Der Weg des Menschen nach der Chassidischen Lehre Heidelberg 1960

22 Buber, Martin: Die Erzählungen der Chassidim. Basel 1949

23 Bühler, Charlotte: Der menschliche Lebenslauf als psychologisches Problem. Leipzig 1933

24 Bultmann, Rudolf: Glauben und Verstehen / Gesammelte Aufsätze von R. B. 4 Bde. Tübingen 1933-1984

25 Bultmann, Rudolf: Das Urchristentum. Zürich 1949

26 Burdach, Konrad: Reformation, Renaissance, Humanismus, Zwei Abhandlungen über die Grundlage moderner Bildung und Sprachkunst. 2. Aufl. 1926. Reprograf. Nachdruck Darmstadt 1978

27 Caminada, Christian: Die verzauberten Täler. Die urgeschichtlichen Kulte und Bräuche im alten Rätien. Olten 1961

28 Capra, Fritjoff: Der kosmische Reigen. Physik und östliche Mystik – ein zeitgemäßes Weltbild. München 1977

29 Carnap, Rudolf: Grundlagen der Logik und Mathematik. München 1973

30 Carrington, Patricia: Das große Buch der Meditation. Zürich 1985

31 Cassirer, Ernst: Kants Leben und Lehre. 2. Aufl. 1921

32 Chang, Chung-yuan: Tao, Zen und schöpferische Kraft. Zürich 1983

33 Chi Chi: Die Kunst der Versenkung. Anweisungen zur Meditation des Großen Meisters Chi Chi aus dem China des 6. Jahrhunderts. München 1975

34 Chomsky, Noam: Sprache und Geist. Frankfurt a. M. 1970

35 Chomsky, Noam: Studien zu Fragen der Semantik. Frankfurt a. M. 1978

36 Cordan, Wolfgang: Popol Vuh, das Buch des Rates, Mythos und Geschichte der Maya, aus dem Quiche übertragen und erläutert von W. Cordan. Düsseldorf 1962

37 Cramer, Friedrich: Chaos und Ordnung. Die komplexe Struktur des Lebendigen. Stuttgart 1989

38 Cramer, Wolfgang: Grundlagen einer Philosophie des Geistes. Frankfurt a.M. 1975

39 Cumont, Franz: Die Mysterien des Mithra. Ein Beitrag zur Religionsgeschichte der römischen Kaiserzeit. 3.Aufl. 1923. Reprograf. Nachdruck Darmstadt 1975

40 Dawkins, Marian S.: Die Entdeckung des tierischen Bewusstseins. Heidelberg 1994

41 Derlon, Pierre: Unter Hexern und Zauberern. Die geheimen Traditionen der Zigeuner. Basel 1976

42 Descartes, Rene: Die Prinzipien der Philosophie. Hamburg 1955

43 Dinzelbacher, Peter: Vision und Visionsliteratur im Mittelalter (Monografien zur Geschichte des Mittelalters). Stuttgart 1981

44 Dobzhansky, Theodosius: Intelligenz, Vererbung und Umwelt. München 1973

45 Dopp, Josef: Formale Logik. Einsiedeln 1969

46 Drewermann, Eugen: Tiefenpsychologie und Exegese. 2 Bde. Olten 1984/85

47 Du Bois – Reymond, Emil: Über die Grenzen des Naturerkennens. Leipzig 1916

48 Dulles, Avery: Was ist Offenbarung? Freiburg 1970

49 Duve, Christian de: Die Zelle, 2 Bde. Heidelberg 1986

50 Duve, Christian de: Aus Staub geboren. Leben als kosmische Zwangsläufigkeit. Heidelberg 1995

51 Eco, Umberto: Zeichen. Einführung in einen Begriff und seine Geschichte. Frankfurt a. M. 1977

52 Eco, Umberto: Einführung in die Semiotik. München 1985

53 Eibl-Eibesfeldt, Irenäus: Die Biologie des menschlichen Verhaltens. Grundriss der Humanethologie. München 1986

54 Eibl-Eibesfeldt, Irenäus: Grundriss der vergleichenden Verhaltensforschung. München 1987

55 Eigen, Manfred und Winkler, Ruthild: Das Spiel. Naturgesetze steuern den Zufall. München 1986

56 Eigen, Manfred: Stufen zum Leben. Die frühe Evolution im Visier der Molekularbiologie. München 1987

57 Eliade, Mircea: Schamanismus und archaische Ekstasetechnik. Zürich 1960

58 Ermertz, Edmond: Herrlichkeit wird Gnade. Die Struktur der Offenbarung bei M. J. Scheeben, Dissertation, Rom 1968

59 Evans-Pritchard, E. E.: Theorien über primitive Religionen. Frankfurt a.M. 1968

60 Evans-Wentz, W. Y., Hrsg.: Das Tibetanische Totenbuch. Zürich 1960

61 Fanselow, Güberth und Felix, Sacha W.: Sprachtheorie, 2 Bde. Tübingen 1967

62 Fasold, Hugo: Bioregulation, Regulations- und Kontrollmechanismen in der Zelle. Heidelberg 1976

63 Feiner, J. / Lötscher, M., Hrsg.: Mysterium salutis. Grundriss der heilsgeschichtlichen Dogmatik. Bd. I. Die Grundlagen der heilsgeschichtlichen Dogmatik. Zürich 1965

64 Fischer, Ernst Peter: Glanz und Elend der zwei Kulturen. Über die Verträglichkeit der Natur- und Geisteswissenschaften. Konstanz 1991

65 Fischer, Hans: Studien über Seelen – Vorstellungen in Ozeanien. Habilitationsschrift Universität Tübingen. München 1965

66 Flusser, David: Jesus in Selbstzeugnissen und Bilddokumenten. Reinbek b. Hamburg 1975

67   Frank, Helmar, Hrsg.: Kybernetik. Frankfurt a. M. 1966

68   Frank, Karl Suso: Grundzüge der Geschichte des christlichen Mönchtums. Darmstadt 1975

69   Franz, Marie-Louise v.: Die Visionen des Nikiaus von Flüe. Zürich 1959

70   Frazer, James George: Mensch, Gott und Unsterblichkeit / Gedanken über den menschlichen Fortschritt. Leipzig 1931

71   Frazer, James George: Der goldene Zweig: Das Geheimnis von Glauben und Sitten der Völker. Übersetzung von The golden bough. Nachdruck der Ausgabe 1928. Reinbek 1989

72   Freud, Sigmund: Gesammelte Werke, 16 Bde. Frankfurt a. M. 1944 ff

73   Freudenthal, J.: Spinoza. Sein Leben und seine Lehre. Stuttgart 1904

74   Freundlich, Rudolf: Einführung in die Semantik. Darmstadt 1972

75   Frey-Rohn, Liliane: Von Freud zu Jung. Eine vergleichende Studie zur Psychologie des Unbewussten. Zürich 1969

76   Froböse-Thiele, Felicia: Träume. Eine Quelle religiöser Erfahrung. Darmstadt 1972

77   Fromm, Erich: Psychoanalyse und Religion. Zürich 1966

78   Gadamer, Hans Georg, Hrsg.: Die Begriffswelt der Vorsokratiker. Darmstadt 1968

79   Ganogzy, Alexander: Einführung in die katholische Sakramentenlehre. Darmstadt 1979

80   Gätje, Helmut: Koran und Koranexegese. Zürich 1971

81   Gebser, Jean: Ursprung und Gegenwart. München 1973

82   Ghazali, AI: Der Pfad der Gottesdiener. Übersetzt und erläutert von Ernst Bannerth. Salzburg 1964

83   Girard, Rafael: Die ewigen Mayas. Zivilisation und Geschichte. Wiesbaden 1969

84   Glasenapp, Helmut v.: Die Religionen Indiens. Stuttgart 1955

85   Gleick, James: Chaos, die Ordnung des Universums. Vorstoß in Grenzgebiete der Physik. München 1988

86   Gloy, Karen: Das Verständnis der Natur, Bd. I: Geschichte des ganzheitlichen Denkens. München 1996

87   Grabmann, Martin: Die Geschichte der katholischen Theologie seit dem Ausgang der Väterzeit. Mit Benützung von M. J. Scheebens Grundriss dargestellt (Herders theologische Grundrisse) 1933. Nachdruck 1974

88   Grämlich, Richard: Die schiitischen Derwischorden Persiens. Abhandlungen für die Kunde des Morgenlandes, Bd. 36. Wiesbaden 1976

89   Granet, Marcel: Das chinesische Denken. 2. Aufl. München 1971

90   Granet, Marcel: Die chinesische Zivilisation. München 1976

91 Grant, Edward: Das physikalische Weltbild des Mittelalters. Zürich 1980

92 Groddek, Georg und Freud, Sigmund: Briefwechsel. Wiesbaden 1985

93 Grönbech, Wilhelm: Kultur und Religion der Germanen, 2 Bde. Reprograf. Nachdruck, Darmstadt 1961

94 Grunebaum, G. E. v.: Der Islam im Mittelalter. Zürich 1963

95 Gschwend, Gino: Neurophysiologische Grundlagen der Hirnleistungsstörungen. Erkennen-verstehen-rehabilitieren. Mit einem Beitrag von Nelson Annunciato. Vorwort Theodor Hellbrügge. Basel 1998

96 Gurjewitsch, J. Aaron: Das Weltbild des mittelalterlichen Menschen. München 1982

97 Haas, Alois M.: Geistliches Mittelalter. Fribourg 1984

98 Hager, Fritz-Peter, Hrsg.: Logik und Erkenntnislehre des Aristoteles. Darmstadt 1972

99 Haken, Hermann und Haken-Krell, Maria: Entstehung von biologischer Information und Ordnung. Darmstadt 1989

100 Hannah, Barbara: Begegnungen mit der Seele. Aktive Imagination – der Weg zu Heilung und Ganzheit. München 1985

101 Harrison, Edward R.: Kosmologie. Die Wissenschaft vom Universum. Darmstadt 1983

102 Harnak, Adolf v.: Lehrbuch der Dogmengeschichte. III Bde. Neu durchgearbeitete und vermehrte Auflage von 1909/10. Reprograf. Nachdruck Darmstadt 1964

103 Hauer, J. W: Der Joga als Heilsweg. Nach den indischen Quellen dargestellt. Stuttgart 1958

104 Hawking, Stephen W.: Eine kurze Geschichte der Zeit. Die Suche nach der Urkraft des Universums. Reinbek b. Hamburg 1988

105 Heinroth, Oskar und Lorenz, Konrad: Wozu aber hat das Vieh diesen Schnabel? Briefwechsel aus der frühen Verhaltensforschung 1930-1940. München 1988

106 Heisenberg, Werner: Der Teil und das Ganze. München 1972

107 Heitier, Walter: Der Mensch und die naturwissenschaftliche Erkenntnis. 4. Aufl. Braunschweig 1966

108 Herzheim, Egbert und Rescheck, Helmut: Einführung in die allgemeine Topologie. Darmstadt 1975

109 Hess, Gertrud: Biologie – Psychologie. Zwei Wege zur Erforschung des Lebens. Zürich 1968

110 Hessen, Johannes: Griechische oder biblische Theologie? Basel 1962. in Heusser, Hans, Hrsg.: Instinkte und Archetypen im Verhalten der Tiere und im Erleben des Menschen. Darmstadt 1966

112 Hirschberg, Walter: Die Kulturen Afrikas (Handbuch der Kulturgeschichte). Frankfurt a. M. 1974

113 Holst, Erich v.: Zur Verhaltensphysiologie bei Tieren und Menschen. Gesammelte Abhandlungen. 2 Bde. München 1969

114 Holst, Erich v.: Zentralnervensystem, 5 Beiträge zur Verhaltensphysiologie. München 1974

115 Holz, Harald: Evolution und Geist. Frankfurt a. M. 1981

116 Hornung, Erik: Der Eine und die Vielen. Ägyptische Gottesvorstellungen. Darmstadt 1971

117 Howitt, A. W: The Native Tribes of South-East Australia. London 1904

118 Hultkrantz, Ake: Conceptions of the Soul among North American Indian, A Study in Religious Ethnology. Stockholm 1953

119 Jacobi, Jolande: Der Weg der Individuation. Zürich 1965

120 Jacobus de Voragine: Legenda aurea. Aus dem Lateinischen übersetzt von Richard Benz. Köln 1969

121 Jammer, Max: Der Begriff der Masse in der Physik. 2. Aufl. Darmstadt 1974

122 Janisch, Peter: Kleine Philosophie der Naturwissenschaften. München 1997

123 Jantsch, Ernst: Die Selbstorganisation des Universums. Vom Urknall zum menschlichen Geist. München 1982

124 Jordan, Pascual: Die Naturwissenschaftler vor der religiösen Frage. Oldenburg 1963

125 Jung, Carl Gustav: Gesammelte Werke. 20 Bde. Olten 1971 ff

126 Jung, Carl Gustav: Briefe. III Bde. Olten 1972/73

127 Kafka, Peter: Das Grundgesetz vom Aufstieg. München 1989

128 Kanitscheider, Bernulf: Im Innern der Natur. Philosophie der modernen Physik. Darmstadt 1996

129 Kant, Immanuel: K's gesammelte Schriften, hrsg. von der Deutschen Akademie der Wissenschaften zu Berlin 1900-1970. Bd. 3-5

130 Kast, Verena: Imagination als Raum der Freiheit. Dialog zwischen Ich und Unbewusstem. Olten 1988

131 Kattenbusch, Ferdinand: Die Entstehung einer christlichen Theologie. 2. Aufl. Darmstadt 1962

132 Keidl, Wolf D.: Biokybernetik des Menschen. Darmstadt 1989

133 Kerenyi, Karl: Die Mysterien von Eleusis. Zürich 1962

134 Kerenyi, Karl: Griechische Grundbegriffe. Zürich 1964

135 Kerenyi, Karl: Antike Religion. Darmstadt 1971

136 Kind, Hans: Psychotherapie und Psychotherapeuten. Methoden und Praxis. Stuttgart 1982

137 Kölla, Werner: Zur Physiologie des Schlafes. Stuttgart 1973

138 Körner, Stefan: Kant. Aus dem Englischen übersetzt. Göttingen 1967

139 Kraft, Heinrich: Die Kirchenväter bis zum Konzil von Nicäa. Bremen 1966

140 Kuhn, Thomas: Die Struktur wissenschaftlicher Revolutionen. Frankfurt a. M. 2. Aufl. 1976

141 Kurzrock, Ruprecht, Hrsg.: Systemtheorie. Berlin 1972

142 La Mettrie, Julien Offrey de: Der Mensch als Maschine, hrsg. von B. A. Laska. Nürnberg 1985

143 Lamm, Martin: Swedenborg. Eine Studie über seine Entwicklung zum Mystiker und Geisterseher. Leipzig 1922

144 Lao Tse: Tao-Te-King. Neu ins Deutsche übertragen von Hans Knospe und Odette Brändli, mit einem Nachwort von Knut Walf. Zürich 1985

145 Leeuw, Gerardus van den: Phänomenologie der Religion. 4. Aufl. Tübingen 1977

146 Lenneberg, Eric H.: Biologische Grundlagen der Sprache. Anhang: Chomsky, N.: Die formale Natur der Sprache. Frankfurt a.M. 1972

147 Marx, Otto: Die Geschichte der Ansichten über die biologische Grundlage der Sprache. Frankfurt a. M. 1972

148 Levy-Bruhl, Luden.: Die geistige Welt der Primitiven. München 1927. Reprint Darmstadt 1966

149 Levi-Strauss, Claude: Strukturale Anthropologie. Frankfurt a.M. 1967

150 Levy-Strauss, Claude: Das wilde Denken. Frankfurt a. M. 1968

151 Lewing, Kurt: Der Übergang von der aristotelischen zur galileischen Denkweise in Biologie und Psychologie. Annalen der Philosophie Bd. IX 1930-31. Reprograf. Nachdruck, Darmstadt 1971

152 Lewontin, Richard: Menschen, Genetische, kulturelle und soziale Gemeinsamkeiten. Heidelberg 1987

153 Lorenz, Konrad: Die Rückseite des Spiegels. Versuch einer Naturgeschichte menschlichen Erkennens. München 1973

154 Lorenz, Konrad und Wuketits, Franz, Hrsg.: Die Evolution des Denkens. München 1983

155 Lubac, Henry de: Corpus Mysticum. Eucharistie und Kirche im Mittelalter. Einsiedeln 1969

156 Lüdemann, Gerd: Der große Betrug. Und was Jesus wirklich sagte und tat. Lüneburg 1998

157 Malcolm, Normann u.a.: Über Ludwig Wittgenstein. Frankfurt a.M. 1968

158 Malinowski, Bronislaw: Argonauts of the Western Pacific. London 1922

159 Mandelbrot, Benoit B.: Die fraktale Geometrie der Natur. Basel 1987

160 Margulis, Lyn und Schwanz, Karlene V.: Die fünf Reiche der Organismen. Heidelberg 1989

161 Marxsen, Willy: Die Auferstehung des Jesus von Nazareth. Gütersloh 1968

162 Maslow, Abraham H.: Psychologie des Seins. Ein Entwurf. Frankfurt a. M. 1985

163 Maturana, Umberto und Varela, Francisco: Der Baum der Erkenntnis. Bern 1987

164 Meier, C. A.: Die Empirie des Unbewussten, mit besonderer Berücksichtigung des Assoziationsexperiments von C. G. Jung. Olten 1968

165 Meier, C. A.: Bewusstsein. Erkenntnistheorie und Bewusstsein. Olten 1975

166 Meier, Fritz: Vom Wesen der islamischen Mystik. Basel 1943

167 Meier, Heinrich, Hrsg.: Die Herausforderung der Evolutionsbiologie. München 1989

168 Meurers, Josef: Metaphysik und Naturwissenschaft. Darmstadt 1976

169 Morris, Charles: Zeichen, Sprache und Verhalten. Düsseldorf 1973 -

170 Müller, Werner: Glauben und Denken der Sioux. Zur Gestalt archaischer Weltbilder. Berlin 1970

171 Murphy, Michael P. und O'Neill, Luke A. J., Hrsg.: Was ist Leben? Die Zukunft der Biologie. Heidelberg 1997

172 Neumann, Erich: Ursprungsgeschichte des Bewusstseins. Zürich 1949

173 Neumann, Erich: Die Große Mutter. Zürich 1956

174 Neumann, Karl Eugen: Die Reden Gotamo Buddhos, Übertragung aus dem Pali Kanon. Gesamtausgabe in drei Bänden. Zürich 1956

175 Neumann, Walter: Das Wesen von Geist und Natur. Frankfurt a. M. 1992

176 Nickel, Erwin: Der Sinn des Ganzen. Erfahrungen zwischen Wissen und Glauben. Fribourg 1998

177 Ninck, Martin: Wodan und germanischer Schicksalsglaube. Jena 1935. Reprogr. Nachdruck Darmstadt 1967

178 Norretanders, Tor: Spüre die Welt. Die Wissenschaft des Bewusstseins. Reinbek b. Hamburg 1994

179 Obrist, Willy: Die Mutation des Bewusstseins. Vom archaischen zum heutigen Selbst- und Weltverständnis. Bern 1980

180 Obrist, Willy: Theoriebildung in der Tiefenpsychologie. Defizit, Notwendigkeit und Möglichkeiten. Analytische Psychologie, Vol. 16, Nr. 3,1985

181 Obrist, Willy: Neues Bewusstsein und Religiosität. Evolution zum ganzheitlichen Menschen. Olten 1988

182 Obrist, Willy: Zur Erforschung der Bewusstseins-Evolution. In: Einheit und Vielfalt, Festschrift für Peter Lang zum 60. Geburtstag. Bern 1988

183 Obrist, Willy: Religiöse Erfahrung auch ohne Religion. In: Messing, Marcel, Hrsg.: Religion als lebendige Erfahrung. Olten 1990

184 Obrist, Willy: Archetypen. Natur- und Kulturwissenschaften bestätigen C. G. Jung. Olten 1990

185 Obrist, Willy: Weihehierarchie – Hindernis für eine Demokratisierung der katholischen Kirche. Concilium, Internat. Zeitschrift für Theologie, 1992

186 Obrist, Willy: Tiefenpsychologie und Theologie. Aufbruch in ein neues Bewusstsein. Zürich 1993

187 Oeser, Erhard und Seitelberger, Franz: Gehirn, Bewusstsein und Erkenntnis. Darmstadt 1988

188 Oldenberg, Hermann: Die Religion des Veda. Berlin 1894

189 Oldenberg, Hermann: Buddha, herausgegeben von Helmut von Glasenapp. Essen (nicht datiert)

190 Overbeck, Franz: Vorgeschichte und Jugend der mittelalterlichen Scholastik. Basel 1917. Reprogr. Nachdruck. Darmstadt 1971

191 Peirce, Charles S.: Phänomen und Logik der Zeichen. Frankfurt a.M. 1983

192 Piaget, Jean: Der Strukturalismus. Olten 1973

193 Piaget, Jean: Die Bildung des Zeitbegriffs beim Kinde. Frankfurt a.M. 1974

194 Piaget, Jean: Abriss der genetischen Epistemologie. Olten 1974

195 Piaget, Jean: Das Weltbild des Kindes. Stuttgart 1978

196 Piaget, Jean: Biologie und Erkenntnis. Über die Beziehung zwischen organischer Regulation und kognitiven Prozessen. Frankfurt a. M. 1983

197 Platon: Sämtliche Werke. Aus dem Griech. übers. 3 Bde. Berlin 1955

198 Popper, Karl R.: Logik der Forschung. Tübingen 1973

199 Popper, Karl R. und Eccles, John C: Das Ich und sein Gehirn. München 1982

200 Popper, Karl R.: Objektive Erkenntnis. Hamburg 1973

201 Prauss, Gerold: Platon und der logische Eleatismus. Dissertation. Berlin 1966

202 Prigogine, Ilya: Vom Sein zum Werden, Zeit und Komplexität in den Naturwissenschaften. München 1979

203 Prigogine, Ilya und Stengers, Isabelle: Dialog mit der Natur. München 1981

204 Quispel, Gillen: Gnosis als Weltreligion. Zürich 1972

205 Radin, Paul: Gott und Mensch in der primitiven Welt. Zürich 1953

206 Ranke-Graves, Robert v. und Patai, Raphael: Hebräische Mythologie. Reinbek b. Hamburg 1986

207 Reichholf, Josef H.: Der schöpferische Impuls. Eine neue Sicht der Evolution. Stuttgart 1992

208 Reinert, Benedikt: Die Lehre vom Tawakkul in der klassischen Sufik. Studien zur Sprache, Geschichte und Kultur des islamischen Orients. Berlin

209 Reininger, Robert: Locke, Berkeley, Hume. München 1922

210 Renggli, Guido: Die Philosophie des objektiven Geistes bei Nicolai Hartmann mit Berücksichtigung Hegels. Dissertation, Zürich 1973

211 Renner, Eduard: Goldener Ring über Uri. Ein Buch vom Erleben und Denken unserer Bergler, von Magie und Geistern und von den ersten und letzten Dingen. Neuchâtel 2. Aufl. 1954

212 Riedl, Rupert: Die Ordnung des Lebendigen. Systembedingungen der Evolution. Hamburg 1975

213 Riedl, Rupert: Strategie der Genesis. Naturgeschichte der realen Welt. München 1980

214 Riedl, Rupert: Biologie der Erkenntnis. Die stammesgeschichtlichen Grundlagen der Vernunft. Hamburg 1980

215 Rock, Irwin: Wahrnehmung. Vom visuellen Reiz zum Sehen und Erkennen. Heidelberg 1985

216 Rousselle, Erwin: Zur seelischen Führung im Taoismus. Darmstadt 1962

217 Ruppert, Hans-Jürgen: New Age, Endzeit oder Wendezeit? Wiesbaden 1985

218 Ryle, Gilbert: Der Begriff des Geistes. Stuttgart 1969

219 Saussure, Ferdinand de: Grundfragen der allgemeinen Sprachwissenschaft, herausgegeben von Charles Bally und Albert Sechehaye. Berlin 1967

220 Schamanengeschichten aus Sibirien. Aus dem Russischen übersetzt und eingeleitet von Adolf Friedrich und Georg Budruss. München 1955

221 Schärer, Hans: Die Gottesidee der Ngadju Dajak in Süd-Borneo, Leiden 1946

222 Schärer, Hans: Der Totenkult der Ngadju Dajak in Süd-Borneo, Bd. I-III, Leiden 1966

223 Schele, Linda und Freidel, David: Die unbekannte Welt der Maya. Das Geheimnis ihrer Kultur entschlüsselt. München 1991

224 Schlette, Robert, Hrsg.: Der moderne Agnostizismus. Düsseldorf 1979

225 Schmidt, Wilhelm: Der Ursprung der Gottesidee, Bd. I. Münster i.W. 1926

226 Scholem, Gershom: Die jüdische Mystik in ihren Hauptströmungen. Reihe Quellen des alten Orients. Darmstadt 1977

227 Schöpfungsmythen: Ägypter, Sumerer, Hurriter, Hethiter, Kanaaniter und Israeliten. Vorwort von Mircea Eliade. Reihe Quellen des alten Orients. Darmstadt 1977

228 Schopper, Herwig: Materie und Antimaterie, Teilchenbeschleuniger und der Vorstoß zum unendlich Kleinen. München 1989

229 Schulz, Friedrich: Die Stunde der Botschaft. Einführung in die Theologie der vier Evangelien. Hamburg, 2. Aufl. 1970

230 Schwarzer Hirsch: Ich rufe mein Volk. München 1962

231 Schwarzer Hirsch: Die heilige Pfeife. Olten 1978

232 Searle, John R.: Die Wiederentdeckung des Geistes. München 1993

233 Sebeok, Thomas A.: Theorie und Geschichte der Semiotik. Reinbek b. Hamburg 1979

234 Seeberger, Wilhelm: Der Begriff des Geistes im System von Hegel. Dissertation, Stuttgart 1961

235 Seidel, Helmut: Spinoza, Zur Einführung. Hamburg 1994

236 Sherrington, C.: The Integrative Action of the Nervous System. New York 1906

237 Silvers, Robert G.: Verborgene Geschichten der Wissenschaft. Berlin 1996

238 Smith, John Maynard und Szathmáry, Eörs: Evolution, Prozesse, Mechanismen, Modelle. Heidelberg 1996

239 Snyder, Salomon: Chemie der Psyche. Heidelberg 1988

240 Specht, Rainer: John Locke. München 1989

241 Spektrum der Wissenschaft / Scientific American, Deutsche Ausgabe, Heidelberg 1978-1998

242 Sperry, Roger: Naturwissenschaft und Wertentscheidung. München 1985

143 Spiegel, Joachim: Das Werden der altägyptischen Hochkultur, Ägyptische Geistesgeschichte im 3. Jahrtausend v. Chr. Heidelberg 1953. 244 Spieth, J.: Die Ewe-Stämme. Berlin 1906.

245 Spieth, J.: Die Religion der Eweer in Süd-Togo. Göttingen 1911

246 Spitzer, Manfred: Geist im Netz. Modelle für Lernen, Denken und Handeln. Heidelberg 1996

247 Stegmüller, Wolfgang: Hauptströmungen der Gegenwartsphilosophie. 2 Bde. Stuttgart 1975

248 Stirnimann, Hans: Die Pangwa in SW-Tansania. Soziale Organisation und Riten des Lebens. Fribourg 1979

249 Stolz, Fritz, Hrsg.: Homo naturaliter religiosus. Gehört Religion notwendig zum Menschsein? Bern 1997

250 Ströker, Elisabeth: Einführung in die Wissenschaftstheorie. Darmstadt 1973

251 Svilar, Maja, Hrsg.: Das heutige Menschenbild. Entwürfe und Ansätze. Bern 1989

252 Tart, Charles: Transpersonale Psychologie. Olten 1978

253 Thomas von Aquin: Über das Sein und das Wesen. Deutsch-lateinische Ausgabe. Übersetzt und erläutert von Rudolf Allers. Darmstadt 1980

254 Thormeyer, P.: Die großen englischen Philosophen Locke, Berkeley, Hume. Berlin 1915

255 Tuttle, Russell, Hrsg.: Sociecology and Psychology of Primates. The Hague 1975

256 Tyler (Tylor), E. B.: Forschungen über die Urgeschichte der Menschheit und die Entwicklung von Civilisation. Leipzig 1873

257 Tylor, E. B. D.: Die Anfänge der Kultur. Leipzig 1873

258 Uexküll, Jakob v.: Umwelt und Innenwelt der Tiere. Berlin 1921

259 Uexküll, Jakob v. und Kriszat, Georg: Streifzüge durch die Umwelten der Tiere und Menschen. Bedeutungslehre. Frankfurt a. M. 1970

260 Ulrich, Dieter: Das Gefühl. Einführung in die Emotionspsychologie. München 1989

261 Vollmer, Gerhard: Evolutionäre Erkenntnistheorie. Stuttgart 1981

262 Vollmer, Gerhard: Was können wir wissen? Bd. I: Die Natur der Erkenntnis. Bd. II: Die Erkenntnis der Natur. Stuttgart 1988

263 Vries, Josef de: Materie und Geist. Eine philosophische Untersuchung, München 1970

264 Waidenfels, Hans: Einführung in die Theologie der Offenbarung. Darmstadt 1996

265 Walker, James R.: The Sun Dance and Other Ceremonies of the Oglala Division of the Teton Dakota. New York 1917

266 Walker, Kenneth: Die andere Wirklichkeit. Parapsychologische Phänomene. Zürich 1964

267 Walsh, Roger N. und Vaughan Frances, Hrsg.: Psychologie der Wende. Grundlagen, Methoden und Ziele der Transpersonalen Psychologie. Zürich 1986

268 Walther, Manfred, Hrsg.: Spinoza und der deutsche Idealismus. Würzburg 1992

269 Weinberg, Steven: Die ersten drei Minuten. Der Ursprung des Universums. München 1977

270 Weischedel, Wilhelm: Der Gott der Philosophen. Grundlegung einer philosophischen Theologie im Zeitalter des Nihilismus. Darmstadt 1976

271 Wenzel, Alfred: Die Weltanschauung Spinozas. Leipzig 1907

272 Whorf, Benjamin Lee: Sprache, Denken, Wirklichkeit. Reinbek b. Hamburg 1971

273 Widegren, Geo: Die Religionen Irans. Stuttgart 1965

274 Widegren, Geo: Religionsphänomenologie. Berlin 1969

275 Wiener, Norbert: Mensch und Menschmaschine. Frankfurt a. M. 1952

276 Wiener, Norbert: Kybernetik. München 1968

277 Wiethoff, Bodo: Grundzüge der älteren chinesischen Geschichte. Darmstadt 1974

278 Wilber, Ken: Vom Tier zu den Göttern. Freiburg 1997

279 Wilhelm, Richard: Das Geheimnis der Goldenen Blüte. Übersetzung und Erklärung. Kommentar von C. G. Jung. Olten 1971

280 Wuketits, Franz M.: Evolution, Erkenntnis, Ethik, Folgerungen aus der modernen Biologie. Darmstadt 1984

281 Wuketits, Franz M.: Evolutionstheorien. Historische Voraussetzungen, Positionen, Kritik. Darmstadt 1988

282 Wuketits, Franz M.: Grundriss der Evolutionstheorie. Darmstadt 1989

283 Wuketits, Franz M.: Die Entdeckung des Verhaltens. Darmstadt 1995

284 Yovel, Yirmiyahu: Spinoza. Abenteuer der Immanenz. Göttingen 1994

285 Zimon, Henryk: Regenriten auf der Insel Bukerebe (Tansania). Fribourg 1974

286 Zintzen, Clemens, Hrsg.: Die Philosophie des Neuplatonismus. Darmstadt 1977

Werke von Willy Obrist bei opus magnum
(www.opus-magnum.de)

Die Mutation des europäischen Bewusstseins: Von der mythischen zur heutigen Weltsicht und Spiritualität
Eine Kurzfassung des Gesamtwerks
156 S., 2006, ISBN: 978-3939322016, € 14,90

Im diesem Buch hat Obrist das Wesentliche seines umfangreichen Werks knapp und übersichtlich zusammengefasst.

Religiosität ohne Religion
300 S., 2009, ISBN: 978-3939322184, € 24,90

Willy Obrist geht davon aus, dass Religiosität zum angeborenen Programm für die psychische Reifung des Homo sapiens gehört, aber einer zeitgemäßen Interpretation bedarf, in der sich Natutwissenschaft, Psychologie und Spiritualität miteinander versöhnen lassen.

Tiefenpsychologie und Theologie – Zwei Etappen der Evolution des Bewusstseins
192 S., 2009, ISBN: 978-3939322-17-7, € 24,90

Willy Obrist vermittelt eine Einführung in die Tiefenpsychologie und ihre brisanten Konsequenzen, die ihre Erkenntnisse für Kirche und Spiritualität haben. Der Mensch braucht nicht an einem archaischen und mythischen Weltbild festhalten, um seine Religiosität zu leben, da ihr Kern durch den modernen Wandel der Weltsicht nicht berührt wird.

Das Unbewusste und das Bewusstsein
196 S., 2013, ISBN: 978-3-939322-77-1, € 16,90

Willy Obrist zeigt, dass empirisch fundierte Modellvorstellungen der unbewusst-bewussten Psyche sich sowohl mit dem heutigen naturwissenschaftlichen Weltbild als auch mit dem menschlichen Bedürfnis nach Religiosität verbinden lassen.

Keine Materie ohne Geist
Natur als Quelle von Ethik und Sinn
288 S., 2021, ISBN: 978-3-939322-80-1, € 24,90

Materie und Geist, Psyche und Natur werden als komplementäre Aspekte einer einheitlichen Wirklichkeit gesehen. Eine zeitgemäße Ethik resultiert aus der Beziehung zur Ganzheit des Selbst.

Die Mutation des Bewusstseins
Vom archaischen zum heutigen Selbst- und Weltverständnis
308 S., 2021, ISBN: 978-3-939322-78-8, € 24,90

Willy Obrist stellt anhand umfangreichen ethnographischen, religions- und geistesgeschichtlichen Materials den Verlauf und die Gesetzmäßigkeit der Bewusstseins-Evolution dar.

Die Mutation des Bewusstseins fand in Europa statt
224 S., 2021, ISBN: 978-3-939322-79-5, € 14,90

Willy Obrist führt in diesem seinem letzten Werk den Nachweis, dass die Evolution des Bewusstseins, die zu einer Synthese von Wissenschaft und Religiosität führt, vor allem als ein Beitrag Europas an die Entwicklung des menschlichen Geistes zu sehen ist.